소셜 미디어 시대를 읽다

인터넷 권력의 해부 2.0

이 도서의 국립중앙도서관 출판시도서목록(CIP)은 서지정보유통지원시스템 홈페이지(http://seoji.nl.go.kr)와 국가자료공동목록시스템(http://www.nl.go.kr/kolisnet)에서 이용하실 수 있습니다. (CIP제어번호 : CIP2013027882)

소셜 미디어 시대를 읽다

인터넷 권력의 해부 2.0

김상배 · 황주성 엮음

한울
아카데미

머리글

　이 책은 2004년 9월부터 공부 모임을 하고 있는 '기술사회연구회(기사연)' 회원들의 두 번째 글모음이다. 2008년 4월 『인터넷 권력의 해부』(한울) 라는 제목으로 첫 번째 글모음을 펴낸 지 5년 여 만에 다시 작업을 벌였다. 첫 번째 책의 주요 문제의식은 인터넷을 둘러싸고 벌어지는 권력 현상의 성격과 그 안에 담긴 세력 구도를 '해부'하는 것이었다. 당시 저자들이 해부하고 싶었던 것은 인터넷을 둘러싸고 형성되는 권력의 몸통이었다. 특히 인터넷 권력의 몸통 안에 숨겨진 권력변환의 복합성을 해부하고자 했다. 이러한 해부 과정에서 당시 저자들이 던진 질문은 크게 세 가지로 요약된다. 인터넷 권력은 어디에서 나와 어떻게 작동하는가? 누가 어떻게 인터넷 권력을 주도하는가? 인터넷 권력의 변환 과정에서 새로이 출현하는 질서는 어떠한 모습인가?

　사회과학적 해부의 칼을 집어든 저자들의 눈에 가장 먼저 들어온 대상은 구글이나 네이버와 같은 국내외 인터넷 포털이 행사하는 구조적 권력이었다. 『브리태니커 백과사전』의 아성에 도전하는 온라인 백과사전 위키피디아도 새로운 인터넷 권력의 모습을 대변했다. 당시 선거운동 과정에서 주목을 받은 UCC(User Created Contents)의 확산도 인터넷 권력의 행보를 엿보게 하는 현상이었다. 이러한 과정에서 부상한 사이버 행동주의자나 프로슈머(prosumer), 그리고 인터넷 커뮤니티의 회원들, 더 나아가 글로벌 차원에서 활동하는 시민단체들이 새로운 권력의 주체로서 조명되었다. 새로운 권력 현상의 출현은 오프라인과 온라인에 걸쳐서 짜인 국내외 질서의 재편을 야기했다. 당시 저자들의 해부 작업이 지적 재산권과 정보공유운동, 사이버공간의 정치토론 질서와 온라인 게임, 글로벌 정보격차와 테러 네트워크의 부상에 초점을 맞춘 이유는 바로 이렇게 재편되는 질서의 구도를 엿보기 위해서였다.

첫 번째 글모음을 준비하던 2007년 당시만 해도 인터넷을 둘러싸고 벌어지는 권력 현상은 권력 이론의 칼로 도려낼 수 있을 정도로 윤곽이 뚜렷하지 않았다. 게다가 당시 저자들이 들고 있던 해부의 칼날도 그리 예리하지 못했다. 따라서 주로 지배하는 힘(즉 pouvoir)을 분석하던 잣대로 당시 급부상하던 인터넷의 대항적 힘(즉 puissance)까지 포괄적으로 분석하는 데 만족해야 했다. 이러한 현실과 인식의 격차에 대한 자각은 이후 '기사연' 세미나의 토론이 지배권력의 변환과 대항 세력의 창발이라는 권력변환의 양면성에 집중하는 데 일조했다. 이와 동일한 맥락에서 나를 포함한 이 책의 저자들도 권력변환의 양면성을 이론적·경험적으로 분석하는 작업을 개별적으로 진행했다. 이 책의 제목을 『소셜 미디어 시대를 읽다: 인터넷 권력의 해부 2.0』이라고 붙인 이유는 단순히 앞의 책과의 연관성을 넘어서 소위 웹2.0이라는 말 안에 담긴 함축적 의미를 좀 더 본격적으로 인터넷 권력에 대한 논의에 투영하고 싶었기 때문이다.

SNS(social network service) 또는 소셜 미디어의 등장은 권력변환의 과정에서 상대적으로 가려져 있던 '인터넷 권력 2.0'의 윤곽을 좀 더 구체적으로 드러내는 계기를 마련했다. 소셜 미디어가 발휘하는 힘의 핵심은 일방향이 아닌 양방향의 수평적 네트워크를 타고서 발생하는 커뮤니케이션의 확산에 있다. 이러한 힘은 단순히 커뮤니케이션을 양적으로 확대하는 데만 그치지 않고 사람들의 행동의 조직화로 연결될 가능성이 있다는 데 폭발적 잠재력이 있다. 이 책에서는 이러한 힘의 실체를 크게 세 가지 주제로 나누어 해부하는 작업을 벌였다. 소셜 미디어란 무엇이고 그 내재적 특성은 무엇인가? 소셜 미디어가 정치사회변환에 미치는 영향은 무엇인가? 소셜 미디어의 시대를 맞이하여 국내외 거버넌스는 어떠한 변화를 겪고 있는가?

소셜 미디어를 화두로 내건 글 모음의 자기 완결성을 위해서 이 책은 권력변환의 동인으로써 소셜 미디어의 특성을 들여다보는 작업에서 시작했다. 사실 SNS로 대변되는 소셜 미디어는 그 성격상 개인의 표현 욕구와 정보 관리의 권리, 문화 생산과 소비 양식에 큰 영향을 미치는 새로운 커뮤니케이션 양식의 부상을 의미한다. 이러한 소셜 미디어가 지니는 힘은 소위 '재스민 혁명'으로 알려진 북아프리카의 민주화 바람에서 이미 확인되었다. 이러한 바람이 중동과 중앙아시아를 거쳐서 동아시아의 중국과 북한까지 불어올 것이냐의 문제는 정치학의 중요한 관심사가 아닐 수 없다. 소셜 미디어의 확산이 새로운 시민 권력의 형성을 바탕으로 한 민주주의라는 전망을 낳는 것은 사실이지만, 그 자체가 또 하나의 사회과학 고유의 주제인, 어떻게 다스릴 것이냐, 즉 거버넌스의 문제를 해결해주지는 않는다. 이 책에서 권력변환의 문제와 더불어 소셜 미디어 시대를 맞이하는 정부 거버넌스의 변환과 인터넷, 개인정보, 정보격차 분야의 글로벌 거버넌스 문제를 다룬 것은 바로 이러한 이유 때문이다.

이상의 질문들에 대한 탐구는 주로 2012년 내내 진행되었던 기사연의 세미나에서 이루어졌다. 이 세미나가 진행되는 과정에서 "동아시아 네트워크 세계정치"라는 주제로 진행된 '2011년도 한국사회기반연구사업(Social Science Korea: SSK)'의 '연구자 네트워킹 사업'의 지원을 받았다. 이 세미나의 발표와 토론 내용은 서울대학교 정치외교학부 대학원의 송태은, 최인호, 곽민경, 최은실 등에 의해 녹취되고 기록으로 옮겨져 '네트워크 세계정치 홈페이지(http://www.networkpolitics.ne.kr)'에 실려 있다.

이러한 세미나의 성과를 바탕으로 2012년 11월에 기사연과 서울대학교 국제문제연구소의 공동 주최로 "소셜 미디어의 사회과학: 새로운 거버넌스의 모색"이라는 학술회의가 열렸다. 이 책에 실린 글의 대부분은 이 학술회의에서 처음으로 발표되었다. 학술회의에서는 발표되었지만 저자들 개인의 사정으로 '소셜 미디어와 중국의 정치 변동', '사이버 안보의 글로벌 거버넌스', '소셜 미디어와 웹 환경의 문화 확산' 등을 다룬 세 편의 글이 최종 편집 과정에서 빠지게 되어 아쉽다. 이 학술회의에서 발표와 토론 및 사회를 맡아주신 조현석(서울과기대), 류석진(서강대), 민병원(이화여대), 김종길(덕성여대), 이원태(정보통신정책연구원), 조화순(연세대), 이호영(정보통신정책연구원), 정종필(경희대), 조희정(국회입법조사처), 김예란(광운대) 교수께 감사드린다. 또한 이 책을 최종 마무리하는 제주 워크숍에 참석하신 백욱인(서울과기대) 교수께도 감사를 전한다.

이 책이 나오기까지 많은 분들의 도움이 있었다. 무엇보다도 번거로운 지적 협업에 기꺼이 동참해주신 11명의 저자 선생님들께 깊이 감사드린다. 최종적으로 집필에 참여하진 않았지만 세미나에서 활발한 토론을 벌인 기사연의 다른 선생님들께도 감사의 말씀을 전한다. 다음커뮤니케이션의 이병선 이사와 이현재 과장, 물심양면으로 도와주신 두 분의 지원은 학술회의를 개최하고 책 집필 작업을 진행하는 데 큰 힘이 되었다. 서울과학기술대 SSK 위험정보사회 연구팀의 조현석 교수와 정보통신정책연구원의 이호영 박사도 학술회의 개최에 도움을 주었다. 2012년도 기사연 회장이자 이 책의 공동편집자 황주성 교수의 지원과 격려도 감사한다. 교정 작업을 맡아준 곽민경의 노력도 고맙다. 또한 성심껏 이 책의 출판 작업을 맡아주신 도서출판 한울의 관계자들에게도 감사를 전한다. 끝으로 내년이면 10주년을 맞는 기사연의 공부 모임이 '인터넷 권력의 해부 3.0'을 향해 순항하기를 기대해본다.

2013년 12월
김상배

차례

서장 _ 소셜 미디어, 정치사회변환, 글로벌 거버넌스

김상배(서울대학교)

1. 머리말

최근 소셜 미디어(social media) 또는 SNS(Social Network Service)가 미치는 영향에 대한 관심이 커졌다. 여기서 소셜 미디어는 트위터나 페이스북 또는 유튜브 등과 같은 특정한 서비스 또는 그러한 개별 서비스들이 수행하는 미디어로서의 역할이라는 좁은 의미를 지칭하는 것은 아니다. 오히려 지난 18여 년 동안 이루어진 인터넷 발전사의 선단(先端)에 있는 대표 사례라는 넓은 의미에서 이해한 것이다. 따라서 오늘날 소셜 미디어는 유무선 인터넷이나 이를 통해 제공되는 서비스와 콘텐츠, 그리고 이를 둘러싸고 벌어지는 다양한 정치사회적 행위와 문화의 단면을 현시점에서 응축하여 담고 있는 사례로 보아야 한다. 이 책에서 다루고 있는 소셜 미디어는 웹 1.0 시대를 넘어서 웹2.0 단계를 거쳐 새로운 국면으로 진화하고 있는 인터넷, 그리고 좀 더 넓은 의미에서 파악된 정보혁명의 현주소를 보여준다.

소셜 미디어는 단순히 새로운 소통 수단의 등장이라는 차원을 넘어서 우리 사회 곳곳에서 여러 가지 변화를 야기하고 있다. 사실 페이스북, 트위터, 유튜브 등이 지난 5년 여 동안 불러온 변화는 꽤 많다. IT 분야에서 5년은 다른 분야의 50년에 비견될 만하다고들 말한다. 이러한 이유로 IT 분야만큼 '혁명'이라는 말을 '용감하게' 사용하는 데도 없을 것 같다. 언론 지상에 '소셜 미디어 혁명' 또는 'SNS혁명'이라는 말이 등장한 지는 이미 오래 되었다. 그렇다면 정말로 소셜 미디어가 글자 그대로 '하늘의 뜻(命)'을 '새롭게 바꿀(革)' 정도로 질적인 변화를 가져왔을까? 기술과 미디어 분야에서 발생한 변화가 혁명인지의 여부를 따지기보다는, 그렇게 흥분할 정도로 예기치 않은 변화가 많이 발생했다는 정도로만 논하자.

소셜 미디어의 등장이 혁명을 논할 정도로 심상치 않은 현상인 데 비해, 그것이 야기한 변환의 전반적인 양상을 고려하면 혁명(革命)이라는 용어를 쓰기는 더욱 부담스럽다. 오히려 이 경우에는 변환(變換, transformation)이라는 말이 더 편하게 느껴진다. 변환은 말뜻 그대로 '내용'의 '변화'보다는 '형태(form)'의 '변화(trans)'에 초점을 맞춘 말이다. 이런 점에서 변환은 연속성과 변화를 동시에 담아내는 용어로 이해할 수 있다. 다시 말해, '내용'은 변하지 않았더라도 이를 담는 '용기'가 변해서 무언가 새롭게 볼 여지가 있는 현상을 표현한다. 이렇게 말뜻을 이해하면, 오늘날 우리가 보고 있는 기술, 정보, 지식, 커뮤니케이션 분야의 혁명적 변화는 사회, 경제, 문화, 정치 등의 영역에서 아직 혁명이라고 불릴 정도의 획기적 변화를 이끌어내지는 못한 것 같다. 그럼에도 소셜 미디어가 불러온 변화가 종전의 '틀'로는 담아낼 수 없는 새로운 '내용'을 많이 펼쳐놓고 있는 것도 사실이다.

이러한 변환의 물결이 우리 사회 곳곳에 스며들고 있다. 개인의 생각, 행동, 가치관이 변하고, 사회문화적 삶의 형태도 크게 달라졌다. 정치 분야도 이러한 영향으로부터 자유롭지 못하다. 2012년 19대 총선과 18대 대선에서도 소셜 미디어는 긍정적 측면뿐만 아니라 부정적 측면에서도 기존에 우리가 알고 있던 정치의 지평을 바꿔놓았다. 더 나아가 소셜 미디어의 영향은 국내 정치에만 머물지 않는다. 소셜 미디어는 이미 외교의 과정과 영역 및 주제를 바꾸고 있으며, 21세기 세계정치의 게임과 행위자의 성격까지도 바꾸어놓을 조짐을 보이고 있다(한국언론학회 편, 2012).

이렇게 소셜 미디어가 야기하는 다층적 '변환'은 단순한 중립적 현상이 아닌 권력이 깊숙이 관련된 정치적 현상이다. 이러한 맥락에서 이 책의 저자들이 선정한 이론적 논제는 권력의 변환이다. 통칭해서 '인터넷 권력의 변환'이라고 할 수 있다. 사실 이 책의 저자들은 5년 전 『인터넷 권력의 해부』(한울)라는 책을 통해서 인터넷이 권력의 성격과 구도 및 소재의 변환에 영향을 미치고 있다는 논지를 펼친 바 있다(김상배 편, 2008). 당시 저자들이 '해부'하고 싶었던 것은 인터넷 권력의 현상 안에 담겨 있는 권력의 양면성이었다. 다소 단순화할 위험성을 무릅쓰고 이 양면성을 요약하자면, 인터넷 초창기의 웹1.0이 위로부터의 권력변환을 촉발시켰다면, 웹2.0의 부상은 아래로부터의 권력변환을 낳고 있다는 것이었다. 이러한 시각에서 볼 때 인터넷의 권력정치는 기존의 지배권력과 이에 대항하는 세력이 맞서고 있는 양상으로 그려진다(김상배, 2010a).

5년 전과는 달리, 당시에는 맹아적으로만 포착되던 밑으로부터의 대항세력이 부쩍 더 큰 힘을 얻었다. 소셜 미디어가 지니는 힘의 핵심은 소셜 네트워크로부터 나온다. 이러한 '소셜 권력' 또는 '네트워크 권력'의 작동은 일방향이 아닌 양방향의 수평적 네트워크 형태의 커뮤니케이션 과정에서 발생한다. 소셜 미디어 혁명은 디지털 네트워크를 통해 메시지를 전파함으로써 정보와 지식을 증대시킬 뿐만 아니라 소통의 통로를 열고 공감의 영역을 확대함으로써 사람들 사이의 행동을 조율할 가능성을 높여 놓 있다. 이런 점에서 소셜 미디어가 지니는 힘의 근원은 다름 아닌 커뮤니케이션의 힘에 있다. 그리고 이것이 커뮤니케이션에만 그치지 않고 행동으로 연결될 가능성이 있다는 데 폭발적 잠재력이 있다. 유선 환경을 바탕으로 한 '인터넷 미디어' 시대의 권력과 유무선 복합 환경을 배경으로 한 소셜 미디어 시대의 권력을 비교하는 포인트는 바로 여기에 있다.

이 글은 소셜 미디어가 인터넷 권력의 변환에 미치는 영향을 크게 세 가지 측면에서 지적했다. 첫째, 소셜 미디어가 지니는 커뮤니케이션 매체로서의 성격을 단순히 새로운 소통 수단의 도입이라는 차원을 넘어 새로이 출현하는 사회적 관계맺기의 출현이라는 맥락에서 파악했다. 또한 이러한 소셜 미디어 권력이 어떻게 기존 지식권력에 도전장을 던지고 있는지를 살펴보았다. 둘째, 소셜 미디어가 국내 정치과정에 미치는 영향을 선거정치나 정당정치 또는 의회정치의 변환이라는 제도적 측면에 주목하여 살펴보았다. 아울러 소셜 미디어가 외교 과정과 영역 및 주체 변환에 미치는 영향도 검토했다. 셋째, 소셜 미디어가 21세기 세계정치에 미치는 영향을 살펴보았다. 특히 소셜 미디어 시대를 맞이하여 변환을 겪고 있는 세계 지식질서의 모습과 이러한 변화에 대응하는 전략의 방향을 짚어보았다.

2. 소셜 미디어의 부상과 그 위력

1) 새로운 미디어의 부상?

우리가 흔히 영어의 약자로 표기하는 SNS는 온라인에서 다수의 사람들의 관계맺기를 도와주는 인터넷 서비스이다. PC 기반 인터넷 서비스에 더해 최근 모바일 스마트 기기가 확산되면서 SNS의 사용이 더욱 활발해졌다. 사실 SNS는 서비스라기보다 미디어로 보아야 한다. 단순히 아는 사람들끼리 소통하는 차원을 넘어 기성 미디어처럼 뉴스를 담아 수용자들에게 보내는 역할이 부쩍 커졌기 때문이다. 다만 SNS는 기성 미디어와 달리 사람들이 맺은 사회관계의 연결망을 타고 작동한다. 이런 점에서 SNS는 소셜 미디어이다. SNS나 소셜 미디어라는 말은 모두 우리말로 번역되기보다 다소 생경한 알파벳의 조합이나 음차어로 통용되고 있다. 이러한 사정이 생긴 이유로는, 언어의 번역이 메울 수 없는 '의미의 공백'에 대한 망설임도 있겠지만, 우선 이 용어들에 담긴 현실의 낯설음을 꼽아야 할 것 같다.

소셜 미디어가 지니는 커뮤니케이션 매체로서의 특징은 속보성, 관계성, 긴밀성이라는 세 단어로 요약된다. 우선 소셜 미디어는 기성 미디어보다 빠르게 소통할 수 있는 수단이며, 지구화와 정보화, 그리고 민주화의 시대를 맞이하여 새로이 출현한 사회적 관계맺기를 도와주는 수단이다. 또한 소셜 미디어는 전혀 모르는 사람과 소통하거나 관계맺기를 하는 수단이라기보다 뭔가 긴밀한 관계의 사람들이 서로 소식을 주고받고 공감대를 형성하는 수단이다. 이러한 점에서 소셜 미디어는 복합적 성격의 미디어이다. 이러한 복합성은 1차 집단적 공동체 관계와 2차 집단적 사회관계의 복합, 이성적 커뮤니케이션과 감성적 커뮤니케이션의 복합, 그리고 사적 공간과 공적 공간의 복합이라는 세 가지 차원에서 이해할 수 있다(김상배, 2012a).

첫째, 소셜 미디어로서 SNS를 매개로 형성되는 사회관계는 복합적인 성격을 가지고 있다. 때문에 '소셜'을 단순히 '사회'라고 번역할 수 없다. 우리가 보통 사회(社會)로 번역하는 'society'는 구성원들의 이익을 기반으로 형성되는 '2차 집단'의 사회관계를 기반으로 한다. 그런데 SNS를 통해 형성되는 소셜 네트워크는 이러한 이익 기반의 관계맺기로만 이루어진 것은 아니다. 오히려 구성원들이 정체성을 공유하면서 구성하는 공동체(community), 즉 '1차 집단'의 사회관계를 배경에 깔고 있다. 엄밀하게 말하면 SNS의 소셜 네트워크는 공동체(1차 집단)와 사회(2차 집단)의 중간 정도가 되는 '1.5차 집단'의 사회관계를 배경으로 작동한다. 이것이 바로 '소셜'이라는 말이 우리말로 쉽게 번역되지 않는 이유이다(김상배, 2010b).

트위터의 사례를 보자. 트위터는 대면관계의 공간적 제약을 넘어서는 광범위한 사회관계를 가능케 했다. 그러나 트위터에서 정보의 전달은 매스 미디어의 경우처럼 누구에게나 골고루 나누어지는 방식으로 이루어지지 않는다. 트위터의 핵심은 리트윗(Retweet)이다. 내가 받은 정보를 누군가에게 리트윗하는 방식으로 정보의 전달이 이루어진다. 그런데 우리가 트위터를 통해서 정보를 리트윗하는 대상은 생면부지의 남이 아니다. 또한 내가 정보를 얻기 위해서 트위터에서 팔로우하는 사람도 누군지 모르는 타인이 아니다. 이렇게 보면 트위터는 친한 지인들을 상대로 하여 물어보고 알려주는 모델이다. 트위터는 공식적인 관계가 확장되는 와중에도 친밀한 관계를 놓치지 않는 사용자들의 심리를 공략한 모델이다. 이러한 점에서 트위터의 확산은 사람들 사이의 '연결성'의 확대뿐만 아니라 '근접성'의 강화를 의미한다.

둘째, 트위터가 활용하는 사회관계의 복합성은 거기에 담기는 커뮤니케이션의 성격과 내용의 복합성으로 나타난다. 기성 미디어와는 달리 트위터와 같은 소셜 미디어에는 해석과 주관적 편집, 선별과 감정이 담긴다. 트위터에서는 내가 머리로 동의하는 '글'뿐만 아니라 내가 마음으로 공감하는 '말'이 리트윗된다. 정보를 획득하는 채널인 동시에 감정을 공유하는 채널이다. 다시 말해 트위터에서는 객관적 정보의 전달과 소통만이 목적이 아니라 생각의 교환과 더 나아가 정서적 공감이 중요하다. 이렇다 보니 전달된 정보의 내용을 믿는 것뿐만 아니라 정보를 전달한 사람 자체를 좋아하는 것도 트위터의 소셜 네트워크가 작동하는 중요한 요소가 된다. 이런 점에서 트위터의 팔로워 커뮤니티는 유명 연예인들의 팬클럽에 비견되기도 한다.

셋째, SNS를 활용한 소셜 미디어가 만들어내는 공간의 성격도 복합적이다. 구전 미디어가 사적(私的) 공간에서 이뤄지는 작은 이야기를 전했다면, 매스 미디어는 공적(公的) 공간에서 이뤄지는 큰 이야기를 널리 전파시켰다. 그런데 트위터나 페이스북이 만들어내는 공간은 '공사(公私)의 복합 공간'이다. 예를 들어, 트위터는 일반적으로 자신의 이야기를 하는 사적 공간인 동시에 다른 사람의 이야기를 듣고 전하는 공적 공간이다. 친한 친구들에게 자기를 전시하려는 심리도 작용한다. 구전 미디어의 입소문이 꼬리에 꼬리를 물고 전해지듯이 리트윗도 그 구조와 논리는 입소문과 다를 바 없다. 트위터는 예전 같았으면 사적 공간에서 친구들하고만 나누었을 법한 이야기를, "내가 어제 저녁 자리에서 들었는데 말이야……"라고 하면서, 공공장소에서 털어놓는 것과도 같은 모델이다. '골방 모델'과 '광장 모델'의 복합 모델이라고 부를 수도 있겠다. 이러한 이야기들이 여러 차례 리트윗되면서 전파되고 추가 정보들이 더해지면서 정보의 퍼즐 맞추기를 하는 복합 공간이 생겨난다.

이러한 복합적 성격을 가지는 소셜 미디어의 확산은 무엇을 변화시켰는가? 가장 눈에 띄는 변화는 상상으로만 가능했던 다양하고 중층적인 네트워크들이 동시다발적으로 출현했다는 사실이다. 지난 수십 여 년 동안 지구적 차원에서 물리적 네트워크가 구축되고, 그 위에 정보와 지식의 네트워크가 차곡차곡 얹혔으며, 이를 기반으로 하여 사람들의 네트워크가 좀 더 밀접하고 **빽빽**하게 자리 잡는 현상이 발생했다. 소위 '네트워크들의 네트워크(a network of networks)', 즉 '망중망(網重網)'이 우리 삶 곳곳에 스며들었다(김상배, 2010). 이렇게 등장한 네트워크는 노드(node)와 노드들이 링크(link)로 연결된다는 일반적인 의미의 네트워크와는 다르게 이해되어야 한다. 비유컨대, 마치 원생동물인 '아메바'와 같이 유연한 외연을 가지고, 아이들의 장난감인 '레고 블록'처럼 쌓고 허물면서 그 모양을 쉽게 바꿀 수 있으며, '도마뱀의 꼬리'처럼 어느 부분이 손상되더라도 금세 복구되는 특징을 지닌, 그야말로 '복합 네트워크(complex network)'라고나 할까?

이러한 복합 네트워크를 기반으로 하여 사람들은 이메일을 주고받고 웹사이트에 정보와 지식을 올려놓으며, 이를 활용하여 과거처럼 신문과 방송에 의지하지 않고도 서로 소통하고 의견을 나눌 수 있게 되었다. 하다못해 예전에는 전문가의 영역으로만 간주되던 백과사전의 편집에 참여하기도 하고, 프로 비평가들을 뺨치는 평론을 주고받는 온라인 동호회를 구성하기도 한다. 이렇게 만들어지는 복합 네트워크의 공간에서는 정보와 지식의 공적인 교류뿐만 아니라 사적인 소통과 친밀한 교감까지도 오고간다. 특히 페이스북, 트위터, 유튜브와 같은 소셜 미디어는 주위의 친구들에게 글과 영상을 추천받고 이것들을 다시 다른 친구들에게 퍼뜨리는 일종의 '생각과 공감의 네트워크'를 그 기저에 깔고 있다. 이러한 소셜 네트워크를 기반으로 웹 환경에서 문화가 확산되고 대외적으로도 한류 열풍을 일으키는 밑바탕이 되고 있다. 이러한 복합 네트워크의 메커니즘에 의지해서 사람들은 예전과 같은 수동적인 청중의 자리에만 머물지 않고 좀 더 능동적인 참여자의 역할을 찾아서 인터넷 세상으로 나서고 있다(김상배, 2010a).

2) 소셜 미디어의 위력?

이 대목에서 제기되는 중요한 질문은 기술과 정보 및 지식의 네트워크를 기반으로 하여 형성된 '생각과 공감의 네트워크'가 어떠한 경우에 '행동의 네트워크'로 발전하게 되는가의 문제이다. 다시 말해, 모두가 조금씩 알고 있는 것을 모으거나 서로서로 공감하는 바를 얼기설기 엮어서 (단순히 개별적인 요소들을 집합해놓은 것이 아니라) 전체가 하나처럼 행동하게 만드는 요인은 무엇인가? 사실 이 문제는 오랫동안 정치사회학에서 '집단행동(collective action)'이라는 이름으로 연구되어온 주제이다. 최근 인터넷 시대를 맞이하여 달라진 것이 있다면 소위 '집합지성(collective intelligence)'이라고 불리는 디지털 복합 네트워크의 메커니즘이, 예전에는 비용이 많이 들어서 아예 시도조차 할 수 없었던 종류의 집단행동을 좀 더 쉽게 만들었다는 사실이다. 어떤 경우에는 '집합감성(collective emotion)'이라고 부를 수 있는 감성적 또는 정서적 변수가 작동하기도 한다.

이러한 인터넷 시대의 집단행동 문제와 관련하여 클레이 서키(Clay Shir-ky)는 『끌리고 쏠리고 들끓다(Here Comes Everybody)』에서 매우 흥미로운 분석틀을 소개하고 있다. 서키가 주목한 것은 집단행동을 유발하는 요인으로서 '인식의 공유'가 지니는 중요성이다. 그에 따르면, 집단행동과 관련된 인식의 공유는 다음과 같은 세 단계를 거치면서 순차적으로 성숙되어 발현된다(서키, 2008).

제1단계는 '모두가 무엇인가를 아는 단계'이다. 각자 '주관적으로' 무엇인가를 알고 있는 단계인데, 안다는 것 그 자체만으로 행동이 유발될 개연성은 그리 높지 않다. 제2단계는 '모두가 알고 있음을 모두가 아는 단계'이다. 남이 알고 있다는 것을 막연하게나마 '간(間)주관적으로' 알고 있는 단계이다. 공감이 널리 확산되어 있지만 모두가 무엇을 알고 있는지에 대해서 발설하지 않기 때문에 여간해서는 행동이 촉발되지 않는다. 제3단계는 '모두가 알고 있음을 모두가 알고 있다는 사실을 모두가 아는 단계'이다. 사람들이 각자 알고 있는 것을 '객관적으로' 서로 확인할 수 있는 단계이다. 남들이 어떻게 생각하고 무엇을 하는지를 알고 있으면 이에 동조할 가능성이 커질 뿐만 아니라 행동을 같이하게 될 가능성이 높아진다.

이상의 세 단계 논의에서 실제로 집단행동이 발생할 가능성이 높은 제3단계로의 이행을 가능케 하는 중요한 변수는 바로 커뮤니케이션의 힘이다. 커뮤니케이션이라는 말은 우리말로 번역하지 못하고 외래어로 사용되는 대표적 용어 중 하나이다. 영어의 'communication'에는 정보를 주고받고 소통한다는 의미 이외에도 참여해서 공유한다는 의미가 담겨 있다. 클레이 서키가 강조하는 '인식의 공유'는 바로 이러한 커뮤니케이션이 성립되는 필수불가결한 전제 중 하나이다. 그런데 여기서 주목할 점은 적절한 도구나 환경이 제공되었을 경우에 사람들 사이의 커뮤니케이션이 급속히 확장되고 이를 바탕으로 이례적인 힘이 발휘된다는 사실이다. 이러한 맥락에서 볼 때 앞서 언급한 소셜 미디어 혁명은 이러한 커뮤니케이션의 힘을 증대시키는 대표적인 사례이다.

이렇게 복합적인 성격의 소셜 미디어는 온라인과 오프라인에서 사람들을 결집하여 유례없는 사회적 파장과 상당한 위력을 발휘하고 있다. 소셜 미디어가 발휘하는 위력의 핵심은 널리 소수자들을 결집하는 힘에서 나온다. 예전 같으면 묻혔을 작은 이야기들이 소셜 미디어를 활용해 쉽게 개진되고 널리 퍼져나가 활발한 참여를 유발하고 있다. 우리는 소셜 미디어를 통해 그야말로 다양하고 중층적인 네트워크 형태로 작동하는 새로운 권력을 본다. 이러한 권력은 기존에 군림해왔던 지식권력에 대항하며 지식질서의 구조 변동을 야기하고 있다. 실제로 지난 몇 년 동안 우리는 소셜 미디어, 좀 더 넓게는 인터넷 미디어가 발휘하는 정치적 위력을 실감해왔다.

소셜 미디어의 위력이 관심을 끄는 안건 중 하나는, 과연 이것이 신문이나 방송과 같은 기성 미디어의 지식권력을 대체할 것인가의 문제이다. 소셜 미디어를 통해서 일반인들이 쉽게 기사를 생산하여 전달할 수 있게 되면서 일반인과 전문기자의 역할과 권위를 나누던 경계선이 흐려지고 있는 것이 사실이다. 경우에 따라서는 소셜 미디어를 통해 일반인들이 더 빨리 뉴스를 전달하고, 기성 미디어의 프레임에 잡히지 않던 숨겨진 어젠다들을 발굴하기도 한다. 소셜 미디어가 기성 미디어의 문지기(gate-keeper) 역할에 도전하고, 새로운 시각에서 대항프레임(counter-framing)을 제시할 수 있게 되었다. 요컨대, 소셜 미디어의 부상으로 인해 미디어 권력의 핵심이라고 할 수 있는 '누가 프레임을 짤 것이냐?'의 문제 자체가 흔들리고 있다.

이렇게 어젠다 플랫폼이 다변화하면서 소셜 미디어가 신문이나 방송을 대체할 가능성마저 거론되고 있다. 이러한 전망이 고개를 드는 이유는 최근 소셜 미디어가 괄목할 정도로 급속히 성장했기 때문이다. 그러나 그보다 소셜 미디어는 지향하는 기본 정신이나 철학이 전통 미디어에 비해 질적으로 다르다. 사실 뉴스에 담기는 내용 자체의 정론성이나 객관성이라는 측면에서 볼 때 전통 미디어와 소셜 미디어는 큰 차이가 있다. 전통 미디어가 어떠한 형태로건 객관적인 뉴스 보도와 정치적으로 공정한 입장을 추구한다면, 소셜 미디어는 객관성이란 이름 아래 자신들의 활동을 묶으려 하기보다 '이야기 전쟁'이 벌어지는 플랫폼만을 제공하려 한다. 그리고 나서 뉴스를 생산하는 사람이 아니라 소비하는 사람이 다시 한 번 판단할 수 있는 여지를 남기자는 입장이다.

이렇듯 소셜 미디어의 약진이 기성 미디어에 대한 도전인 것은 분명하지만, 그렇다고 매스 미디어의 의미가 없어지는 것은 아니다. 오히려 소셜 미디어는 매스 미디어와 일정한 정도의 공존 관계에 있다고 보아야 할 것이다. 전 세계적 트윗 분석에 따르면, 트윗되는 내용의 많은 부분이 매스 미디어의 헤드라인이라고 한다. 그러다가 가끔 자연재해라든지 속보 또는 숨겨져 있던 작은 이야기들이 이런 것들을 대체한다. 아직까지는 소셜 미디어의 주된 콘텐츠는 매스 미디어로부터 나오고 있다. 이런 점에서 보면 소셜 미디어는 기성 매스 미디어의 '반포(頒布) 모델,' 즉 생산자가 중심에서 뉴스를 뿌려주는 모델과 '유포(流布) 모델,' 즉 사용자들이 서로서로 꼬리에 꼬리를 무는 방식으로 뉴스를 전하는 모델의 복합 모델이다.

3. 소셜 미디어와 정치외교의 변환

1) 소셜 미디어와 정치의 변환

최근 튀니지와 이집트에서 시발되어 중동 전역으로 확산되고 있는 민주화 바람의 이면에는 소셜 미디어 확산에 힘입어 증대된 커뮤니케이션의 힘이 있다. 소셜 미디어를 통해 모두가 막연하게만 알고 있던 집권층의 비리와 부패가 세상에 알려지고, 또한 좀 더 중요하게는 이에 분개하여 거리로 나선 동료들이 있다는 소식을 접하게 되면서 민주화를 요구하는 집단행동이 촉발되었다. 앞서 지적한 것처럼, 생각과 공감의 집합이 실제로 집단적 행동으로 이어지기 위해서 구성원들 간의 '인식의 공유'라는 것이 결정적으로 중요한 변수인데, 소셜 미디어가 그러한 역할을 톡톡히 담당한 것이다. 소셜 미디어라는 '기술 변수'가 중동에 민주화의 씨앗을 낳았다고 보는 것이 아니라, 소셜 미디어의 확산으로 인해 역사의 전면에 등장한 '커뮤니케이션의 정치'가 변화의 주역이라고 보아야 할 것이다(Shirky, 2011).

멀리 중동의 사례까지 논할 필요도 없을 것 같다. 이미 한국에서도 소셜 미디어를 통한 정치 커뮤니케이션의 중요성이 어느 때보다 높아졌다. 그야말로 한국 정치와 사회를 이해하는 데 있어서 '커뮤니케이션의 정치'는 엄연한 독립변수로서 자리를 잡아가고 있다. 2008년 미국산 쇠고기 수입 반대를 위해서 열린 촛불집회나 2010년의 천안함 침몰 사건과 연평도 포격 사건을 둘러싸고 벌어졌던 네티즌들의 토론이 대표적인 사례이다. 이때부터 지식 엘리트들의 성역으로 남아 있었던 무역협상과 외교안보정책의 쟁점들이 일반 국민들도 한마디씩 거들 수 있는 분야로 인식되기 시작했다. 이러한 과정에서 소셜 미디어 혁명으로 대변되는 '커뮤니케이션의 정치'는 한국 정치와 사회의 권력구조를 바꾸어놓는 선봉장의 노릇을 톡톡히 담당하고 있다.

특히 2011년 두 번의 재보궐선거는 소셜 미디어의 정치적 위력을 여실히 보여준 계기가 되었다. 소셜 미디어의 실제 위력만큼이나 주목해야 할 것은 유권자들이 트위터를 통해 선거에 영향을 미칠 수 있고 더 나아가 현실을 바꿀 수도 있다는 희망과 믿음을 가지게 되었다는 사실이다. 소셜 미디어는 정치에 무관심하던 유권자들에게 정치적 효능감을 안겨주었다. 소셜 미디어를 활용하여 '생각과 공감의 네트워크'를 형성함으로써 사람들이 예전처럼 수동적 청중에만 머물러 있지 않고 좀 더 능동적인 참여자의 역할을 찾아나서게 되었다. 앞서 살펴본 것처럼 여기서 큰 의미를 가지는 것은, 소셜 미디어 기반의 '생각과 공감의 네트워크'가 어떻게 '행동의 네트워크'로 전화되느냐의 문제이다. 우리는 그 실제 사례를 최근에 북아프리카와 중동 지역에서 발생한 민주화 시위, 소위 '재스민 혁명'에서 보았다.

이러한 사례들의 연속선상에서 볼 때, 향후 정치과정에서도 소셜 미디어는 큰 역할을 담당할 것으로 예상된다. 특히 소셜 미디어를 활용한 2030세대의 정치참여가 활발히 이루어질 것이다. 소셜 미디어의 활용이 보수와 진보 중에서 어느 세력에 더 유리하냐의 문제는 논란의 여지가 있다. 소셜 미디어도 미디어이기 때문에 학계에서 논의되어온 '미디어 편향성'이라는 것이 없지 않다. 일반적으로 소셜 미디어는 위계조직보다는 수평적 네트워크 형태의 사회관계, 그리고 보수 이념보다는 진보 이념에 상대적으로 친화적인 것으로 알려져 있다. 조직 형태나 이념이라는 변수와 더불어 놓치지 말아야 할 점은 소셜 미디어가 젊은 세대에 좀 더 친화적이라는 사실이다. 흥미롭게도 소셜 미디어를 통해서 젊은 세대들이 표현하고자 하는 바는 기존의 거대한 정치담론이 아니다. 소위 '투표인증샷놀이' 등에서 엿보이는 바와 같은 생활정치 또는 재미정치의 작은 담론이다. 기성세대는 이러한 젊은 세대의 정치적 소통 방식에 익숙하지 않아 그 내용을 파악하는 데 어려움이 있다.

2) 정치제도의 변환과 민주주의의 전망

소셜 미디어의 확산은 기성 정치제도의 변환에도 영향을 미친다. 예를 들어, 소셜 미디어의 위력이 기존의 정당정치를 무력화시킬 것이냐의 문제는 중요한 화두이다. 특히 2011년 10월 서울시장 선거 때 무소속으로 출마한 박원순 후보가 여야 정당의 후보를 제치고 당선된 사건이 있고 난 뒤 정치학에서 중요한 화두는 과연 소셜 미디어의 시대에 정당이 필요한가의 문제였다. 박원순 후보의 지지자들이 상대 후보의 지지자들에 비해 소셜 미디어를 더 많이 활용하여 결집하는 면모를 보인 것이 그 이유였다.

소셜 미디어를 통해 소셜 대표를 내고 그 대표가 직접민주정치를 할 가능성이 있는 것이 아니냐는 전망도 대두되었다. 그러한 가능성이 높아진 것은 사실일지도 모른다. 그렇지만 문제는 좀 더 복잡하다. 소셜 미디어가 다수의 참여를 지원하는 것은 맞지만, 그렇게 나온 대표가 사회 전체를 반영하는, 제대로 된 대표이냐의 문제가 있다. 또한 소셜 미디어란 것은 이리저리 몰려다니는 측면이 있다. 대표성의 균질성이란 부분에 문제가 생긴다. 이런 점에서 보면 소셜 미디어를 통해서 정치적 참여가 증대되었다고 해서 그것이 곧바로 민주주의로 직결된다는 보장은 없어 보인다.

소셜 미디어 시대를 맞이하는 정당정치의 미래를 예견해보면, 우선 소셜 미디어로 대변되는 변화에 민첩하게 편승해 이를 도구적으로 활용하는 정당만이 살아남을 가능성이 커질 것이다. 하지만 소셜 미디어가 야기한 변화를 도구적 차원으로만 이해할 수는 없다. 소셜 미디어의 도입은 그것을 다루는 사람들의 마인드와 그것을 담아내는 제도와 조직의 변화를 수반할 것이다. 방향 자체는 현대 정당의 변화 방향과도 맞다. 거대 조직이 축소되고, 정책이나 비전에 동조하는 사람들이 소셜 미디어라는 채널을 통해 모이는 방식의 정당은 불가피하다. 물론 조직으로서의 정당은 소멸할지도 모르지만 정당의 공적 기능은 여전히 필요하다. 누군가 끝까지 남아서 공공성의 마인드를 지켜주는 것이 필요하다. 마치 역사적으로 계속 형태를 바꿔왔지만 어떤 형태로든 국가가 있어야 하는 것처럼 말이다.

유사한 맥락에서 소셜 미디어가 위력을 발휘하게 되면서 그 문제점에 대한 우려의 목소리도 만만치 않다는 사실을 명심할 필요가 있다. 사실 태생적으로 소셜 미디어의 힘은 어디로 튈지 모르는 종류의 것이다. 마치 하이퍼텍스트의 구조를 따르는 인터넷에서 우리가 관심 있는 주제를 따라서 검색을 하다 보면 어디로 가게 될지 모르는 상황을 연상케 하는 힘이다.

이는 평소에는 느슨한 고리의 형태로 연결되어 있다가 무슨 일이 생기면 그 연결고리가 강해지면서 널리 확산되는 힘이다. 또한 균질적인 네트워크를 이루는 것이 아니고 벌떼의 움직임처럼 우르르 쏠림 현상이 발생하는 힘이기도 하다. 이러한 속성을 가지고 있다 보니 소셜 미디어의 권력은 도마뱀의 꼬리와도 같은 권력이 되기 쉽다. 다시 말해, 문제가 생기면 즉각 꼬리를 감추고 숨어버려서 결과에 대한 책임을 물을 데가 없다.

　이러한 소셜 미디어의 위력과 문제점이 여실히 드러나는 사례는 최근 논란이 되고 있는 폭로와 루머의 확산, 그리고 여기에서 비롯되는 개인정보 침해와 명예훼손의 문제이다. 예전 같으면 몇몇의 친구들만 알았을 사생활의 비밀들이 소셜 미디어라는 확성기를 통해 모든 사람들에게 퍼져나가는 일이 다반사로 발생한다. 이러한 문제의 해결을 위해서는 궁극적으로 소셜 미디어가 형성하는 커뮤니티의 자정기능을 믿을 수밖에 없다. 그럼에도 그 자정기능이 작동하여 결과적으로 진실이 밝혀지더라도 그동안 당한 사람이 떠안을 수밖에 없는 피해에 대해서는 어느 누구도 책임지지 않는 경우가 많다. 눈에 보이진 않지만 소셜 미디어에서도 신뢰가 분명히 존재한다. 그렇지만 그러한 신뢰는 섣부른 감정의 동조보다 사실관계의 확인을 바탕으로 구축되어야 할 것이다.

　소셜 미디어를 통한 민주주의 실현 가능성을 논하기에는 다소 이른 감이 있다. 소셜 미디어는 기성 언론의 프레임에서 자유롭고 누구나 평등하게 논쟁에 참여할 수 있다는 장점이 있다. 그러나 140자 이내에 주장과 증거를 담아내야 하기 때문에 재치 있는 짧은 글이 선호될 수밖에 없다. 간혹 이런 분위기가 풍부하고 성찰적인 사유를 나누는 데 걸림돌이 되기도 한다. '숙의 민주주의(deliberate democracy)'의 장점은 서로 다른 의견을 듣고, 인정하고, 합의를 도출하는 데 있다. 그런데 소셜 미디어는 어떠한가?

트위터에서도 건설적인 토론이 있지만, 듣고 싶은 의견만 동조하고 팔로우하는 경우가 많다. 게다가 동조하는 의견이 급속히 네트워킹되는 일종의 '눈덩이 효과'가 크다. 이것이 바로 소셜 미디어 실험이 지니는 위력만큼이나 그 실험이 파생시킬 실패의 가능성에도 주의해야 하는 이유이다.

경제학에 시장 실패란 말이 있다. 시장 실패가 발생하면 정부가 시장에 개입한다. 또한 정부 실패나 국가 실패란 말도 있다. 칼자루를 주니까 자기가 좋은 대로만 쓰더라는 이야기이다. 이러한 연속선상에서 소셜 미디어 실패 혹은 '네트워크 실패'와 같은 개념도 생각해볼 수 있다. 시장과 정부와 사회는 모두 다 실패할 가능성이 있다. 그렇지만 소셜 미디어에 '네트워크 실패'의 가능성이 있다고 해서 국가가 들어가 규제하는 것은 해법이 아니다. 시장이 통제하는 것도 해법이 아니다. 항상 시장·국가·사회의 삼각형이 균형점을 찾는 방식으로 가야만 한다. 어쨌든 소셜 미디어는 정치에 무관심하던 세대에게 '뭔가 현실을 바꿀 수 있겠다'는 단초를 보여주었다. 그리고 만약에 문제점이 있더라도 자체적 자정기능이 작동하기를 기다리는 것이 순리이다. 다만 단기적으로는 시스템 전체의 건강한 작동을 위해서 공공(公共)의 목적을 가지고 계도하는 지혜도 필요하다.

3) 소셜 미디어와 외교의 변환

외교 분야도 소셜 미디어의 영향으로부터 자유로울 수 없다. 소셜 미디어를 외교의 과정에 도구적으로 활용하는 경우에서부터 소셜 미디어의 활용이 외교의 활동영역이나 활동 주체의 성격을 변화시키는 데 이르기까지 다방면에 걸쳐 그 영향이 드러나고 있다. 이러한 과정에서 소셜 미디어가 외교와 맺는 관계는 외교를 효율적으로 추진하기 위한 하나의 도구적 변수인 동시에, 더 나아가 외교 자체를 변화시키는 구성적 변수로서 작동하기도 한다. 소셜 미디어가 외교에 미치는 영향은 세 가지 측면, 즉 외교의 수단으로 활용하는 경우, 외교정책의 수립과 집행 과정에 영향을 미치는 경우, 외교의 주체를 변화시키는 경우로 나누어 살펴볼 수 있다.

첫째, 최근 외교의 과정에 소셜 미디어를 활용하려는 국내외의 시도들이 늘어나고 있다. 가장 앞서 가는 나라는 패권국인 미국이다. 오바마 행정부 출범 이후 힐러리 클린턴 미 국무장관을 중심으로 소셜 미디어를 미국의 공공외교에 활용하려는 시도가 활발히 이루어졌다. 사실 IT를 외교 과정에 도입하려는 시도가 어제오늘의 일은 아니다. 컴퓨터와 인터넷이 보편적으로 보급되기 시작한 1990년대 후반부터 IT를 적극 활용하는 디지털 외교에 대한 논의가 진행되었다. 특히 9·11 이후, 당시 부시 행정부는 미국의 대외적 이미지 하락을 만회하려는 취지로 공공외교에 적극적인 관심을 기울이는 과정에서 소셜 미디어를 포함한 다양한 디지털 기기의 활용을 강조하게 되었다. 소셜 미디어를 활용함으로써 미국의 공공외교는 상대국의 대중 속으로 깊게 침투할 수 있는 기발한 도구를 얻었다.

둘째, 외교정책 수립과 집행 과정에서 소셜 미디어로 대변되는 세력이 '독립변수'로서의 가능성을 시험받고 있다. 예전 같았으면 엘리트의 전문 영역이었을 외교안보 분야나 통상정책 등의 영역에 일반 대중이 견해를 제시하는 일이 늘어났다. 그 이면에는 인터넷이나 소셜 미디어를 활용한 토론과 논쟁이 있다. 앞서 언급한 2008년 한미 FTA 반대 촛불집회나 2010년 천안함 침몰 사건은 인터넷 또는 소셜 미디어라는 변수를 고려하지 않고는 제대로 이해할 수 없다(김상배, 2008; 송태은, 2011). 예전에는 단순히 여론이라고 치부되었던 일반 대중의 수동적 역할이 소셜 미디어 환경을 바탕으로 적극적 참여를 하는 다중(多衆, multitude)이라는 역할로 변화되었다.

셋째, 소셜 미디어의 활용은 외교 주체의 성격을 변화시키는 데까지 나아간다. 최근 소셜 미디어를 공공외교에 활용하려는 시도는 IT를 단순히 도구적으로 활용하는 차원을 넘어서 정부가 주도해온 외교 자체의 변환을 엿보게 한다. 이는 수평적 네트워크를 속성으로 하는 소셜 미디어와 위계적 성격을 띠는 전통적 외교 전담조직 간에 발생하는 일종의 역설이다. 이러한 구도에서 소셜 미디어의 도입 논의는 외교 전담 부처의 조직구조와 조직문화의 변화를 야기할 가능성이 있다. 그러나 외교라는 분야의 성격상 개별 외교관들이 소속 부처의 입장과는 다른 개인적 견해를 트위터, 페이스북, 유튜브 등에 피력한다는 것은 쉽지 않다. 이러한 점에서 소셜 미디어를 공공외교에 활용하려는 노력은 일정한 한계를 안고 있다.

요컨대, 인터넷과 소셜 미디어의 도입은 기존의 외교 양식에 변화를 야기하고 있다. 무엇보다도 새로운 디지털 환경을 활용하여 국내외의 대중과 소통하는 외교의 중요성이 새삼 강조되고 있다. 또한 인터넷과 소셜 미디어를 통해 외교의 내용이 대중에게 널리 알려지면서 비국가 행위자들이 외교에 미치는 영향력도 커졌다. 이러한 맥락에서 자국은 물론 타국의 국민들을 상대로 하는 공공외교와 이를 추진하는 과정에서 다양한 외교 주체들이 참여하는 네트워크 외교에 대한 관심이 크게 늘어나고 있다.

4. 소셜 미디어 시대의 글로벌 거버넌스

1) 세계 지식질서의 창발

이 책에서 사용한 소셜 미디어라는 말에 응축된 정보혁명의 영향이 지구적으로 확장되면서, 국가의 경계를 넘어서는 질서 형성에 대한 관심이 부쩍 늘어나고 있다. 특히 인터넷의 사용이 활발해지고 사이버공간의 글로벌 이슈들이 늘어나면서, 이 분야에서 글로벌 거버넌스의 틀을 마련하려는 시도가 한창이다. 국제정치학의 시각에서 볼 때, 이러한 시도는 새로운 세계질서를 모색하려는 것으로 이해된다. 다시 말해, 제2차 세계대전 이후 UN을 중심으로 세계 정치군사질서가 모색되고, 20세기 후반에는 IMF(International Monetary Fund)나 WTO(World Trade Organization)를 중심으로 세계 경제질서가 형성되었다면, 최근 인터넷과 사이버공간을 둘러싸고 나타나는 규범 형성의 시도들은 '제3의 세계질서'의 태동을 방불케 한다.

이러한 제3의 세계질서에 대해서는 아직은 적절한 명칭이 정착되지 않았다. 기술, 정보, 지식, 커뮤니케이션, 문화(통칭하여 지식) 등의 변수를 중심으로 형성되는 새로운 질서라는 의미에서 통칭하여 '지식질서'라고 불러볼 수 있을 것 같다(Strange, 1994; 김상배 외, 2008). 지식질서는 '지식'의 생산과 유통 및 사용이 일정하게 조직화된 방식으로 이루어지는 규칙화된 패턴이다. 이러한 지식질서의 작동 방식은 권력과 밀접히 연관된다. 이런 점에서 지식질서의 개념은 지식과 권력의 문제를 사회과학적 의제의 가시적 구도 안으로 편입시킬 뿐만 아니라 지식을 둘러싸고 벌어지는 동학을 살펴보는 준거의 틀을 제공한다. 이러한 지식질서는 유사 이래 있어왔지만 최근 정보혁명의 진전과 인터넷의 확산으로 인하여 특별히 부각되고 있다. 제2차 세계대전 이후의 역사만 보더라도 세계 지식질서는 크게 세 단계에 걸쳐서 진화하고 있다.

세계 지식질서의 제1라운드는 1970년대와 1980년대 초 NWICO(New World Information and Communication Order) 운동의 대두라는 맥락에서 형성되었다. 새로운 질서의 모색은 1982년 「맥브라이드 보고서」의 채택으로 귀결되었다. 당시 쟁점이 된 것은 DBS(Direct Broadcasting System), 즉 위성방송의 확산에 따른 초국적 정보 흐름(transnational information flows: TDF)이 개도국의 정보커뮤니케이션 주권을 얼마나 침해하느냐의 문제였다. 국경을 넘는 정보 흐름의 활성화로 널리 보급된 초국적 시청각 미디어(audio-visual media), 특히 TV 콘텐츠가 개도국의 이미지를 왜곡시킨다는 문제가 제기되었다. 이러한 문제제기와 새로운 정보커뮤니케이션 질서 구축의 노력은 역으로 미국의 유네스코 탈퇴라는 결과를 낳으면서 지지부진해졌다.

세계 지식질서의 제2라운드는 1990년대 들어 초국적 정보 흐름의 문제가 세계 무역의 쟁점과 결합되면서 벌어졌다. 우루과이라운드의 협상 과정과 WTO의 성립 과정에서 서비스 무역의 개방 문제가 대두되었다. 이 과정에서 쟁점은 물질상품과 마찬가지로 문화상품도 자유무역의 관념과 제도를 따르자는 것이었다. 이는 미국이 주도하는 세계 경제질서의 틀 안에 지식질서(또는 지식문화질서)를 담으려는 발상으로 이해되었다. 다시 말해 지식문화질서가 경제무역질서에 셋방살이하는 모습이었다. 이러한 경제무역질서와 지식문화질서의 포괄적 접근은 유럽 국가들의 반론에 직면했는데, 문화산업의 개방과 관련하여 유럽의 국가들은 스크린쿼터제 등을 내세워 보호주의적 반응을 보였다. 이에 대해 미국은 스크린쿼터 문제와 양자 간 투자협정(BIT)을 연계하는 우회전략을 펴기도 했다.

이러한 연속선상에서 본 세계 지식질서의 제3라운드는 2000년대 들어 이루어진 정보혁명의 진전과 인터넷 환경의 창출에 대응하는 형태로 나타났다. 특히 새로운 지식질서 모색을 향한 노력에 획을 그은 것은 2003년과 2005년 두 차례에 걸쳐서 열린 WSIS(World Summit on the Information Society) 였다. 이러한 과정에서 새로운 쟁점으로 부상한 것은 환경으로서의 IT에 대한 인식, 인프라에 대한 접근성, 협의와 광의의 인터넷 거버넌스, 글로벌 정보격차 해소 등을 비롯하여 문화 및 언어 다양성, 문화 콘텐츠의 생산과 유통 및 소비 등의 문제였다. 제3라운드의 특징은 선진국과 개도국 대표라는 국가 행위자들의 참여 외에도 민간 전문가 그룹과 글로벌 시민 사회 그룹이 적극적으로 참여하여 명실상부한 글로벌 거버넌스의 실험대를 만들었다는 데 있다.

2) 인터넷 분야의 글로벌 거버넌스

이렇게 변환과 창발을 겪고 있는 세계 지식질서를 어떻게 볼 것인가? 제 3라운드에 접어든 세계 지식질서의 부상에 대응하는 적절한 실천전략을 마련하기 위해서 그 성격을 정확하게 이해할 필요가 있다. 인터넷 분야 글로벌 거버넌스의 주도권을 장악하기 위한 구도는 민간사업자와 민간기구의 주도권에 대한 국가 세력과 정부 간 국제기구의 도전일 수도 있으며, 인터넷 거버넌스의 사실상 메커니즘과 법률상 메커니즘의 대립이기도 하고, 미국의 패권에 대항하는 유럽과 개도국들의 도전이기도 하다. 글로벌 인터넷 거버넌스의 새로운 질서를 모색하는 과정은 매우 복합적인 양상으로 나타나고 있다(김상배, 2010a: 143~170).

우선, 최근 인터넷과 소셜 미디어의 시대에 벌어지고 있는 세계 지식질서의 형성은 인터넷 분야의 글로벌 어젠다에 대한 국제제도의 형성과 거버넌스 메커니즘의 모색이라는 맥락에서 이해할 수 있다. 이러한 질서 형성 노력은 국제정치학 분야에서 주로 국제기구나 국제제도 또는 국제레짐이나 국제사회 등의 개념을 통해 개념화되어왔다. 예를 들어, 인터넷 분야의 질서 모색은 인터넷이라는 새로운 대상의 출현에 따라 새로운 국제레짐이 출현하거나, 또는 기존의 국제레짐이 새로운 분야로 관할권을 확장하려는 과정에서 이루어지는데, 간혹 신·구 레짐 간의 갈등이라는 모습으로 나타나기도 한다. 그런데 인터넷 분야에서 관찰되는 변화는 국가 행위자를 중심으로 보던 전통적인 국제기구나 국제레짐의 발상을 넘어선다.

인터넷 분야 제도 형성의 이면에는 자율적 거버넌스를 옹호하는 비국가 행위자들이 있다. 인터넷의 관리는 그 성격상 다양한 전문가 그룹의 참여가 보장되는 형태로 진행되어왔다. 예를 들어, 현재 우리가 사용하는 인터넷 주소 체계의 기본 골격은 국가 간의 합의에 의해서 이루어진 것이 아니라, 관련 이해당사자들이 자율적으로 구축한 것이다. 이러한 면모를 잘 보여주는 사례가, 초창기부터 인터넷을 관리해온 미국 소재 민간기관인 ICANN(Internet Corporation for Assigned Names and Numbers)이다. 여러모로 보아 독특한 성격을 지닌 ICANN은 개인, 전문가 그룹, 민간기업, 시민사회, 각국 정부, 국제기구 등이 다양하게 참여하는 글로벌 거버넌스의 실험대라고 할 수 있다.

그러나 최근 ICANN의 인터넷 거버넌스 모델에 대해 비판이 제기되고 있다. 그 이면에 사실상 '미국'의 패권이 작동한다는 것이다. 이렇게 ICANN에 영향력을 행사하며 인터넷과 관련된 어젠다 설정을 주도한 세력은, 미국의 전문가 그룹과 인터넷 기업, 지적 재산권 옹호 세력과 미국 정부 등의 집합체이다. 이러한 집합체는 전면에 인터넷 전문가나 민간 행위자들이 나서고, 미국 정부는 ICANN의 이면에서 보이지 않게 영향력을 미치는 방식으로 움직인다. 사실 이러한 집합체로서의 '미국'은 정보혁명의 초기부터 IT 분야 전반을 주도해왔다. 미국은 반도체, 컴퓨터, 소프트웨어, 인터넷 등과 같은 IT산물을 최초로 개발하여 지구적으로 전파하고, 이러한 기술력과 인프라를 활용하여 IT산업을 일으키고 디지털 경제의 붐을 일으킨 나라이다. IT 분야에 대한 미국의 패권은 사이버공간에도 투영되었다.

특히 미국의 다국적 IT기업들은 해당 분야의 기술혁신과 비즈니스를 주도 했는데, 세계 시장을 주도하는 대표적인 SNS인 트위터, 페이스북, 유튜브 등은 모두 미국에 기반을 둔 IT기업들이 제공하는 서비스다.

최근 이러한 미국의 지식 패권, 특히 인터넷 관리에서의 사실상 패권에 대해서 유럽과 개도국들이 반론을 제기하고 있다. 인터넷의 초창기부터 미국은 인터넷 관리와 관련하여 민간 행위자들을 포함한 모든 행위자들이 참여하는 사실상의 거버넌스 메커니즘을 주창했다. 이에 비해 유럽과 개 도국들은 IT 분야에서 전통적인 국제기구의 틀을 활용하려는 법률상(de jure)의 접근을 펼치고 있다. 이러한 취지로 글로벌 정보격차 해소와 기타 문화적, 규범적 차원의 문제가 개도국과 비국가 행위자들에 의해 제기되 었다. 사이버 안보 분야의 규범 형성 문제를 유럽이 주도하는 현상도 유사 한 맥락에서 이해 가능하다.

특히 유럽과 개도국들은 초창기부터 인터넷 거버넌스를 담당하는 미국 내 민간기구인 ICANN의 개혁 문제를 집중적으로 거론했다. 예를 들어, EU, 중국, 브라질, 이란, 사우디아라비아 등은 인터넷 거버넌스 분야에 새 로운 정부 간 국제기구가 필요하다고 주장하고 있다. 이들 주장의 핵심은 미국 정부의 관리와 감독을 받을 수밖에 없는 현행 ICANN 체제의 개혁을 요구하는 데 있다. 인터넷 발전의 초기에는 선발주자로서의 미국의 영향 력을 인정할 수밖에 없었지만 인터넷이 지구적으로 확산되고 다양한 이해 관계의 대립이 첨예해지면서 여태까지의 관리 방식의 정당성을 문제 삼을 수밖에 없다는 것이다(Mueller, 2010).

이러한 움직임은 인터넷 초창기에는 상대적으로 뒤로 물러서 있던 전통 적인 국가 행위자들이 인터넷 거버넌스의 전면으로 나서려는 문제의식과 밀접히 맞물린다. 다시 말해, 향후 인터넷 거버넌스의 진행 과정에서 국가 행위자들이 영토적 주권을 좀 더 적극적으로 주창해야 된다는 것이다. 이러한 맥락에서 유럽, 일본, 호주, 캐나다 등과 같은 국가들이 ICANN에 적극 참여하여 각종 하부조직 활동을 통해 인터넷 거버넌스를 주도하기 위한 경쟁을 벌이고 있다. 예를 들어, 최근 각국의 대표들을 중심으로 ICANN 내에 별도의 조직을 구성하여 미국 외의 국가들의 힘을 모으려는 움직임이 활발하게 일고 있다. 이는 미국 주도의 ICANN이 행사해오던 사실상의 지배에 대해서 국가를 단위로 하는 대표들이 일종의 법률상 메커니즘을 내세워 도전하고 있는 모습으로 그려진다(김상배, 2010a: 168).

이렇게 ICANN의 지배체제에 대해서 대안적 관리체계를 모색하는 움직임은 최근 개도국과 국제기구까지 가세하여 인터넷 거버넌스의 새로운 질서를 모색하려는 양상으로 나타난 바 있다. UN 산하의 ITU(International Telecommunication Union)가 주도하여 2003년 제네바, 2005년 튀니스에서 두 차례에 걸쳐 열린 바 있는 WSIS가 그 대표적 사례이다. WSIS의 준비 과정과 본 회의에서는 다양한 쟁점이 제기되었는데, 그중에서도 향후 인터넷을 누가 어떻게 관리할 것이냐의 문제와 함께 미국의 영향력 아래 놓여 있는 ICANN의 역할에 대한 문제는 당연히 가장 큰 쟁점이었다. 그러나 WSIS는 ICANN의 개혁에 대한 방안을 마련하는 데까지 이르지 못하고 폐회되었으나, 이후 인터넷과 관련된 정책에 대한 지속적인 토론을 위한 장으로서 IGF(Internet Governance Forum)을 마련하게 되었다. 이 밖에도 정부 간 협의체인 OECD(Organization for Economic Cooperation and Development)에서도 인터넷 거버넌스에 대한 논의가 이루어지고 있다(김상배, 2010a: p.169).

세계 지식질서의 제3라운드는 아직까지, UN의 정치군사질서나 WTO의 경제무역질서에서 보는 바와 같은 전체 쟁점을 아우르는 메타 질서의 메커니즘을 형성하지 못하고 있다. 오히려 각 분야와 쟁점별로, 다층적인 트락별로 규범 형성의 노력이 이루어지고 있다. 예를 들어, ICANN을 중심으로 좁은 의미의 인터넷 거버넌스의 쟁점이 다뤄지고 있다면, ITU와 WSIS 등을 통해서 정보격차와 개발협력에 대한 문제제기가 이루어진 후 IGF를 통해서 넓은 의미의 인터넷 거버넌스에 대한 논의가 진행되고 있다. 이 밖에도 OECD IT장관회의를 통해서 전자상거래와 디지털 경제에 대한 논의가 진행되고 있으며, 사이버공간 총회를 통해서 사이버 안보를 위한 국제협력과 사이버공간의 규범 형성을 위한 논의가 시작되었다.

이상에서 살펴본 세계 지식질서의 변환은 인터넷과 소셜 미디어 분야에서 두각을 나타내고 있는 한국에 새로운 대응전략 모색을 요구한다. 무엇보다도 변화하는 세계 지식질서 속에서 한국이 차지하는 위상에 대한 정확한 인식이 필요하다. 사실 IT산업이나 인터넷의 보급, 그리고 인터넷 비즈니스 분야나 인터넷 사용자의 수준이라는 점에서 한국은 그야말로 '인터넷 선진국'이라고 불릴 만하다. 그러나 인터넷 분야 글로벌 거버넌스의 장에서도 한국이 '선진국'이라고 자부할 수 있을까? 한국의, 정보화 수준이나 국제사회에서의 위상 및 기여도 등을 객관적으로 고려하여 글로벌 정보사회의 의제를 개발하는 능력은 얼마나 될까? 각종 회의나 포럼에 참여하는 미시적인 의제 창출전략을 넘어서 IT 한국이 나아갈 방향을 모색하기 위한 좀 더 거시적인 국가전략이 필요하다.

5. 이 책의 구성

이 책은 소셜 미디어와 정치사회변환, 그리고 글로벌 거버넌스라는 주제를 중심으로 최근 벌어지고 있는 정보사회의 국내외적 변환을 세 부분으로 나누어 살펴보았다. 이 책에 담긴 글들을 관통하는 공통의 문제의식은 웹1.0 시대의 위로부터의 권력변환과 웹2.0시대의 아래로부터의 권력변환이 인터넷, 좀 더 구체적으로는 소셜 미디어를 통해서 어떻게 얽히면서 발생하고 있는지를 해부하는 것이다.

제1부 '소셜 미디어와 사회문화의 변환'에서는 소셜 미디어가 우리 삶에 미치는 영향을 엿볼 수 있는 사례로서 개인 차원에서 나타는 독특한 소통 방식과 소통 관계의 특성, 개인의 일상을 기록하고 보관하는 SNS의 특성에서 비롯되는 디지털 유산과 잊혀질 권리 문제, 소셜 미디어를 활용한 문화의 생산과 소비 양식의 변화 등을 살펴보았다.

제1장 '소셜 미디어, 그 소통의 특성'에서 최항섭은 소셜 미디어에 담긴 새로운 소통 양식의 특징을 이론적 시각에서 살펴보았다. 최항섭은 소셜 미디어의 실시간 소통에 내재되어 있는 욕구가, 소통된 콘텐츠를 그 시간에만 소비하고 미래에 남기는 것을 목적으로 하지 않는, 소위 '현재주의'에 기초하고 있다고 주장한다. 소셜 미디어에서 개인들이 노출하고 표현하는 것은 거대한 이야기가 아니라 자신의 소소한 일상이다. 그중에서도 자신의 멋진 부분이 아니라 보통 감추고자 하는 부분이나 대수롭지 않은 부분을 보여준다. 이런 소셜 미디어의 '현재주의' 윤리는 소통 관계의 잦은 '이동'을 야기하는데, 예를 들어 트위터 등을 통해서 부단히 새로운 소통 관계를 맺는 순간 이전에 소통 관계를 맺었던 사람들과의 의미는 금방 사라지는 현상을 발생시킨다. 최항섭은 이렇게 소셜 미디어에 자신의 문화적 실천과 취향을 올려 공유하려는 행위를 전형적인 연출된 자기 표현 행위 또는 인상관리 행위(impression management)라고 규정한다. 즉 자신의 총체를 보여주기보다는 자신이 보여주고 싶은 부분이나 다른 이들이 자신에게 기대하는 부분만을 보여준다는 것이다. 이러한 점에서 소셜 미디어는 인간

을 더욱 고독하게 만들 수밖에 없으며, 무대에서 각광받는 자신과 무대 아래로 내려온 실제의 자신 간의 괴리를 강화시킨다.

제2장 'SNS와 디지털 유산, 그리고 잊혀질 권리'에서 배영은 그 이용이 보편화되면서 기존의 관계 유지를 위한 커뮤니케이션 도구로써의 역할뿐만 아니라 개인의 일상을 기록하고 보관하는 라이프 로그의 공간으로 활용되는 SNS의 성격에 주목했다. 기존의 문서나 사진과는 달리 디지털미디어는 보관된 정보가 시간이 경과하더라도 원래의 형태를 그대로 유지하는 특성을 지닌다. 이런 상황에서 최근 사자(死者)의 디지털 유산 처리와 이용자의 잊혀질 권리가 사회적으로 주목받고 있다. 이용자 사후에 그들이 남겨 놓은 SNS상의 콘텐츠나 타인과 주고받은 메시지의 처리는 어떻게 하는 것이 좋을까? 이용자가 원하지 않는 과거의 사실을 디지털 기록 속에서 삭제할 수 있는 방법은 없을까? 아직까지 비교적 짧은 온라인 역사로 인해 이에 대한 실효성 있는 법률 제정이나 제도화 노력은 부족한 상황이지만, 점점 온라인 영역을 제외하고 개인의 일상을 논하기 어려워진다는 점에서 디지털 유산 처리와 잊혀질 권리에 대한 전반적 검토는 시급성을 가지는 이슈이다. 이러한 맥락에서 배영은 디지털 유산과 잊혀질 권리에 대한 개념적 이해를 도모하고, 국내외의 전반적 상황을 살펴본 후 합리적 방안과 대책을 모색했다.

제3장 '소셜 미디어와 문화 생산/소비의 변화'에서 문상현은 디지털 기술이 야기한 미디어 환경의 변화가 문화 생산 및 소비 과정에 미치는 영향을 살펴보았다. 페이스북, 유튜브, 트위터 등과 같은 소셜 미디어는 문화 산업의 생산 과정과 수용자의 문화소비에 큰 변화를 야기하고 있으며, 이러한 변화는 문화권력의 미래에도 중요한 영향을 미친다는 것이 문상현이 주장하는 골자이다. 이러한 변화를 밝히기 위해서 융합(convergence)으로

상징되는 디지털 기술의 발전이 기존 문화산업의 생산과 유통 방식, 수용자의 소비 양식에 야기한 변화에 초점을 맞추었다. 특히 문화산업의 주요 행위자들인 기업과 문화상품 생산자들이 소셜 미디어를 활용하는 사례에 주목했다. 음악산업에서 뮤지션과 음반사 및 기획사가 유튜브와 마이스페이스 등을 팬과의 소통과 홍보 마케팅 수단으로 적극 활용하는 사례들이 언급되었다. 한편 문화소비 측면에서의 변화는 소셜 미디어가 수용자의 문화소비 양식을 어떻게 바꾸어가고 있는지, 그리고 이러한 변화가 전통적으로 수용자의 관여나 개입이 제한되었던 문화생산 과정에 어떤 영향을 미치고 있는지도 살펴보았다. 문상현은 소셜 미디어의 확산과 이로 인한 문화 생산 및 소비 과정에서의 변화가 오랫동안 매스 미디어가 누려왔던 문화권력의 불안정성을 높이는 결과를 낳는다고 주장했다.

제2부 '소셜 미디어와 정치외교의 변환'은 소셜 미디어가 정치와 외교 분야에 미치는 영향을 살펴보았다. 소셜 미디어는 민주주의 국가에서는 정당정치의 위기를 극복하거나 시민참여를 독려하고, 권위주의 국가에서는 새로운 정치변동의 계기를 촉발하는 역할을 한다. 이러한 논의의 연속으로 외교정책 분야에서 발견되는 다중의 정치참여 등도 살펴보았다.

제4장 '소셜 미디어와 시민권력의 부상'에서 금혜성은 새로운 정치적 커뮤니케이션으로서 소셜 미디어의 정치가 지니는 권력적 함의를 살펴보았다. 소셜 미디어가 주목받는 이유는 기존의 대의민주주의의 위기와 한계를 극복하고, 개별 시민이 의제설정이나 의사결정 과정에 직접 참여하고 영향력을 행사할 수 있는 직접민주주의의 가능성을 보여주기 때문이다. 금혜성은 소셜 미디어가 가지는 다양한 정치적 속성들, 예를 들어 정치정보의 공유를 통한 여론의 형성, 유사한 정치적 지향성을 가진 사람들의 연계와 집합, 그리고 다양한 수준에서 벌어지는 정치참여 활성화 등이 야기

하는 정치적 변화에 주목한다. 특히 시민사회 영역에서 벌어지는 시민의 비제도적 정치참여와 자발적 선거캠페인의 활성화를 소셜 미디어와의 관계 속에서 설명한다. 아울러 금혜성은 소셜 미디어가 20~30대의 젊은 유권자의 정치적 관심을 증대시키며, 이러한 변화를 바탕으로 대의민주제와 직접참여주의를 혼합한, 새로운 형태의 혼합민주주의를 촉진시킴으로써 민주주의 패러다임에 변화를 가져올 것이라고 주장한다. 그러나 이러한 변화를 제대로 정착시키기 위해서는 민주주의 정신을 저해하지 않는 수준에서 소셜 미디어의 공간을 최소한으로 규제하는 기준도 마련되어야 한다고 덧붙인다.

제5장 '디지털미디어와 정치사회변동: 이집트, 아제르바이잔, 북한 사례'에서 배영자는 이집트, 아제르바이잔, 북한에서 디지털미디어 또는 소셜 미디어가 정치사회변동에 미치는 영향을 비교의 시각에서 살펴보았다. 배영자가 견지하는 시각은 미디어의 역할을 사회경제적 구조, 정치제도와 권력집단들의 경쟁, 시민사회와 밑으로부터의 집단행동 등과 같은 맥락적 요소를 바탕으로 이해하자는 것이다. 이러한 시각에서 볼 때, 이집트에서는 서민경제를 압박하는 경제 상황과 범국민적 반정부 운동이 확대되는 와중에 국민들의 불만이 소셜 미디어를 통한 정보교환과 인적 자원동원력과 만나면서 대규모 반정부 시위가 성공적으로 벌어졌다. 아제르바이잔에서는 2008년 세계 금융위기 이후 국민들의 경제적·정치적 불만이 증대되었으나, 야권을 비롯한 반정부 세력의 입지가 부실했기 때문에 소셜 미디어를 통한 산발적인 항의나 비판이 대규모 반정부 시위로 이어지지 못했다. 북한의 경우 오랫동안 지속되어온 경제위기, 식량난, 3대 권력세습 등 반체제 운동을 위한 경제사회 구조적 요건이 충분히 존재하지만, 철저한 외부 감시와 내면화된 통제 속에서 점증하는 불만을 조직화하고 반체제

운동으로 발전시킬 수 있는 구심점이 형성되지 못했다. 그러나 배영자의 주장에 따르면, 북한에서 디지털미디어의 도입과 확산은 단기적으로 중동 지역에서와 같이 급격한 정치사회변동을 촉진할 가능성은 낮지만, 장기적 으로 북한을 변화시킬 수 있는 토대가 될 것이다.

제6장 '소셜 미디어를 통한 다중의 외교정책 논쟁'에서 송태은은 소셜 미디어가 외교정책 분야에 미치는 영향을 다중의 정치참여 사례를 통해서 살펴보았다. 송태은은 대중의 소셜 커뮤니케이션 대상이 전문지식과 고급 정보에 대한 학습을 필요로 하는 외교정책 사안도 포함하며, 심지어 이들 의 온라인 논쟁이 일정한 조건하에서는 국가의 외교정책 방향에 대한 수 정을 요구하며 정부에 압력을 가하는 집합행동으로 전개되는 현상에 주목 했다. 특히 대중을 정치적 정보를 수동적으로 소비하는 청중으로 인식했 던 기존 학계의 시각에서 탈피하여 소셜 커뮤니케이션을 통해 주요 외교 정책 사안에 대한 고급정보를 교환, 유포, 학습하며 토론을 거쳐 대항담론 을 생산하는 다중(多衆)의 출현에 주목했다. 이러한 다중의 역할을 엿보기 위해서 거론하는 사례들은 미국 쇠고기 수입 협상, 천안함 사건, 한미 FTA 재협상, 제주도 해군기지 건설, 한일군사정보협정 등과 같이 최근 한국의 주요 군사·안보 사안 및 무역 등의 외교정책 사안이다. 송태은에 따르면, 각 사례에서 동원되었던 다중의 집합지성과 집합행동은 단순한 다수의 세 (勢) 모으기 차원을 넘어서 다중의 커뮤니케이션 네트워크가 상시적으로 활성화될 수 있는 정보·지식 환경과 커뮤니케이션 환경의 근본적인 변화 를 바탕으로 한다.

제3부 '소셜 미디어 시대의 거버넌스'는 소셜 미디어의 부상으로 대변되 는 디지털 시대를 맞이해 국내외에서 벌어지고 있는 거버넌스의 변화를 미국 유타주와 한국 서울시의 정부변환과 글로벌 거버넌스 차원에서 바라

본 인터넷, 개인정보, 정보격차의 문제를 비교사례 연구의 관점에서 살펴보았다.

제7장 '소셜 미디어와 정부의 변환: 유타주와 서울시의 사례'에서 송경재는 정부 또는 지방정부의 정책결정 과정의 변화상을 구체적이고도 다각적으로 진단함으로써 소셜 미디어가 정부의 변환에 미치는 영향을 살펴보았다. 송경재가 주목한 경험적 사례는 미국 유타주(Utah.gov)와 한국의 서울시 소셜미디어센터(http://socila.seoul.go.kr)이다. 이들 사례에 대한 분석을 통해서 송경재가 탐구한 것은 소셜 미디어 환경에서 정부의 변환이 던지는 정치적, 행정적 함의였다. 정부 정보공개의 필요성 확대, 정책결정 과정의 접근성 강화, 대(對)시민 반응성의 향상, 시민참여의 선순환 효과, ICT 마인드를 가진 리더십의 중요성 등과 같은 요인들이 전자민주주의의 가능성을 높이는 것으로 확인되었다. 그렇지만 이러한 소셜 미디어 기반의 전자정부 구축이 반드시 장점만 가진다고 할 수는 없다. 포퓰리즘의 만연, 높아진 기대치로 인한 시민 불만 가중, 대의제적 정치과정의 왜곡 등 문제점도 발견되었다. 이러한 맥락에서 문제점을 보완할 수 있는 지속적인 노력이 병행되어야만 소셜 미디어 기반의 전자정부가 기존 전자정부와는 다른, 좀 더 참여 지향적이고 접근성이 강한 상호작용성을 가진 전자정부 플랫폼을 구축할 수 있을 것이라고 제안한다.

제8장 'SNS와 글로벌 인터넷 거버넌스'에서 박윤정은 소셜 미디어의 시대를 맞이하여 변화하고 있는 글로벌 인터넷 거버넌스의 배경과 현황 및 쟁점을 살펴보았다. 박윤정의 평가에 의하면, 2012년 ITU의 두바이 회의를 계기로 본격적인 글로벌 인터넷 거버넌스 2.0의 시대가 펼쳐지고 있다. 미국을 중심으로 한 서방 진영과 BRICs를 중심으로 한 비서방 진영 사이에 사이버공간에서의 패권 경쟁이 벌어지고 있다는 것이다. 이러한 양상

의 역사적 배경으로서 박윤정은 미국 정부가 1998년에 세운 ICANN을 중심으로 숨 가쁘게 전개되고 있는 국제정치 갈등을 소개하고 있다. 국제정치 갈등의 축은, 민간 운영이라는 틀을 유지하면서 국제 공유 자원인 인터넷 주소자원을 미국 정부가 단독으로 관리하는 것에 대해 긍정적으로 받아들이는 서방 진영과 개선책을 원하는 비서방 진영으로 나누어진다. 이러한 구도에서 박윤정은 글로벌 인터넷 거버넌스 2.0이 이 책의 주제라고 할 수 있는 '인터넷 권력의 해부 2.0'에 어떻게 접목되는지, 그리고 우리의 일상적 삶에는 어떠한 영향을 미치는지를 구체적인 사례들을 통해서 보여주었다. 또한 이러한 연속선상에서 21세기 인터넷 이용자들에게 이미 공기와도 같은 존재가 된 SNS가 글로벌 인터넷 거버넌스에 던지는 의미도 짚어보았다. 박윤정의 전망에 따르면, 글로벌 SNS 환경에서 클라우드 정보 관리의 문제는 또 다른 글로벌 거버넌스의 쟁점으로 부상하고 있다.

제9장 '사이버공간의 개인정보 글로벌 거버넌스'에서 강하연은 컴퓨터와 인터넷의 발달로 인해 21세기 정보사회에서 초국가적 성격이 극대화되고 있는, 개인정보의 글로벌 거버넌스 문제를 다루었다. 최근의 클라우드 및 빅데이터 환경에서는 어마어마한 양의 데이터를 바탕으로 다양한 형태의 정형·비정형 정보가 생성되고 있다. 개인정보가 정보사회의 '새로운 석유'로서 가치가 급증하면서 개인정보의 취급과 관련된 규제는 매우 중요해졌다. 그런데 ICT 기반 경제에서는 서비스의 제공에 있어 물리적·공간적 제약이 없는 데다, 한 국가 영토 내에서만 경제행위가 이루어지지 않아 개인정보의 규율 문제는 곧 글로벌 거버넌스의 문제가 되어버린다. 문제는 개인정보 보호와 관련하여 국가 간에 합의된 규범 또는 거버넌스가 수립되어 있지 않다는 점이다. 아직 사이버공간의 개인정보 거버넌스는 국가마다 개별적으로 진행되고 있으며 국제적 차원의 논의는 이제 걸음마

단계이다. 이러한 문제의식을 바탕으로 강하연은 사이버공간상의 개인정보의 성격과 규제에의 함의 도출을 바탕으로, 개인정보 보호정책의 선두주자인 미국과 EU의 개인정보 보호정책을 비교·분석하고, 개인정보의 초국가적 유통과 활용에 대한 국제기구 차원의 논의를 분석함으로써 사이버공간의 개인정보 글로벌 거버넌스의 향방을 가늠해보았다.

제10장 '정보격차의 글로벌 거버넌스'에서 이승주는 국제적 차원에서 발생하는 정보격차 문제에 대한 글로벌 거버넌스의 모색을 다루었다. ICT의 보급과 정보격차의 해소는 어느 한 행위자의 노력만으로 해결되기 어려운 과제이기 때문에, 중앙정부, 지방정부, 민간 부문, 학계, 시민사회, 국제기구가 함께 협력해서 정보격차의 문제에 대처해야 한다는 기본적인 합의가 이루어졌다. 이른바 다면적·다중이해관계자 접근(multipronged, multi-stakeholder approach)이 그것이다. 여기서 '다면적'이라는 말은 정보격차가 어느 한 차원이 아니라, 기술과 규제에서 민관협력과 주민들의 역량 강화에 이르기까지 다양한 차원에서 접근되어야 한다는 점을 의미한다. 또한 정보격차의 해소를 위해 기본적으로 각국 정부가 주도적 역할을 해야 하지만, 다양한 행위자 사이의 협력이 절대적으로 요구된다는 것이 다중이해관계자 접근의 출발점이다. 이러한 맥락에서 이승주는 글로벌 정보격차 해소를 위한 ICT의 보급과 확산에는 엄청난 재원이 소요되기 때문에, 정부가 민간 부문과 협력하는 민관협력을 다양한 방면에서 추진할 필요가 있다고 주장한다. 또한 이승주는 정부와 미디어 사이의 협력을 강조한다. ICT의 확산뿐만 아니라 활용률을 높이기 위해서 정부 차원의 교육과 함께 ICT 활용의 중요성을 부각하는 미디어의 역할이 필요하기 때문이다.

결론 '소셜 미디어와 인터넷 권력의 변환: 정치-경제-사회문화의 맞물림'에서 황주성은 이 책에 담긴 글들의 주장을 정리하는 차원에서 소셜 미디어 시대를 맞이하는 인터넷 권력의 지형을 분석했다. 황주성에 의하면 연결된 개인이 새로운 권력의 중심으로 부상하고 있지만, 이러한 과정은 인터넷 권력변환의 표층일 뿐이다. 수면 아래에는 소셜 광고라는 새로운 형태의 행위광고 플랫폼이 인터넷과 현실 경제를 연결시키는 핵심 고리로 작용하고 있다. 소셜 미디어가 웹2.0과 다른 점은 후자가 주로 개인을 익명적 집합으로 묶었던 반면, 전자는 개인을 사회적 관계로 네트워킹한 것이다. '아무나'가 아니라 내가 신뢰하는 '지인'의 평가와 추천이 가지는 영향력을 활용하게 된 것이다. 사회문화판과 정치판에서 개인의 부상은 경제판에서 소셜 광고를 가능하게 한 기초가 된다. 전통 미디어에서 '연결된 개인'에게로 넘어갔던 인터넷 권력이 다시 소셜 미디어로 환원되고 있다. 인터넷 거버넌스는 맞춤형 광고에 토대를 둔 웹2.0이 지구화를 모색하면서 첨예화되기 시작했다. 미국 등 선진국의 인터넷 기업들이 개별 국가의 통제에서 벗어나 개도국 시장에서 자유롭게 사업을 하기 위한 기반을 마련하려는 것이다. 황주성에 의하면, 이러한 '소셜 현상'은 그 구체적 발전 방향을 예측하기 어려운 인터넷의 미래를 단적으로 보여주는 사례이다.

■ 추천 문헌

김상배. 2008. 「정보기술의 발달에 따른 정치사회 변동: 인터넷과 촛불집회」. ≪지
　　식의 지평≫, 제4권, 75~95쪽.
_____. 2010a. 『정보혁명과 권력변환: 네트워크 정치학의 시각』. 한울아카데미.
_____. 2010b. 「집합지성보다는 커뮤니티?: 한국사의 맥락에서 본 인터넷 문화의
　　특징」. ≪사이버커뮤니케이션학보≫, 제27권 제4호, 45~92쪽.
_____. 2012a. 「SNS의 위력과 정치변동, 그리고 민주주의의 미래」. 중앙SUNDAY
　　· 한국사회과학협의회 편. 『한국사회 대논쟁』. 메디치, 268~278쪽.
_____. 2012b. 「소셜 미디어와 공공외교: 행위자-네트워크 이론으로 보는 미국의
　　전략」. ≪국제정치논총≫, 제52권 제2호, 117~142쪽.
김상배 외. 2008. 『지식질서와 동아시아: 정보화시대 세계정치의 변환』. 한울아카
　　데미.
김상배 편. 2008. 『인터넷 권력의 해부』. 한울아카데미.
서키, 클레이. 2008. 『끌리고 쏠리고 들끓다: 새로운 사회와 대중의 탄생』. 갤리온.
송태은. 2011. 「천안함의 망제정치: 진실게임, 신뢰게임, 집합게임」. 김상배 편.
　　『거미줄 치기와 벌집 짓기: 네트워크 이론으로 보는 세계정치의 변환』. 한
　　울아카데미, 375~412쪽.
조화순 편. 2012. 『소셜 네트워크와 정치변동』. 한울아카데미.
한국언론학회 편. 2012. 『정치적 소통과 SNS』. 나남.

Mueller, Milton L. 2010. *Networks and States; The Global Politics of Internet
　　Governance*. Cambridge and London: MIT Press.
Shirky, Clay. 2011. "The Political Power of Social Media." *Foreign Affairs*,
　　Vol.90, No.1, pp.28~41.
Strange, Susan. 1994. *States and Markets*. Second Edition. London and New
　　York: Pinter.

제 1부

소셜 미디어와 사회문화의 변환

01 _ 소셜 미디어, 그 소통의 특성*

최항섭(국민대학교)

1. 머리말: 소셜 미디어의 시대

소셜 미디어는 단순한 미디어가 아니라 사회현상이다. 소셜 미디어가 사회현상이 된 배경에는 미디어환경의 변화가 가장 큰 변수가 되었다. 2009년까지 국내 휴대폰 산업의 보호정책의 일환으로 와이파이의 사용이 제대로 이루어지지 않았지만, 2009년 말 이러한 정책이 폐지되고 아이폰이 국내소비시장에 들어오게 되면서 스마트폰의 핵심 앱 중 하나인 트위터, 페이스북 등 이른바 소셜 미디어가 급부상하게 된 것이다. 이미 기존의 데스크톱 컴퓨터에서도 얼마든지 쉽게 이용이 가능했던 싸이월드, 유튜브 등이 한국에서 하나의 문화현상으로 자리 잡은 상황에서 스마트폰의

---

* 이 글은 저자가 공동연구원으로 참여한 2009, 2011, 2011 KISDI 연구과제 '스마트미디어환경에서의 이용자 정책'(2010), '디지털인문사회학의 연구동향과 정책동향' 중 저자가 직접 집필한 부분들과 저자의 학술대회 발표 논문들 중 학술지에 게재되지 않은 글들을 모아 편집 및 재집필한 글임.

_ 소셜 미디어, 그 소통의 특성 51

구매자들이 늘어나면서 소셜 미디어 이용자가 증가할 것이라는 사실은 이미 예견되었다고 해도 과언이 아니다.

트위터는 인기 배우, 가수, 운동선수, 정치인, 기자들이 적극 가담하기 시작하면서 그 인기몰이를 시작했다. "트위터 하세요?"라는 말은 과거 정보화시대 초기에 "인터넷 하세요?"라는 말과 같은 영향력을 지니면서 사람들로 하여금 트위터의 공간으로 들어오게 하고 있다. 트위터는 하나의 사회현상이 되고 있다. 페이스북 역시 청년층을 넘어 전 세대에 걸쳐 빠른 속도로 확산되고 있다. "페북하세요?"라는 말 역시 현 시대의 소통을 상징하게 되었다. 또한 카카오톡은 전 국민의 소통 아이콘으로 자리 잡았다.

소셜 미디어가 급속도로 확산되고 있는 이유 중 중요한 것으로 소셜 미디어의 자유로움을 들 수 있다. 먼저 공간적 특성이 있다. 소셜 미디어는 이동 중에도 스마트폰만 가지고 있으면, 그야말로 언제 어디서든 자유롭게 소통할 수 있다. 물론 자유로움은 공간적인 것뿐만이 아니다. 본인확인제, 인터넷실명제의 등장으로 인해 표현에 있어서 약간은 위축되었던 네티즌들이 이러한 제도적 제약이 (현재까지는) 전혀 없는 소셜 미디어 공간에서 자유롭게 활동하고 있는 것이다. 하지만 한편으로는 이러한 자유로움의 이면에는 소셜 미디어 공간에서 너무나 많은 사생활정보가 공유되고 있어 사생활 침해의 문제도 발생할 가능성이 있다는 지적들이 있으며, 특히 그 확산 속도가 기존의 어떠한 미디어보다 더 빠르고 폭이 넓다는 점에서 그 위험성 역시 중요한 이슈로 부상하고 있는 것 또한 사실이다.

소셜 미디어가 가져온 가장 큰 변화는 소통의 변화이다. 물론 소셜 미디어가 우리의 소통을 갑자기 변화시켜 버렸다거나 완전히 새로운 소통양식을 가져왔다는 들뜬 환호는 경계해야 한다. 하지만 분명 새로운 소통의 모습이 나타나고 있으며, 이 부분이 사회문화 전체에 적지 않은 변화를 가져오고 있다. 소위 메가트렌드가 바뀌고 있는 것이다. 이 글에서는 소셜 미디어가 가져온 소통의 변화에 주목하고자 한다. 이에 현재주의와 소소함, 유목성, 경계의 소멸, 자기 연출을 그 특성으로 제시하면서 글을 전개해나갈 것이다.

2. 소셜 미디어 소통의 현재주의와 소소함

소셜 미디어의 소통에서 가장 뚜렷한 특성은 실시간성이다. 이메일이나 댓글은 일정한 간격을 두고 소통이 이루어지지만 트위터, 페이스북, 카카오톡 모두 그 간격에 있어서 거의 실시간으로 소통이 이루어진다. 특히 최근 네이버와 같은 포털에서 특정 검색어를 입력했을 때, 과거에는 그 입력어와 관련된 지식검색, 웹문서, 블로그 등 '정적'인 콘텐츠만을 보여주었던 반면, 최근에는 그 특정 검색어에 대한 소셜 미디어 글들을 실시간으로 보여주면서 진정한 의미의 실시간 소통을 가능하게 하고 있다. 사람들은 왜 이렇게 실시간 소통을 원하는 것일까? 실시간 소통에 내재되어 있는 욕구는 바로 마페졸리가 제기한 '현재주의'에 기초한 욕구이다. 마페졸리에 따르면, 현재주의에서는 모든 순간들이 가치 있다. 어떤 순간은 중요하고 어떤 순간은 중요하지 않다는 구분은 더 이상 가능하지 않다. 항상 미래가 중요하다고 이야기해왔지만, 현재의 모든 순간들이 더욱 중요하다. 현재의 모든 순간들을 중시하면서 이루어지는 소통, 그것이 소셜 미디어의 실시간 소통에 해당된다. 이때 현재의 모든 순간들은 사람들이 보기에 하찮은 것들도 포함한다. 하지만 아무리 하찮다고 여겨지는 것일지라도 현재의 순간들을 구성하면서 그 의미를 찾아간다. 실시간 소통에서 나타나는

'하찮아 보이는 소통의 메시지' 또한 그 나름대로의 존재 의미를 지닌다는 것이다.

소셜 미디어의 실시간 소통에서의 특징 중 하나는 바로 현재주의의 특징인 '소진'이다. 소셜 미디어에서 소통의 콘텐츠는 그 시간에 소진되고 미래에 남겨지는 것의 여부를 신경쓰지 않는다. 빠른 속도로 소통의 메시지가 업데이트되면서 이용자들에게는 지금 내가 트위터를 하고 있는 그 순간의 메시지가 중요한 것이지, 과거의 메시지는 이미 지나간 것이 되고 만다. 즉 어느 한 순간의 것은 그 순간에 다 소진하는 것이다. 바로 그 시간에 소진해버리는 것에 그 즐거움이 있는 것이다. 이것은 블로그와 같이 미래에 누군가가 읽어주기를 바라면서 심혈을 기울여 만드는 콘텐츠가 아니다. 소셜 미디어의 소통에서 보이는 '현재'는 미래와 연결되는 것을 목적으로 하는 '현재'가 아니다. 마페졸리의 주장처럼 '현재주의에서 사람들은 모든 것을 현재에 소진하며 미래를 위해 희생하지 않는다.' 미래에 성취해야 할 뚜렷한 목표를 가질 필요도 없이 현재의 그 순간의 소통으로 충분히 만족하면서 이루어지는 소통인 것이다.

소셜 미디어의 소통에서 드러나는 현재지향성은 젊은 세대들의 탈정치화와도 연결된다. 마페졸리는 젊은 세대에게서 발견되는 탈정치화는 미래지향적인 것에 대한 거부감 때문이라고 설명한다. 이때 정치화는 선거참여, 시민운동참여 등을 말하는 것만이 아니다. 미래의 더 나은 삶을 위해서, 나 개인이 아니라 사회 전체의 더 나은 삶을 위해 현재의 상태를 비판하고 분석하고 이에 따라 행동하는 것을 의미한다. 그런데 현재 목격되고 있는 것은 젊은 세대들이 이러한 정치화에 대해 거부 혹은 무관심으로 대응하고 있다는 사실이다. 이러한 탈정치화는 '오늘을 희생하면 내일에는 반드시 밝은 날이 온다'는 것이 더 이상 받아들여지지 않고 있다는 것을 의미한다. 저자의 조사(2010, KISDI)에 따르면 트위터에서는 탈정치화의 특성이 뚜렷하다. 트위터에 적극적으로 참여하고 있는 이들에게 중요한 가치가 바로 '현재성의 윤리(l'thique de l'instant)'이고 그렇기에 탈정치화의 특성을 띠고 있다고 보인다. 마페졸리에 의하면 현재성의 윤리가 통용되는 트위터와 같은 공간에서의 리듬은 간결하고 빠른 박자로 이루어진다. 하지만 그 리듬은 강렬한 것이며, 어떤 것에 대한 속박을 허용하지 않는다.

소셜 미디어에서 노출되고 표현되는 것은 거대한 무엇인가가 아니라 소소한 일상이다. 이를 가장 잘 이용하고 있는 이들은 소위 스타들이다. 그들은 자신의 소소한 일상을 공개 혹은 연출함으로써 대중과의 거리를 좁혀가고 있다. 이때 흥미롭게 다시 읽을 수 있는 이론이 에드가 모랭의 스타론이다.

여기서 스타론은 현상을 지지하는 이론이라기보다 현상을 통해 새로운 방향으로 설정되어야 하는 이론으로서 의미를 지닌다. 일반인들의 팔로잉/팔로워 숫자는 스타들의 팔로잉/팔로워 숫자와 크게 다를 것이다. 배우는 관객들에게 환상과 즐거움을 안겨다주기를 기대한다. 그래야만 배우의 존재가 인정받기 때문이다. 이때 배우의 퍼포먼스는 성공한다. 하지만 이것은 쉽지 않은 일이다. 관객들의 기대가 계속 변화하기 때문이다. 관객들의 기대는 이제 배우의 일상과 소소한 것을 엿보는 것이다.

이와 관련해 마페졸리의 일상사회학 이론과 고프만의 뒷무대 이론이 유용하다. 고프만은 사회관계를 유지하기 위해 개인이 다른 이들 앞에서 연기를 하는 것과 다를 바 없는 행동을 한다고 설명했다. 이러한 행동은 사이버공간 안에서도 잘 발현되고 있다. 블로그가 그 대표적 사례이다. 블로그에서 개인이 자신들이 보여주고 싶어 하는 부분만을 보여주는 행위가 그러하다. 미니홈피에서도 이러한 연기행위는 잘 드러난다. 그런데 블로그와 미니홈피에서의 연기행위의 특성은 이미 일반적으로 잘 알려져 있는 '좋은 행위'에 해당되는, 관객들이 기대하는 행위이다. 즉 멋있는 행위만을 하는 연기인 것이다. 그런데 트위터에서는 양상이 다르다. 개인은 자신의 멋진 부분을 보여주는 것이 아니라, 보통 개인들이 감추고자 하는 부분, 아무것도 아닌 부분, 소소한 부분을 보여주면서 관객들과 소통한다. 특히 배우와 같은 스타들은 관객들이 그들에게 기대하는 환상적인 모습을 보여주는 것이 아니라 '일상적인 부분', '소소한 부분', '하찮은 부분'들을 보여준다. 고프만에 따르면, 앞무대가 아닌 뒷무대에서 이루어지는 행위들은 앞무대에서 연기로 행해지지 않는다. 여기서 마페졸리의 일상사회학에서의 소소한 것의 중요성이 부각될 수 있다. 근대시기에 거대한 것들, 위대한 것들만이 앞무대에 내세워졌다면, 탈근대시기에는 뒷무대로 감추어졌던 소소한 것들이 앞무대로 복귀하고 있다. 스타는 이제 신격화된 모습이 아닌 초라한 모습, 일반인들과 같이 평범한 모습을 보여야 관객들과 소통할 수 있다. 이러한 특성이 있기에 트위터 공간에 스타들이 적극적으로 참여하는 것이다.

일반 이용자들의 소통에서도 소소함의 특성은 잘 나타난다. 블로그나 미니홈피의 내용은 비교적 일상의 전반을 사진 등과 함께 자세하게 구성하는 것이며, 카페의 내용은 그곳에서 공유되는 문화적 취향으로 구성되어 있다. 하지만 트위터, 페이스북, 카카오톡에 올라오는 내용은 자세한 내용이 아닌 소소한, 어떻게 보기에는 하찮은 내용들이 주를 이루고 있다. 소셜 미디어의 메시지의 이러한 특성은 바로 뒤랑(Durand)이 설명한 '밤의 체제(systeme nocturne)'에 잘 나타나 있다. 뒤랑에 의하면, 근대의 시기에 그 가치가 없다고 평가되었던 모든 것들, 즉 하찮은 것들(frivolité)이 탈근대시기에 다시 부상하고 있다. 이는 중심이 사라지고 있는 탈근대의 특성 때문이다. 탈근대시기에는 중심이 모든 것을 빨아들이는 것이 더 이상 허용되지 않는다. 즉, 사회를 구성하는 요소들 중 중심적 요소와 주변적 요소 간의 구분이 사라진다는 것이다. 모든 주변적 요소는 그 중심을 침범하며, 모든 중심적 요소는 주변으로 파편화되어간다. 이때 중심적으로 여겨온 요소는 정치적, 경제적 요소이다. 그런데 이제 정치적, 경제적 요소들이 그 지위를 상실하고 일상적, 문화적 요소들에 자리를 내어준다. "사람들은 이제 국가중심주의, 정당 가입, 이데올로기, 경제논리에 대해서 거리를 두고 있다. 이것이 현재 우리가 살고 있는 사회에 형성되고 있는 새로운 질서의 모습이다." 이 과정에서 비정치적이고 비경제적인, 하찮은 일상들의 가치가 부상한다. 하찮은 일상은 합리적이고 미래 지향적인 것들과 거리를 두지만, 그 일상을 공유하는 이들(소셜 미디어 이용자)에게 삶에 있어서 필수적인 가치로 자리 잡게 된다.

마페졸리의 설명에 따르면, 소셜 미디어에서 소통되는 메시지들의 소소한 일상성에서 나타나고 있는 것이 바로 사회성(socialité)이다. 산다(vivre)는 것은 무엇인가? 그것은 더 이상 미래를 계획하고 현재를 희생하며, 정치적, 경제적으로 참여하는 것이 아니다. 이러한 참여로서의 산다(vivre)는 일상적 비극이다. 사회성은 일상적 비극을 극복하게 해준다. 즉 소소한 일상성의 공유를 통해 다른 이들과 소통하며, 감정을 공유하는 과정에서 생성되는 연대(일시적이나마)의 가치, 이것이 바로 사회성이다. 타큐셀(Tacussel)에 의하면, 소셜 미디어의 메시지와 같이 하찮고 사소해 보이는 일상의 것들이 우리 삶을 지탱해주는 중심축이다. 이때 일상적인 것은 이성과 합리성의 테두리 밖에 있는 모든 것, 즉 꿈, 판타지 등을 모두 포함한다. 일상적인 것들의 가치를 이해해야 우리는 사회를 있는 그대로 이해할 수 있다.

3. 소셜 미디어와 유목성

소셜 미디어의 소통에서 나타나는 현재성의 윤리는 '이동'으로 나타난다. 여기서 '이동'은 물리적 이동이 아닌 소통관계에서의 이동이다. 소셜 미디어에서의 소통은 언제나 일시적이며 순간적일 뿐이다. 특히 트위터의 경우 소통에 있어서 자신의 메시지를 마음에 들어 하지 않는 이가 있다면 그를 설득시킬 필요가 없이 다른 소통관계로 이동한다. 트위터에서는 공동체가 존재하지 않는다. 이러한 트위터의 특성은 소통하는 개인으로 하여금 공동체로부터 어떠한 규제도 받지 않게 한다. 다른 소통관계로 이동하는 순간, 이전 소통관계의 사람들은 의미가 사라진다. 이는 마페졸리가 이야기하는 '현재 지향적', '순간 지향적' 부족관계로 설명된다. '현재 지향적', '순간 지향적' 부족관계에서 개인은 자신의 주체성을 자유롭게 발현하기에 주체로서의 존재감을 더욱 확실하게 느낀다. 미래를 위해서 희생할 것이 없고 그 순간만이 중요하기에 주체는 자신의 모습을 뚜렷하게 발현하는 것이다. 마페졸리에 의하면, 포스트모던 시기에는 비단 사이버세계에서뿐만 아니라 이러한 형태의 인간관계가 증폭되고 확산되어가는 것이 목격된다. 트위터의 소통관계는 마페졸리의 포스트모던 부족적이다. 즉 그 안에서 계약적인 어떠한 것도 존재하지 않는다. 미래 지향적인 것도 존재하지 않는다. 소통을 하는 이들은 서로를 구속하지 않으며, 그들의 인연이 내일까지 이어져야 한다고 생각하지 않는다. 중요한 것은 소통을 하는 그 순간의 자유로움과 감정의 공유, 즉 현재성의 가치이다. 마페졸리는 이러한 현재성의 가치를 디오니소스적 가치(la valeur dionysiaque)로 표현한다. 트위터에서 계속 이동하는 이들은 마페졸리적 개념으로는 유목민들이다. 즉 자신들의 집합적 행위에서 어떠한 지속성도 추구하지 않는다. 모든 것은 임시적이고 일시적인 것이다. 그렇기에 자신이 누구인지를 실명으로 밝힐 필요가 없다. 익명의 존재로 서로에게 의미를 지니게 되는 것이다.

익명의 존재들은 상호적 이방인이다. 내가 이미 현실세계에서 알고 있는 이들도 트위터를 통해 소통하지만, 나와는 우연한 계기에 소통의 네트워크에서 만나 서로의 일상을 주고받는, 하지만 실제로 그 모습은 본 적이 없는 이들이 많다. 이들은 길거리에서 만나더라도 서로를 알아보지 못하는 이방인들이다. 트위터의 네트워크는 바로 이방인들의 네트워크이다. 짐멜(Simmel)은 이방인을 '잠재적 유랑자'라고 표현한다. 이들은 공간에 머물러 있지만, 항상 다른 공간으로 이동하는 데에 준비되어 있는 존재이다. 이러한 이방인들이 일시적으로 속해 있는 공간은(트위터와 같은) 일시적이기에 유지되는 것이다. 마페졸리는 짐멜의 이방인 개념이 이 현대에 재현되고 있다고 설명한다. 이방인들은 도처에서 편안함을 느낀다. 트위터에서의 이방인들은 공간 A에서도 공간 B에서도 다른 이방인들과의 관계를 형성하는 데 문제가 없고, 만약 문제가 발생한다면 공간 C, D ······ 로 끊임없이 이동해간다. 이는 마페졸리의 개념으로 표현한다면 '포스트모던적 철새'이다. 그들은 철새처럼 계속 이동해가는데, 이 이동을 통해서 거대한 도시의 삶에 적응할 수 있다. 트위터 이용자들에게는 트위터 공간 전체가 자신의 집과 같다. 철새처럼 옮겨 다닐 수 있기 때문이다.

이방인들은 서로에게 정치, 경제와 같은 커다란 이야기를 하는 것으로 소통할 수 없다. 딱딱한 이야기는 서로에게 친밀감을 주기보다는 어색함과 때로는 근거 없는 적대감을 가지게 한다. 이방인들의 소통이 이루어지고 관계가 유지되기 위해서 필요한 것은 부드러운 내용으로 부담 없이 흘려듣고 보낼 수 있는 소소한 이야기의 공유이다. '지금 방에서 뭘 하고 있는지', '지금 어디로 가고 있는지', '지금 기분이 어떤지' 등이 그것이다. 도

대체 이런 이야기를 누가 궁금해 할까 생각할 수도 있지만, 별로 사람들이 궁금해 하지 않을 내용이기에 사람들에게 부담 없이 쉽게 읽히는 것이다. 마페졸리에 의하면, "사람들은 이제 중장기 계획, 미래 계획의 압박감에서 벗어나고자 한다. 물론 그러한 계획들은 인류가 존재하는 한 계속 짜이고 또 버려지고 할 것이다. 중요한 것은 현재의 이 순간, 이 시간에서 떠들고, 먹고, 이동하는 것과 같은 일상성의 가치가 부상하고 있다는 것이다."

여기서 한 가지 주의해야 할 것은 소셜 미디어라고 해서 모두 유목성의 특성으로 설명되지는 않는다는 것이다. 소셜 미디어는 트위터, 페이스북, 카카오톡 등 다양한 특성을 지닌 미디어들의 공통적 특성을 기초로 만들어진 일반 명사이기 때문이다. 페이스북과 카카오톡의 경우에는 이미 잘 알고 있는 사람들끼리 만들어진 네트워크를 기초로 소통이 이루어지기 때문에 유목적인 특성이 잘 드러나지 않으며, 오히려 그 네트워크 안에 계속 있기 위해 필요한 소통의 방식을 선택하는 모습이 더 뚜렷하게 나타난다.

4. 소셜 미디어와 자기 연출

기존의 사이버상의 의례 중 대표적인 것은 나에게 메시지를 준 이에게 나 역시 응답의 메시지를 주는 것이다. 이는 소위 댓글을 다는 행위에 해당한다. 그러나 시간상 제한 등으로 인해 댓글을 다는 것이 쉬운 일은 아니다. 때로는 귀찮은 일이기도 하다. 하지만 상대방의 메시지 전달을 본인이 보았고 그 메시지를 존중하고 있다는 사실을 상대방에게 전달하는 것만으로도 최소한의 에티켓은 지켜진다. 페이스북에서의 이러한 에티켓은 '좋아요' 클릭 기능이다. 자신이 그 글을 읽었다는 사실을 알리고, 그 글을 많은 사람들에게 알렸다는 사실 또한 알리면서 에티켓을 지켜나가는 것이다. 이는 의례의 간소화인데 현대사회에서 의례가 계속해서 간소화되어 가는 경향을 뚜렷하게 보여준다. 즉 상대방의 인격을 존중하고 있음을 보여주는 최소한의 짧은 의례인 것이다. 배우는 관객들이 공유하고 있는 집단적 마나(Collective Mana)를 그 역시 공유해야 한다(Le Breton, 2008: 45).

고프만의 상호작용론을 사이버공간상의 상호작용에 적용시키는 것에는 한계가 분명히 있다. 고프만의 상호작용론의 전제는 '신체적 접촉'이기 때문이다(Goffman, 1973: 34). 하지만 고프만 시대에는 가상공간이 존재하지 않았기 때문에 가상이라는 개념과 의미가 등장하지 않았다. 사이버공간이라는 새로운 공간이 발현되면서 이를 설명하기 위한 이론적 토대로 고프만은 유용하다는 생각이다.

고프만의 '전략적 상호작용론'은 특히 유용하다. 즉 자신들이 잘 구조화된 상호침해 상황 속에 있음을 발견한 개인들은 자신들에 대해 상대방이 어떻게 생각할 것인지를 판단한 후 이에 기초하여 행위를 한다는 것이다 (Goffman, 1973: 78~79). 한 개인이 다른 이들과 상호작용하는 데 있어 가장 가까운 이들(가족)의 존재가 그 개인의 행위에 영향을 미치는 것은 이미 잘 알려져 있는 사실이다. 그런데 더 나아가 개인은 자신과 별 관계가 없는 일반 대중의 존재도 항상 신경 써야 한다.

페이스북에서의 연출 대상은 종종 '나는 누구인가'를 말해주는 정체성 (identity)이다. 이때 정체성은 단지 이름, 성별뿐만이 아니라 무엇을 좋아하는지, 무엇에 익숙한지, 누구와 친한지와 관련된 사회문화적 의미로서의 정체성이다. 사실 현실공간과 가상공간의 정체성 문제에 있어서 이를 이분법적으로 구분하는 것은 쉽지 않다. 오히려 가상공간이 제공해주는 다양한 정체성 변화의 가능성을 활용하여 실제로 다양한 정체성을 경험해보고 시도해보는 문화가 나타나고 있다고 설명할 수 있다. 이러한 다양한 정체성의 시도는 마페졸리 등에 의하면 노마딕 정체성(Nomadic Identity)에 해당한다(최항섭, 2007). 즉 하나의 정체성에 머물러 있지 않고 다양한 정체성을 시도하는 행위들이 확산되고 있다는 것이다.

탈근대화시기에 사회의 주체는 individu에서 personne로 전환되고 있다. personne는 복수적(plurielle)이다. 복수적일 수밖에 없는 숙명에 처해 있는 존재이다. 어쩌면 타인의 시선에 따라 자아를 카멜레온처럼 연출해야 하는 존재이기도 하다(polymorphe). personne는 자신의 가치가 '다른 이와의 관계에서만' 의미가 생성되며, 이는 인정받고 싶은 욕구의 증대, 근대적 개인성의 쇠퇴에 대한 역반응이라고도 해석할 수 있다. '다른 이와의 관계'에 기초한 personne는 통합체가 아닌 여러 임시적 집합체(소위 tribe)에 동시에 또는 시간을 달리하며 소속되어 다중적 역할을 수행(nomadic)하기도 한다.

한편, 가상공간에서의 정체성이 현실공간에서의 정체성과 다를 경우 이러한 것이 일시적으로는 억눌린 욕구를 충족시켜주지만, 다시 현실공간으로 돌아와 자신이 수행해야 하는 정체성을 맞닥뜨리게 되었을 때 불만족도가 높아지면서 피로와 불안감이 더욱 커질 수도 있다. 가상공간이 등장한 초기에는 다양한 정체성에 대한 호기심과 관심이 높았으며, 이러한 시도도 많이 이어졌다. 하지만 최근 들어서는 현실공간의 정체성에서 크게 벗어나지 않는 정체성을 가상공간에서 그대로 가져가며 다른 이들과 관계를 맺어가는 이들이 늘어나고 있다. 그렇다고 현실공간에서처럼 자신을 완전히 노출시키는 것은 아니며, 그렇다고 해서 가상공간의 익명성 뒤에 완전히 숨는 것도 아니다. 이를 '준익명성'이라고도 부를 수 있을 것이다. 이러한 흐름을 가장 잘 활용한 서비스가 페이스북이다. 페이스북에서는 현실공간의 정체성을 옮겨온 정체성이 발현된다. 물론 이 정체성이 실제로 현실공간의 정체성을 그대로 반영하고 있다고 보기는 어렵다. 일정 정도 연출된 부분이 있기 때문이다. 그럼에도 페이스북이라는 가상공간에서 발현되고 공유되는 한 개인의 정체성은 현실공간의 정체성의 연장선상에 있다는 특징을 가지고 있다.

자기 표현이 인터넷상에서 본격화된 것은 블로그라고 볼 수 있다. 블로그는 그 운영자가 스스로 자신이 가지고 있는 생각들을 열정을 가지고 표현하는 공간이다. 이에 블로그에서 나타나는 자기 표현의 특징을 '열정적 저널리즘(passionate journalism)'이라 부르기도 한다(김관규, 2009). 블로그에는 자신이 어디를 다녀왔는지, 자신의 요즘 고민이 무엇인지를 자세하게 정리한 글들이 실려 있다. 여행에 대한 블로그가 특히 많다. 여행에 대한 이야기와 여행에서 찍은 사진들은 사실 대단히 사적인 것이다. 하지만 많은 여행자들은 자신이 겪은 경험담, 자신이 어디에서 무엇을 했는지에 대한 소소한 일과에 대한 사진들을 자세하게 블로그에 업로드하고 있다. 그렇다면 우리는 한 블로그에 올린 글과 사진들이 대단히 많은 외부인들에게 노출이 될 때, 이 블로그는 순수한 사적 공간이라고 볼 수 있는가에 대한 문제에 직면하게 된다.

블로그의 특성은 이후 트위터, 페이스북에서도 여실히 나타나고 있다. 이를 저자는 '돌려보는 일기장' 현상이라고 부르고자 한다. 만약 내가 나의 일기장의 내용을 다른 사람과 돌려본다면 그 행위는 어떻게 해석해야 할 것인가? 그 일기에 담긴 내용은 완전한 사실일까? 아니면 다른 이들의 호의 어린 평가를 염두에 둔 연출된 사실(완전한 허구는 아니지만, 편집된 사실)일까? 후자에 가까울 것이다. 이러한 의미에서 일종의 전시주의가 뚜렷하게 나타난다고 볼 수 있다.

이러한 자기 표현이 이루어지고 있는 것은 인터페이스의 특성에서도 기인한다. 김예란(2005)에 의하면, 디지털 기술의 속성인 텍스트 작성의 용이함, 시간과 비용의 절감 효과가 자기 표현을 활성화하는 데 기여했다. 중세 시대의 글쓰기는 특수한 지위의 사람들만이 할 수 있는 일이었지만, 인쇄술의 발달에 힘입어 대중의 글쓰기 능력은 개선되었다. 하지만 여전히 사람들이 글을 쓰는 것은 그 대상이 자신과 가까운 이들로 한정될 수밖에 없었고, 자신의 생각과 경험을 대중들을 향해 표현할 수 있는 방법이 없었다. 이에 디지털 기술을 통해 텍스트와 이미지 등을 가지고 자기를 표현하고, 인터넷과 같은 네트워크 기술을 통해 이를 확산시키고 공유할 수 있게 되면서 자기 표현의 욕구가 분출되기 시작했다고 보인다.

김재휘(2004)는 SNS 공간이 나타나기 이전에 이미 자신을 표현할 수 있는 공간이 다양해질 것이며, 개인은 자신의 생각과 경험을 외부로 표현하고 이에 대해 반응하면서 자신의 정체성을 형성해나갈 것이라고 내다본 바 있다. 정체성은 "어떤 의견을, 어떤 생각을 가지고, 어떻게 표현하는가"의 과정을 통해 형성된다. 사이버공간의 초기 등장 시기에 개인은 새롭게 등장하는 수많은 공간들을 돌아다니고자 했다. 여러 공동체에 가입을 하면서 다양한 경험을 누리고자 했다. 그러나 어느 정도 이러한 경험을 한 후에는 결국 '안정적인 나의 공간'을 원하게 되었다. "사이버공간에서도 내집, 내 방과 같은 공간을 가지고 싶어 하는 사람들이 늘어나고 있는데, 초기의 유동적이며 항해의 성격이 강했던 사이버공간이 이제 정착 단계로 들어선 듯하다"(김재휘, 2004). 이는 2000년대 말부터 본격적으로 등장하기 시작하여 최근 SNS 시대를 이끌고 있는 페이스북의 등장을 예견하는 날카로운 전망이기도 하다. 하지만 이 공간은 외부와 단절되어 있는 공간이 아니라 외부와 끊임없이 소통하는 공간이다. 나를 숨겨주는 공간이 아니라 나를 외부로 노출하는 공간이다. 다른 이들을 초대하여 나를 알려줄 수 있는 공간이다. 이러한 의미에서 페이스북과 같은 사적 공간은 물리적 공간에서의 사적 공간인 '집'과는 달리 '외부와 연결되어 있는', '외부에 나를 알리기 위한' 공간으로서 의사(pseudo) 사적 공간의 특성을 지닌다. 이때의 집은 순수한 의미의 집, 나의 프라이버시를 지킬 수 있는 집이 아니라 오히려 나의 프라이버시를 알릴 수 있는, 그래서 나에 대한 평판을 높일 수 있고, 나의 가치를 인정받을 수 있는 기회를 제공하는 '무대'의 성격이 강하다.

고프만의 인상관리 이론에 따르면, 사람은 자신의 총체를 보여주지 않는다. 자신이 보여주고 싶은 부분, 다른 이들이 자신에게 기대하는 부분만을 보여준다. 이런 행위만이 대인관계를 형성시켜준다(McFarland, 2005).

그런데 마페졸리는 탈근대사회에서는 고프만이 제기한 무대와 객석이 더 이상 경계 지어지지 않다고 주장한다. 배우들은 무대에서만 연기를 하는 것이 아니고 객석에 내려와서도 연기를 하며 동시에 다른 배우들의 연기를 보는 관객이 된다. 객석의 관객들 역시 무대의 배우들의 연기를 수동적으로 감상하는 것이 아니라 자신이 배우가 되어 연기를 한다는 것이다. 트위터와 관련해서 고프만의 무대론에 대한 마페졸리의 새로운 논의는 의미하는 바가 크다. 즉, 트위터에서는 배우와 관객들의 역할이 고정되어 있지 않다는 것이다. 배우와 관객이 고정되어 있지 않으면서 계속해서 역할이 순환된다. 이는 배우와 관객 간의 경계의 소멸이다. 배우가 관객이고, 관객이 배우가 된다. 고프만은 인간이 가족, 학교를 통해 사회화되었지만 그 사회화는 종결된 것이 아니며 다른 사람들과의 지속적인 상호작용을 통해서만 유지되는 것이라고 보았다. 그런데 이 상호작용에서 사람은 누구나 다른 사람들로부터 인정받기를 원한다. 즉 자아존중감(self-esteem)을

〈그림 1〉 소셜 미디어 시대의 관객의 역할 변화

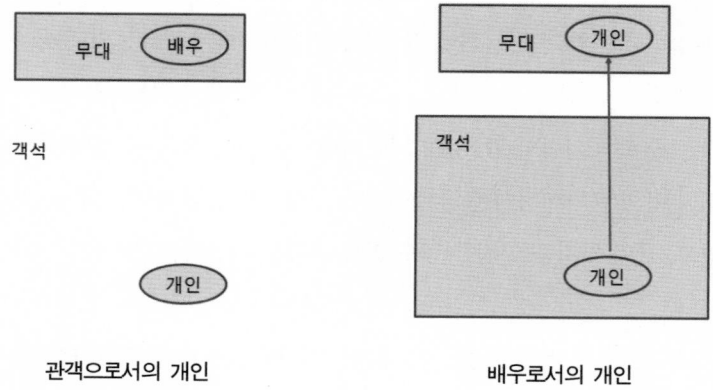

관객으로서의 개인　　　　　　　　　　　배우로서의 개인

얻어야만 사회에서 적응할 수 있는 것이다(Goffman, 1973: 21). 이러한 상호
인정의 효과가 바로 소셜 미디어에서 대단히 효율적으로 발현되고 있다.
트위터에서는 다른 참가자들의 존재감을 인정해주는 행위가 팔로잉
(Following)을 통해 이루어지고, 동시에 다른 참가자들로 하여금 자신의 존
재감을 인정받는 팔로워(Follower) 행위 또한 이루어진다. 페이스북에서는
'좋아요'를 상호 클릭해주면서 상호인정 행위가 이루어지고 있다.

　그렇다면 왜 자기 표현을 하는가? 자기 표현을 하게 되면 타인들과 상호
작용이 일어나며, 상호작용이 일어나는 것은 자신의 가치를 타인으로부터
인정받을 수 있는 가능성이 높아짐을 의미하기 때문이다. 즉, 자아존중감
이다. 자아존중감이 있어야만 사회에 적응할 수 있고, 이 자아존중감이 얻
어질 수 있는 유일한 첫 단계는 자기 표현이다(Goffman, 1973: 45). 트위터에
서 자기 표현을 하는 행위가 글을 올리는 행위라면, 그 자기 표현에 대한
상호작용으로 타인의 인정을 얻는 것이 바로 팔로워를 얻는 것이다. 많은
경우 자신의 글에 대해 긍정적 답변들이 계속 이어지고, 자신의 트위터 계

정에 팔로워들이 늘어난다면 그것은 자신에게 커다란 자아존중감을 제공한다. 그렇기 때문에 자아존중감을 확보하기 위해서 자기를 표현할 때 있는 그대로의 자기를 순수한 형태로 표현하지 못하는 것이다. 사진을 올릴 때에도 가장 멋있고 예쁘게 나온 사진만을 올리거나, 포토샵 등을 이용해서 편집하여 올리는 행위가 그러하다. 자신이 실제로는 특정 음악에 대해 전문적인 지식이나 취향이 깊지 못함에도 불구하고, 그 특정 음악에 부여되어 있는 상징성이 자신에게 필요하다고 생각된다면(예를 들어 재즈=세련됨 등) 그 음악을 페이스북에 올려 다른 이들로 하여금 그 음악을 듣게 한다. 이 행위는 전형적인 연출된 자기 표현 행위라고 볼 수 있다. 고프만은 이를 인상관리 행위(impression management)로 규정한다. 즉 사람은 자신의 총체를 보여주지 않는다. 자신이 보여주고 싶은 부분, 다른 이들이 자신에게 기대하는 부분만을 보여준다. 그리고 이러한 행위들만이 자신과 타인들과의 관계를 유지시켜준다.

여기서 중요한 것은 타인의 시선이다. 기존의 인터넷 커뮤니티에서의 익명성은 타인의 시선으로부터 숨을 수 있었다. 익명으로 댓글을 올리고 나면 그가 누구인지 알 수가 없기 때문에 타인의 시선으로부터 벗어나게 되고 이는 적지 않은 일탈행위를 유발한 것이 사실이다. 사람의 행동은 타인의 시선에 의해 크게 좌우된다. 관계가 형성되는 어떠한 상황에서도 타인의 시선은 그 영향력을 발휘한다. 또한 행동 역시 의식적이든 무의식적이든 타인의 시선을 염두에 두고 이루어진다. 타인의 시선을 항상 염두에 두고 있기에 우리는 마페졸리의 지적처럼 어쩌면 항상 '~하는 척(faire semblant)', '~처럼 보이는 척' 하고 살아가고 있는지도 모른다. 우리는 일종의 허세를 부리는 것이 자연스러운 존재들이다. 하지만 이러한 허세는 부정적인 것이 아니다. 허세를 통해서 자신이 적어도 그 순간, 그 공간에서

만큼은 인정받는 존재가 되었다는 느낌을 가지게 되며 이는 자아존중감을 상승시킨다.

소셜 미디어에서 자신의 일상에 대해 이야기하는 데 있어 그 일상은 사실일 수도 있고 꾸며진 사실일 수도 있다. 아무도 그것이 사실인지 확인할 길이 없다. 그것이 사실임을 확인할 필요 또한 느끼지 않는다. 그 일상에 대한 이야기가 마음에 들면 소통하는 것이고 그렇지 않으면 소통하지 않을 뿐이다. 소셜 미디어에서 소통에 참여하는 이들에게 가장 중요한 것은 자신의 독백이 아니다. 자신의 일상에 대한 다른 이들의 반응이며, 다른 이들의 일상에 대한 자신의 반응이다. 즉 타인의 시선을 받고자 소셜 미디어 소통에 참여하는 것이다. 페이스북에 자신의 일상에 대한 이야기를 쓰는 것은 자신의 기록을 남기고자 함이 아니다. 내가 나를 꾸미는 것은 내 스스로 만족을 하기 위해서가 아니다. 타인의 시선을 받기 위해서이다. 소셜 미디어에서 악성댓글을 올리면 그 댓글이 자신과 연결되어 있는 다른 이용자들에게 RT의 형태로 급속도로 확산될 가능성이 높다. 이 경우 가장 두려운 것은 타인의 시선들 자체가 사라져버리는 것이다. 악성댓글을 올릴 때 다른 이들의 반응을 보면서 이를 즐기는 일탈자들이 가장 두려운 것은 반응 자체가 사라져버리는 것이다. 이에 대해 마페졸리는 인간은 다른 사람이 자신에 대해 어떻게 생각하느냐에 따라 결정지어지는 존재라고 주장한다. 개인은 자율적(autonome)인 존재가 아니라 타율적(hétéronome)인 존재이다. 스스로의 법칙에 따라서 구성되는 존재가 아니라 타인들의 법칙에 의해서 결정되는 존재이다. 이때 타인의 법칙은 시선을 통해서 나타난다. 그리고 이 시선이 개인의 존재에 의미를 부여한다. 타인의 시선이 상징적 체계에 통합되어야 인간은 스스로의 정체성을 지니게 된다. 악성댓글을 올려 이에 대한 반응으로 타인의 시선이 사라지게 된다면 정체성

자체를 상실하게 될 위험이 크기 때문에 소셜 미디어에서의 자기 규제의 메커니즘이 작동하는 것이다.

5. 맺음말: 자기 표현으로 넘쳐나는 소셜 미디어, 그리고 고독

신기술의 등장은 항상 긍정적 측면과 부정적 측면을 동시에 논의하게 한다. 긍정적 측면은 인간을 더 자유롭게 해준다는 것이 핵심을 이루고 있으며, 부정적 측면은 인간을 오히려 감시의 대상으로 만들 것이라는, 즉 프라이버시 침해를 강조하는 것이 주를 이루었다. 소셜 미디어에 관해서도 마찬가지이다. 하지만 만약 프라이버시가 자발적으로 제공되기 시작한다면? 이는 프라이버시를 둘러싼 고전적 논쟁을 뒤엎어버리는 결과까지 초래할 수도 있다. 페이스북, 트위터에서 개인들은 자신들의 일상의 소소한 생활까지를 모두 담은 영상, 텍스트를 다른 이들에게 계속해서 제공한다. 이를 어떻게 이해할 수 있을 것인가?

기술과 프라이버시에 대한 논쟁은 항상 존재해왔다. 새로운 기술이 등장할 때마다 프라이버시 논의가 다시 제기되어왔다. 스마트폰의 등장에서도 같은 흐름이 포착된다. 프라이버시 논쟁의 역사를 살펴보면, 과거 신문에서 사진을 사용하기 시작하면서 그 논쟁이 본격화된 것으로 알려져 있다. 신문에 자신의 동의 없이 기자가 찍은 사진으로 인해 사생활이 노출되는 사람들에 대한 프라이버시 논쟁이 일었던 것이다. 실제로 우리는 종종 TV 뉴스에서 날씨 소개를 할 때나 명동 길거리를 TV 카메라가 비출 때 이 장면에 담긴 지나가는 사람들의 모습을 본다. 이 역시 일종의 동의 없이 개인 위치를 노출시키는 것이고 프라이버시 침해의 소지가 있는 것이다.

컴퓨터의 등장은 1960년대 이후 시작된 프라이버시 보호운동에 커다란 타격을 입힌다. 1970년 7월 ≪뉴스위크≫의 표지 제목은 "프라이버시는 죽었는가?(Is privacy dead?)"였다. 이후 2000년대 들어 인터넷 서비스가 시작되면서 프라이버시는 전 세계적 화두가 되었으며, 2009년 이후에는 스마트 기기 등장으로 그 추세가 명백해진 컨버전스 사회에서 프라이버시 문제가 새롭게 대두되고 있다.

프라이버시는 근대 민주주의 사회에서 반드시 존중되어야 하는 인권의 중요한 한 부분으로 인식되어왔다(이항우, 2006: 167). 이는 혼자 있을 권리, 외부의 간섭이나 침해를 받지 않을 권리(Warren & Brandels, 1890. 이항우, 2006: 167에서 재인용)를 의미한다. 프라이버시는 거래의 대상이 될 수 없으며 시장에서 상품화되거나 시장의 침해를 받아서는 안 되는 것이다. 하지만 이항우에 의하면 이는 프라이버시를 지나치게 소극적으로 다룬 것이며, 권리와 자유의 관점에서만 다룬 것이다. 즉 이러한 프라이버시 강조는 지나치게 협소한 접근법이 될 수 있다(이항우, 2006: 167). 이미 어느 정도의 프라이버시 제공은 현대에서 일상생활의 전제조건이 되어 있기 때문이다.

그렇다면 결국 결정권은 개인 자신에게 주어지게 된다. 프라이버시는 '개인정보 자기결정권'으로 새롭게 정의되기도 한다(Mayer-Schonberger, 1998. 이항우, 2006: 168에서 재인용). 그리고 소셜 미디어에서는 단지 개인의 이름, 학력 등의 공식적 정보만을 제공하는 것이 아니라 개인이 무엇을 좋아하는지, 무엇을 싫어하는지, 누구와 함께 있는지, 어디에 갔는지를 세세하게 알려주는, 즉 스스로를 노출하는 행위들이 이어지고 있다.

그렇다면 자발적 프라이버시 노출은 왜 이루어지는가? 이는 대중 속에 파묻혀버린 개인의 개인성(individuality) 찾기로 해석할 수도 있다. 이 개인성 찾기는 사실 사회학에서 고전적 개념인 군중 속의 고독, 소외감의 반작용이다.

이러한 맥락에서 보면 결국 프라이버시의 자발적 노출은 개인이 자발적으로 하는 것이니 문제가 될 것이 없다. 즉 현대사회에서 프라이버시는 이미 하나의 거래 대상이 되었으며, 프라이버시 제공 역시 많은 부분 개인의 자발적 의지에 기초한다는 것이다.

프라이버시 노출에 대해서는 오랜 논쟁이 지속되고 있다. 즉 개인의 사생활은 항상 보호받아야 하는 것이고, 이를 위반하는 어떠한 행위도 인권 침해적 요소가 있다는 한편의 주장과, 사생활을 어느 정도 포기하지 않으면 개인의 안전을 보장할 수 없다는 다른 편의 주장이 여전히 첨예하게 대립하고 있다. 제도적으로는 2000년대 초반부터 이어져온 인터넷실명제 논란, 2000년대 중반 이후 도입된 제한적 본인확인제의 실효성, 2012년 헌법재판소의 위헌 판결까지 제도의 도입에 따른 효과에 대한 논쟁이 이어지고 있다. 그런데 한편 특이한 현상도 목도되고 있다. 자신의 프라이버시를 의도적으로 노출시키는 행위들이 나타나고 있는 것이다. 자신이 무엇을 먹고 있는지, 어디에 있는지, 어떤 옷을 입고 있는지에 대해서 트위터나 페이스북과 같은 공간에 그대로 노출을 시키는 현상이 특히 10~20대를 중심으로 뚜렷하게 나타나고 있다. 심지어 자신의 침실, 욕실과 같은 곳에서 자신의 모습을 노출시키고 있다. '너무 외로워서' 자신의 프라이버시를 다른 이들에게 노출시키기 시작했다는 '제니 캠(Jenny Cam)' 현상이 한국에서도 경험되고 있는 것이다. 소위 전시주의의 확산이다.

고프만의 연극학 이론을 보면 우리가 일상에서 행하는 행위들은 연극행위와 유사한데, 특히 무대 위의 배우들과 유사하다고 볼 수 있다. 즉 자신의 모습을 가장 멋진 상태로 꾸며 이를 다른 이들에게 보여주는 행위의 연속이 바로 우리의 일상이라는 것이다. 하지만 현대사회에서 우리는 점점 다른 이들(소위 관객)의 주목을 받지 못하고 있다. 트위터에서도 우리는 소수의 핵심 인물들을 추종(팔로잉을 통해)할 뿐이지 우리가 주인공은 아니다. 관객 혹은 엑스트라 정도의 역할만을 할 뿐 무대 위의 주연배우가 되지 못하고 있다. 이에 자신의 가치를 인정받고 싶은 욕구가 증대하게 되며, 이를 위해서 자신의 프라이버시를 의도적으로 노출하는 것이다. 이때 프라이버시는 완전히 순수한 상태의 프라이버시가 아닌 '연출된(mise en scene)' 프라이버시다.

기술적인 면에서 보면 개인이 발신할 수 있는 조건을 가지게 된 것은 분명하나 모든 이용자가 발신하고 있지 않은 현상이 뚜렷하게 정착되어 있다. 다시 말해 자신의 의견을 적극 개진하기보다는 소위 핵심 이용자들의 의견을 보는 것에 그치며, 이보다 적극적이라고 해봐야 그 의견에 동조 혹은 반대를 하는 행위에서 그친다는 것이다. 정치적, 사회적 의견 개진에 있어 자신이 어떤 생각을 가지는 것을 그대로 노출시키는 것은 사실 위험한 행위이다. 이로 인해 다른 이들의 거센 부정적 반응을 경험할 수 있기 때문이다. 이런 위험성이 있기 때문에 어떤 사안에 대해 확신이 서지 않는 한 개인은 자신을 잘 노출시키지 않는다. 반면 프라이버시의 경우에는 이 프라이버시를 노출시킴으로써 자신이 위험에 노출될 것이라는 것을 알면서도 이를 노출시키는 것이 특징이다. 이는 이러한 위험성에 대한 경계의 정도보다 그러한 위험을 무릅쓰지 않는다면 도저히 자신의 가치를 다른 이들에게 인정받을 수 있는 기회를 얻지 못할 것이라는 절박한 고독함이 더 중요한 행위의 원인으로 작동했기 때문이라고 본다.

모두가 소셜 미디어에 열광하고 있다. 미디어가 소셜(social)한 특성까지 지니게 되면서 새로운 협력의 문화가 기대되고 있다. 자신을 연출하고 표현하는 무대들이 넘쳐나고 있다. 그런데 왜일까? 개인은 여전히 고독하다.

스마트폰의 보급과 더불어 트위터, 페이스북, 카카오톡 등 소위 소셜 미디어의 시대가 열리고 있다. 스마트폰을 쓰지 않던 사람들도 소셜 미디어를 사용하기 위해 스마트폰을 구입하고 있다. 소셜이라는 말이 상징하듯이 소셜 미디어의 기능은 바로 다른 사람들과의 관계맺기이다. 트위터는 어떤 사회적 쟁점을 둘러싸고 토론을 통해 공론장을 형성하고, 필요할 경우 힘을 집결하여 자신들의 목소리를 외부로 표출하는 기능을 한다. 이러한 의미에서 트위터에서의 소셜은 사회적 관계맺기의 기능이 두드러진다. 페이스북의 소셜은 약간 다르다. 이미 잘 알고 있는 이들 간에 서로의 신변잡기에 대한 이야기, 특히 내가 경험한 일들을 다른 이들과 공유하면서 관계를 맺는 행위가 나타난다. 카카오톡은 페이스북보다도 더욱 친밀한 관계맺기다. 친한 친구들 간에 동시에 비밀을 이야기도 하는 등 카카오톡에서는 고프만이 제시했던 '뒷무대'(무대 뒤에서 다른 사람들에 대해 자유롭게 뒷담화를 하는 곳)의 특성이 나타난다. 이렇게 소셜 미디어는 미디어를 통해 사람들로 하여금 더욱 더 '소셜'하게 만드는 특징이 있으며, 이로 인해 현대사회에서 문제가 되던 개인주의를 극복하게 만드는 기능을 한다고 인식되고 있다.

그런데 소셜 미디어 시대에서 인간은 여전히 고독하다. 오히려 소셜 미디어가 인간에게 더더욱 고독을 가져다주는지도 모른다. 트위터의 경우 하나의 이슈에 대해 충돌하여 서로의 말을 듣지 않고 자신들만의 주장만을 고집하는 경우가 빈번하다. 특히 다수가 소수의 말을 인정하지 않고 마치 마녀사냥을 하듯 몰아붙이기도 한다. 트위터의 특성상 이런 마녀사냥이 아주 쉽게 될 수 있는 인터페이스라는 것도 그 원인 중 하나다. 이때 자신의 생각이나 가치관이 무시당하고 인정받지 못하는 소수의 사람들은 자기 자신에 대한 비하감, 모멸감을 느끼게 되며, 이는 극도의 고독감으로 이어진다. 페이스북은 무대에서의 연기와 현실에서의 자신의 모습과의 괴리로 인해 고독감이 커지는 경우이다. 페이스북에 오르는 글과 사진들은 대부분 자신에 대한 '멋진' 이야기다. 자신이 갔던 여행지에서의 멋진 사진, 음악에 대한 글 등 자신을 말해주는 메시지들이 많은 경우 사실은 그 메시지를 올리는 이가 '멋진 인생을 살고 있고, 멋진 사람이다'라는 것을 알려주기 위한 '연출된' 메시지이다. 이때 무대에서 각광받는 자신과 무대 아래로 내려온 실제의 자신 간의 괴리는 오히려 박탈감을 더 증대시킨다. 카카오톡의 경우에는 동시에 다른 이들과 메시지를 주고받는 것이 가능한 인터페이스를 가지고 있다. 하지만 지나치게 카카오톡을 통해 이야기하는 과정에서 정작 자신 옆에 실제로 있는 사람과는 이야기를 하지 않는 경우가 발생하고 있다. 한 가족이 거실에 모여 있어도, 친구들이 지하철을 함께 타고 가더라도, 서로와 이야기하기보다는 스마트폰을 열고 카카오톡으로 다른 이들과 이야기를 하는 이들이 늘어나고 있다. 한 공간에 있어도 사실 각자 고립되어 있는 것이고 이는 고독감으로 이어지는 것이다.

▌추천 문헌

최항섭. 2010. 『방통융합환경에서의 참여문화와 신뢰』. 정보통신정책연구원.

최항섭. 2007. 『디지털사회의 노마디즘 연구』. 정보통신정책연구원.

김예란. 2005. 『정보생산자로서의 개인의 역량증가와 사회문화적 함의』. 정보통신
정책연구원.

김관규. 2009. 『컨버전스 시대와 매체로서의 개인』. 정보통신정책연구원.

김재휘. 2004. 『인터넷상에서의 자아인식과 집단인식』. 정보통신정책연구원.

이항우. 2006. 「미니홈피와 비공식적 공적 생활의 조건」, ≪한국사회학≫, 제40집
제3호, 124~154쪽.

Goffman E. 1973. *La mise en scène de la vie quotidienne*, Edition de Minuit,
Le Breton, D. Cultures adolescentes, Collectif, Paris, Autrement, 2008.

02 _ SNS와 디지털 유산, 그리고 잊혀질 권리*

배　영(숭실대학교)

1. 머리말

인터넷을 포함한 정보통신 기술의 발전은 우리의 일상을 다양한 차원에서 변모시키고 있다. 변화의 동력으로 작용하는 새로운 정보기술은 지난 수세기 동안 산업사회를 주도해온 산업기술과 근본적으로 다르다. 산업기술의 근간이 '인간의 근육'을 확대한 것이라면 정보기술은 '인간의 두뇌'를 확장시킨 것이다. 과거의 산업혁명 등에서 볼 수 있었던 패러다임적 전환과 변화는 물리적 측면에서의 기술을 기반으로 이루어졌지만 정보기술은 근본적으로 인간의 지능을 바탕으로 출발했기에 그 용도와 영향력이 한층 넓고 깊게 작용한다고 볼 수 있다.

이렇듯 기술의 변화는 단순히 생활의 편리만을 가져다준 것이 아니라

---

* 이 장은 저자의 연구논문인 '「라이프로그의 확산과 잊혀질 권리」(2012)를 토대로 하여 수정, 보완했음.

생활 양식(life style) 자체를 변모시키고 있다. 따라서 정보화는 정보기술의 발전으로 정보의 생산과 유통이 획기적으로 증가하면서 나타나게 된 기술적 '결과'인 동시에, 다시 새로운 차원의 정보환경과 정보가치를 창출하는 기술적 '원인'으로서 작용되고 있는 독특한 순환적 역사성을 내포하고 있다. 그 결과 경제, 정치, 사회, 문화 등 사회 제 영역에 있어서의 운용 원리를 변화시키는 원동력으로써 가지는 역할뿐만 아니라 제 영역의 총체적인 결합을 통해 나타난 변화의 단계적 의미로도 이용되고 있다.

기술에 기반을 둔 변화는 기술 자체가 동력이 되지만, 그러한 기술을 차용하고 적용하는 사회적 토양과 환경이 어떤 구성을 보이는지에 따라서도 매우 다른 결과로 이어진다. 즉, 같은 기술이라도 그것을 사용하는 사람들의 개인적 속성이나 경험, 사회 속에 내재된 경로 의존에 의해 시간 경과에 따른 결과는 달라진다는 것이다. 굳이 전통적으로 오랜 논의와 토론 속에 이루어진 기술결정론과 사회구성론의 패러다임 경쟁을 들여오지 않더라도 가치중립적인 기술과 합리적 선택에 기반을 둔 이용의 결합은 다양한 경우의 수를 만들어내고 있다.

인터넷과 SNS, 그리고 최근 급속한 이용 확산 양상을 나타내고 있는 스마트폰 또한 이러한 논의 구조에서 크게 벗어나지 않는다. 동일한 기술이나 서비스일지라도 그것을 일상에서 활용하는 사람들의 작은 차이가 모여 결국에는 차별적인 트렌드와 패러다임이 등장하게 되는 것이다. 예를 들어 같은 기술과 표준에 기반을 둔 인터넷이지만 한국과 일본, 그리고 미국의 이용자들은 이용 목적이나 정도에 있어서 상이한 양상을 나타내고 있다(Bae, 2005). 한국의 이용자들은 인터넷을 정보의 획득과 여가의 선용에 있어서 매우 중요한 도구로 인식하고 있는 반면, 미국의 이용자들에게 두 영역에서 인터넷이 가지는 중요성은 상대적으로 매우 낮은 것으로 나타났다. 일본에서는 인터넷이 정보의 획득에 있어서는 중요한 매체이지만 여가의 선용에 있어서는 중요도가 떨어지는 양상을 보여주었다.

원래 SNS는 알고 있는 사람들과의 편리한 소통을 위해 개발된 서비스이지만, 이제는 커뮤니케이션을 위한 도구뿐만 아니라 그 활용이 생활 전반에 걸쳐 이루어지고 있어서 SNS 이용을 제쳐두고는 더 이상 인터넷을 이야기하기 어렵게 되었다. 더욱이 아침에 일어나서 밤에 잠자리에 들기까지 곁에 두게 되는 스마트폰의 확산은 SNS의 이용 증가를 배가시키는 역할을 한다. 스마트폰의 확산과 SNS 이용은 이제까지 개인들이 구성하며 살아온 하루의 의미도 확장시키고 있다. 시간적 차원에서 고려되는 물리적 단위의 하루와 함께 자잘하고 소소한 사건과 일상으로 기록되는 기억과 재현의 구성체로서의 하루가 그것이다.

2. 인터넷 이용과 라이프 로그

IT기술의 발전은 그동안 주로 이용되었던 문자뿐만 아니라 사진, 음성, 동영상 등 다양한 멀티미디어 형태를 가지고 정확하고 신속하게 일상의 기록을 가능하게 했다. 또한 기록된 정보를 저장하는 데 그치지 않고, 공유하며 검색하는 기능을 더함으로써 생활을 더욱 편리하고 윤택하게 만들고 있다. 기록과 저장 및 유통 비용의 절감은 기록의 대상에서 제외되었던 개인의 사적 기록까지 포함하며 그 활용 범위를 넓히게 된다. 즉 개인의 일생의 순간순간이 기록되고 있고, 이러한 기록은 때로는 본인의 의사와는 상관없는 트래킹 관련 정보의 형태로 누군가에 의해 기록되고 있다.

1) 기록의 의미

기록이 가지는 의미는 단순히 과거를 재현할 수 있다는 것뿐만 아니라, 그것을 바탕으로 더 나은 미래를 계획할 수 있다는 점에 있다. 10여 년 전, 이미 빌 게이츠는 "언젠가는 우리가 보고 듣는 모든 것을 기록"할 것으로 예견(Gates, 1995)한 바 있는데, 오늘날 IT기술은 기록이 가지는 본원적 가치와 함께 경제성과 편리성, 그리고 연결성(network)을 포괄하면서 개인의 삶은 물론 사회의 각 영역에도 새로운 변화를 일으키고 있다. 이와 함께 최근 급속한 성장세에 있는 모바일과 SNS의 활용은 커뮤니케이션의 필수적인 요소일 뿐만 아니라 기록의 측면에 있어서도 중요한 매개로 작용하고 있다(이동후, 2009).

기록의 목적이 항상 실용적인 것은 아니지만, 실용성이 가장 중요한 요인인 것은 분명하다. 다시 말해, 기록행위와 보존행위는 구체적인 시점이나 용도에 대한 판단이 정확하게 예측되지 않더라도 언젠가는 유용할 것이라는 기대 속에 실행된다. 오늘날 기록된 정보는 언젠가 다시 필요할 것이며 시간이 지나서도 그러한 이용의 유효성이나 효력이 줄어들지 않을 수 있다. 특히 법적·경제적·도구적 목적에서 생산된 기록은 실용적 가치를 지닌 정보로서 계속해서 이용될 것이므로 당연히 세심하게 보호된다.

한편, 기록을 보존하는 데는 사적·사회적·상징적 이유 등 비실용적 측면도 있다. 기록이 개별적 또는 집단적 기억을 표현하는 하나의 형식이라는 점이 기록을 보존하는 이유가 되기도 한다. 무엇을, 왜, 어떻게 했으며 그렇게 한 동기와 의도는 무엇인가? 사람들은 예전에는 알고 있었지만 그 후 줄곧 잊어버리고 있었던 것을 좀 더 자세하게, 그리고 충분히 기억해내기 위해 기록을 유지하고 보호한다. 사람들은 과거의 즐거운 기억은 계속 남아 있기를 원하며, 비록 유쾌하지는 않았지만 객관적으로 교훈이 될 경험들은 매번 일깨워 다짐하는데 그런 일에 도움을 받기 위해 기록을 유지하는 것이다.

2) SNS 이용과 라이프 로그

생물학적 기억은 우리에게 쉽게 전달되지만, 선택적으로 기억에서 지워진다. 기억은 시간이 갈수록 희미해지기 때문에 우리는 모든 경험을 기억할 수 없다. 따라서 불완전한 기억에 대한 문제를 극복하기 위해 스토리텔링, 그림, 기록체계 등의 기록기술에 의존해왔다. 오늘날의 IT기술은 휴대할 수 있는 컴퓨터 장치와 자동으로 행위를 인식하고 저장하는 기술의 발달로 꿈꿔왔던 이상적인 기억의 재현을 가능하게 하고 있다. 이와 같은 맥락에서 라이프 로그(Life Log)란 디지털 장치를 활용하여 텍스트, 사진, 동영상과 음성 등으로 일상생활에서 경험하는 모든 정보를 기록·검색할 수 있는 기술 그리고 그것을 통해 남겨진 기록을 말한다. 능동적 혹은 수동적으로 기록된 기술을 통해서 우리의 '어제'를 재현할 수 있게 된 것이다.

앨런(Allen, 2008)은 라이프 로깅(life logging)을 "컴퓨터 기술의 도움으로 만들어지는 매일 일어나는 일상의 모든 기록으로서 기존의 패러다임을 근간으로 기록 및 저장 수단의 확장과 더 나아가 검색과 활용이 확장된 형태"라고 말한다. 다양한 서비스와 함께 기술, 기기의 발전으로 인식된 정보들이 개인 멀티미디어 기록으로서 영구히 저장되는 것을 의미하는데, 매일의 대화와 행위뿐만 아니라 일상 속에서의 경험을 저장하고 기록하는 것을 넘어서 기억을 보호하고 검색을 통해 과거를 회고할 수 있게 한다고 말한다. 대표적인 일상의 기록으로서 라이프 로깅 서비스는 커뮤니케이션 도구로 활용되는 이메일을 비롯하여, 디지털 사진, 스케줄러, GPS를 통한 위치정보, 음악 관련 파일 및 청취 습관, 웹브라우저의 즐겨찾기, 방문한 사이트 기록 등 그 범위가 매우 넓고 다양한 특성을 가진다. 또한 벨과 겜멜(Bell & Gemmell, 2009)이 지적한 대로 라이프 로깅 관련 서비스는 점점 자동화되고 있다. 이 같은 진화는 스마트폰과 같은 디바이스의 발달에 기인한 바 큰데, 이용자가 의식하지 못한 상태에서도 하루의 일상이 고스란히 저장되고 있다. 스마트폰과 같은 모바일 미디어는 일반적으로 완전히 개인화된 미디어라고 볼 수 있다. 따라서 일회적인 로그인 이후에는 해당 서비스 접속 시 별도의 본인 확인 없이 자동적으로 서비스 이용이 시작되는 시스템이 일반적이기 때문에 이용자의 의도와 상관없이 일상정보의 저장이 이루어지는 경우가 점차 늘어나고 있다.

한국의 대표적 SNS이자 일상 기록이 본격화된 서비스라고 할 수 있는 싸이월드의 미니홈피는 2001년 등장하여 2004년부터 폭넓게 활용되고 있는 서비스이다. 개인 중심적인 시스템 구조와 함께 관계 지향적이고 비개인화된 집단의식이 두드러지는 비동시적이고 이중적인 커뮤니티 문화의 특징을 서비스 성공에 있어 가장 큰 이유로 보고 있는데, 이러한 요인들이 긍정적으로 상호작용하여 같은 시기의 마이스페이스나 페이스북이 간과했던 한국적 특성에 잘 부합하는 소셜 네트워크 서비스로 평가받은 바 있다(윤명희, 2007). 또 다른 형태의 SNS라고 할 수 있는 블로그는 전문적인 콘텐츠와 정보공유 측면이 강조되어 특정 분야의 심층적인 정보를 구축하거나 같은 관심을 가진 타인들과 공유하고자 할 때 유용한 '공적 공간'으로 인식되는 경향이 컸던 반면, 미니홈피는 사적인 콘텐츠를 중심으로 모든 사람이 손쉽게 접근해 자기만의 사생활 공간을 가지고 서로를 쌍방향으로 넘나든다는 점에서 '사적 공간'의 성격이 더 강했다는 견해가 지배적이었다(김연정, 2005).

이와 함께 개인들의 일상을 기록하는 디바이스로써 디지털 카메라가 널리 보급된 점도 SNS의 확산에 기여한 바 크다. 문자의 형태로 자신의 생각과 의견을 기록, 공유하던 것에서 직접 촬영한 이미지를 게시함으로써 다차원적인 표현과 소통이 가능할 수 있었고, 이러한 기록과 공유 방식의 변화는 더 많은 사람들에게 이차적인 흥미와 관심을 불러일으키는 기반으로 작용했다(최재웅 외, 2005). 자신의 일상에 대한 기록을 보관하고 게시하는 것뿐 아니라 타인의 일상을 들여다볼 수 있는 통로가 많아지면서 자연스레 서로의 삶에 대한 비교가 이루어졌고, 이는 나아가 다른 생각과 다른 가치에 대한 열린 태도의 강화나 관용의 증가에도 긍정적으로 작용하게 된다(배영, 2008).

SNS의 이용을 통해 자신의 일상을 기록한다는 점도 중요한 변화라고 할 수 있지만 더 큰 의미를 지니는 것은 자신과 관계하고 있는 타인과 기록된 일상을 공유한다는 점이다. 개인의 사적인 차원에서 이루어진 기존의 기록들이 대부분 자신의 지나온 시간과 경험의 재현을 위한 자원이었다면, SNS상에서 이루어진 기록들은 그 누군가와의 공유가 잠재되어 있다는 점에서 차별적 의미를 가진다. 아울러 오랜 고민과 노력 끝에 만들어내는 콘텐츠가 아닌, 일상에서의 소소한 이야기들과 경험들도 충분히 누군가와의 관계를 유지 혹은 강화시켜주는 매개로 작용할 수 있다는 점도 주목이 필요하다. 합리적 이성에 기반을 둔 논리적인 기승전결의 글쓰기도 필요하지만, 감성적이고 단편적이지만 솔직한 작은 목소리의 중요성도 SNS의 이용과 선순환적인 흐름으로 나타나고 있다.

최근 활발한 이용과 함께 사회 주요 쟁점을 드러내기도 하고 혹은 만들어내면서 트위터가 다양한 차원에서 새로운 SNS서비스로 주목받고 있다.

이전에 활용되던 SNS서비스와 마찬가지로 개인의 라이프 로그 활동에 활용되고 있지만, 특정한 사안이 확산되고 공유되는 속도와 범위에 있어서는 큰 차이를 나타내고 있다. 따라서 이러한 트위터류의 마이크로 블로그형 SNS에 대해 심홍진 등은 정보교환을 통한 사회 이슈에의 참여 공간이자 자신의 감정을 고백하고 일상을 기록하는 라이프 로깅 공간으로, 공적 공간과 사적 공간이 혼재하는 특성이 두드러진다는 점을 지적한다(심홍진·황유선, 2010). 이와 함께 라이프 로깅 서비스로서의 새로운 SNS서비스는 개인의 일상을 대상으로 문자나 이미지 등을 통해 기록을 남긴다는 내용적인 면은 같지만, 인지관계에 있거나 '일촌'과 같은 허용된 관계가 아닐지라도 라이프 로그에 대한 접근이 비교적 자유롭게 이루어질 수 있다는 점에서 이전의 서비스에 비해 훨씬 많은 사람에게 정보의 개방이 이루어지고 있다는 측면에서의 차이 또한 두드러진다고 할 것이다(이나경, 2010: 41).

3. 디지털 유산과 잊혀질 권리

새로운 매체와 서비스의 개발은 이용자들의 취사선택을 거쳐 새로운 문화를 구성하는 기반으로 작용한다. 새로운 기술과 서비스의 출현은 사업자들에게는 새로운 가치 창출의 기회로 작용하고, 서비스의 발전과 더불어 조응하는 개인들의 행위는 다양한 조합을 거쳐 새로운 생활 방식이나 삶의 양식을 형성한다. 변화하는 기술만큼 삶의 양식이나 생활 패턴의 변화가 급속하게 이루어지지는 않지만, 그간 인터넷의 등장과 이용을 통해 볼 수 있었듯이 행위자들의 작은 변화들이 모여 거시적인 구조나 제도의 변화를 낳게 되는 메커니즘은 정보사회의 도래와 함께 일반화되었다.

SNS의 등장과 스마트폰의 보편적 이용으로 변화된 개인들의 일상은 새로운 삶의 양식 속에서 구축되고 있다. 본원적인 차원에서 타인과의 소통 방식과 내용에 있어서의 변화는 물론, 개인의 생활을 구성하는 다양한 유형의 변화도 가져왔다. 그중에서 하나가 앞에서 살펴본 라이프 로깅의 일상화이다. 달라진 환경만큼이나 개인이 온라인 공간에 남겨놓은 기록과 흔적은 매우 다양하고 광범위하게 존재한다. SNS에 기반을 둔 라이프 로깅 행위가 일상화되면서 얻게 되는 다양한 이점과 함께, 예전에는 존재하지 않았던 고민들 또한 나타나고 있다. 이러한 고민 중에서 단순히 특정한 개인의 차원이 아니라 사회적으로 논의가 필요하고 함께 해결의 실마리를 찾아가야 할 영역들도 존재한다. 디지털 유산의 처리와 잊혀질 권리에 대한 논의가 바로 그런 문제이다.

1) 디지털 유산

만일 이 글을 읽는 당신이 갑작스러운 사고로 생을 마감했다면 당신과 관련된 업무와 재산의 처리는 누가 담당해줄 것인가? 사전(死前)에 유서 등의 형태로 자신과 관련된 일들의 사후(死後)를 정리해놓은 무언가가 있다면 문제는 그리 어렵지 않을 것이다. 또, 직장에는 업무와 관련된 매뉴얼이 존재하고, 상속법을 포함한 법적 체계가 구축되어 있고, 무엇보다 가족이 있기에 다소 시간은 필요하겠지만 정리는 될 수 있을 것이다. 그렇다면 당신이 만들어놓은 삶의 흔적들은 어찌해야 할 것인가? 그중에서도 온라인 공간에 존재하는 당신의 이메일과 SNS의 사진, 당신과 당신의 지인들이 만들어놓은 포스트는 어찌해야 할 것인가? 디지털 유산의 처리에 대한 문제는 이러한 상황 속에서 논의가 시작되었다.

디지털의 등장이 인류의 역사 속에서는 비교적 최근이라 할 수 있기에 디지털 유산에 대한 본격적인 논의는 이제 막 시작되었다고 할 수 있다. 아직 논의 자체는 물론 용어 또한 일반인들에게 매우 생경한 상황이다. 따라서 학술적 차원이나 법적 영역에서도 정확한 개념 정의가 이루어지고 있지 않다. 우리 사회에서 디지털 유산에 대한 언급이 사회적인 차원에서 처음 이루어진 것은 2010년에 있었던 천안함 침몰 사건이 계기가 되었다. 외국의 경우 미국의 이라크 참전 용사인 저스틴 마크 엘스워스(Justin Mark Ellsworth) 병장의 사망과 관련하여 그의 부모가 야후를 상대로 제기한 소송이 2004년 11월 13일 언론을 통해 보도되면서 본격화되었다.

일반적으로 유산(遺産)의 의미는 국립국어원의 『표준국어대사전』에 의하면, "죽은 사람이 남겨 놓은 재산"이나 "앞 세대가 물려준 사물 또는 문화"를 지칭한다. 법률적 의미로는 "상속(일정한 친족 관계가 있는 사람 사이에서 한 사람의 사망으로 다른 사람이 재산에 관한 권리와 의무의 일체를 이어받는 일)에 의해 상속인이 피상속인으로부터 물려받은 재산"으로 규정되어 있다. 디지털(digital)의 경우는 0과 1이라는 이진수를 사용하여 구성된 데이터의 의미도 있지만, 여기에서는 이보다는 아날로그(analog)와 상대적인 개념으로 컴퓨터 등을 이용하여 복제나 전송 시 감가상각이 이루어지지 않는 정보재로서의 특성을 포괄적으로 가리키는 것으로 볼 수 있다.

이러한 내용을 중심으로 디지털 유산에 대한 정의를 내려보면, '이용자가 컴퓨터 등의 디지털 기기를 이용하여 생산한 문서나 이미지, 음성 및 동영상 등으로 복제 및 배포를 통해 소유 및 공유, 이전될 수 있는 정보'라고 할 수 있다. 아울러 좀 더 넓은 차원에서 정의한다면, 이용자에 의해 직접 생산되지는 않았더라도 본인과 관련된 트래킹 정보도 포함될 수 있다. 이해를 돕기 위해 구체화된 형태로 이야기하자면, 이용자가 작성한 이메일이나 각종 게시판에 작성한 글과 댓글, 그리고 SNS를 이용하면서 자신의 공간에 남긴 모든 콘텐츠를 포괄하는 것이다.

사자의 디지털 유산이 문제시되는 대표적인 예는 우선 서비스업체가 상황의 변화로 인해 더 이상 서비스를 유지할 수 없게 되는, 외부적인 요인으로 인한 경우와 유가족을 포함한 지인들이 사자에 대한 콘텐츠의 상속을 요구하는 경우이다. 물론 서비스가 유지되는 경우에도 유휴자원의 비효율성이 문제되는 경우도 있지만, 이는 사망과 관계없이 서비스업체마다 만들어놓은 휴면계정에 대한 처리 기준이 하나의 대안이 될 수 있고, 서비스 중단과 관련해서도 이용자 가입 시 동의를 얻게 되는 대부분의 약관에 해당 상황 발생에 대한 처리 기준이 제시되어 있어 새로운 갈등의 소지는 크지 않을 것이다.

가장 쟁점이 되는 경우는 유족을 포함한 제3자가 사자의 콘텐츠 이용 및 상속이나 계정에 대한 아이디와 비밀번호 등을 요구하는 경우이다. 이러한 상황을 풀 수 있는 법적 근거는 우선 「정보통신망 이용촉진 및 정보보호 등에 관한 법률」(이하 「정보통신망법」)에서 찾을 수 있다. 「정보통신망법」은 '정보통신망의 이용 촉진 및 이용자의 개인정보의 보호와 함께 건전하고 안전한 정보통신망 환경을 조성하는 것을 목적으로 하는 법률'로 제2조 제1항 제9호에서는 이용자가 게시판에 표현할 수 있는 범위를 '부호·문자·음성·음향·화상·동영상 등의 정보'로 제시하고 있다. 또 제24조의2에 따라 '개인정보의 제3자 제공 금지 및 목적 외 용도로 사용금지 조항'과 동법 제49조의 '비밀 등의 보호 조항', 그리고 「통신비밀보호법」제3조의 '통신비밀보호 조항' 등을 통해 사업자가 수집한 개인정보를 제3자에게 제공하는 것을 금지하고, 누구든지 정보통신망에 의하여 처리·보관 또는 전송되는 타인의 정보를 훼손하거나 타인의 비밀을 침해·도용 또는 누설해서는 안 된다고 규정하고 있다. 이때 제3자의 범위는 논란의 여지가 있을 수 있지만, 기본적으로 이용자의 디지털 유산을 정보통신서비스 제공자와 이용자 간의 약관에 의한 계약관계에 따라 생성된 것으로 본다면 사업자와 이용자는 당사자 관계가 되기에 이외의 가족은 제3자로 볼 수 있고, 이러한 금지 조항들은 사업자가 유족에게 적극적인 정보 제공을 실행하기 어렵게 하는 기반이 된다.

한편 현행 법률의 다양한 개인정보 이슈를 통합하여 관리하고자 제정된 「개인정보보호법」(이하 「개인정보법」, 2011년 9월 30일 발효)은 개인정보를 생존한, 살아 있는 개인에 관한 정보로 규정하고 있어 사망자의 디지털 유품 처리에 시사점을 주는 바가 있다. 하지만 「개인정보법」을 「정보통신망법」의 상위 법령으로 볼 수 없고, 사망한 이용자에 관한 부분을 배제하고 있어 사망자 개인정보 처리는 어느 법률에서도 규정하고 있지 않다고 할 수 있다. 다만 디지털 유품을 상속의 대상으로 볼 경우 민법의 상속 편을 적용할 수 있으나, 민법에서는 일신전속권을 두어 양도나 승계가 불가능한 부분을 명시하고 있다. 일신전속권이란 친권과 같이 특정 개인에게 전속되어 있어 개인과 분리가 불가능하여 양도나 승계를 할 수 없는 권리이다. 사업자는 이용자의 아이디와 비밀번호를 이용자에게 전속되어 있는 권리로 보아 일신전속권으로 간주하는 추세이다(한국인터넷정책기구, 2011: 34~35).

최근 미국 버지니아 주에서는 미성년 사망자의 디지털 재산의 보존에 관한 법률이 최종 확정, 통과되었다.[2] 2011년 1월 미국 버지니아 주에서 자살한 15세 소년 에릭 래시(Eric Rash)의 부모는 아들의 갑작스러운 죽음을

---

2) 법률사무소 민후의 홈페이지 참조. http://worldictlaw.com/bbs/board.php?bo_table=basic&wr_id=181&ca=__10(2013년 4월 25일 검색).

받아들이기 어려워 조그만 단서라도 찾기 위해 아들의 페이스북 계정에 접속하려 했지만, 페이스북은 이를 허락하지 않았다. 이에 에릭의 부모는 포기하지 않고 페이스북을 상대로 지루한 싸움을 계속했고, 결국 페이스북은 한발 물러서 에릭이 페이스북에 남긴 모든 디지털 기록을 CD로 만들어주었다. 이 일을 계기로 버지니아에서는 미성년 자녀가 사망한 경우 부모가 그 자녀의 계정에 접근조차 할 수 없는 것은 지나치다는 여론이 형성되었고, 온라인에서의 다양한 토론을 거쳐 법제화 논의가 본격화되었다.

에릭의 죽음으로부터 2년이 지난 2013년 3월 13일, 버지니아 주법이 개정되어 미성년자가 사망할 경우 유언집행인이 그 미성년자의 이메일 등 온라인 통신 기록에 60일 동안 접근할 수 있도록 하고, 제3자 간의 다툼이 있을 경우 재판이 있을 때까지 공개를 보류하도록 하는 제3자의 이의 절차를 규정했다. 이는 디지털 유산의 상속 또는 보존이 단순히 사망자의 프라이버시 보호와 상속인의 재산권 사이의 문제가 아니라, 살아 있는 상속인 또는 이해관계인 사이의 권리 조율의 문제일 수도 있다는 점을 포함하여 이전의 논의에서 한 단계 진보했다고 할 것이다.

야후의 경우 엘스워스 병장과의 소송에서 패소했지만, 이메일 비밀번호를 포함한 계정 정보는 넘기지 않고 이메일 내용 등을 유족에게 제공한 바 있고, 페이스북은 유족의 요청이 있을 경우 상속인을 지정하여 사망자를 추모할 수 있는 공간을 만들어주고 있다. 반면 트위터는 사망자의 디지털 유산을 백업해주는 방식으로 유족의 요청에 응하고 있다. 한국 업체의 경우 NHN, Daum, SK커뮤니케이션즈 모두 유족에게는 탈퇴(이용 해지)를 제외한 대부분의 기능이나 권한을 부여하고 있지 않은 것으로 나타났다.

우리의 상황에서 관련 서비스 제공자들이 사망자의 디지털 유산을 유족에게 제공하는 것에는 다양한 장애가 존재한다. 첫째, 서비스 제공자들이 유족에게 사망자의 디지털 유산을 제공해야 한다는 내용이 이용약관에 존재하는 경우도 없고, 법률상으로도 의무사항이 아니라는 점이다. 오히려 이를 유족을 포함한 제3자에게 제공할 경우 「정보통신망법」의 개인정보 제3자 제공 금지나 「통신비밀보호법」 등 관련 법률을 위반할 소지가 있는 것으로 볼 수 있다. 이러한 사항 때문에 서비스 사업자의 입장에서 불필요한 위험을 감수하면서까지 새로운 리소스를 투여하여 유족의 요구사항을 들어줄 합리적 이유는 존재하지 않는다. 둘째, 유족에게 디지털 유산을 제공하는 데 문제가 되는 부분은 해당 내용이 사망 당사자뿐만 아니라 지인을 포함한 제3자와 관련한 정보를 담고 있을 수 있다는 점이다. SNS를 포함한 많은 서비스들이 네트워크적 특성을 가지고 있기 때문에 본인의 계정에 존재하는 콘텐츠라 할지라도 타인과 주고받은 메시지나 타인의 프라이버시에 관련된 내용이 존재할 수 있기 때문이다. 따라서 사망자의 디지털 유산을 유족에게 제공하려면 해당 내용에 대한 검토를 거쳐 선별적으로 제공해야 하는 현실적 어려움이 더해진다.

사회적 차원에서도 국회나 민간 자율기구 등을 통해 디지털 유산 처리에 대한 관심이 조금씩 나타나고 있다. 다른 나라에 비해 인터넷 이용이 활발하고, 개인의 일상에서 인터넷이 차지하는 비중이 높아진다는 점에서 상대적으로 한국에서 이러한 논의가 활발할 것이라고 예상할 수 있지만, 현실은 그렇지 않다. 이는 디지털 유산이 가지는 내재적 속성에서 기인한 바 크다. 즉, 일반적으로 유산은 한 세대가 다른 세대에 물려주는 개념을 기반으로 하는데, 인터넷의 역사가 아직 길지 않기 때문에 초기 이용자들이 디지털 유산을 물려줄 연령대에 도달하지 못한 점이 큰 이유로 작용한다고 본다. 따라서 인터넷 이용의 정도보다는 해당 사안과 관련한 문제의 발생 건수가 더 중요하다고 할 수 있다. 이와 관련된 한국인터넷자율정책기구의 조사에 따르면, 한국인이 가장 많이 활용하고 있는 SNS 서비스인 싸이월드(SK커뮤니케이션즈) 미니홈피의 경우 2010년 8월~2011년 7월까지 12개월 동안 사망자의 디지털 유품 관련 문의는 총 482건으로 이는 전체 문의 192만 건 대비 약 0.03%에 해당하는 수치에 불과하다(한국인터넷자율 정책기구, 2011: 99).

2) 라이프 로그와 잊혀질 권리

'앞으로 뺑소니라는 개념 자체가 없어지게 될 것이다'라는 주장처럼 도 처에 존재하는 CCTV, 주차장의 출입 기록, 인터넷상의 로그인 기록, IP 기 록, 이메일 사용 내역, 휴대폰 사용 내역, 신용카드 사용 내역 등을 통해 현대사회에서 개인의 삶은 모든 영역에서 전 방위적으로 '기록'되고 있다 (민윤영, 2011: 293). SNS에 기반을 둔 라이프 로그 활동은 자신과 관련된 기 록을 타인에게 의식적 혹은 무의식적으로 개방하게 된다는 점에서 프라이 버시나 개인정보 노출 등의 문제를 잠재적으로 안고 있다. 또한 온라인 공 간에 존재하는 다양한 기록은 본인의 의사와 상관없이 개인의 정체성을 구성하는 주요한 근거로 작용한다. 나에 관한 기록을 통해 타인으로부터 관심과 인정을 받고 싶은 욕구는 어쩌면 당연한 것이지만, 때로는 그러한 과거의 기록들이 현재의 나를 옥죄는 근거로 작용하기도 한다. 이러한 차 원에서 나타난 것이 잊혀질 권리에 대한 논의이다.

'잊혀질 권리'란 개인의 선택에 따라 다른 사람의 관심으로부터 멀어질 권리를 뜻하며, 사이버 세상으로부터 '검색당하지 않을 권리'를 의미하기 도 한다. 또한 '자신의 정보가 더 이상 적법한 목적들을 위해 필요치 않을 때, 그것을 지우고 더 이상 처리되지 않도록 할 개인들의 권리'나 '사이버공간에서 인터넷 이용자가 본인의 게시물이나 콘텐츠의 파기 또는 삭제를 요청할 수 있는 권리'를 말한다(민윤영, 2011; 문재완, 2011; 고시면, 2012). 인간은 망각하는 존재이기에 시간이 지나면서 기억은 사라지게 되지만, 디지털 기술 발전으로 가능해진 저장된 기억은 절대 사라지지 않는다. 또한 디지털 정보는 저장이 쉽고 정보의 분류 또한 정교하게 만들어져 검색을 통해 손쉽게 찾아볼 수 있다는 장점이 있지만, 네트워크 환경의 편재화로 인해 정보에 대한 통제권을 온전히 확보하는 것이 매우 어렵게 되었다. 문재완은 '지속가능성'과 '접근가능성, 그리고 '포괄성'이라는 세 가지의 특성이 결합된 디지털 메모리는 개인이 기억하는 정보보다 더 많은 정보를 검색엔진을 통해 제공하게 된다고 말한다(문재완, 2011). 그 결과 우리는 정보에 대한 통제권을 상실함은 물론 나의 의도와 상관없이 나와 관련된 정보를 통해 타인에게 내 정체성을 확인받게 되는 상황에 이르게 되었다.

이런 측면을 고려하면 개인이 서비스 이용을 위해 인터넷 공간에 제공하는 자신의 정보와 기록들, 개인의 의지와 상관없이 기업, 국가기관 등에 의해 기록되는 트래킹 정보, 그리고 언론매체에 의해 보도된 기사 등은 모두 잊혀질 권리의 대상이 될 수 있다. 그동안 사회적으로 큰 문제가 되었던 개인정보의 유출뿐만 아니라 언론에 노출된 개인의 프라이버시 침해 기사는 아무리 시간이 흘렀어도 지워지지 않고, 또 필요에 의해 다수의 기억의 영역 속으로 호출될 수 있는 것이 되었다. 과거의 잘못으로 당시 법 절차에 따라 응분의 대가를 치른 경우에도 관련자가 이에 대해 과도한 대가를 지속적으로 부담해야 한다면, 이러한 피해는 언론 자유와 기록매체의 특성이라는 이름 아래 무시될 수 있는 것이 아니라는 비판이 비교적 최근부터 제기되기 시작했다(이재진 · 박성순, 2012).

잊혀질 권리에 대한 논의는 유럽연합(EU)에서 먼저 활발하게 이루어졌다. 2010년에 스페인에서 국민 90명이 정보보호 당국에 구글이 자신들에 관한 정보를 더 이상 검색 가능하게 하지 않도록 해달라는 불만을 공식적으로 접수했고, 그 요청에 따라 스페인 정보보호보호원은 구글이 유효 기간이 지났거나 부정확한 개인들 관련 정보에 대한 검색 링크를 계속 제공함으로써 개인들의 사생활의 비밀과 '잊혀질 권리'를 침해하고 있다고 주장하면서, 구글 스페인 지부에 그 개인들에 대한 정보가 검색 결과로 링크되지 않도록 80개에 달하는 뉴스기사에 대한 링크를 삭제하라는 명령을 내렸다(문재완, 2011). 또한 이탈리아의 경우 정치범으로 체포된 남성이 무죄 판결을 받았음에도 불구하고 신문매체의 온라인뉴스 아카이브에 해당 내용의 기사가 여전히 남아 있었고, 이에 대한 이의 제기를 통해 새로운 내용으로 업데이트를 요청하는 대신 검색 엔진에서 자신의 기사가 인덱싱되지 않도록 조치를 취했다(민윤영, 2011). 이러한 결정은 잊혀질 권리가 개인의 인격권을 보호하는 것과 더불어 개인정보 주체가 정확하고 완벽한 정보를 확인할 권리도 보장하는 것을 목표로 하고 있는 것이라고 볼 수 있다. 두 가지 예에서 볼 수 있듯이 유럽에서는 표현의 자유보다 개인의 존엄성이 더 우선시되는 입장에서 잊혀질 권리를 적극적으로 옹호하는 편이다. 최근에는 EU 집행위원회가 주관하여 제정한 개인정보보호법 개정안을 통해 법적 근거 없이 보관된 개인 관련 정보에 대한 사용자의 삭제청구권 허용이나 자동처리기술에 의한 프로파일링과 예측 서비스의 제한, 개인정보 침해 등 사고 시 24시간 내 정부와 개인에 통보 의무화, 개인정보 사용에 대한 사용자의 명시적 동의 의무화, 사업자가 보유한 개인정보에 대한 사용자 접근권 및 이전요구권 의무화, 직원 250명 이상 기업은 데이터 보호 담당관 배치 등을 포함하는 등 잊혀질 권리를 보호하기 위한 제도적 노력을 경주하고 있다. 물론 예외도 존재하여 신문기사 등 보도물, 경찰 수사기록, 의료기록 등 법에 따른 기록에서는 잊혀질 권리를 적용하지 않고 있다(고은별 외, 2012). 규정안은 유럽의회를 통과할 경우 2년간의 유예 기간을 거친 뒤 2014년 발표하게 된다.

반면, 미국은 공권력에 의해 개인의 표현의 자유가 침해되는 것을 매우 우려하는 입장이다. 누구나 표현의 자유를 가지기 때문에 공개된 진실한 정보는 자유롭게 사용할 수 있으며, 잊혀질 권리는 성립할 수 없다는 것이다. 개방성을 특징으로 하는 인터넷의 특성에도 반하기 때문에 실질적인 차원에서의 실효성도 없다고 보며, 아직 잊혀질 권리에 대한 논의가 유럽 국가들의 동향을 소개하면서 단편적으로 반박하는 수준에서 머물고 있는 상황이다(문재완, 2011). 정치적·경제적 이유에서 이러한 흐름이 설명되기도 한다(강새롬, 2012). 2002년 9·11 테러 이후 미국 정부는 개인의 프라이버시 보호보다는 테러와의 전쟁에 우선순위를 두게 되면서 테러 방지를 위해 위험 인물들에 대한 개인정보 활용을 매우 중요하게 여긴다. 또 경제적 차원에서도 전 세계적으로 SNS를 비롯한 주요 인터넷 서비스를 주도하고 있는 기업이 미국 기업이기 때문에 잊혀질 권리를 법제화하여 보호할 경우 기업 활동 및 서비스 제공에 큰 타격을 받는 것과 함께 수많은 소송에 직면하게 될 것이라는 우려가 작용하고 있다. 하지만 이용자의 개인적 차원의 서비스 이용에 있어 자신과 관련된 디지털 유산의 처리에 대한 관심은 높아지고 있다. 이러한 추세에 맞춰 이용자 사망 이후나 사용하지 않는 서비스 사이트에 대한 계정을 탈퇴하거나 삭제하는 작업을 대행해주는 라이프인슈어드닷컴(www.lifeensured.com)과 같은 서비스가 운영되고 있기도 하다.

한국에서도 잊혀질 권리에 대한 논의는 충분하게 이뤄지고 있지 않다. 민윤영은 EU의 잊혀질 권리에 대한 논의를 분석하며 한국의 상황에서 보완이 필요한 부분에 대해 지적하고 있다(민윤영, 2011). 우선 유럽연합이 잊혀질 권리의 주체를 자연인(natural person)이라고 제시한 바와 달리 한국의 「정보통신망법」은 국민이라고 지칭하고 있는데, 이는 인터넷의 발달로 세계인 모두와 소통할 수 있는 시대적 흐름을 따라가지 못하는 것으로 보인다. 아울러 우리 법은 개인정보를 살아 있는 개인에 관한 정보라고 제한하여 적용하고 있는 반면, EU는 개인정보를 '정체성이 확인될 수 있거나 확인된 자연인과 관련한 어떠한 정보'라고 정의하여 정보주체의 생사 여부를 개인정보의 정의에 결부시키지 않는다는 점에서도 차이가 난다.

하지만 실질적 차원에서는 잊혀질 권리에 대한 수용이 부분적으로 이루어지고 있다. 예를 들어, 권리 침해를 주장하는 사람이 해당 사항에 대해 소명거나, 이해당사자 간 다툼이 예상되는 경우 서비스 사업자는 해당 내용에 대한 임시조치를 할 수 있다. 임시조치는 「정보통신망법」 제44조에 나타난 것으로, 해당 정보에 대한 접근을 임시적으로 차단하는 조치를 의미하며 30일 이내에 한하여 실시할 수 있다고 제시되어 있다. 임시조치 여부가 정보통신서비스 제공자의 재량에 맡겨져 있는 것 같지만 피해 구제를 위해 필요한 조치를 할 경우 배상 책임이 경감 내지 면제된다는 점에서 해당 정보에 대한 조치를 유도하고 있는 것으로 볼 수 있다는 것이다(문재완, 2011). 다만 이러한 기준은 공인(公人)[3]의 경우와 일반인의 경우에 차

---

3) 공인에 대한 개념 규정은 사실상 매우 모호한 측면이 존재한다. 사전적 의미로는 '공적인 일에 종사하는 사람'이지만, 구체적으로 공적인 일의 범위를 어떻게 설정할 것인지에 대한 합의가 쉽지 않기 때문이다. 이에 한국인터넷자율정책기구(KISO)에서는 정책결정 2호에서 공인을 정무직 공무원 등으로 설정한 바 있는데, 정무직 공무원은 선거에 의하여 취임하거나 임명에 국회의 동의를 필요로 하는 대통령, 국무총리, 지방자치단체장, 감사원장, 국회 사무총장, 국무위원, 각 부처의 차관 등을 의미한다. 하지만 일반적 의미의 공인에서 정무직 공무원의 비율이 상대적으로 매우 제

별적으로 적용된다. 주요 포털업체의 서비스 관련 정책결정 및 분쟁 조정을 위해 설립된 한국인터넷자율정책기구에서는 2009년 정책결정을 통해 명예훼손성 게시물에 대한 임시조치를 다음과 같이 적용하고 있다.[4] 즉, 인터넷상의 게시물로 인한 명예훼손을 주장하는 자는 삭제 또는 반박내용의 게재를 요청할 때 명예훼손 사유와 해당 게시물의 URL을 적시해야 하고, 서비스 제공자는 이러한 요건이 충족되는 경우에 임시조치 등의 필요한 조치를 할 수 있다고 말하며, 여기에 해당하는 처리의 대상은 창작 게시물을 포함하여 스크랩 게시물, 딥링크 게시물로 정의하고 있다. 하지만 임시조치를 요구할 수 없는 경우와 대상에 대해서도 적시하고 있는데, 개인이 아닌 국가기관 및 지방자치단체는 명예훼손 관련 임시조치 요청의 주체가 아닌 것으로 간주하고, 임시조치를 요청하는 자가 정무직 공무원 등의 공인인 경우 자신의 공적 업무와 관련된 내용은 명백히 허위사실이 아닌 한 명예훼손 관련 임시조치의 대상이 아닌 것으로 간주하고 있다.

그렇다면 일반 국민들이 잊혀질 권리에 대해 가지는 인식의 정도는 어느 정도일까? 배영(2012)의 연구에서는 인터넷 이용자들(319명)을 대상으로 디지털 유산이라고 할 수 있는 자신의 기록과 기록의 보존에 대한 일반적 인식을 알아본 바 있다. 두 가지 차원에서 디지털 기록의 보존에 대한 이용자들의 입장을 알아보았는데, 먼저 디지털 유산이라고 할 수 있는 이메

한적이라는 점을 고려하여 정책결정 2호에 대한 추가 결정을 통해 공인의 범위를 확대하기 위해 신분과 기능이라는 두 가지 측면을 고려했다. 즉, 정무직 공무원뿐 아니라 판사나 검사, 경찰 등 일반 공무원도 공인의 범위에 포함했고, '기능'을 고려하여 공적 업무를 수행하는 언론사 등의 기업을 추가함으로써 임시조치의 제한 대상이 되는 공인의 범위를 대폭 확대한 바 있다. 자세한 논의는 한국인터넷자율정책기구의 홈페이지(http://www.kiso.or.kr)를 참조하라.
4) http://www.kiso.or.kr/decision/decision_view.htm(2012년 10월 25일 현재).

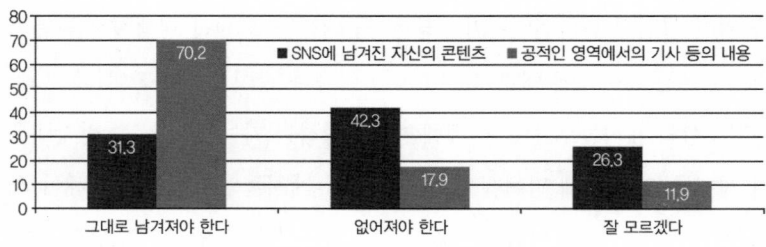

〈그림 2-1〉 기록의 보존에 대한 인식

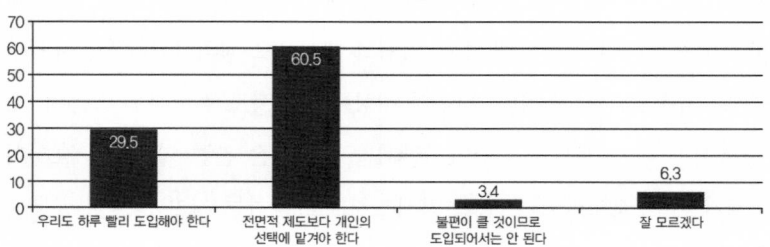

〈그림 2-2〉 데이터 만료제에 대한 인식

일이나 블로그, 커뮤니티에 남긴 게시물들의 처리는 자신의 사후에 어떻게 처리되기를 원하는지 물어보았다. 그대로 남겨두어야 한다는 의견이 전체의 31.3%, 사망과 함께 없어져야 한다는 의견이 그보다 높은 42.3%로 나타났다. 또한 아직 어떻게 하는 것이 좋을지에 대해 판단을 유보한 경우도 26.3%로 나타나 판단의 어려움을 드러내고 있다. 반면 뉴스서비스 등에서 볼 수 있는 공인들의 과거 비리나 범죄 내용에 대해 법적 책임을 수행했다면 어떻게 처리되는 것이 바람직한지에 대해서는 사뭇 다른 의견이 표출되었다. 즉, 전체 응답자의 70.2%가 그대로 남겨져야 한다는 의견을 보인 반면, 삭제 등을 통해 없어져야 한다는 의견은 17.9%에 불과한 것으로 나타났다. 이러한 내용을 통해 자신의 사후 디지털 유산에 대해서는 처리를 통해 없어지는 것이 남겨진 상태에서 다른 절차를 거치는 것보다 선호되는 것으로 볼 수 있는 반면, 공인에 대한 잊혀질 권리보다는 국민의 알권리가 상대적으로 중요하다는 인식을 가진 것으로 판단된다.

이와 함께 최근 유럽에서 논의되고 있는 데이터 만료제, 즉 일정 기간이 지나면 내가 올린 정보나 나에 대한 기록이 자동적으로 삭제되는 제도에 대한 인식도 알아보았다. 하루 빨리 도입해야 한다는 의견도 30% 가까이 나타났지만, 제도의 전면적 시행보다는 개인의 선택이 우선되어야 한다는 의견이 60% 이상으로 가장 높게 나타나, 아직까지는 여러 가지 대안적 제도 시행에 대해 충분한 논의가 우선되어야 함을 보여주고 있다.

4. 맺음말: 논의와 함의

다양한 서비스와 디바이스의 발전으로 온라인 공간에 존재하는 디지털 정보와 기록의 용량은 이제 더 이상 산술적 계산이 불가능할 정도가 되었다. 인터넷 이용이 일상화되면서 SNS와 스마트폰을 통해 이제는 개인들의 의도와는 상관없이 의식적·무의식적으로 기록의 저장과 보관이 이루어지고 있다. 이로 인해 인간의 뇌에서는 가능했던 자연적 망각이라는 장치의 작용은 온라인상에서는 의식적인 노력을 통해서만 가능하게 되었다. 개인이 원하든 원하지 않든, 이제 개인의 삶은 누군가의 의도 속에서 언제나 노출될 수 있는 위험이 잠재된 영역이 되었다.

SNS라는 서비스의 특성상 나에 대한 기록뿐만 아니라 나를 둘러싸고 있는 타인에 의한, 그리고 타인에 대한 기록이 담기게 마련이다. 자신을 둘러싼 일상에 대한 기억이나 시간의 흐름, 그리고 순간순간 나타나는 감정의 고리들을 기록하고 정리하는 것은 일종의 본능이자 오랜 역사적 관습이기도 하고, 미래의 과업에 대한 효율적 대비이기도 하다. 하지만 기록의 보존 방식과 전파의 범위가 획기적으로 발전하고 변화하면서 인류는 새로운 문제에 직면하게 되었다.

결국 이제까지 살펴본 디지털 유산이나 잊혀질 권리 모두 직접적으로 결부된 문제는 개인의 프라이버시에 대한 것이다. 현재까지의 디지털 유산의 처리에 대한 문제는 사자가 특정한 서비스에 로그인한 후 작성한 콘텐츠에 초점을 두고 이루어졌지만, 앞으로는 트래킹 방식의 라이프 로깅이 본격화될 것이므로 논의의 차원이 더욱 복잡다단해질 것으로 보인다. 트래킹 정보에 대한 상속을 포함해서, 트래킹 방식의 특성상 본인의 노출이 부지불식간에 이루어질 수 있다는 측면에서 프라이버시의 노출에 따른 예측할 수 없는 피해에 대한 우려에도 고려가 필요하다.

잊혀질 권리 또한 지금까지의 신문 기사나 방송 콘텐츠에서의 특정 내용에 대한 처리의 문제를 넘어서고 있다. SNS의 활용과 함께 대부분의 포털에서 서비스되고 있는 추천검색어가 이러한 문제에 대한 사회적 논의를 필요로 한다. 즉, 특정 사실에 대한 기사 내용이나 의견이 소수의 사이트나 게시판에만 존재하는 것이 아니라 수많은 SNS상에 존재할 수 있다는 점과 함께, 특정 사실의 확산과 관심 촉발에 포털에서의 추천검색 서비스가 결합하고 있기 때문이다. 물론 특정 사실의 성격과 내용이 문제될 것이 없다면 오히려 이용자들의 정보활용에 도움이 되겠지만, 특정인의 개인정보 노출이나 프라이버시 침해의 요소가 존재하는 사안이라면 이야기는 달라진다. 이러한 이유에서 최근 연관검색어 및 자동완성검색어에 대한 삭제 요구가 빈번하게 이루어지고 있지만, 해당 서비스에서 삭제된 이후에도 게시물의 완전한 제거는 현실적으로 거의 불가능하다.

이와는 반대되는 경우라고 할 수 있는, 잊혀질 권리에 대한 과도한 주장에도 문제의 소지가 있다. 이는 국민의 알권리와 밀접한 연관을 가지는 문제이다. 최근 사회적으로 문제가 되었던 불법이나 비리 등에 대해 해당 당사자가 프라이버시 및 명예훼손을 이유로 잊혀질 권리를 주장하며 관련 내용의 삭제를 요구할 때, 어떤 판단이 올바른지가 중요한 화두가 되었다. 현재 공적 기구인 방송통신심의위원회와 민간기구로 볼 수 있는 한국인터넷자율정책기구에서 해당 사항에 대한 심의 및 결정을 하고 있다. 향후 인터넷을 기반으로 한 온라인 공간에서의 정보가 계속 축적될 것이라는 점을 고려할 때 현재보다 훨씬 많은 요구가 있을 것이라는 점은 쉽게 예상할 수 있으므로 개별 게시물에 대한 조치 및 처리를 전반적으로 규율할 수 있는 상위 체계의 수립이 더 적극적으로 고려되어야 할 것이다.

전반적인 논의를 종합해볼 때 디지털 유산에 대한 문제나 잊혀질 권리에 대한 논의는 오히려 조금 늦은 감이 있다. SNS서비스를 통해 온라인에서의 라이프 로그 활동이 본격화되었지만, 그 이전에 온라인과 디지털에서의 기록이 저장되고 또 유통되기 시작했을 때부터 중요하게 다뤄졌어야 하는 주제라는 생각이다. 더욱이 개인이 기록하는 정보뿐만 아니라, 갈수록 정보가 대량으로 수집되고 분류되어 보관되는 빅데이터(Big Data)의 시대에서 막대한 정보가 어떤 목적으로, 어떻게 이용되는지, 그리고 시간의 경과에 따라 어떻게 처리되는지에 대해 정보주체가 알아야 할 권리의 도입 필요성 역시 증가하고 있다. 이와 관련한 연구들이 현재는 프라이버시나 인권의 차원에서, 주로 법적인 측면에서 이루어지고 있는데, 이용자 모두에게 적용될 수 있는 사안이라는 점에서, 그리고 점점 더 그 적용 범위가 넓어지고 적용 대상이 많아질 것이라는 측면에서 사회적 차원에서의 심층적 논의와 대책의 수립이 우선되어야 할 것이다.

▌추천 문헌

강새롬. 2012. 「온라인상에서의 잊혀질 권리에 대한 소고」. ≪중소기업과 법≫, 제3권 제2호, 11~36쪽.

벨 · 젬멜. 2009. 『디지털 혁명의 미래』. 홍성준 옮김. 청림출판.

고시면. 2012. 「정보인권으로서의 사이버상 '잊혀질 권리와 의무'(혹은 '망각권리와 의무')의 보장을 위한 설문조사와 입법방향」. 한국사법행정학회. ≪사법행정≫, 제53권 제7호, 31~44쪽.

고은별 · 최광희 · 이재일. 2012. 「EU와 한국에 구현된 '잊혀질 권리'의 차이」. ≪정보과학회지≫, 제30권 제10호, 34~41쪽.

문재완. 2011. 「프라이버시 보호를 목적으로 하는 인터넷 규제의 의의와 한계」. ≪언론과 법≫, 제10권 제2호, 20~37쪽.

민윤영. 2011. 「인터넷상에서 잊혀질 권리와 「개인정보보호법」에 대한 비교법적 고찰」. ≪고려법학≫, 67호, 287~315쪽.

배 영. 2012. 「라이프 로그의 확산과 잊혀질 권리」. *Internet & Information Security*, Vol.3, No.4, 86~99쪽.

게이츠, 빌. 1997. 『미래로 가는 길』. 이규행 옮김. 서울: 삼성출판사.

이나경. 2011. 「스마트폰과 피처폰 이용자 집단 간 라이프 로깅 서비스 이용 비교 연구」. 숭실대학교 대학원 석사학위논문.

이동후. 2009. 「융합 미디어 환경, 트랜스 리터러시, 그리고 디지털 주체의 양가성」. 한국방송학회 세미나 및 보고서 『Beyond Convergence: 디지털 컨버전스의 미래』(2009.6), 15~32쪽.

이재진 · 박성순. 2012. 「언론의 오래된 기사로 인한 피해 구제 근거로서의 '잊혀질 권리'에 대한 연구」. ≪정보법학≫, 제16권 제1호, 61~91쪽.

Allen, Anita. 2008. "Dredging Up the Past: Life-logging, Memory and Surveillance." *University of Chicago Law Review*, Vol.75, pp. 47~75.

Bae, Y. 2005. "The divergent Development of Informatization in Korea and

Japan: An Exploratory Analysis of Cultural Adoption of Internet Technology." *Korea Observer*, Vol.36, No.4, pp. 631~656.

문상현(광운대학교)

1. 머리말: 도대체 싸이에게 무슨 일이 일어난 걸까?

최근 싸이의「강남스타일」유튜브(Youtube) 뮤직비디오 조회 수가 15억 건을 넘어섰다고 한다. 이는 2012년 7월에 뮤직비디오가 공개된 지 9개월 만에 거둔 성적인데, 2005년 서비스를 시작한 유튜브 역사상 최고의 기록을 갱신 중이다. 싸이 이전에 단일 영상으로 가장 많은 조회 수를 기록한 저스틴 비버(Justin Bieber)의「베이비(Baby)」뮤직비디오가 8억 3,000만 건 정도임을 고려해보면, 타의 추종을 불허하는 기록이라고 할 수 있다. 싸이의「강남스타일」은 세계 최고의 음악 순위로 평가되는 빌보드 핫 100 차트(Hot 100 Chart)에서도 2위까지 오르는 등 한국 대중음악사의 새 기록을 써가고 있는 중이다. 2012년을 기준으로 세계 7위의 음악시장이지만 규모로 치면 미국 시장의 20분의 1, 일본 시장의 16분의 1에 불과하고, K-Pop의 인기 이전에는 세계 대중음악계에서 존재감조차 없던 한국 대중음악에서 어떻게 이런 '울트라 메가히트곡'이 나올 수 있었을까?

최근 몇 년간 K-Pop의 전 세계적 인기로 한국 대중음악은 일본을 중심으로 한 아시아 시장에서 놀라운 상업적 성공을 거두어왔다. 게다가 아직은 일부 마니아와 특정 연령층에 국한된 것이긴 하지만, 유럽과 남미 지역에서도 K-Pop에 대한 인지도가 꾸준히 상승해왔다. 그럼에도 세계 최대의 음악 시장인 미국은 한국 음악계에서 일종의 난공불락의 요새로 받아들여져온 것이 사실이었다. 미국 시장에서의 성공과 인정은 한국 대중음악이 세계 음악산업에서 변방의 지위를 벗어버리기 위해 반드시 거쳐야 하는 과정이다. 아마도 싸이는 그 길에 첫발을 성공적으로 내딛은 최초의 한국 가수로 기억될 것이다. 물론 싸이 이전에도 한국 대중음악의 미국 시장 공략은 끊임없이 시도되어왔다. 특히 국내 3대 기획사 중 하나인 JYP는 박진영의 주도로 여러 차례 미국 시장을 노크했다. 몇 번의 실패를 거듭한 후 JYP는 국내에서 소녀시대와 함께 여성 아이돌 가수 시장을 양분하며 인기를 끌던 원더걸스를 미국에 데뷔시켰으며, 마침내 빌보드 핫 100 차트에 대표곡 「노바디(Nobody)」를 76위로 진입시키는 데 성공했다. 싸이의 '가공할 만한' 성공으로 그 의미가 퇴색되긴 했지만, 원더걸스는 빌보드 메인차트에 진입한 최초의 한국 가수였다. 빌보드 76위는 원더걸스가 미국 인기 아이돌 밴드 조나스 브러더스(Jonas Brothers)의 공연 오프닝 가수로 50개 도시를 순회하고, 인기 아동매장에서 1달러에 CD를 판매해서 얻은 결과였다. 혹자는 이러한 이유들을 들어 원더걸스의 미국 진출을 실패로 규정하지만, 원더걸스의 활동 방식이 미국 시장에서 대부분의 가수들이 따르는 고전적이고 전형적인 방법(공연, 라디오를 통한 음반 홍보, 오프라인 음반 판매)이라는 점에서 이러한 평가에 전적으로 동의하기는 어렵다.

미국 시장에서 싸이의 성공은 본인이 "강제적인" 해외 진출이라고 언급한 것에서도 알 수 있듯이 주도면밀한 준비와 체계적인 전략의 결과가 아니다. 그리고 이 점이 원더걸스와 싸이의 미국 진출에서 나타나는 가장 두드러진 차이라고 할 수 있다. 이는 두 가수가 미국에서 거둔 인기와 벌어들인 수입에서의 차이보다 이들이 미국 시장에 진출하게 된 과정에서의 차이가 훨씬 큰 함의를 가지고 있음을 의미한다. 그리고 그 함의를 이해하기 위한 첫 작업은 "강제적인" 해외 진출이라는 싸이의 표현을 곱씹어보는 데서 시작할 필요가 있다. 싸이의 미국 진출이 강제적이었다는 말은 먼저 본인이 애당초 「강남스타일」을 가지고 미국 시장에 진출할 의사가 없었음을 의미한다. 즉 자신의 계획과 전략이 아닌 다른 "누군가"에 의해서 미국 시장에 진출하게 되었다는 것이다. 싸이의 성공에 대한 대부분의 분석에 따르면, 이 "누군가"는 싸이의 음악을 좋아하는 팬들(fans)을 지칭한다. 물론 팬들의 성원 없이 어떤 음악도 인기를 끌고 성공할 수는 없다. 여기서 중요한 것은 싸이의 음악을 즐기며 좋아하는 팬들의 특성과 그들의 음악 소비 방식의 새로움이다.

싸이의 해외 진출을 강제한 팬들은 인터넷에 기반을 둔 소셜 미디어를 통해 서로 연결되어 있으며, 자신이 좋아하는 음악과 뮤직비디오를 원형 대로 혹은 수정, 변형하여 소셜 미디어를 통해 공유하는 적극적이고 참여적인 존재들이다. 이들은 소셜 미디어라는 지구적 채널을 통해 싸이의 음악과 뮤직비디오를 전 세계로 확산시킨 주역이다. 더 구체적으로 말하자면, 소셜 미디어와 소셜 미디어를 이용하는 음악 팬들의 새로운 문화소비 방식이 싸이로 하여금 원더걸스처럼 미 전역을 순회하거나 발매한 음반을 들고 라디오 프로듀서들에게 음악을 틀어달라고 사정하지 않고도 단시일에, 미국은 물론 전 세계 음악씬에서 가장 핫한 뮤지션이 되게 한 것이다. 이런 점에서 싸이의 성공은 소셜 미디어로 상징되는 새로운 디지털 기술 환경에서 문화 생산과 소비가 매스 미디어 시대와는 근본적으로 달라지고 있음을 명징하게 보여주는 사례라고 할 수 있다.

이 글에서 저자는 디지털 기술이 이끈 미디어 환경의 변화가 문화 생산 및 소비 과정을 어떻게 변화시키고 있는지를 살펴보고자 한다. 좀 더 구체적으로 이 글은 페이스북, 유튜브, 트위터 등의 소셜 미디어가 문화산업의 생산 과정과 수용자의 문화소비에 어떤 영향을 미치고 있으며, 이로 인한 변화의 함의는 무엇인지에 대해 논의하는 데 주요한 목적이 있다. 이를 위해 먼저 2절에서는 디지털 기술의 발전이 문화산업에 어떤 영향을 미쳤으며, 소셜 미디어의 확산이 문화 생산 및 소비 과정에 야기한 변화를 어떻게 이해해야 하는지에 대해 논의한다. 이어서 3절에서는 소셜 미디어의 확산이 문화생산에 미친 변화를 문화산업의 주요 행위자들인 기업과 문화상품 생산자들이 소셜 미디어를 어떻게 활용하는지의 사례를 통해 살펴본다. 특히 음악산업에서 뮤지션과 음반사 및 기획사가 유튜브와 마이스페이스 등을 팬과의 소통과 홍보 마케팅의 수단으로 적극 활용하는 사례들이 언급된다. 4절에서는 소셜 미디어가 수용자들의 문화소비 양식을 어떻게 바꾸어가고 있는지, 그리고 이러한 변화가 전통적으로 수용자의 관여나 개입이 제한되었던 문화생산 과정에 어떤 영향을 미치고 있는지에 대해 논의한다. 마지막 5절에서는 소셜 미디어의 확산과 이로 인한 문화 생산 및 소비 과정에서의 변화가 문화권력이라는 맥락에서 어떤 함의를 가지는지에 대해 논의한다.

2. 디지털 기술과 문화 생산 및 소비 양식의 변화

역사적으로 새로운 미디어 기술의 등장은 사회변화의 중요한 동인으로 작용해왔다. 새로운 미디어는 동시대 사람들에게 희망적이고 긍정적인 기대감을 불러일으키기도 했고, 때론 익숙지 않은 변화에 대한 두려움과 공포를 증폭시키기도 했다. 예를 들면, 최초로 인간으로 하여금 커뮤니케이션의 공간적 · 시간적 구속을 극복하게 한 전신(telegraph)의 등장은 인간이 신의 능력을 가지게 되었다는 기대감을 불러일으켰다. TV 역시 참여민주주의의 실현과 국가 간 갈등과 분쟁의 중재 수단으로 활용될 수 있다는 기대를 불러일으켰다는 점에서 다른 미디어와 다르지 않았다. 동시에 TV에 의한 새로운 문화와 혁신의 소개는 기존 문화 질서가 붕괴될 것이라는 불안감을 조장하기도 했고, 자극적이고 선정적인 내용은 TV가 사회적 폭력과 혼란을 부추기는 반문명적 기제라는 비난에 직면하게 만들기도 했다. 새로운 미디어 기술에 대한 기대감 혹은 두려움이 어떻게 실체화되었는가에 대한 상반된 해석에도 불구하고 분명한 사실은 그것이 역사적으로 우리 사회의 정치, 경제, 사회문화적 변화의 핵심적 동인이었다는 것이다.

논쟁의 여지가 있기는 하지만 적잖은 학자들은 디지털미디어 기술의 등장이 인류의 커뮤니케이션 발전사에서 가장 중요한 사건이라고 주장한다. 특히 인터넷의 등장은 TV나 신문으로 대표되던 전통적인 매스 미디어 시대와의 단절을 상징하며, 우리가 이전과는 전혀 다른 커뮤니케이션 생태계에서 살게 되었음을 알리는 중요한 사건이라고 주장한다. 그리고 최근 목도되는 SNS 같은 소셜 미디어의 광범위한 확산은 이들의 예측과 주장이 매우 설득력 있음을 입증하는 것처럼 보인다. 그러나 더 정확히 말하면 우리는 현재 여전히 매스 미디어와 인터넷을 기반으로 한 소셜 미디어가 병존하는 시대에 살고 있다. 물론 양 미디어 간에 정치적, 경제적, 문화적 권력투쟁은 갈수록 치열해지고 있다. 지금 현 시점에서 어떤 미디어가 승리할지 예상하기는 어려우나, 미디어기술의 변화가 혁명적이기보다는 진화적이었다는 과거의 경험에 근거할 때 어느 한쪽의 미디어가 다른 미디어를 완전히 대체할 것이라는 시나리오는 다소 순진한 것이라고 생각된다. 그럼에도 새로운 디지털미디어 기술은 매스 미디어에 의한 문화 생산 및 유통의 지배적 관행과 질서를 빠르게 약화시키고 있으며, 이로 인해 수용자들의 문화소비 양식에도 큰 변화가 일어나고 있다. 불과 몇 년 전만 하더라도 대부분의 미디어기업은 수용자들이 5인치 정도의 작은 스마트폰 액정으로 영화나 방송을 불평 없이 감상할 것이라고 예상하지 못했다.

융합(convergence)으로 상징되는 디지털 기술의 발전은 기존 문화산업의 생산과 유통 방식, 그리고 수용자의 소비 양식에 큰 변화를 가져왔다. 생산의 측면에서 보면, 먼저 디지털 기술은 기존 문화산업의 콘텐츠 생산자가 누리던 절대적 권력을 약화시키고 있다. 매스 미디어 환경에서는 소수의 콘텐츠 생산자가 막대한 자본이 요구되는 생산 수단을 독점하고 국가의 배타적 허가권 등을 통해 높은 시장진입장벽을 유지할 수 있었다. 또한 콘텐츠 생산에 참여할 수 있는 자격도 전문직주의(professionalism)와 학위나 자격증 등을 통해 소수의 사람들에게 제한적으로 허용되었다. ≪오마이뉴스≫가 처음 창간되었을 때 기존 신문사들이 비전문가인 시민기자들이 기사를 쓰면 보도의 객관성과 공정성에 문제가 있을 것이라고 비난했던 것이 그 대표적인 사례이다. 또한 생산영역에서 기존 문화 생산자가 누린 권력은 편성행위를 통해서도 유지되었다. 대표적 올드 미디어인 지상파 방송은 편성행위를 통해 수용자의 시청 습관을 통제할 수 있었을 뿐 아니라, 일방적인 편성과 프로그램 전송을 통해 수용자에 대한 절대적인 우위를 유지해왔다.

디지털 기술의 발전은 디지털 카메라와 편집 소프트웨어 같은 저렴한 생산도구의 대중화를 가능케 함으로써 시장진입장벽을 낮추는 데 기여했다. 또한 1990년대 들어 문화산업의 경제적 가치가 중요해짐에 따라 대부분의 국가에서 문화산업의 규제 완화를 추진했고, 이로 인해 문화시장에 국가의 간섭이 최소화되면서 제도적 진입장벽 역시 낮아지게 되었다. 이제는 과거에 비해 매우 적은 비용으로 콘텐츠를 생산하는 것이 가능해졌고, 디지털 기술로 인해 다매체·다채널 환경이 구축됨으로써 생산된 콘텐츠를 편성·송출할 수 있는 기회가 확대되었다. 특히 블로그와 소셜 미디어처럼 개인이 제작한 콘텐츠를 배포할 수 있는 인터넷 플랫폼들이 확산되면서 1인 미디어 시대가 오게 되었고, 이는 기존 문화산업의 생산수단의 전유를 통한 정보독점을 약화시키는 계기가 되었다. 이런 점에서 벤클러(Benkler, 2006)는 인터넷이 정보, 문화 및 지식 생산과 유통의 자본구조를 탈중심화하는 것에 의해 더욱 확산된 최초의 근대적 커뮤니케이션 매체라고 주장했다(Benkler, 2006: 30).

디지털 기술은 유통의 측면에서도 기존 커뮤니케이션 생태계를 변화시키고 있다. 기존 문화산업은 막대한 자본을 투자해 배급과 유통망을 구축하고, 이를 통해 문화상품의 공급 사슬에서 과도한 통제력을 행사해왔다. 배급에서의 과도한 통제력은 시장경쟁을 위축시킴으로써 문화 생산과 소비의 다양성을 저해하는 결과를 낳았고, 문화산업은 거대화, 독점화, 집중화를 특징으로 하는 시장구조를 확대·재생산해왔다. 그러나 디지털 기술의 발전으로 기존 유통망 외에 인터넷이나 모바일 등을 통한 새로운 방식의 유통이 가능해졌다. 또한 디지털 기술로 인해 콘텐츠와 플랫폼 간의 호환성이 높아지면서 콘텐츠의 플랫폼에 대한 종속과 의존이 약화되는 경향이 나타나게 되었다. 이는 소규모의 문화 생산자들이 대자본의 문화기업이 소유한 유통망을 우회해서 자신의 콘텐츠를 유통할 수 있는 기회를 제공했다. 물론 기존 기업이 새로운 유통망에까지 영향력을 확대하는 경향도 분명히 나타나고 있고, 이러한 추세는 더욱 강해질 개연성이 크다. 그럼에도 유통영역에서도 자본력이 부족한 문화 생산자나 개인 생산자를 위한 새로운 가능성이 디지털 기술에 의해 열리고 있음은 분명하다고 하겠다.

디지털 기술의 발전과 인터넷 및 소셜 미디어의 확산은 아마도 문화소비 영역에서 가장 근본적인 변화를 야기하고 있을 것이다. 왜냐하면 매스 미디어와 새로운 소셜 미디어를 차별화하는 가장 중요한 특성 중의 하나가 양 매체의 수용자에 대한 인식의 차이이기 때문이다. 전통적인 매스 미디어의 경우 수용자를 서로 고립되어 있고 무비판적인 우매한 대중(mass)으로 인식한다. 이들은 수용자에 비해 우월한 권력을 소유한 생산자가 만든 콘텐츠를 수동적으로 소비하는 존재로 개념화된다. 반면에 소셜 미디어는 단순한 정보의 수신자 역할에 국한된 대중으로서가 아니라 콘텐츠를 제작하고 공유하며 확장시키는 정보의 주체이자 이용자(user)로 수용자를 개념화한다. 소셜 미디어의 이용자는 생산자이자 소비자인 프로슈머(prosumer)의 특성을 가지는 능동적이고 지혜로운 존재로 개념화된다는 점에서 매스 미디어의 수용자와는 근본적으로 다르다고 할 수 있다. 이와 같은 수용자에 대한 인식의 차이는 디지털 기술에 의해 문화소비의 조건과 양식이 달라진 데서 일차적으로 기인한다.

앞에서 언급한 문화생산 수단의 대중화와 다양한 유통망의 부상에 더해, 디지털 기술은 다양한 상호작용적 서비스의 제공을 가능케 함으로써 수용자의 지배적 커뮤니케이션 양식에 변화를 가져왔다. 이제 수용자는 일방적으로 전송된 매스 미디어의 콘텐츠를 단순 소비하기보다는 자신의 취향과 필요에 따라 적극적으로 정보를 추구하고, 이에 더해 직접 콘텐츠를 생산, 공유, 유통시키는 것이 가능해진 것이다. 특히 인터넷과 소셜 미디어의 확산은 개별 이용자로 하여금 고립된 존재가 아니라 공동의 취향

〈표 3-1〉 디지털 기술에 의한 새로운 문화소비 양식

요구형 서비스 (On demand)	· 콘텐츠를 소비하기 위해 다양한 기술과 디바이스들을 사용 · 다양한 플랫폼을 통해 콘텐츠를 소비(N-screen) · 생산자가 정해진 시간에 일방적으로 전송해주는 콘텐츠가 아닌 자신의 관심과 취향에 따라 원하는 시간에 콘텐츠 소비
참여 (Participation)	· 자신의 정체성을 드러내 보이기 위해 콘텐츠를 제작하고 이를 공유 · 오픈소스 개발이나 베타테스팅 등에 자발적으로 참여 · 금전이 아닌 평판(reputation)이 중요한 보상 · 선물경제(gift economy)
즉시성 (Immediacy)	· 미디어를 사용할 때 멀티태스킹(multi-tasking)에 익숙하며 신속함을 매우 중시하는 세대의 등장 · 자신의 취향과 관심에 무관한 정보와 콘텐츠를 필터링하고 우회 · 인터넷이나 모바일 디바이스를 통해 미디어 서비스에 항시 접속 (Alwayson) · 사용자 간에도 늘 연결되어 있어 즉각적인 커뮤니케이션이 가능(All connected)
공동체 (Community)	· 취향과 관심을 공유하는 사용자와 지식, 경험과 정보를 공유 · 이러한 활동을 통해 집단적 귀속감과 정서적 일체감을 가짐 · 공동체 구성원들의 추천과 조언을 추구하고 신뢰 · 인터넷의 도움으로 공동체의 범위는 로컬을 넘어 글로벌로 확대 · 관계의 형성이 중요(SNS의 확산) · 대화(conversation)의 중요성

자료: Capgemini TME strategy Lab Analysis자료를 저자가 재구성하고 보완.

이나 관심사를 기반으로 서로 연결되어 네트워크를 구성하는 존재로 만들었다. 여기에 이동성과 개인성을 특징으로 하는 다양한 커뮤니케이션 디바이스의 확산은 매스 미디어 환경에서와는 근본적으로 다른 문화소비 양식을 정착시키고 있다. 〈표 3-1〉은 디지털 기술에 의해 확산되고 있는 새로운 문화소비 양식을 요구형 서비스(on demand), 참여(participation), 즉시성(immediacy)과 공동체(community)의 네 가지 범주를 통해 설명하고 있다.

이상에서 살펴본 것처럼 디지털 융합으로 인한 커뮤니케이션 생태계의

변화는 문화 생산과 소비 영역에서 광범위하고 급속하게 진행되고 있다. 매스 미디어와 소셜 미디어라는 올드 미디어와 뉴 미디어가 공존하고 경합하는 현재의 커뮤니케이션 생태계는 양 미디어 시스템의 차이를 분명하게 드러내는 동시에 공존과 경합의 과정에서 양 시스템이 서로 영향을 주고받음으로써 변형과 진화를 거듭하고 있다. 매스 미디어에 의한 디지털 기술의 도입(지상파 방송의 디지털 전환과 N 스크린 전략, 영화산업의 3D영화 제작이나 CG기술의 활용, 신문 산업의 온라인 서비스와 태블릿 어플리케이션 보급 등)은 그 대표적인 사례이다. 이 밖에도 기존의 문화산업이 소셜 미디어를 이용한 마케팅 전략이나 팬덤 등 이용자의 참여를 통한 가치창출전략을 적극적으로 도입하는 것 역시 이러한 진화의 범주에 넣을 수 있을 것이다. 한편 인터넷이나 소셜 미디어 역시 전통적인 매스 미디어의 수직적 통합이나 다각화전략을 도입해 규모의 경제와 범위의 경제 효과를 극대화하고 있으며, 일대다(one-to-many) 형식의 콘텐츠 서비스를 개발하여 SNS 내에 런칭하고 있다. 양 미디어 시스템 간의 상호영향에도, 현재 커뮤니케이션 생태계에서 일어나는 거스를 수 없는 변화의 방향은 매스 미디어에서 소셜 미디어로의 진화라고 할 수 있다.

퍼킨(Perkin, 2008)에 따르면, 매스 미디어는 미디어 소유주에 의해 규정되는 공간이며, 브랜드가 통제권을 행사하는 데 반해, 소셜 미디어는 소비자에 의해 규정되는 공간으로서 소비자가 통제권을 행사한다. 또한 매스 미디어는 메시지 전송이 주가 되는 일방향적 커뮤니케이션을 특징으로 하는 데 반해, 소셜 미디어는 커뮤니케이션 참여자가 쌍방향적 대화의 한 부분으로 존재하는 특성을 가진다. 메시지에 관련된 매스 미디어의 주요 활동은 메시지의 반복인 데 반해 소셜 미디어의 주요 활동은 메시지의 끊임없는 변형과 적응이다. 매스 미디어의 핵심 기능은 오락과 즐거움의 제공이지만 소셜 미디어의 핵심 기능은 영향을 미치고 사람들을 관여하게 만드는 것이다. 마지막으로 매스 미디어의 생산물은 미디어기업이 생산한 정형화된 콘텐츠인 데 반해 소셜 미디어의 주요 생산물은 사용자가 제작한 콘텐츠이거나 미디어기업과 공동으로 가치를 생산한 상품이다. 우리는 다음 절들에서 이상의 특성을 가지는 소셜 미디어의 확산이 문화산업의 생산 과정과 수용자들의 소비 과정에 어떠한 변화를 가져오고 있는지에 대해 구체적으로 살펴볼 것이다.

3. 소셜 미디어의 확산과 문화산업의 대응

소셜 미디어의 사용자 수가 빠르게 증가하고 소셜 미디어를 통한 콘텐츠의 소비 역시 늘어나면서 기존 문화산업에 미치는 소셜 미디어의 영향에 대한 관심이 커지고 있다. 디지털 기술의 발전으로 큰 변화를 경험한 문화산업은 쌍방향성, 네트워크성, 사용자 중심성의 특성을 가지는 소셜 미디어의 확산으로 또 다른 변화의 물결에 휩쓸리게 된 것이다. 문화생산의 관점에서 기존 문화산업에 미친 소셜 미디어의 영향은 크게 두 가지 측면에서 살펴볼 수 있다. 첫째, 소셜 미디어가 로컬 시장을 넘어 글로벌 수용자를 타깃으로 하는 문화산업의 새로운 콘텐츠 유통 채널로 부상하고 있다는 것이다. 새로운 콘텐츠 창구(window)로써 소셜 미디어의 잠재성에 주목한 미디어기업들은 적극적으로 소셜 미디어를 자신이 보유하고 있는 콘텐츠들을 유통하거나 마케팅을 수행하는 채널로 활용하고 있다(Vellar, 2012). 둘째, 소셜 미디어는 기업과 문화 생산자들이 자신들의 콘텐츠와 활동에 대해 팬들에게 홍보하고, 나아가서 팬들과 직접 소통하거나 팬 커뮤니티를 관리하는 수단으로 활용되고 있다.

이러한 방식의 소셜 미디어 활용은 대부분의 문화산업에서 보편적으로 나타나고 있다. 영화산업의 경우 미국에서는 메이저 영화사들이 페이스북을 통해 온라인 영화 배급을 시작했다. 예를 들어, 2011년 워너브라더스는 페이스북을 통해 영화를 배급하기 시작했고, 그 첫 영화는 〈다크나이트〉였다. 또한 미국에선 2011년 대규모 영화관 확보가 어려운 독립영화들을 페이스북 플랫폼을 활용하여 개봉하는 영화배급사 플릭런치(FlickLaunch)가 출범하기도 했다. 유통 채널로서가 아니라 영화 홍보 등의 마케팅 수단으로 트위터나 페이스북 등을 활용하는 것은 이제는 국내외 영화사에서 모두 보편적인 일이 되었다. 평론가나 영화를 먼저 관람한 관객들의 평가와 입소문이 영화 흥행의 성패를 좌우하게 되면서 영화사와 배우 등의 소셜 미디어를 통한 마케팅이나 관객과의 소통은 더욱 중요해지고 있다.

소파에 앉아 감자칩을 먹으며 TV만 본다는 뜻의 '카우치 포테이토(Couch Potato)'라는 조어가 있을 정도로 시청자의 수동적인 수용을 특징으로 하는 방송산업에서도 소셜 미디어의 중요성은 점점 커지고 있다. 스마트 TV의 보급과 젊은 세대를 중심으로 태블릿 PC나 스마트폰을 통한 TV 시청이 확산되면서, 방송산업도 변화하는 미디어 소비 환경에 능동적으로 대응하려고 애쓰고 있다. 대부분의 국내 지상파, 케이블 방송사들이 소셜 미디어에 자체 홍보 페이지나 채널을 개설했을 뿐 아니라, 태블릿 PC와 스마트폰 사용자를 대상으로 TV 시청 어플리케이션을 개발하여 보급하고 있다. 이는 일종의 N 스크린 전략의 일환인데, 소셜 미디어 등을 프로그램의 부가 창구로 활용하여 수익을 증대하는 효과가 있다. 최근 미국과 영국 등에서는 TV 시청 중에 태블릿이나 스마트폰을 동시에 사용하는 경우가 빠르게 늘고 있는데, 프로그램 관련 콘텐츠를 검색하거나 친구나 지인과 문자대화를 하는 경우가 대부분이라고 한다. 특히 BBC의 2012년 조사에 따르면, 영국에서는 프로그램 시청 선택에 친구와 지인의 추천이 가장 큰 영향을 미치고 있는 것으로 밝혀졌다. 이러한 TV 시청 행태의 변화 속에서 방송산업의 소셜 TV에 대한 관심이 높아져 가고 있다. 소셜 TV는 기본적으로 SNS와 같은 개념의 서비스이지만, 한 단계 특화되어 현재 보고 있는 영상 콘텐츠를 공유하고 또 부수적 정보를 통해서 새로운 콘텐츠를 생산하며 소비자의 통로를 제공하는 서비스이다(한국콘텐츠진흥원, 2013). 최근 트위터가 소셜 TV 사업 진출을 발표했고, 페이스북 역시 진출을 고려하고 있다고 알려졌다.

그러나 현재 소셜 미디어의 적극적 활용은 음악산업에서 가장 두드러지는데, 이는 유튜브, 마이스페이스, 페이스북과 트위터 등의 전 세계적인 확산과 밀접한 관련이 있다. 점점 더 많은 뮤지션들과 대중음악 기업들이 인터넷상에 웹사이트를 만들고 소셜 미디어에 자신의 채널을 개설하고 있다. 이를 통해 자신의 음악을 소개하고, 수용자들이 음악과 뮤직비디오 등을 감상할 수 있는 기회를 제공하며, 음원 등을 직접 판매하기도 한다. 디지털 기술이 처음 등장했을 때 냅스터(Napster)에 보였던 음악산업의 적대적 반응을 생각해보면, 뮤지션들이 인터넷을 통해 음원을 판매하거나 온라인상에서 무료로 음악을 감상할 수 있게 하는 것은 참으로 격세지감을 느끼게 한다. 예를 들어, 인기 록밴드 라디오헤드(Radiohead)는 2007년 자신들의 앨범 〈In Rainbow〉를 웹사이트를 통해 공개한 뒤 팬들에게 앨범을 다운로드 하고 나서 내고 싶은 만큼 돈을 지불하라고 해 큰 화제를 불러일으켰다. 결과는 놀라웠는데, 앨범 발매 첫 주에 무려 120만 장의 앨범이 다운로드 되었고 팬들이 지불한 가격은 평균 8달러 정도 되었다고 한다. 그 이전에 라디오헤드가 앨범 판매에서 가장 큰 성공을 거둔 경우가

2003년 앨범 〈Hail to the Thief〉였는데, 오프라인으로 발매된 이 앨범은 첫 주에 30만 장이 판매되었다. 〈In Rainbow〉는 이후 CD로도 발매되었는데 총 175만 장이 팔렸다고 하니, 인터넷 다운로드를 통한 판매가 얼마나 성공적이었는지 알 수 있다.

최근 소셜 미디어의 특성을 활용해 기업들이 새롭게 음악시장에 런칭하고 있는 것이 바로 SNS 기능과 음악이 결합된 소셜 음악 서비스이다. 해외에서 가장 성공한 음악 서비스인 스포티파이(Spotify)가 그 대표적인 예인데, 스포티파이는 페이스북과 연동하여 소셜 음악 서비스를 제공하고 있다. 구글과 트위터 등도 자신들의 사이트를 통해 소셜 뮤직 플랫폼을 제공할 계획이어서 최근 관심을 끌고 있는 클라우드(Cloud) 음악 서비스와 함께 소셜 음악 서비스는 당분간 음악산업에서 가장 각광받는 서비스가 될 것으로 보인다. 한국의 경우도 음원 서비스 제공업자인 벅스뮤직과 멜론 등이 소셜 음악 서비스를 선보였다. 소셜 음악 서비스의 인기는 소비자들이 단순히 음악을 듣는 것에서 벗어나 이제는 다른 소비자들과 음악을 공유하고 음악에 대한 정보와 관심을 나누기를 원한다는 것을 말해주는 것이라고 할 수 있다. 이런 점에서 샤피로와 디아즈(Shapiro & Diaz, 2012)는 디지털 음악 상품이 젊은 세대의 소비 취향에 부응하기 위해서 다음의 다섯 가지 특질을 갖춰야 한다고 주장했다. 하지만 이들의 주장은 음악 상품에만 적용되는 것은 아니며, 가까운 미래에 방송, 영화 등 대부분의 문화산업의 상품에서도 이러한 특질이 요구될 것이다.

- 소셜(social): 클라우드에 소비자들을 머물게 하라.
- 참여(participate): 소비자들을 서로 상호작용하도록 만들어라.
- 접근 가능한(accessible): 소유는 여전히 중요하지만 더 중요한 것은 접근

이다.

- 관련된(relevant): 파편화된 디지털 환경에서 팬들로 하여금 공존하게 하고 서로 이어지게 해라.
- 연결된(connected): 음악팬들은 서로 연결되어 있고, 그들의 음악 경험 역시 서로 연결되는 것을 기대한다.

소셜 미디어의 지구적 속성은 음악의 생산과 소비에 중요한 함의를 가진다. 인터넷의 등장과 이를 플랫폼으로 하는 소셜 미디어는 가상음악씬(virtual music scene)이라는 새로운 형태의 공간을 창출했다(Bennet, 2004). 이 공간은 가상공동체와 유사한 개념으로, 물리적인 장소가 아니며 구성원들 간 면대면 만남도 불필요한 곳이다. 마이스페이스, 페이스북, 유튜브, 트위터 등은 전 세계 뮤지션들과 팬들이 서로 소통하는 공간일 뿐 아니라, 공간적으로 떨어져 있는 팬들이 자신이 좋아하는 뮤지션의 음악을 듣고 의견을 공유하는 공간으로 기능하고 있다. 소셜 미디어를 통한 음악의 지구적 유통은 음반이나 뮤지션의 물리적인 이동이라는 기존의 지구화 과정과는 전혀 다른 방식으로 이루어진다는 점에서 주목할 만하다. 이러한 특성 덕분에 소셜 미디어는 뮤지션들의 해외시장 진출 통로로 활용되고 있다. 특히 인터넷은 사용하는 데 비용이 거의 들지 않고 수많은 해외 음악 소비자들에게 손쉽게 접근할 수 있기 때문에 자본이 충분하지 않은 인디 음악가들이나 신인들의 해외 진출에 큰 도움을 주고 있다. 대자본의 소수 글로벌 음반사들에 의해 과점되어 있는 대중음악 시장의 기존 시스템을 우회할 수 있는 통로로써 인터넷과 소셜 미디어가 큰 역할을 하고 있는 것이다. 유명 팝스타인 미카(Mika)와 저스틴 비버는 마이스페이스와 유튜브를 통해 발굴되어 전 세계적으로 크게 성공한 대표적인 사례들이다. 노르

웨이, 스웨덴을 중심으로 한 북유럽의 일렉트로닉 음악이 미국을 포함한 전 세계 음악시장에서 큰 인기를 끄는 데도 소셜 미디어와 팬들의 활동이 큰 역할을 했다. 「강남스타일」로 센세이션을 일으킨 싸이 역시 유튜브 등의 소셜 미디어가 없었더라면 이 정도의 성공적인 해외 진출은 불가능했을 것이다. 앞에서 언급했듯이 유명 밴드의 오프닝 가수로 전미 투어를 하고 라디오 방송을 집중적으로 공략하는 전통적인 방식을 썼던 원더걸스와 싸이의 경우를 비교해보면 소셜 미디어의 역할이 얼마나 중요한 것인지 쉽게 알 수 있다.

또한 소셜 미디어는 뮤지션과 기업들이 팬들과 소통하고 팬 커뮤니티를 관리하는 중요한 수단이 되고 있다. 이는 디지털 기술의 발전과 인터넷의 등장으로 인해 뮤지션과 음악회사가 팬들과 직접 소통하는 것이 가능해진 데서 기인한다. 디지털 시대의 MTV라고 일컬어지는 유튜브나 음악 서비스를 특화해 많은 뮤지션들을 사용자로 끌어들이는 데 성공했던 마이스페이스, 현재 전 세계적으로 가장 많은 사용자가 이용하고 있는 페이스북 등은 뮤지션과 음반회사들에게 매우 효율적인 마케팅과 홍보의 채널로 활용되고 있다. 따라서 해외뿐만 아니라 국내 기획사에도 대부분 소셜 미디어 홍보만을 전담하는 부서나 직원이 있다. 이들은 주요 소셜 미디어에 자신의 가수 페이지나 채널을 개설하여 음반 발매나 공연 일정 같은 정보들을 올릴 뿐 아니라, 스트리밍(streaming)이나 다운로드를 통해 팬들이 음악을 감상하거나 직접 온라인 구매를 할 수 있도록 하고 있다. 〈그림 3-2〉는 미국에서 최고의 인기를 누리고 있는 아이돌 가수 저스틴 비버의 마이스페이스 페이지다. 사이트의 좌측 메뉴에서 볼 수 있듯이 팬들은 마이스페이스를 통해 저스틴 비버의 공연 계획 등 근황에 대해 알 수 있고, 뮤직비디오와 음악을 감상하거나 직접 음원을 구매할 수도 있다. 또한 팬들은 자신

〈그림 3-2〉 저스틴 비버의 마이스페이스 페이지

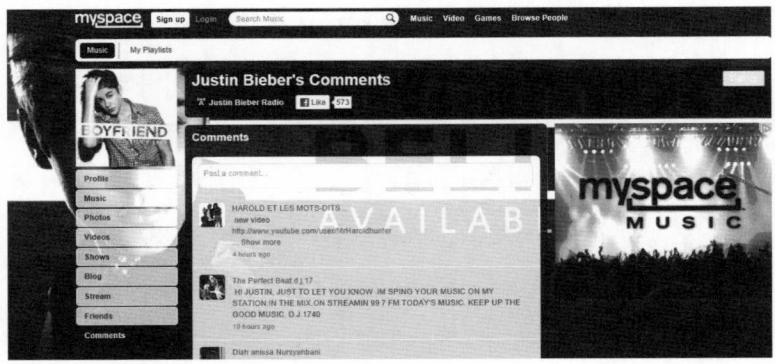

자료: 마이스페이스에서 직접 캡처.

이 찍은 사진이나 동영상을 공유할 수 있으며, 자유롭게 코멘트를 남길 수 있게 되어 있다. 팬들의 코멘트에 대해 저스틴 비버가 댓글을 달거나 글을 올리는 것은 물론이다.

4. 소셜 미디어, 수용자 참여 그리고 가치의 공동창조[1]

제도화된 미디어기업이 불특정 다수의 수용자에게 일방적으로 메시지를 전달하는 전통적인 매스 미디어와 달리 디지털미디어에서는 쌍방향적인 메시지의 교환이 보편적일 뿐만 아니라 생산자와 수용자의 경계 역시 허물어지고 있다. 이에 따라 상호작용적인 디지털미디어 환경에서 수용자의 새로운 개념화에 많은 학자들이 관심을 보여왔다. 젠킨스(Jenkins, 2006)의 참여문화(participatory culture), 토플러의 프로슈머와 브런스(Bruns, 2008)의

---

1) 이 절의 내용은 문상현(2012)에 근거한 것이다.

118   제1부 소셜 미디어와 사회문화의 변환

프로듀시지(produsage) 등이 바로 그것이다. 이들이 디지털미디어가 나타나면서 함께 가시화된 가장 중요한 변화로 지적하는 것은 생산과 소비를 동시에 하는 능동적인 존재들의 등장이다. 소셜 미디어의 확산과 능동적인 미디어 사용자의 등장은 우리가 알고 있던 전통적인 커뮤니케이션 생태계를 근본적으로 바꾸고 있으며, 이러한 변화는 지역(local)과 지구적 차원에서 모두 목도되고 있다.

브런스(2008)는 새로운 미디어 생태계의 가장 중요한 특징으로 프로듀시지라는 개념을 제안한다. 생산(production)과 사용(usage)이라는 두 용어를 통합한 개념인 프로듀시지는 단번에 완제품을 내는 것이 아니라 반복적이고 진화적인 발전 과정을 통해서 이루어지는 사용자 주도의 콘텐츠 창작을 의미한다. 그는 사용자 주도 공간의 콘텐츠와 관련된 창작적이고 협업적이며 임시적인 관여를 지칭하는 데 기존의 '생산'이라는 용어는 적합하지 않다고 주장했다. 또한 대중적으로 사용되고 있는 프로슈머 개념과 대비하면서, 그는 프로슈머의 경우 써서 사라진다는 뜻으로 물질적 제품의 경우에는 적절하나 정보와 콘텐츠의 경우는 '프로듀시지'라는 개념이 더 적합하다고 주장했다. 브런스의 주장은 기본적으로 새로운 미디어 생태계에서 권력이 생산자에서 사용자로 이동하고 있다는 인식에 기반을 둔다. 이러한 변화의 중심에 인터넷을 포함한 새로운 정보통신 기술이 놓여 있음은 두말할 나위가 없다. 벤클러(Benkler, 2006)와 마찬가지로 브런스 역시 전통적인 미디어산업의 영역 밖에서 이루어지는 비시장적 미디어 생산의 중요성, 그리고 그것의 밝은 미래에 대해 강조한다. 그에 따르면 미디어기업과 산업의 영역 밖에서 생산, 배급망의 가능성이 발생하면서 전통적인 생산·배급·소비의 구분은 무의미해진다. 특히 인터넷의 부상은 생산자·배급자·소비자를 네트워크상의 동등한 노드로 인식하게 함으로써 기존의 권력관계에 근본적인 변화를 야기하고 있다.

젠킨스(2006)는 참여문화 개념을 제안하면서 생산자와 소비자를 별개의 역할을 점유하는 상이한 특성의 존재들로 이해하기보다는 새로운 규칙들에 따라 서로 상호작용하는 참여자로 바라보아야 한다고 주장한다(Jenkins, 2006: 3). 미디어의 힘보다는 팬의 역할에 훨씬 더 큰 중요성을 부여함으로써, 젠킨스의 팬 중심적인(fan-centric) 참여문화 개념은 더 민주주의적인 미디어 환경을 추구하게 된다. 젠킨스는 참여문화 개념을 통해 새로운 미디어 환경에서 팬덤과 팬의 특성을 설명하고자 한다. 팬은 자신의 팬덤과 관련한 정보를 열정적으로 추구할 뿐만 아니라 팬문화의 구성에 참여하기위해 스스로 콘텐츠를 생산한다. 즉 수동적인 콘텐츠의 소비자가 아니라 콘텐츠의 능동적인 공동창조자(co-creator)로서 자리매김하게 되는 것이다. 그리고 수용자에 의한 참여문화의 활성화는 민주적 잠재력을 실제 사회속에서 현실화하는 하나의 실천이 된다(Benkler, 2006).

참여문화에 대한 젠킨스의 인식은 컨버전스(convergence) 개념에 대한 논의를 통해 더욱더 확장된다(Jenkins, 2006). 특히 그는 미디어 생산과 수용의 경계가 무너지는 현상을 통해 지구적 컨버전스 문화가 부상하고 있다고 보는데, 이러한 변화는 사람들과 그들의 미디어 간, 그리고 전문적인 미디어 생산자와 아마추어 생산자 간의 증대되는 참여적이고 상호작용적인 관여에 기반을 둔 것이다. 그는 컨버전스가 단순히 기술적인 변화만이 아니라 기술, 산업, 시장, 장르와 수용자들 간의 관계 역시 의미하며, 미디어가 운영되는 방식과 수용자들이 뉴스와 정보를 처리하는 방식을 변화시켰다고 설명한다(Jenkins, 2006: 16). 컨버전스는 미디어기업이 주도하는 위로부터 아래로의 과정과 소비자들이 주도하는 아래로부터 위로의 과정 모두에서 발생한다. 이 과정에서 미디어기업은 이윤의 제고, 시장의 확대와 수용자의 충성도 강화를 위해 어떻게 콘텐츠를 다양한 유통 채널들로 배분할 것인가를 배우게 된다. 반면, 수용자들은 이러한 콘텐츠의 흐름을 가능한 한 자신의 통제하에 두고 다른 사용자들과 상호작용하기 위해 어떻게 다양한 미디어 기술들을 활용할 것인지를 배운다. 젠킨스는 수용자가 자신의 문화에 좀 더 완전히 참여하고, 그들의 삶에서 미디어의 흐름을 통제하며, 미디어기업이 생산한 콘텐츠에 자신의 의견을 제시할 권리를 위해 싸우게 된다고 주장했다(Jenkins, 2004: 37).

수용자들이 점점 더 콘텐츠의 공동창조자로 미디어 생산에 참여하게 됨으로써, 미디어기업과 수용자 간의 관계에 대한 인식 또한 변화하게 되었다. 벤클러(2006)는 수용자가 주도하는 비시장적 문화생산은 더 이상 주변적인 문화 혹은 경제행위가 아니며, 현대 경제의 주변으로부터 중심으로 이동하고 있다고 주장했다. 공동창작은 시장에서 소비자가 생산자와 함께 가치의 생산에 참여하는 것을 의미한다(Zwass, 2010: 4). 프라할라드와 라마스와미(Prahalad & Ramaswamy, 2004) 역시 가치는 점점 더 기업과 소비자 모두에 의해 공동으로 창조되고 있다고 주장했다. 미디어산업에서도 소비자, 팬과 수용자는 새로운 디지털 경제에서 부를 생산하는 중요한 동력으로 재정의되고 있으며, 이에 따라 수용자들의 관여와 참여는 미디어기업에 의해 적극적으로 장려되고 있다(Banks & Deuze, 2009). 뱅크스와 도이즈(2009)에 따르면, 앞으로 미디어 생산의 성공은 점점 더 전문 미디어 제작자들과 일반 시민·소비자들이 지닌 다양한 형태의 전문성을 효과적으로 통합하고 조정하는 데 의존하게 될 것이다.

이런 맥락에서 학자들은 미디어 산업이 감정경제를 창조하기 위해 협업적(collaborationist) 접근법을 채택해야 한다고 제언한다(Condry, 2004). 감정경제에서 수용자는 더 이상 수동적인 소비자가 아니라, 미디어 콘텐츠의 프로모션에서 생산자와 협력하는 능동적이고 감정적으로 관여하며, 사회적으로는 네트워크화된 사용자가 된다(Vellar, 2012: 96). 대중음악 영역에서 이러한 수용자의 특성은 뚜렷이 나타난다. 감정경제에서 팬들은 디지털 생산 수단의 도움으로 단순히 충성스러운 소비자에서 머물지 않고 능동적인 프로모터가 된다. 팬들은 지구적 차원에서 게이트키퍼이자 필터이며 영향력을 행사하는 존재가 되는 것이다(Vellar, 2012). 벨라에 따르면, mp3 블로그를 만들고, 콘서트를 조직하며, SNS에서 음악에 태깅을 하거나 공유함으로써 팬들은 자신이 좋아하는 뮤지션과 음반사들을 위한 풀뿌리 프로모터(grassroots promoter)로 기능하게 된다(Vellar, 2012: 100). 그리고 팬들은 이러한 활동의 대가로 경제적 보상이 아니라 뮤지션과의 유대를 형성하거나 좋아하는 뮤지션과 음악에 대한 자신의 열정을 퍼뜨릴 수 있는 기회를 얻게 된다. 이 과정에서 그들은 자신의 팬덤과 관련하여 전문성과 지식을 얻게 되고, 이는 그들을 특정 취향의 팬 공동체에서 문화자본(cultural capital)을 소유한 전문가와 리더로 인식되게 하는 결과를 낳게 된다(Hills, 2002).

이상의 이론적인 논의에서 알 수 있듯이 인터넷의 등장과 소셜 미디어의 확산은 우리가 문화 콘텐츠를 소비하는 방식에 큰 변화를 가져왔다. 수용자들은 이제 음악, 영화 혹은 TV 프로그램을 과거처럼 수동적으로 소비하는 존재가 아닌 것이다. 그들은 영화를 보고 난 후 자신의 페이스북이나 트위터에 영화에 대한 평을 올리고 이를 친구들과 공유한다. 혹은 TV를 보는 중에 태블릿이나 스마트폰을 사용해 프로그램을 소재로 친구와 대화를 나누기도 하고, 프로그램의 캡처 사진이나 동영상 파일을 소셜 미디어 사이트에 업로드하기도 한다. 또한 이들은 자신이 좋아하는 뮤지션에 대한 글이나 음악을 소셜 미디어 사이트에서 공유하거나, 팬클럽 사이트에

〈그림 3-3〉 팬들이 제작한 싸이의 강남스타일 관련 유튜브 동영상

Cornell University: Flash Mob - Gangnam Style
게시자: **M Soto** · 7개월 전 · 조회수: 2,202,673
Gangnam Style flash mob hosted by hip-hop crew BreakFree. Here's the
Official
HD

CRYSTAL PALACE CHEERLEADERS DO GANGNAM STYLE
(강남스타일) #CrystalsDoGangnamStyle
게시자: **OfficialCPFC** · 6개월 전 · 조회수: 1,508,200
Star in our next video http://www.cpfc-competition.co.uk #
HD

2012 Halloween Light Show - Gangnam Style
게시자: **EdwardsLandingLights** · 6개월 전 · 조회수: 3,346,072
Halloween **Gangnam** Style Over 8500 lights and roughly 250 channels of
HD

Gangnam Style Flashmob at Square 2 (Singapore)
게시자: **shine8888** · 6개월 전 · 조회수: 43,322
Gangnam Style flashmob at Square 2 shopping mall. The dancers are good
and

(1000 plp) Gangnam Style Flashmob Jakarta Indonesia -
Thamrin Bunderan HI Sudirman Central Circle
게시자: **annabelle1898** · 7개월 전 · 조회수: 1,014,566
flashmob doing the **gangnam-style** dance craze Sept, 2012 ~ 1000 PEOPLE

자료: 유튜브에서 직접 캡처.

글을 올리기도 한다. 혹은 자신이 좋아하는 음악의 패러디 비디오나 리액
션 비디오 등을 제작해 유튜브에 게시하기도 한다. 그리고 수용자들의 이
러한 활동은 문화콘텐츠의 성패에 큰 영향을 미치고 있다. 싸이의 「강남
스타일」의 성공 역시 팬들의 이러한 활동에 큰 도움을 받았다. 〈그림 3-3〉
에서 보듯이, 싸이의 「강남스타일」 뮤직비디오가 공개된 후 전 세계적으
로 팬들이 제작한 수많은 관련 동영상이 유튜브에 게시되었다. 싸이의 뮤
직비디오뿐만 아니라 팬들이 제작한 동영상들 역시 큰 화제가 되었고, 이
는 싸이의 음악과 뮤직비디오의 인기를 더욱 높이는 데 큰 역할을 했다.

스웨덴 인디뮤직의 지구화에 대한 연구에서 베임(Baym, 2009)은 음악 팬

들의 활동을 '낮은 투자의 팬 프로모션(low-investment fan promotion)'과 '능동적인 팬 생산(active fan production)'의 두 유형으로 분류했다. 그녀에 따르면, 자신의 SNS 프로파일에 특정 가수들을 북마크하거나 친구로 등록하고, 그들의 음악을 플레이리스트에 올려놓는 것, 그리고 위젯(widget)을 사용하여 음악을 스트리밍하거나 다른 사람들에게 추천하는 행동 등은 낮은 투자의 팬 프로모션에 해당한다. 반면 직접 자신의 콘텐츠를 제작하고 각종 이벤트를 기획하는 것은 능동적인 팬 생산의 범주에 해당되는 활동이다. UCC 동영상을 제작하거나 mp3 블로그를 개설, 또는 팬진(fanzine)이나 팬픽(fanfic)을 제작하는 것 역시 이러한 활동에 해당된다. 인터넷을 통한 팬들의 다양한 활동은 자신들이 좋아하는 뮤지션과의 협업(collaboration)의 한 형태일 뿐 아니라, 음악의 가치 생산 과정에 뮤지션과 함께 참여하여 이루어지는 공동생산적 노동(co-creative labor)이라 할 수 있다.

5. 맺음말: 소셜 미디어와 문화권력의 미래

현대사회에서 매스 미디어는 사회현실의 매개라는 기능을 통해 핵심적인 사회제도로서 존재해왔다. 우리가 가지고 있는 세계에 대한 지식과 이미지는 객관적 실체라기보다는 미디어에 의해 구성된 현실이라는 주장은 미디어의 사회문화적 영향력이 얼마나 큰지 말해준다. 여기에 대량복제와 배포의 기술적 수단을 통해 불특정 다수에게 동일한 메시지를 전달할 수 있는 매스 미디어의 기술적 특성은 정치권력을 포함한 사회의 다양한 이해집단들로 하여금 매스 미디어에 대한 접근과 통제권을 놓고 경쟁하게 만들었다. 역사적으로 매스 미디어가 사회 제 세력의 갈등과 투쟁의 대상이자 공간이 되었던 것은 바로 이 때문이었다. 또한 자본주의의 발전과 함께 문화의 산업화가 빠르게 진행되면서 매스 미디어는 현대 자본주의의 가장 중요한 문화 생산자이자 공급자로 자리매김하게 되었다. 수요를 예측하기 어려운 문화상품의 특성 때문에 문화산업은 위험과 불확실성을 최소화하고자 인수·합병 등을 통해 집중과 다각화를 추구했고, 그 결과 문화산업에서 소수 대기업의 독점적 지배력은 통제할 수 없을 정도로 커지게 되었다.

매스 미디어의 권력적 속성은 두 가지 관계 형태에서 이해할 수 있다. 첫째는 수용자와의 관계에서 매스 미디어가 가진 권력적 속성이다. 매스 미디어는 대량복제와 배포 기술을 통해 자신이 만든 메시지를 불특정 다수인 수용자에게 전송한다. 매스 미디어에 대한 투쟁을 통해 수용자들이 어느 정도의 피드백(feedback) 권리를 쟁취해내기는 했지만 본질적으로 매스 미디어에 의한 커뮤니케이션은 생산자에서 수용자로의 일방적인 과정이다. 거대 자본인 매스 미디어와 일반 대중 수용자가 근본적으로 불평등한 관계에 놓여 있기 때문에, 수용자가 매스 미디어의 생산 과정에 개입하는 것은 불가능했다. 매스 커뮤니케이션 연구의 가장 중요한 주제가 매스 미디어의 효과였으며, 수용자는 그러한 효과를 발생시키는 존재로서만 인식되었다는 사실만 보아도 매스 미디어와 수용자와의 관계가 얼마나 불평등한 것인지를 잘 알 수 있다. 매스 미디어의 매스(mass)라는 개념이 수용자를 비이성적이고 비합리적이며, 미적 가치와 문화의 질적 판단 능력이 없는 우매한 존재로 이해한다는 것도 수용자와의 관계에서 매스 미디어가 절대 권력임을 입증한다. 매스 미디어가 문화지형에서 절대 권력을 누리는 데 반해 수용자는 소비의 영역에서 문화산업의 이윤 추구 대상으로서만 존재 가치를 부여받은 것이다.

그러나 디지털 기술의 발전은 수용자가 문화생산 수단을 소유할 수 있는 기회를 제공했고, 다양한 매체와 채널의 도입을 가능케 함으로써 문화시장의 세분화, 파편화와 분절화라는 결과를 낳았다. 그리고 이는 수용자의 주목(attention)을 희소한 자원으로 만듦으로써 문화시장에서 수용자의 가치를 제고했다. 즉 더 이상 수용자는 문화산업이 던져주는 것은 아무것이나 '받아먹는' 존재가 아니라 문화산업이 세심하게 그들의 취향과 관심을 파악해야만 하는 까다로운 고객이 된 것이다. 게다가 수용자는 문화생산 수단과 소셜 미디어라는 네트워크 미디어를 통해 소비의 영역을 넘어서 문화생산 과정에까지 개입할 수 있게 되었다. 앞 절에서 살펴본 것처럼 수용자는 문화산업의 가치 창출 과정에 공동의 가치창조자로 참여하게 되었다. 이러한 수용자의 변화는 기존 문화산업의 소셜 비즈니스화를 견인하는 가장 중요한 동인으로 작용하고 있다. 여전히 기존 문화산업의 권력은 견고하지만 수용자와의 관계에서 힘의 불균형은 상당 부분 완화되고 있는 것이 사실이다. 물론 이것을 수용자들이 문화산업과의 투쟁을 통해 얻어낸 과실이라고 단정적으로 말하기는 어렵다. 그보다는 문화산업이 변화하는 문화지형 속에서 수용자의 힘과 가치를 재인식하게 되었고, 자발적으로든 혹은 내켜하지 않으면서든 수용자와의 관계를 새롭게 맺을 필요성을 인정함으로써 파생된 결과라고 보는 것이 더 적절할 것이다. 따라서 비판적 시각으로 보자면 최근 목도되는 문화산업과 수용자의 역관계(power relation)의 변화는 문화산업에 의한 포섭(co-optation) 과정으로 이해할 수도 있다. 그럼에도 디지털 기술과 소셜 네트워크라는 새로운 자원을 가진 수용자의 영향력은 앞으로 더 커질 것이 분명하기 때문에 문화권력을 놓고 문화산업과 수용자와의 경쟁과 갈등은 더욱 증폭될 가능성이 높다.

둘째는 최근 등장한 새로운 디지털미디어들과의 관계에서 매스 미디어가 가지는 권력적 속성이다. 초판(first copy) 생산에 제작비의 대부분이 사용되고 수용자가 소비해보기 전에는 가치를 정확히 알기 어려운 미디어 상품의 경험재(experience goods)적 특성 때문에 매스 미디어 기업은 규모의 경제와 범위의 경제를 극대화하는 전략을 추진하게 된다. 그리고 이러한 전략은 인수합병 등을 통한 문화산업의 집중화(concentration)와 다각화(diversification)를 낳게 되며. 이로 인해 문화산업은 소수의 거대 글로벌 미디어기업에 의해 지배되는 독과점적 특성을 띠게 된다. 독과점기업은 상품 공급 사슬의 각 단계에서 과도한 통제력을 소유하고, 이를 신규 사업자의 시장 진입을 막거나 경쟁 기업의 상품 공급이 원활하게 이루어지지 못하도록 하는 데 활용한다. 경쟁 기업이 아무리 혁신적이고 경쟁력 있는 콘텐츠나 서비스를 개발·제작하더라도 유통망이나 상영 수단을 확보하지 못한다면 시장에서의 생존은 불가능하다. 이러한 과정을 통해 소수의 거대 글로벌 미디어기업은 자본 규모가 작은 경쟁 미디어기업들에 대해 막강한 권력을 행사해왔다. 미국 할리우드 메이저 영화들이 세계 각국의 영화시장을 지배하고 있는 것이나, 서너 개 안팎의 음반회사들이 세계 음악시장의 75% 이상을 차지하는 현실은 이를 잘 말해준다.

그러나 디지털 기술의 발전으로 인한 다매체·다채널 시대의 도래는 소수 글로벌 미디어기업에 의해 지배되는 패권적 시장구조에 불안정성을 더하는 계기가 되었다. 다매체, 다채널의 도래는 기존 미디어기업들이 다각화를 통해 범위의 경제와 규모의 경제 효과를 증대하는 기회가 되기도 했지만, 새로운 플랫폼을 통해 통신사 등 여타 산업에서 막강한 지배력을 행사해온 기업들이 새롭게 문화산업 영역에 진출하는 결과를 초래한 것이다. 기존 미디어기업들에게 이들은 콘텐츠의 측면에서는 새로운 수익 창구이지만 플랫폼 측면에서는 한정된 광고 수입과 가입자를 놓고 다퉈야 하는 경쟁자인 것이다. 지상파 방송, 케이블 방송, 위성 방송과 IP TV가 무한경쟁을 벌이고 있는 방송시장은 좋은 사례이다. 또한 음반 제작과 유통망의 독점을 통해 소수의 음반회사들이 시장을 지배해오다가, 디바이스 제조업자인 애플(Apple)의 아이튠스(iTunes)와 온라인 상거래업자인 아마존(Amazon) 등에 의해 음악 유통 시장의 상당 부분을 빼앗긴 음악산업도 이러한 변화를 잘 보여준다고 할 수 있다.

기존 미디어기업들에 대한 더 강력한 도전은 인터넷을 기반으로 한 뉴미디어기업들로부터 왔다. 이들은 인터넷을 새로운 유통과 콘텐츠 창구로 적극 활용함으로써 매스 미디어 시대의 문화생태계에 근본적인 변화를 초래하고 있다. 검색엔진에서 시작해 동영상 사이트인 유튜브 인수, 모바일 OS 개발, 스마트폰과 태블릿 PC 제조까지 사업영역을 무한 확대하고 있는 구글(google)과 세계 최대의 사용자를 보유한 SNS를 통해 다양한 미디어 플랫폼 사업을 시도하고 있는 페이스북은 대표적인 인터넷 기반 미디어기업들이다. 이들은 비시장적(non-market) 문화생산의 활성화와 수용자들의 적극적인 문화생산 과정에의 개입이라는 문화생태계 변화에 힘입어 기존 글로벌 미디어기업을 넘어서는 영향력을 행사하고 있다. 현재 이들은 기존 미디어기업과 협력과 경쟁의 관계를 유지하고 있는데, 양자 간의 관계가 앞으로 어떻게 변화하느냐가 문화권력의 미래 모습을 결정하는 데 중요한 변수가 될 것이다.

추천 문헌

문상현. 2012. 「문화, 경제와 공간: 미디어산업의 지구화에 대한 이론적 검토」. ≪문화경제연구≫, 제15권 제3호, 3~27쪽.

한국콘텐츠진흥원. 2013. 「TV 2.0시대의 소셜 TV, 어디까지 왔나」. 『미국콘텐츠산업동향』. 한국콘텐츠진흥원.

Banks, J. & M. Deuze. 2009. "Co-creative Labour." *International Journal of Cultural Studies*, Vol.12, No.5, pp. 419~431.

Baym, N. 2009. "Amateur experts: International fan labor in Swedish independent music." *International Journal of Cultural Studies*, Vol.12, No.5, pp. 433~449.

Benkler, Y. 2006. *The Wealth of Networks: How Social Production Transforms Markets and Freedom*. New Haven: Yale University Press.

Bennett, A. 2004. "Consolidating the Music Scenes Perspective." *Poetics*, Vol. 32, pp. 223~234.

Bruns. A. 2008. *Blogs, Wikipedia, Second Life, and Beyond: From Production to Produsage*. New York: Peter Lang.

Condry, I. 2004. "Cultures of Music Piracy: An Ethnographic of the US and Japan." *International Journal of Cultural Studies*, Vol.7, No.3, pp. 343~363.

Hills, M. 2002. *Fan Cultures*. London: Routledge.

Jenkins, H. 2004. "The cultural logic of media convergence." *International Journal of Cultural Studies*, Vol.7, No.1, pp. 33~43.

_____. 2006. *Convergence Culture: Where Old and New Media Collide*. New York: NYU Press

Perkin, N. 2008. "What's next in media: How social media changes the rules for good." http://neilperkin.typepad.com.

Prahalad, C. & V. Ramaswamy. 2004. "Co-creating Unique Value With Customers." *Strategy & Leadership*, Vol.32, No.3, pp. 4~9.

Shapiro, A. & A. Diaz. 2012. "Social Media: Effects on the Music and Enter-
tainment Industry." http://www.slideshare.net/ashap117.

Vellar, A. 2012. "The Recording Industry and Grassroots Marketing: From
Street Teams to Flash Mobs." *Participations: Journal of Audience and
Reception Studies*, Vol.9, No.1, pp. 95~118.

Zwass, V. 2010. "Co-creation: Toward a Taxonomy and an Integrated Research
Perspective." *International Journal of Electronic Commerce*, Vol.15,
No.1, pp. 11~48.

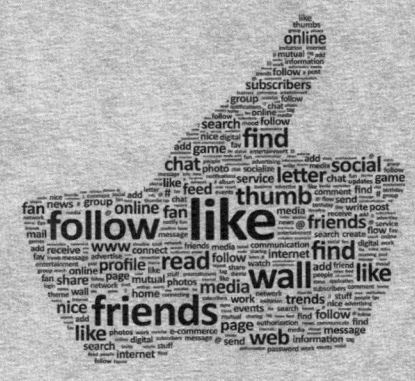

제 **2** 부

소셜 미디어와 정치외교의 변환

04 _ 소셜 미디어와 시민권력의 부상

금혜성(SBS)

1. 머리말

커뮤니케이션 기술의 발달은 민주주의의 성숙과 그 노선을 같이해왔다. 15세기 말의 금속활자, 19세기 말의 전화, 그리고 20세기 중반의 TV 등은 지배계층과 일부 지식인에 의해 독점되었던 정보체계를 해체하고 비교적 저렴한 비용으로 대량 정보를 대중에게 전달함으로써 그들이 스스로 생각할 권리와 직접 행동할 계기를 가지게 했다. 주어지는 명령에 의해서가 아니라 주변의 사람들과 서로 가진 정보를 교환하여 새로운 지식을 습득하고 이렇게 축적된 지식을 바탕으로 내 삶이 더 윤택할 수 있도록 자신의 주장을 펼칠 수 있게 된 것이다. 우리가 민주주의를 쉽게 '사회 구성원의 의사를 반영하고 실현하는 사상이나 정치사회 체제"라고 정의할 때, 그 가장 근본이 되는 것이 바로 나를 비롯한 다른 사람들이 행복하기 위해 무엇을 요구하고 그것의 성취를 위해 어떤 행동을 할 것인가이다. 그러나 사회 구성원이 증가하면서 모든 사람들의 요구를 충족시킬 수 없으므로 가능한 많은 사람들이 공통적으로 바라는 것들을 선택할 수밖에 없어졌는데, 이 때 중요한 것이 자신들의 '공동가치'를 수렴하기 위해 다양한 방법으로 소통하는 것이다. 이런 의미에서 소셜 미디어는 현존하는 21세기의 가장 혁신적인 기술이자 수단이다.

소셜 미디어는 잘 알려져 있는 것처럼 2008년 미국 대선에서의 오바마의 승리와 2011년 북아프리카 및 중동 지역의 민주화 운동에 기여했다는 점 때문에 세계적인 주목을 받았다. 물론 1990년대 말부터 국내외적으로 '아이러브스쿨(iloveshcool.com)', '식스디그리스(sixdegrees.com)', '마이스페이스(myspace.com)' 등 지인 간의 친목 중심의 온라인 공동체가 지속적으로 활동해왔으나, 위의 두 정치적 사건으로 인해 정치적 영역에서도 소셜 미디어에 대한 관심이 급상승했다. 사람들이 주목하는 소셜 미디어의 정치적 역할 혹은 가치는 소셜 미디어가 현재의 대의민주주의가 가지는 한계를 충분히 보완할 수 있는 기제가 될 수 있다는 점과 그 자체로 새로운 민주주의를 확립해나갈 것이라는 기대 때문이다. 그렇다면 과연 소셜 미디어의 어떤 점이 이 같은 기대를 가져오는 것일까?

2. 소셜 미디어와 민주주의적 정치혁명

민주주의는 고대 그리스의 민주정 이래 많은 국가의 통치 이념이었으며, 베스트팔렌 체제와 국민 국가의 등장 이후로는 대의제에 기초한 민주주의가 보편타당한 통치 체제로서 강대한 영향력을 가진 이념이자 제도로 평가받아왔다. 대의민주주의는 국민의 정치적 선호를 집합적으로 표현하는 선거라는 과정을 통해 자신의 선호를 대변할 대표자를 선출하고 이들로 하여금 일정 기간 동안 통치를 대신하도록 하는 방식이다. 즉, 대표자는 자신을 지지해준 유권자의 선호를 반영하여 주요 정책에 대한 결정 과정에 참여하고 유권자는 이를 통해 자신의 정치적 의사를 간접적으로 표현하는 것이다. 만약 선출된 대표자가 자신을 뽑아준 유권자의 의사를 표현하지 않거나 정책 수행 능력에 부족을 보이면 유권자는 그를 다음 선거에서 낙선시킴으로써 정치적 책임을 묻게 된다. 그리고 대표자는 낙선 가능성을 낮추기 위해 여론의 향방에 예민하게 반응하면서 정책을 수행하는 것이다. 이처럼 유권자의 선호에 대한 반응과 정치적 책임성은 대의민주주의를 지탱하는 중요한 원칙이라 할 수 있다.

그러나 20세기 중반 TV를 포함한 대중매체가 급격히 확산되면서 이를 매개로 하는 소위 미디어정치가 활성화되었다. 정치인의 외적 이미지가 강조되는 미디어정치는 정치인 개인에 대한 지나친 몰입으로 인해 정당의 사인화를 가속화시킴으로써 결국 정당 중심의 정치를 급격히 쇠퇴시켰다. 미디어는 권력화되어 시민의 의사를 반영하는 여론은 조작, 왜곡의 가능성이 높아졌으며, 시민들의 정상적인 정치적 참여는 더욱 약화될 수밖에 없어 시민은 정치적 수동층에 머물 수밖에 없었다.

결국 현대의 민주주의의 본질적 위기는 상당 부분 정치적 의사결정에 대한 국민 참여의 왜소화와 민주적 정당성의 기반이 되는 공적 토론(public deliberation)의 와해에서 비롯된 것임을 부인할 수 없으며, 이런 맥락에서 대의민주주의의 원활한 작동을 위해서는 정치적 커뮤니케이션의 가치가 더욱 중요해질 수밖에 없다.

이런 가운데 인터넷의 등장은 커뮤니케이션의 영역과 방법을 획기적으로 변화시키면서 민주주의의 위기에 새로운 방향을 제시하고 있다. 그동안 많은 학자들이 지적해왔던 것처럼 소통의 부재로 인해 불거진 대의민주제의 위기를 극복하기 위해서는 공적 토론과 대표자(정치인)와 유권자 간, 혹은 유권자들 간의 대화를 활성화시켜 시민의 정치관심과 정치참여 의식을 고양시키는 것이 중요하다. 또한 정치인의 유권자에 대한 반응성과 정치적 책임성을 강화하는 것이 필요하다. 이런 가운데 인터넷, 특히 최근의 SNS로 대표되는 소셜 미디어의 등장과 발전은 유권자의 정치영역에의 관계성과 참여성을 자극하여 위에서 지적했던 위기들을 극복하고 민주주의 재활의 가능성을 높일 수 있다는 믿음이 확산되고 있다.

소셜 미디어가 정치적으로 주목받는 이유는 이것이 기존의 대의민주주의의 정치적 위기와 한계를 극복하고, 개별 시민이 의제설정이나 의사결정 과정에 직접 참여하고 영향력을 행사할 수 있는 직접민주주의의 가능성을 보여주기 때문이다. 실제로 지난 몇 년간 소셜 미디어가 불러일으킨 새로운 정치현상들은 어렵지 않게 확인할 수 있다. 대내적으로는 단일 쟁점에 대해 단기간 수백만 명의 시위 참여자를 만들어냈던 2008년의 촛불 시위와 최근까지 있었던 다수의 선거에서 보인 열렬한 투표 참여 열기, 그리고 민주당의 당내 모바일 경선 등 이전에는 볼 수 없었던 대중들의 적극적인 정치적 표현과 참여가 있었다. 대외적으로는 미국과 영국을 비롯한 많은 국가에서 벌어졌던 크고 작은 선거에서 네트워크 중심의 커뮤니케이션 미디어가 그 역할을 톡톡히 했으며, 2011년 초에는 민주주의의 변방이었던 중동 지역과 북아프리카 지역에서 대규모 시민 저항 운동이 잇달아 일어나면서 민주주의의 싹이 태동하기 시작했다. 그리고 이러한 일련의 정치적 사건들이 발생 가능했던 배경에 소셜 미디어가 있었음을 우리는 잘 알고 있다.

이렇게 볼 때, 소셜 미디어가 현재와 미래의 민주주의의 패러다임을 변화시킬 것인가 하는 문제에 대해서 우리는 면밀하게 검토해볼 필요가 있다. 수많은 현실적인 문제에도 불구하고 가장 이상적인 통치이념이자 제도로서 불변의 진리처럼 존재해왔던 현재의 대의민주주의가 아니라, 소극적 의미에서는 대의민주주의의 한계를 보완하고 적극적 의미에서는 시민의 정치참여를 통한 직접민주주의를 실현하는 강력한 방안으로써 소셜 미디어가 역할을 할 수 있을 것인가. 아마도 소셜 미디어와 그것의 정치적 속성을 검토해보는 것이 향후 민주주의 패러다임의 변화 가능성을 살펴볼 수 있는 하나의 방법이 될 것이다.

3. 소셜 미디어의 개념과 속성

소셜 미디어는 개방, 참여, 공유의 가치로 요약되는 웹2.0시대의 도래에 따라 사람들이 자신의 생각과 의견, 경험, 정보 등을 서로 공유하고 참여하기 위해 사용하는 개방화된 온라인 툴이나 플랫폼을 의미한다. 우리가 SNS라 명명하는 소셜 네트워크 서비스(Social Network Services, 이하 SNS)는 그러한 인터넷을 기반으로 하는 툴이나 플랫폼을 통해 공통의 관심사를 지니고 있는 사용자들 간의 관계 형성을 돕고, 이렇게 형성된 지인관계를 바탕으로 인맥 관리, 정보 및 콘텐츠 공유, 적극적인 자기 표현 등 다양한 활동을 통해 관계를 확장시킬 수 있도록 지원하는 서비스를 의미한다.

SNS는 웹2.0의 환경에서 발달한 만큼 그것의 특징인 참여, 개방, 공유를 기본 성격으로 하여 여기에 대화라는 수단과 참여자의 관계성을 중시한다는 점, 그리고 참여적 행위를 통해 여러 수준의 커뮤니티가 활성화된다는 점이 특징이다. 특정 이슈나 대상에 대해 공통적인 관심을 보이는 사람들이 '참여'하여 '대화'를 통해 관심 쟁점에 대해 의견과 그에 대한 피드백을

〈그림 4-1〉 소셜 미디어의 속성

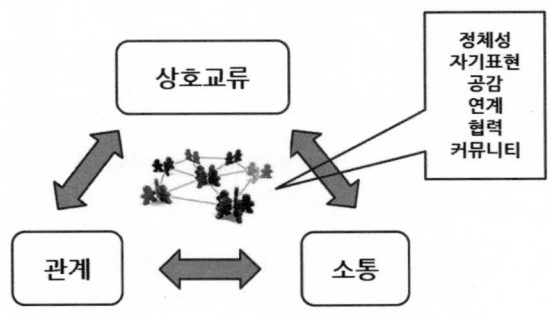

'공유'하면서 '관계'를 생성, 강화하고 이를 통해 집합적 행동을 표현할 수 있는 커뮤니티가 공고해진다. SNS가 가지는 이러한 속성들을 정리해보면 〈그림 4-1〉처럼 표현될 수 있다. 기본적으로 모든 SNS는 사람을 중심으로 한 관계에 기반을 두고 있으며, 사용자 간에 상호작용하며 커뮤니케이션을 가능하게 하고 있다. 이를 기반으로 다양한 형태의 서비스 속성이 덧붙여지면서 고유한 서비스 가치를 가지게 된다.

소셜 미디어가 가지는 이러한 속성들은 기존의 올드 미디어가 가졌던 속성들과는 차별성을 보인다. TV, 신문, 잡지, 라디오 등과 같은 전통 매체가 일대다(one-to-many)의 일방적 관계형에 기초한 커뮤니케이션의 속성을 가졌다면, 소셜 미디어는 다양한 형태의 콘텐츠가 다양한 이용자들에 의해 생성되고 공유되는 다대다(many-to-many)의 쌍방향적 관계성을 토대로 하므로 1인 미디어, 1인 커뮤니티의 특징을 지닌다고 볼 수 있다. 이런 차별성을 바탕으로 소셜 미디어는 방송매체의 일방적 독백을 사회적 매체의 대화로 변환시키고, 이용자들이 콘텐츠 소비자임과 동시에 콘텐츠 생산자가 되는 것을 가능케 함으로써 정보의 민주화와 개방화를 촉진시킨다.

소셜 미디어는 그것이 구동하기 위해 디자인된 플랫폼의 영향을 받기도 하지만, 쌍방향성을 기본으로 자발적인 참여와 콘텐츠 공유와 재생산을 반복하기 때문에 이를 활용하는 사용자들의 이용 정도와 활용 성향에 따라 그 자체가 유기체처럼 성장하고 변모한다. 때로 블로그, 미니홈피, UCC 등 사회적 네트워크를 온라인에서 구축하는 서비스 전반을 SNS로 포함시키기도 하지만, 최근 우리가 SNS로 명명하는 것은 협의의 SNS로 페이스북, 트위터, 미투데이, 카카오스토리 등 온라인을 통한 인맥 관리 서비스이다.

4. 소셜 미디어의 사용 현황

소셜 미디어의 사용은 급격한 성장세를 보이고 있다. 세계적인 시장조사 전문업체인 이마케터(eMarketer)에 의하면 전 세계의 SNS 사용은 2011년에 비해 약 20%의 성장률을 기록했다. 이미 미국(50%), 캐나다(49.5%), 한국(46.6%), 호주(44.4%) 등에서 거의 전 국민의 절반에 이르는 사람들이 SNS를 사용하고 있고 인도와 브라질에서는 성장률이 87.5%로 빠르게 확산되고 있다. 현재 가장 보편적인 소셜 네트워크 서비스로 꼽히는 페이스북은 지난 5년간 연평균 수백 퍼센트의 성장률을 보이면서 1위 자리를 고수하고 있으며, 한국의 경우 최근에는 20대의 젊은 층이 주도하는 다양한 커뮤니티를 중심으로 증가세를 보이고 있다. 반면 트위터는 40대 이상의 연령층에게 호응을 받으며 1인 방송과 정보공유의 기능을 통해 인기를 누리고 있다. 그러나 이 같은 연령층에 따른 SNS의 선택은 국가마다 다른 양상을 띠고 있어 하나의 경향성으로 설명할 수는 없다. 예를 들어 프랑스의 경

<그림 4-2> 세계 소셜 미디어 사용 현황(2012년 5월 현재)

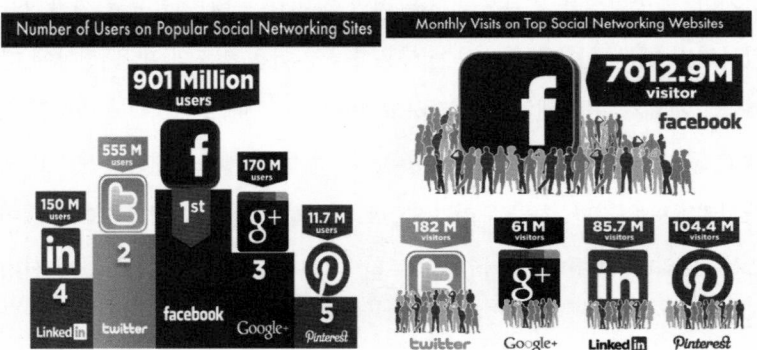

자료: tweetsmarter(2012).

우, 한국과 달리 페이스북보다 트위터가 젊은 층의 호응이 높게 나타나고 있고, 인도에서는 두 SNS 간에 연령별 차별성이 뚜렷하게 나타나지 않고 있다.

SNS의 국가별 사용 현황을 살펴보면, 자국의 SNS가 발달한 중국(QQ), 한국(Cyworld), 일본(MIXI)을 제외한 대부분의 국가에서 페이스북이 가장 많은 사용자를 보유하고 있다. 2011~2012년 사이에 높은 성장률을 보인 국가들을 보면, 베트남이 134%, 일본 88%, 나이지리아 62.4%, 인도 32.1%, 브라질 29% 등으로 여전히 많은 국가에서 폭발적인 성장을 하면서 해당 국가 내 점유율을 높이고 있다.

트위터 역시 지속적인 성장세를 보이고 있는데 사용의 간편함과 텍스트 위주의 가벼운 구동성 때문에 오히려 페이스북보다 안정적이고 장기간 동안 성장세가 지속될 것으로 예측되고 있다. 보고서에 따르면, 페이스북은 이미 여러 국가에서 포화 상태에 이르러 그 성장세가 둔화되고 있지만, 트위터의 경우 아직 소셜 네트워킹 서비스가 충분히 구현되지 않고 있는 국가들을 중심으로 그 세를 확장하고 있고 이미 2011년에 페이스북보다 빠른 성장률을 보이고 있는 것으로 나타났다(페이스북 13.4% vs. 트위터 31.9%). 시장 조사 업체 컴스코어 역시 트위터가 브라질에서 192%의 폭발적인 성장률을 보이고 있음을 예로 들면서 남미 국가를 중심으로 빠르게 확산되고 있음을 지적하고 있다.

최근 한국에서는 토종 SNS 서비스인 카카오스토리의 성장이 눈에 띄고 있다. 관계를 중심으로 하여 인맥 생성과 확장을 주요 사용 목적으로 하는 페이스북보다 더욱 폐쇄적인 성격을 띠고 있는 카카오스토리는 이미 자신과 관계를 맺고 있는 사람들과 온라인 커뮤니티를 만드는 것으로 초대에 의해 새로운 관계를 확장할 수 있다. 이러한 폐쇄적 형태의 SNS는 2000년대 초반 인기를 끌었던 싸이월드를 개인 홈페이지가 아닌 커뮤니티 형태로 만들어 모바일 플랫폼에 최적화시킨 것으로 이해할 수 있다. 잘 알지 못하는 사람들과의 새로운 관계를 추구하기보다는 지인들과의 관계를 돈독히 하는 것에 초점을 두고 있어 한국적인 문화를 잘 반영하고 있다고 할 수 있다. 카카오스토리는 커뮤니티 내의 관계를 강화하고 구성원의 성격에 따라 성향이 다른 사람들의 유입을 차단할 수 있는 속성 때문에 최근 치러진 18대 대통령 선거에서 지지자들의 선거캠페인 동력으로 적극 활용되기도 했다.

5. 소셜 미디어의 정치적 속성과 기능

소셜 미디어의 등장과 발전은 인간이 타인과 소통하고 관계를 맺는 방식에 근본적인 변화를 가져왔으며, 이는 커뮤니케이션 기술과 사회 변화에 대한 두 가지 대립적 관점에 관한 논란을 다시 부각시키고 있다. 먼저 기술결정론적 관점은 소셜 미디어의 네트워크적 속성과 소통의 기능을 통해 시민들의 정치활동도 변화가 생길 것이며 이는 정치사회적으로 긍정적인 효과가 있다는 주장이다. SNS는 지극히 개인적인 관계와 미디어적 속성을 기반으로 하고 있기 때문에 이를 통한 정치인과 대중의 만남이 더 수월하고 빈번하게 생성될 수 있으며, 이와 같은 온라인에서의 대면 현상이 다양한 형태로 긍정적인 정치적 효과를 수반한다는 것이다. 글래드웰처럼 SNS의 정치적 효과를 더 제한적으로 고찰해야 한다는 주장이 없는 것은 아니나, 그 역시 SNS가 가지는 정보공유와 확산, 정치참여 행태의 변화 등을 가져오는 가치를 부인하지는 않는다. 이렇게 볼 때, 소셜 미디어의 정치적 기능은 네 가지로 요약될 수 있다. 정치정보의 공유를 통한 여론의 형성과 과정의 투명성, 유사한 정치적 지향성을 가진 사람들의 연계와 집합을 촉매, 그리고 다양한 수준에서의 정치적 참여를 활성화하는 것과 셀프 브랜딩이 그것이다.

첫째, SNS는 정치 관련 정보를 공유함으로써 의제설정과 여론의 민주화를 가져온다. 여론은 단순히 정보나 의견 전달에 의한 것이 아닌 상호 대화 과정을 통해 형성된다. 그러나 기존의 여론은 정당한 의미에서의 역할과 의미를 상실했다. TV, 신문 등 대중 미디어가 발달하면서 이미지에 대한 과도한 기대와 의존으로 말미암아 미디어 정치의 활성화를 불러일으켰고, 이는 다시 미디어 권력을 창출함으로써 여론은 조작과 편파성의 심화, 그리고 결과적으로 대중으로부터 신뢰받지 못하는 대상이 되었다. 그러나 SNS는 기존 언론의 일방향적 의제설정과 그에 대한 수동적 반응에서 벗어나 정보공유와 대화를 통해 자발적인 커뮤니케이션을 유도하고 정보 생성과 확산 과정에서의 투명성을 담보한다. 이를 통해 의제를 공유하고 짧은

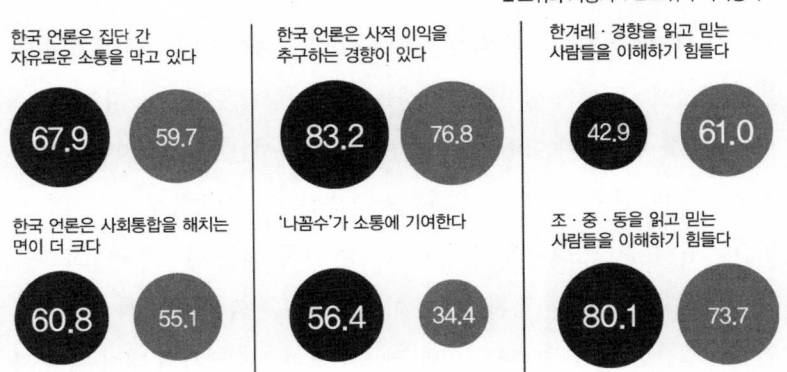

〈그림 4-3〉 한국 언론에 대한 인식 비교: 트위터 사용자 vs. 비사용자

■ 트위터 사용자 ■ 트위터 비사용자

한국 언론은 집단 간
자유로운 소통을 막고 있다

67.9   59.7

한국 언론은 사적 이익을
추구하는 경향이 있다

83.2   76.8

한겨레·경향을 읽고 믿는
사람들을 이해하기 힘들다

42.9   61.0

한국 언론은 사회통합을 해치는
면이 더 크다

60.8   55.1

'나꼼수'가 소통에 기여한다

56.4   34.4

조·중·동을 읽고 믿는
사람들을 이해하기 힘들다

80.1   73.7

자료: ≪한겨레신문≫ 2012년 12월 1일자.

시간에 많은 사람들에게 의견 교환과 확산을 활성화시킴으로써 새로운 의
제설정 채널로 기능하는 것이다. 실제로 SNS 사용자들은, 기성 언론이 집
단 간 자유로운 소통을 막고 사회 통합을 해치며 사적 이익을 추구하는 반
면, SNS의 경우 이성적 대중이 특정 사안에 대해 대화와 토론을 통해 다양
한 경험을 공유함으로써 더 큰 맥락에서 쟁점에 대한 이해를 확대하고 정
치적 판단을 한다고 믿고 있었다. 사회학자 니나 엘리아소프 역시 참여관
찰을 통해 사람들은 오직 친밀하고 개인적인 시공간에서만 자유롭게 정치
이야기를 하기 때문에 진정한 정치 담론의 확산은 개인적 관계가 형성된
공간에서만 일어난다고 말하고 있다.

둘째, 대화를 통해 유사한 정치적 지향성을 가진 사람들의 연계와 집합
을 촉매하고 정치학습의 매개로 활용된다. 기본적으로 개인적 관계의 생
성과 확장은 자신의 기호와 관점, 또는 의견에 있어서 유사한 사람들 사이
에서 형성된다. 물론 때때로 자신과 전혀 다른 사고와 견해를 가진 사람들

이 만나 일정 기간을 거쳐 친밀한 관계를 형성하기도 하지만, 교환되는 메시지에 의존하는 온라인 공간에서는 좀처럼 형성되기 쉽지 않다. 특히나 정치적 사안에 있어서는 견해의 차이로 인한 갈등이 쉽게 조성되고 확대되기 때문에 SNS에서 정치적 상이성을 가진 사람들은 만남을 지속하거나 커뮤니티를 형성하기 어렵다. 그러나 자신과 유사한 정치적 지향성을 가진 사람들의 연계와 집합은 상대적으로 빈번하고 신속하게 이루어지며, 일단 커뮤니티가 형성되면 그 안에서의 좀 더 폭 넓은 의견과 정보교환을 통해 특정 쟁점에 대한 정치학습이 이루어진다. 이와 같은 유사 성향에의 편향적 집합성은 그 집단과 상이한 견해를 보이는 집단과의 대립 역시 치열하게 나타나기도 해서 온라인상에서 정치적 대립과 분열은 어렵지 않게 관찰되기도 한다.

셋째, 수평적 대화를 통한 공유된 인식을 수용하고, 투명성, 신속성, 관계성을 바탕으로 집합적 여론형성을 통해 다양한 수준의 정치참여를 활성화한다. 인터넷의 등장 이후 그것이 가져오는 변화의 원동력을 설명할 때 흔히 사용하는 멱함수의 법칙은 SNS에서 좀 더 확연하게 관찰된다. 오프라인 공간과 유사하게 SNS에서도 적극적으로 자신의 주장과 의견을 표현하는 사람들은 얼마 되지 않지만 그에 동조하는 사람들이 작은 표현을 통해 의견을 공유하기 시작하면 공유된 의견의 확산은 엄청난 속도와 범위로 뻗어나간다. 이러한 예를 가장 잘 볼 수 있는 곳이 트위터 공간이다. 튀니지에서 발생했던 민주주의 혁명으로부터 공덕동 여대생 실종 사건까지 소수의 제보자가 올린 글이 몇 단계로 리트윗되면서 사람들은 사건의 진실을 규명하기 위한 과정에 여러 형태로 참여한다. SNS에서는 20%의 적극적인 행동을 하는 사람들도 중요하지만, 80%의 소극적인 사람들도 어떠한 형태로든 변화를 일으키는 행동을 하고 있는 것이다. 그리고 이렇게 다수를 구성하는 소극적 참여자들이 서로의 행위를 통해 자극을 받고 더 적극적인 참여로의 전환이 쉽게 일어나는 곳 또한 SNS 공간인 것이다.

넷째, 적극적인 자기 표현과 관계 형성을 통해 셀프브랜딩(Self-Branding)의 도구로 활용한다. SNS의 정보공유(Sharing) 속성에 의한 파급 효과 증가와 대화(Conversation) 속성에 따른 유권자들과의 직접적인 커뮤니케이션이 가능해지면서, 대중뿐 아니라 정치인들의 SNS에 대한 관심과 활용 역시 높아지고 있다. 2011년 4 · 27 재보궐선거를 앞두고 급증하기 시작한 정치인들의 SNS 가입은 재보궐선거를 마치고 한동안 정체 현상을 보였다. 가입한 정치인들 중 상당 부분은 한 달에 한두 개의 메시지를 남기는 것에 그쳐 정치인들의 SNS 사용이 대중에게 보여주기 위한 전시용이 아니냐는 비난도 만만치 않았었다. 그러나 같은 해 10 · 26 서울 시장 재보궐선거에서 놀라운 캠페인 효과를 보여주면서 2012년 19대 총선과 18대 대선에서 페이스북이나 트위터는 정치인들의 본격적인 선거캠페인 전략으로 활용되었다. 선거 기간 외에도 정치인들은 자신의 정책과 정치적 행보 및 일상을 사진, 음악, 시, 텍스트 등 다양한 방법을 통해 공개함으로써 유권자에게 자신의 정치적 이미지를 긍정적으로 형성하는 데 적극적으로 활용하고 있다. 실제로 트위터 팔로워 수 기준으로 상위 100위 안에는 평균적으로 10여 명 이상의 정치인이 포함되어 있다. 트위터 확산의 초기 때와는 달리 팔로워 수는 단순 인기도에 의해 결정된다기보다 얼마나 트위터를 많이 활용하며 자신의 팔로워들과 소통을 시도하느냐에 따라 변화하기 때문에, 정치인들의 높은 팔로워 수는 트위터를 친밀한 관계 형성(relationships)과 셀프 브랜딩(Reputation)의 도구로 간주하며 적극 활용하고 있는 것을 의미한다고 볼 수 있다.

6. 소셜 플랫폼과 시민참여와의 관계

위와 같은 정치적 기능을 하는 소셜 미디어는 다양한 정치적 현상의 변화를 가져왔다. 우선 정당의 측면에서 살펴보면, 가장 두드러지는 현상은 선거에서의 전략과 전술로서의 소셜 미디어가 가지는 위치와 역할이다. 국내외적으로 다수의 선거에서 보여준 SNS를 활용한 선거캠페인 전략들과 현상들, 선거자금 모금 방법의 주요 수단으로 SNS가 활용된 점 등은 이전의 인터넷이 보여줬던 것보다 훨씬 적극적으로 활용되었을 뿐 아니라 그 효과도 단시간에 가시적으로 나타나 SNS가 정치적 목적을 성취하는 데 있어 매우 효과적인 수단임을 증명하고 있다. 지금까지 가장 성공적인 소셜 선거였다고 평가받았던 2008년의 오바마 선거캠프는 2012년 선거에서는 한층 업그레이드 된 전략으로 오바마의 재선을 이끌면서 다시 한 번 선거캠페인 문화를 변혁시켰다. 한국의 경우에도 18대 대선에서 문재인 펀드가 56시간 만에 200억 원을, 안철수 펀드 역시 32시간 만에 100억 원을 돌파하면서 SNS를 활용한 선거자금 모금에 큰 효과를 거두었다.

제도권 내에서의 이러한 활용과 효과 사례보다 훨씬 높은 긍정적 기대를 받으면서, 기성 정치에 대한 혁신과 변화의 가능성을 보이고 있는 것은 단연 시민사회 부문이다. 다양한 소셜 미디어를 통해 발현된 시민들의 참여 의지는 신선하고 새로운 형태의 참여민주주의를 선보이면서 공중의 가치를 높이고 있다. 그렇다면 정치적 관점에서 시민사회를 변화시키고 있는 소셜 미디어의 정치적 효과는 어떻게 관찰되고 있을까.

7. 시민의 비제도적 정치참여의 증가

소셜 미디어가 가지는 이러한 정치적 속성은 비제도적 정치참여의 증가를 가져왔다. 현대 대의민주주의 정치에서 시민의 정치참여는 크게 제도적 참여와 비제도적 참여로 구분되는데, 제도적 참여는 투표처럼 가장 기본적인 정치참여 방법이자 정치적 결정에 직접적인 영향을 끼치는 직접적인 수단이다. 반면, 비제도적 참여는 일상화된 제도적 정치형식을 따르지 않는 시민, 집단조직들의 활동을 총괄하는 것으로 집회 참여나 시위, 언론매체나 인터넷을 통한 여론형성 및 의사표현 등을 뜻한다. 소셜 미디어가 활성화되기 시작한 이후 이러한 비제도적 참여는 매우 광범위하게 나타나고 있으며, 이는 기존의 정치참여와는 매우 다른 양상을 보이고 있다. 기존의 정치질서에서는 제도적 정치참여 외의 모든 참여행위는 정책결정 과정과 결과에 크게 영향을 미치지도 않았고, 그 때문에 그것에 중점을 두지도 않았다. 그러나 네트워크 사회에서의 정치참여 범위와 수준은 기존의 그것과는 달리 해석되어야 한다는 것이 노리스의 주장이다. 실제로 소셜 미디어를 통해 온라인 여론을 형성하면서 시민은 정치과정의 소비자 역할에 그치지 않고 적극적 생산자로서 정치과정 자체를 주도하고자 하며, 기존에는 볼 수 없었던 '참여적' 시민으로서 대의민주주의 질서를 붕괴하거나 보완한다. 윤성이는 이 같은 정치참여의 내용과 범위 그리고 형태에 이르기까지 새로운 양상의 온라인 정치참여를 '수요자 중심 참여 모델'이라고 정의한다.

비제도적 정치참여의 증가는 무엇보다 여론형성 주체의 다원화로부터 시작된다. 과거의 여론은 정당이나 언론, 이익집단 등 정보 제공 기관의 관리와 통제에 따라 일정 부분 조작되어 시민에게 전달되고 이는 다시 '국민의 의견'이라는 이름으로 포장되어 정책결정에 영향을 끼쳐온 것이 사실이다. 그러나 쌍방향적 소통을 기반으로 하는 개인미디어의 시대가 열리면서 시민이 언론이라는 매개적 채널에 의존하지 않고 자신의 의사를 직접 전달하고 정책결정에도 영향을 줄 수 있는 기회가 마련되었다. 또한 대중이 정치적·사회적으로 중요한 정보를 얻을 때에도 과거에는 언론이나 단체, 정당 등 중간 매개 집단의 해석과 평가를 거친 정보를 수동적으로 받아들여야 했다면 이제는 정치적·사회적 사건과 관련하여 해석되지 않은 본래의 정보나 다양한 평가, 다른 사람의 견해까지 SNS를 통해 손쉽게 접할 수 있게 되었다.

이처럼 정당, 언론, 이익집단 등이 여론을 형성하고 전달하는 과정에서 누렸던 게이트키핑(gatekeeping)이나 의제설정(agenda setting)의 권한은 축소되었고 이들 중간 매개 집단이 지니던 권한과 기능은 소셜 미디어 사용자들에게 개방되어 여론형성 주체의 다원화, 의제설정의 민주화가 이루어졌다. 그 결과 일반 시민도 SNS를 활용하여 공론장을 활성화하고 공공 정책 결정에 직접 참여하며, 정치인과 직접 대화를 할 수 있게 되었다.

의제설정의 민주화나 여론형성 주체의 다원화가 의미하는 것은, 첫째, 내가 관심 있어 하는 사안에 대한 논의를 자유롭게 하면서도 논의에 대한 가치를 높게 평가할 수 있다는 것, 둘째, 내가 관심을 두는 쟁점에 동참하는 사람들과의 연계를 통해 그것을 소수가 아닌 다수에 영향을 주는 여론의 범위를 확대할 수 있다는 것이다. 프랜시스 케언크로스가 쓴『거리의 소멸(The Death of Distance)』에 잘 나타나 있듯이 정보통신의 영향으로 국경이나 지역 같은 지리적 거리에 상관없이 같은 관심사를 가진 사람끼리 수평적 유대가 커지고 이렇게 형성된 유대감을 기반으로 사람들은 더 가치 있는 사회를 만들기 위한 행동을 한다. 이는 2008년 미국산 소고기의 수입 반대를 둘러싸고 벌어졌던 대규모 촛불집회나 한진중공업 해고자 복직을 두고 시민들의 전국적인 동참 시위를 일으켰던 희망버스 사건 등에서 잘 나타난다. 잘 알려져 있듯이, 한진중공업 사태는 2010년 사측에서 경영 악화를 이유로 들어 400명의 정리해고안을 발표하면서 촉발되었고, 노동계는 경영상의 악화 책임을 일방적으로 노동자들에게 돌리고 정리해고를 단행하는 것은 어불성설이라며 전면 파업에 돌입한 사건이다. 이 과정에서 김진숙 지도위원이 파업장에 있던 크레인에 올라 309일간의 고공농성을 펼쳤고 장기간 지속된 사측과의 대립에서 94명을 제외한 나머지 퇴직자는 사측에서 종용한 것처럼 희망퇴직으로 전환했다. 여기까지 보면 우리 사회에서 흔히 겪는 노사 갈등의 현장과 비슷하지만, 한진중공업 사태는 SNS의 가세를 통해 전혀 다른 양상으로 전개되었다. 김진숙 씨의 고공농성, 한진중공업의 시위 탄압 현장 등에 대한 글과 사진들이 SNS를 통해 게재되고 이것이 급속도로 리트윗되면서 노동단체, 시민단체뿐 아니라 일반 시민들의 자발적 참여로 이루어진 희망버스가 부산을 찾기 시작했다. 정부와 새누리당(당시 한나라당)은 사태 진압을 위해 희망버스에 공권력을 투입하고 희망버스 탑승을 위해 모인 사람들에게 '좌파들의 집결'이라는 이념적 잣대를 들이댔지만, 이는 오히려 사회적 쟁점으로 부각되고 더 많은 사람들이 자발적으로 자신의 시간과 돈을 투자하여 희망버스에 참가하게 하는 결과를 낳았다. 시위대 진압이 강경해질수록 SNS 공간 역시 뜨겁게 타오르며 희망버스는 노동계의 현실을 사회적 의제로 부상시키면서 정치권을 움직였다. 결국 청문회가 열렸고, 이 과정에서 한진중공업 경영진의 도덕적 해이에 대한 비난이 거세게 일었으며 2012년 11월 정리해고자 92명 전원이 복직되면서 막을 내렸다. 이 사례는 SNS가 없었다면 아마도 과거의 여느 사태와 마찬가지로 그들만의 외로운 투쟁으로 끝났을 가능성이 높다. SNS는 희망버스의 현장 상황을 실시간으로 중계했고, 그렇게 올라온 트윗은 실시간으로 리트윗되어 언론의 무관심 속에서 한진중공업 사태를 정치사회적 이슈의 초점으로 만들었다. 진중권은 이 사건을 다음과 같이 설명한다.

> (전략) 오프라인의 전통적 노동운동은 '희망버스'라는 아날로그 운송수단을 통해 디지털의 네트워크로 묶인 대중을 현실의 공간 속으로 불러내는 데 성공했다. 전통적인 노동운동은 조직(organization)의 운동, 즉 한 작업장에서(장소의 일치) 같은 작업라인(시간의 일치)에 따라 일하는 노동자들의 조직력과 단결력을 바탕으로 한 운동이었다. 반면, SNS의 운동(?)은 각각 장소와 시간을 달리하는 대중의 느슨한 망(network)이다. 희망버스는 이 디지털의 전략을 재매개함으로써 가상현실에 갇혀 있던 네트워크를 성공적으로 물질화해낸 것이다. (진중권, 2011)

그가 말하는 것처럼 희망버스가 SNS를 재매개하여 대중을 현실의 공간으로 불러낸 것처럼 SNS는 오프라인에서의 희망버스를 재매개함으로써 대중의 관심을 네트워크상에서 가시화한 것이다.

2011년 북아프리카와 중동의 여러 지역으로 번진 민주화 혁명에서도 그 혁명을 SNS가 발생시켰다고는 할 수 없겠지만 적어도 SNS가 기존의 통치구조에 균열을 내고 시민들의 반정부 의지를 촉발하며 자국 내의 민주화를 촉진하는 촉매 역할을 했다는 데에는 이견이 없다. 또한 2011년 6월에 있었던 반값등록금 투쟁 역시 SNS 공간을 뜨겁게 달구며 이를 사회적 이슈로 만들고 시위에 동참할 것을 호소했으며 실제로 대학생뿐 아니라 시민들까지 참여한 대규모 시위대가 새벽까지 광화문과 세종로를 휩쓸었다. 이처럼 SNS는 언론에서 조명되지 않았거나 부각되지 못했던 이슈들, 혹은 사회적 이슈로서의 지위를 확보하지 못한 사안들을 거론하고 논의하며 의견을 공유하면서 사용자들끼리의 폭넓은 이해를 구하고 이를 바탕으로 다양한 형태의 정치적 참여를 발생시킨다. 그리고 이러한 비제도적 정치참여는 현대 정치에 있어 제도적 정치참여만큼이나 그 가치를 생성하고 있다.

8. 자발적 선거캠페인 활성화를 통한 정치참여

온라인 공간은 오프라인의 모든 활동 체계가 연결되어 있으면서도 동시에 파편화되어 있는 곳이라는 점에서 오프라인과는 차별화된 다양한 집단행동의 가능성을 증가시킨다. 오프라인 공간에서는 행위자들이 공간적, 시간적으로 제한된 환경에서 면대면 접촉을 통한 한정된 정보를 공유하고 일반적으로 방관자적 참여의 형태를 보인다. 반면, 온라인 공간에서는 네트워크의 형성을 통해 인간관계를 형성할 수 있으며 시공을 초월한 정보공유와 적극적인 참여가 가능하다. 시민은 이러한 온라인 공간을 통해 국가의 정책 수립과 공동체의 의사결정에 참여한다. 예를 들어, 인터넷을 통해 정책에 대한 의견 제시, 선거에서의 특정 후보자에 대한 지지 성명과 정치자금 기부, 정부에 대한 청원 메일 발송, 정책적 의제설정 참여 등의 형태로 나타나며 이는 인터넷이라는 가상공간을 매개로 하여 정치사회적 목표를 추구하는 활동이 가능해지면서 생겨났다. SNS로 인해 자신과 비슷한 정치성향과 이해관계를 가지고 있는 타자와의 정보공유와 이를 통한 담론 형성을 통해 정치적 목표의 실현을 위한 집단 간의 연대와 집합화가 두드러지고 있다. 그리고 이것이 가장 극명하게 드러나는 때가 바로 선거이며, 시민의 자발적 참여를 통해 선거캠페인 전략을 활성화시키는 것은 국내외적인 몇 차례의 선거를 통해 잘 드러났다.

소셜 미디어를 선거에 활용한 가장 성공적인 사례는 2008년 미국의 민주당 후보였던 버락 오바마의 온라인 선거전략이었다. 일리노이주의 상원의원이었던 민주당의 오바마 후보는 당내 경선에서 유력한 대통령 후보였던 힐러리 클린턴에 비해 인지도, 지지도, 재정적 지원, 정치적 후원 등 그 무엇도 우세를 보이지 못했다. 그러나 당내 경선을 치르면서 재정, 복지, 안보, 경제 관련 정책에 대한 예리한 분석, 유려하지만 신뢰할 수 있는 언변, 미국과 민주당의 미래에 대한 확신 등을 제시하며 힐러리에 대한 판정승으로 민주당의 대통령 후보가 되었다. 이 과정에서 다양한 소셜 미디어를 활용한 그의 전략은 매우 분명하게 나타났다. UCC를 통해 힐러리 클린턴과의 정책 대결을 실시간으로 중계하고 또 시민들로부터 사전에 받은 질문들에 대해 명확한 답변을 함으로써 지지를 망설였거나 힐러리에게 기울었던 표심을 오바마로 돌리는 데 성공했다. 사실 오바마가 자신의 선거 캠페인으로 SNS를 선택한 것은 두 가지 이유에서였다. 첫째, 턱없이 부족한 선거자금을 마련하기 위해서였고, 둘째, 매스 미디어를 장악하고 있는 미디어 머신(media machine)인 클린턴 집안에 대적하기 위해서였다. 선거 비용과 언론의 장악력에 있어 절대적인 열세에 있던 오바마로서는 문제를 타개할 새로운 방법을 모색할 수밖에 없었고, 자신을 지지해줄 젊은 층, 유색인종, 여성에게 접근하기 위해 SNS를 선택했던 것이다. 그리고 그 결과 소액 기부금과 풀뿌리 네트워크의 조직화를 통한 대반전을 이뤄내어 승리를 거머쥘 수 있었다.

민주당의 대선후보로서 공화당의 존 매케인과의 대선 결전에서는 SNS 선거전략이 더 눈부신 활약을 했다. 페이스북 공동 창업자인 크리스 휴즈가 캠프에 합류한 뒤 개설한 마이보(MyBarakObama.com)는 참여, 공유, 개방이라는 웹2.0의 철학을 바탕으로 지역별, 계층별 하부 조직 구성과 선거자금의 모금, 자발적 참여자들을 연계하는 등 소셜 웹을 활용한 선거운동으로 오바마를 대통령에 당선시키는 데 일등공신이 되었다. 오바마를 지지하는 네티즌의 규모 역시 타 후보를 압도했을 뿐만 아니라 그들의 참여행태 또한 다른 후보를 지지하는 네티즌에 비해 훨씬 자발적이고 적극적이었다.

휴즈가 설명하는 마이보는 단순한 선거 홍보 웹사이트가 아닌 자발적인 오바마 지지자들을 적극적으로 연계할 수 있는 기능을 제공함으로써 자원봉사자와의 연계 및 홍보를 돕는 핵심 전략이었다. 각지에 흩어져 있는 오바마 지지자들이 자기 지역을 기반으로 새로운 그룹을 형성하고 이벤트를 조직하며 선거자금을 모금할 수 있도록 지원하는 온라인 기반의 총체적인 선거전략이자 선거와 관련한 콘텐츠의 제작과 유포, 확산을 위한 허브였다. 이러한 성공전략은 2012년으로 이어져 더 정교하고 치밀한 지지자들끼리의 연계전략, 더 적극적인 선거자금 모금전략, 그리고 더 공격적인 정보감시 시스템을 활성화시켰다. 또한 지지자들의 자발적이고 적극적인 참여를 유도함으로써 공화당의 롬니 후보와의 힘겨운 싸움에서 오바마의 재선 성공에 또 한 번 큰 기여를 했다. 단적인 예로 진실규명팀(Truth Team)을 들 수 있다. 선거운동이 본격화되면서 잘못된 정보나 루머 등을 바로잡기 위한 진실규명팀을 가동시켰는데, 2008년에는 루머에 대한 수동적인 해명에 그쳤던 반면, 2012년에는 수백만 명의 자발적 참여자들이 사실(fact)에 기반을 두고 진실규명과 더불어 상대 후보에 대한 적극적인 공세를 펼친 점이 달랐다. 누구나 쉽게 참여할 수 있도록 'Report an Attack'이나 'Spread the Word' 등의 규격화된 형식의 서비스를 제공하고, 주장과 반박

〈그림 4-4〉 트위터의 미국 대선 전용 페이지와 MIT공대의 I VOTE 홈페이지

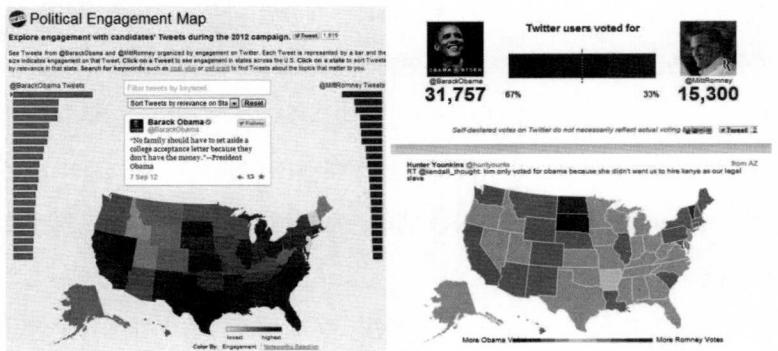

자료: 트위터(2012.11.7).

과정을 이해하기 쉽도록 인포그래픽을 이용했다. 또한 모든 내용은 트위터와 페이스북으로 확산할 수 있도록 링크하여 네트워크 선거운동의 특징을 잘 살렸다는 평가를 받았다.

이 밖에도 2012년의 미국 대선은 2008년 한층 더 업그레이드된 SNS의 활용과 시민참여를 바탕으로 하고 있다. 트위터의 경우 대선 전용 페이지를 개설하고 실시간으로 개표 현황을 중계하면서 투표 참여를 한 사람들의 인증샷과 인증 메시지를 보여주었다. 이를 개표 지도로 표시하여 누구라도 트위터를 통해 자신의 투표행위를 표현하고 또한 그 결과를 다른 사람들과 공유할 수 있도록 했다. MIT 공대 대학생들이 만든 'I VOTE' 홈페이지의 경우도 트위터와 유사하게 자신이 누구에게 투표했는지를 무기명으로 표시하게 하고 그 결과가 개표 지도에 나타남으로써 실시간으로 개표 현황을 알 수 있게 했다.

국내에서도 SNS를 활용하여 선거에 참여하는 시민들이 증가했다. 2010년 6·2지방선거에서 본격적으로 활용되기 시작한 SNS는 유명인들이 투

표했음을 알리는 인증샷을 트위터에 올리면서 소셜 캠페인의 막을 올렸다. 또한 일부에서는 투표 인증샷을 올리는 사람들에겐 자신의 소설이나 판화, 싸인 등을 보내주겠다는 공약 아닌 공약까지 내세우며 투표독려운동을 전개했다. 이는 강제적이거나 특정 후보를 지지해달라는 정치색을 띠지 않고 있어 20대를 주축으로 정치를 유희적으로 접근하거나 일종의 게임처럼 인식하게 하는 현상을 가져오기도 했다. 투표인증샷 외에도 지난 10·26 서울 시장 재보궐선거에서는 누리꾼들이 SNS를 통해서 새누리당 나경원 후보에 대한 '피부과 진료비', '자위대 행사 참석' 등 네거티브 정보를 확산시킴으로써 나경원 후보의 패배에 결정적인 원인을 제공하기도 했다. 반면 특별한 지지 세력이 없었던 박원순 후보는 자신이 본래 가지고 있던 트위터 경력과 이를 통한 적극적 지지 활동을 통해 민주당과의 단일 후보 경선과 재보궐선거에서 잇달아 승리를 거머쥐는 저력을 과시하기도 했다.

몇 차례의 선거를 통해 집단적 결속력과 정치적 세력화를 경험한 SNS는 18대 대선에서도 적극 활용되었다. 후보마다 선거 홈페이지와는 별도로 후보자와 캠프, 이슈 영역별 캠프, 그리고 관련자들의 트위터, 페이스북 등을 다수 개설하여 지지자와의 결속을 다지는 한편, 아예 이들 SNS를 통해서 정책적 의견을 받고, 공약을 검증하며, 상대 후보와 자기 후보에 대한 과거사, 정책, 경력 등에 대한 공격과 방어, 검증을 활성화하고자 했다. 예를 들어 안철수 후보의 경우, 홈페이지 메인 화면에 '진실의 친구들'이라는 페이스북이 연결되어 있어 안 후보에 대한 비방과 네거티브 메시지가 공론화되면 캠프 내에 있는 담당자와 더불어 안 후보의 지지자들이 자발적으로 철저한 정보검색을 통해 사실 검증을 하고 잘못된 정보가 있을 때에는 반박의 자료를 게시하고 이를 확산시켰다. 안 후보에 대해 불거졌던 학위와 논문 논란, 출연한 방송사에 대한 입장 등이 이곳을 통해 논란을 불식시켰다. 그러나 이 같은 노력은 선거운동 초기에 국한되었고, 온라인 전략의 부재, 홈페이지 관리 소홀로 인해 참여자도 빈약했을 뿐 아니라 안 후보의 후보 사퇴와 맞물려 큰 효과를 보지는 못했다.

이번 대선 기간 중에 나타난 또 하나의 새로운 현상은 트위터, 페이스 북, 미투데이 외에도 카카오스토리와 카카오톡을 활용한 시민들의 자발적 선거캠프의 형성이다. 트위터가 짧은 단문을 활용한 속보성, 간결성, 실시 간적 미디어성을 장점으로 이슈의 제보나 확산을 이끄는 장점이 있는 반 면, 공론장으로서는 다소 부족하다는 지적이 있어왔다. 따라서 트위터는 선거운동에 있어 행동의 촉발이나 참여 촉구, 정보의 확대 등에 치중되어 쓰여왔다. 반면 페이스북은 자신과 관계를 맺고 있거나 관심사가 같은 사 람들끼리의 연계를 목적으로 하고 트위터에 비해 공개를 꺼리는 폐쇄적인 성격을 지니고 있어 정치 선거운동에서는 팬클럽의 역할과 이슈에 대한 공론장 역할, 지지세력 내의 결속을 다지는 역할, 그리고 정당 측면에서는 유권자들에 대한 정치홍보와 만남의 장을 제공하는 역할 등을 주로 해왔 다. 이에 비해 카카오톡과 카카오스토리는 페이스북보다도 강한 폐쇄성을 보이는데 자신의 모바일에 등록된 전화번호를 대상으로 관계 형성이 가능 하거나 전화번호나 아이디를 알게 되면 이를 초대나 추천 형식으로 커뮤 니티로의 진입이 가능하다. 따라서 카카오스토리나 카카오톡의 커뮤니티 안에 진입되어 있지 않은 사람들은 이 안에서 어떤 논의와 행동이 오가는 지 알 수 없다. 이러한 강한 폐쇄성은 대내적으로는 자신이 지지하는 후보 에 대한 선호를 공개하고 지인관계를 바탕으로 나의 선호에 대한 동의를 구하는 데 유리하다. 선거에 대한 선호나 특정 후보에 대한 지지를 결정하 지 못했을 때 지인의 견해는 나의 결정에 영향을 미칠 수 있어, 카카오스토리나 카카오톡은 다른 SNS와는 또 다른 성격을 보인다. 또한 대외적으로는 유사한 정치성향을 가진 사람들의 커뮤니티 형성이 쉽게 이루어지고 트위터와는 달리 실시간으로 정보 전달과 소통이 가능하면서도 상대적으로 보안유지가 되기 때문에 캠프 내 혹은 지지그룹 내의 행동을 위한 선거전략으로써 장점을 가진다. 즉, 오픈형 소통관계에서 사생활 노출에 대한 걱정과 폭넓은 인맥을 형성하는 데는 도움이 되나 불특정 다수와 관계를 맺는 데에서 오는 피로감에서 탈피할 수 있다는 장점으로 그 확장세를 가속화했다. 이런 특징들로 인해 각 캠프의 SNS 선거운동은 새로운 지지층의 포섭을 위해서는 트위터를 활용하고 지지층 내의 결속과 적극적인 행동 표출을 위한 전략으로써는 페이스북과 카카오스토리를 활용하는 경향이 강했던 것이 이번 대선에서의 SNS 선거운동의 특징이라 할 수 있다.

9. 젊은 세대의 정치적 관심 증대

20~30대의 저조한 투표율은 오랜 기간 대의민주주의의 위기를 초래하는 주요 원인으로 지적되어왔다. 가장 활발하게 정치사회적 문제를 지적하고 현실 상황에 대한 변화와 혁신을 바라는 세대이지만, 악화되어가는 현실에 무반응과 외면으로 대응해온 것이 사실이다. 그러나 이렇게 역대 모든 투표에서 정치혐오와 자기주의의 확산으로 선거를 외면했던 20~30대가 투표장으로 돌아올 가능성이 높아지고 있다. 2002년 '노사모'와 노란 저금통, 그리고 인터넷을 통해 현실에 대한 불만을 단시간 내에 폭발적으로 분출하고 선거판에서 사라졌던 20~30대의 젊은 유권자들이 SNS를 통해 새로운 방법으로 다시 정치에 대한 관심을 증폭시키고 있다. 앞서 이야

<표 4-1> 연령별 역대 투표율 비교

(단위: %)

구분	16대 대선	17대 총선	17대 대선	18대 총선	19대 총선	18대 대선
20대 초반	57.9	46.0	51.1	32.9	45.4	65.2
20대 후반	55.2	43.3	42.9	24.2	37.9	
30대 초반	64.3	53.2	51.3	31.0	41.8	72.5
30대 후반	70.8	59.8	58.5	39.4	49.1	
40대	76.3	66.0	66.3	47.9	52.6	78.7
50대	83.7	74.8	76.6	60.3	62.4	89.9
60대 이상	78.7	71.5	76.3	65.5	68.6	78.8

자료: 중앙선거관리위원회(2012).

기한 것처럼, 기성 언론에 대한 불만과 불신으로부터 벗어나 SNS는 자신의 견해를 표출하고 원하는 정보를 선택할 수 있으며 민감한 정치 사안에 관한 필터링되지 않은 정보에 접근할 수 있게 함으로써 젊은 세대들로부터 호응을 받았다. 특히 젊은 세대들은 새로운 정보통신 기술과 서비스를 접하는 데 두려움과 거부감이 상대적으로 낮기 때문에 SNS는 그들의 정치색을 드러내는 데 적합한 공간이 되었다. 그리고 이렇게 높아진 정치적 관심은 비제도적 참여뿐만 아니라 제도적 참여인 투표율의 상승으로도 이어졌다. 한국 선거에서 투표율은 연령에 관계없이 지속적인 하락세를 보이다 2008년 그 최저점을 기록했다. 그러나 19대 총선부터 투표율이 차츰 상승세를 띠더니 18대 대선에서는 민주화 이후 최고의 투표율을 기록했다. 그리고 이 시기는 공교롭게 SNS가 활성화되기 시작한 시기와 맞물린다. 지난 18대 총선에서의 20~30대의 투표율은 모두 30%대였으나 19대 총선에서는 모두 40%를 기록했고, 18대 대선에서는 각각 65.2%, 72.5%를 기록하는 놀라운 결과를 가져왔다. 이런 투표율의 상승에는 투표인증샷,

SNS를 통한 정치관심 고조, 온라인 공간에서의 공론장의 활성화 등이 영향을 미친 것으로 보인다.

지난 4·11 총선에서는 기대한 것만큼 SNS가 선거 결과 및 투표율 상승에 기여하지 못했다는 것이 중론이다. 이는 SNS 공간에서 민주당의 압승을 점쳤고, 편파적으로 야당 지지 성향이 팽배했던 것이 사실이기 때문에 선거 결과가 쉽게 이해되지 않는다는 의미이다. 이처럼 SNS에서의 여론과 달리 예상 밖의 저조한 투표율 및 야당의 승리로 이어지지 못했던 것은 수도권에 밀집되어 있는 SNS 사용자층, 지방의 후보자들이 SNS를 적극적인 전략으로 활용하지 못한 점, 전국 선거로서 너무 많은 후보자들에 대한 관심이 불가능해 주요 후보자들에게 관심과 논의가 집중된 점 등이 취약점으로 작용했다고 볼 수 있다. 이번 대선에서 역시 SNS에서의 지배적인 예상은 야권 단일 후보의 승리였으나 결과는 여당 후보의 승리였다. 그러나 다양한 SNS의 콘텐츠들을 꼼꼼하게 살펴보면 전혀 이해가 가지 않는 것은 아니다. 우선 투표율의 상승을 보면 SNS의 참여 효과가 분명했음을 알 수 있다. SNS를 가장 많이 사용하는 20~30대에서의 투표율 상승뿐 아니라 40~50대의 투표 참여 의지도 명확하게 드러났는데, 이는 대선에 대한 관심이 예년에 비해 높았기 때문만은 아니었을 것이다. 그에 더해 40~50대 역시 모바일과 SNS에 노출되면서 선거에 대한 관심과 선거정보를 용이하게 수집하고, 이것이 투표 열기로 이어졌을 가능성이 높다. 또한 소셜 공간의 이념적 편파성이 약화되고 있다. 지금까지 SNS는 진보적 색채가 뚜렷하여 보수가 목소리를 낼 수 있는 공간이 아니었다. 소통을 이야기하지만 아이러니하게도 그것은 이념적 분리선 안에서만 가능할 뿐이었다. 그러나 SNS 문화가 익숙해지고 모바일이 발달하면서 SNS의 주변부에서 소수의 목소리들이 조금씩 형성되고 침묵하던 다수 역시 고개를 들기 시작했다. 선거운동이 본격화되었을 때까지만 해도 크게 눈에 띄지 않던 보수적 의견이 선거일에 근접할수록 댓글에서, 온라인 카페에서, 트위터에서 증가했고, 이념을 떠난 정책에 대한 논의도 심심치 않게 나타났다.

중요한 것은 거듭된 선거를 통해서 SNS의 긍정적인 정치적 효과가 가시화되고 있는 것이다. 이것은 지난 서울시장 선거에서 보여준 소셜 미디어 세대의 힘을 근거로 20~30대 스스로 적극적인 정치참여만이 세상을 바꿀 수 있다는 의지를 다지고 있기 때문이다. 다양한 SNS를 통해 지성과 감성을 생산시켜 스스로 정치적 프로슈머들로 탄생한 정보화 시대의 총아들이 기성 언론과 기성 정치권력에 정면으로 맞서 자신들이 스스로 만든 정보의 생산물을 집단으로 전이, 확산시키면서 정치불감증에서 합리적으로 사안에 반응하는 정치적 균형감을 가진 집단으로 재탄생하고 있다. 정치혐오와 자기주의 확산으로 기성 정치에 등을 돌렸던 젊은 세대들이 SNS를 통해 자기 혁신과 정치적 정체성을 회복해나가고 있는 것이다.

10. 소셜 시대의 선거 및 민주주의 패러다임의 변화

최근의 웹2.0 환경과 소셜 패러다임은 정보의 개방적 공유와 융합의 플랫폼을 제공함으로써 더 적극적인 시민참여 가치와 관계의 연계 및 집합적 행동의 확산을 촉진하고 있다. 기존의 온라인 미디어가 대중 미디어와 유사하게 미디어적 측면, 즉 커뮤니케이션과 정보의 공급이라는 측면에 역점을 두고 있었던 반면, 소셜 미디어는 웹2.0의 성격인 개방, 참여, 공유를 바탕으로 사람 간의 네트워킹에 초점을 둠으로써 '나'뿐만이 아니라 '타자'와 함께하는 공공선을 추구하는 데 더 적극적으로 활용되고 있다. 소통과 연결의 개방성, 상호작용과 공유의 공동성, 정보의 생산과 전달의 속보성 등은 다층적 차원에서의 참여를 더 가시적이고 가치 있게 만든다. 그리고 이 같은 참여적 가치는 비즈니스 영역뿐만 아니라 정치 분야에서도 빛을 발한다.

소셜 미디어가 제공하는 언제 어디서나 정치적 소통과 참여가 가능한 환경, 그리고 이를 매개로 한 정치적 소통 방식과 이슈 형성 과정은 이용자들의 사소한 일상생활이나 감정 공유를 기반으로 하기 때문에 생활과 정치가 밀접하게 결합하는 이른바 정치의 일상화를 보편화시킬 수 있다. 이러한 소셜 미디어의 속성은 거시담론뿐 아니라 미시담론을 통한 숙의민주주의(deliberative democracy)의 가능성을 높이고 더 나아가 직접민주주의적 요소를 가미함으로써 대의민주주의를 보완한다. 소셜 미디어가 주는 개방성과 동시성, 상대적으로 저렴한 참여 비용과 시공간적 제약의 극복 등을 고려해보면, 시민이 공공 사안에 대해 합리적이고도 이성적으로 논의함으로써 대안을 모색하고 합의를 이루는 숙의민주주의는 기존 정치영역이 가지고 있던 대의민주주의의 문제점을 보완해주는 하나의 방안이 될 수 있다. 또한 SNS를 이용한 정치인과의 직접 대면을 통해 주요 이슈에 대한 질의응답을 하고, 정책에 대한 정치적 의사를 표현하며 정치적 책무에 불성실한 정치인에 대해 직접적으로 불만과 거부를 표시하는 등의 직접민주주의를 실현하는 현상들은 대의민주주의의 약점으로 지적되던 정치인들의 유권자에 대한 반응성과 책임성을 자극하여 이들의 책무를 강화하는 데 도움이 될 수 있다. 지난 몇 년간 관찰되었던 중동의 시민혁명, 영국의 등록금 투쟁시위, 한국의 희망버스 참여 등 소셜 미디어를 통한 정치참여의 증대는 시민 사회가 정당정치라는 기존의 제도권 내의 정치와 무관하게 스스로 자기 조직화를 효과적으로 형성하고 동원할 수 있게 되었음을 보여준다. 다시 말해 소셜 미디어를 통한 정치참여가 취약해진 대의민주주의 제도와 왜곡된 정당정치를 수정하고 스스로 정치사회적으로 중요한 안건을 제기하여 대중의 합의 과정을 도출하면서 새로운 정책결정 방식을 만들어나갈 가능성을 제시하는 것이다.

결국 소셜 미디어는 정치인에게는 자신을 지지한 유권자에 대해 더 면밀하고 성실한 대응과 책임을 다하여 재선에 대한 긴장을 가지게 하고, 유권자에게는 적극적인 참여를 통해 정치적 관심을 높이고 정치인에 대한 주의(감시)를 일상화함으로써 양측 모두에게 정치적 긴장감과 정치적 효율성을 높일 수 있는 수단을 제공한다. 이러한 SNS의 정치적 매개 역할은 기성 정치에 대한 경고와 함께 직접민주주의와 대의민주주의를 혼합한 형태의 새로운 민주주의 패러다임을 이끌어내고 있다.

물론 소셜 미디어가 정치발전에 긍정적 효과만을 가져오는 만능은 아니다. 개인미디어의 특성상 소셜 미디어는 자유의지에 따라 자신과 소통할 대상을 비교적 명확한 기준에 따라 선택한다. 자신과 유사한 이념적 관점, 정치사회적 견해, 그리고 문화적 취향이 비슷한 부류를 선택, 다소 편향적이고 폐쇄적인 커뮤니티를 형성한다. 때로 이러한 편향성은 이념적으로 극단적인 기호를 드러내며 이견(異見)을 용납하지 못하는데, 온라인이라는 특성상 비가시성과 익명성으로 인해 이러한 배타적 성향은 더욱더 심화된다. 이와 같은 모습들은 이념적 성향이 두드러지게 나타나는 온라인 커뮤니티나 선거 때 더욱 극명하게 드러나는데, 보수와 진보를 지지하는 사람들의 소셜 미디어 활용을 보면 정치적 견해가 유사한 사람들끼리의 연대와 결속력은 매우 높은 반면, 그렇지 못한 사람들 간에는 오프라인에서보다 훨씬 극명한 집단적 극화를 띠게 된다. 특히나 소셜 미디어 등의 개인미디어는 사용자가 논의의 장(場)에 진입하고 탈퇴하는 것이 쉽기 때문에 이념적 편향성, 그리고 집단적 극성 등이 더욱 쉽게 불붙는 경향이 크다. 이처럼 소셜 미디어의 개인주의적 특성들은 자칫 앞서 설명한 여러 가지 소셜 미디어의 긍정적 측면을 상쇄시킬 가능성이 크다. 따라서 민주주의의 진화와 더불어 시민의 올바른 참여 지향적 성향을 강화, 지속시키기 위해서는 나와 다른 견해에 대한 포용과 공존, 그리고 나아가 합리주의적 논의를 가능케 하는 성숙한 시민의식이 전제되어야 함을 주지해야 한다.

11. 맺음말: 선거 및 정치 분야 시민참여의 긍정적 확산 정책 제안

클레이 셔키는 인터넷과 스마트폰으로 연결된 시민들이 가진 사회변화 자원의 엄청난 위력을 가장 정확하게 예측한 사람 중 하나로 꼽히고 있다. 그는 현대 사회의 특징 중 하나를 "인지 잉여의 사회적 공유와 축적"으로 보는데, 그가 말하는 인지 잉여란 교육받은 시민들의 여가시간을 하나의 집합체로 모은 것을 의미한다. 과학과 기술이 발달하면서 사람들이 보통 개인적 가치를 위해서만 사용하던 여가시간을 조금씩 사회적으로 더 가치 있는 형태로 사용하기 시작하는데, 이런 현상은 사회적 연결망에 대한 인프라가 유기적으로 잘 연결되기 시작하면서부터 폭발적으로 늘어간다. 이는 위키피디아나 네이버 검색을 떠올려보면 쉽게 이해할 수 있다. 사람들은 궁금한 것이 생각나면 검색을 하는데 수많은 검색 결과의 대부분은 아마추어들에 의해서 생산되고 공유되는 콘텐츠들이며 그들은 돈 때문에 이런 행위를 하지는 않는다. 셔키는 이러한 생산과 공유의 즐거움을 인지 잉여의 원동력으로 보면서 수많은 아마추어들은 시장논리에 의한 외적 보상에 의해 움직이는 것이 아니라 내적 동기로 인한 자발적 참여를 하고 이러한 자발적 참여는 버려질 수 있었던 잉여적 가치를 기존의 기득권들을 우회하여 사회변화의 원동력이 된다고 말한다.

서키의 주장은 사람들이 왜 SNS를 통해서 정치사회적 이슈에 대해 자발적으로 참여하고 빈번하게 활동하며 다양한 수준의 담론의 형성이 손쉽게 발생하는지를 설명해준다. 참여를 촉진시키고, 소통을 통해 자신의 가치를 증대하며, 네트워크를 형성해 집합적 행동을 가능하게 해주는 것이다.

최근 많은 정치인이 자신의 정치적 견해와 정치적 행보 및 다른 정치인에 대한 평가를 소셜 미디어에 게시하고 유권자와 소통하는 모습이 빈번하게 주목을 받고 있다. 유권자들 또한 정치인을 비롯한 다른 유권자들의 정치적 의견이나 관련 정보를 소셜 미디어를 통해 확산시키고 선거 때에는 투표를 독려하거나 '투표 인증사진'을 SNS에 올리는 등 다양한 방식으로 자신의 정치적 견해를 표현한다. 또한 유권자들은 현실공간에서 파편화되어 있던 자신들의 정치적 견해나 주장들을 소셜 미디어를 통해 정치적 인지 잉여를 축적하고 집합화하며 잉여 간의 네트워킹을 함으로써 자신의 행동을 사회적으로 가치 있는 의미로 전환시켜나가고 있다.

이렇듯 유권자들과 정치인은 SNS를 직접 소통하는 커뮤니케이션의 장으로서 활용하고 있는데, 이는 소셜 미디어가 개인들에게 기존의 인터넷 미디어보다 더욱 개방적이고 수평적인 사회적 상호작용이 가능한 기회를 제공하고 있기 때문이다. 존 클라인버그 역시 SNS가 이질적이었던 개인들에게 뜻밖의 링크를 통한 네트워킹을 가능하게 하면서 역동적 상호작용이 벌어지고, 이러한 상호작용의 활성화는 기존에 관찰되지 않았던 새로운 형태의 참여 지향적 행태를 발생시킨다고 설명한다.

그러나 소셜 미디어를 통한 비제도적 정치참여의 다양화 및 다층화도 중요하지만, 역시나 대의민주주의에서 중요한 정치참여는 실제적인 정치

구조를 변화시킬 수 있는 제도적 참여, 즉 투표율의 제고이며 소셜 미디어에서 이루어지는 개인의 자유로운 정치적 견해 표현이 매체 고유의 네트워크적 특성과 맞물려 그들의 투표 참여를 이끌 수 있을 때 비로소 소셜미디어의 정치적 효과를 가시화할 수 있을 것이다. 따라서 소셜 미디어를 활용한 시민참여는 두 가지 측면에서 모두 고려되어야 할 것이다. 첫째, 현실공간에서의 실제적 정책결정 과정에 영향을 끼치고 주권자로서 개인의 정치적 선호를 보장받기 위해 소셜 미디어를 통한 정치인과 정치과정에 대한 모니터링 시스템이 마련되어야 하며, 이 시스템은 정당과 시민사회의 협업으로 이루어져야 할 것이다. 둘째, 개인과 집단 수준에서의 자유로운 정보공유와 의견 개진을 보장하기 위해 SNS상에서의 표현의 자유에 대한 규제의 기준을 마련하되 민주주의를 해치지 않는 범위 내에서 최소한의 수준에서 이루어져야 할 것이다. 이를 뒷받침하기 위해 작년 12월 헌법재판소에서 내려진 SNS, 블로그 등 인터넷을 통한 선거운동 규제에 대한 한정 위헌 판결과 더불어 아직 구체적으로 기준이 마련되지 않은 소셜미디어상에서의 표현의 규제에 대한 기준 마련 및 개인정보 보호에 대한 기준 역시 조속히 마련되어야 할 것이다.

▌ 추천 문헌

강미은. 2001. 『인터넷 저널리즘과 여론』. 나남.

강원택. 2008. 『한국 정치 웹2.0에 접속하다』. 책세상.

윤성이 · 김주찬. 2011. 「기술세대와 시민의식의 변화: 소셜 네트워크 서비스 활용
　　　을 중심으로」. ≪21세기정치학회보≫, 제21권 제1호, 133~153쪽.

조화순. 2010. 『디지털 거버넌스: 국가 · 시장 · 사회의 미래』. 책세상.

진중권. 2011.7.29. "[진중권의 아이콘] 혼합현실에 살다". ≪씨네21≫.

Cammaerts, B. 2008. "Critiques on the Participatory Potentials of Web 2.0
　　　Communication." *Culture & Critique*, Vol.1, No.4, pp.358~377.

Shirky, Clay. 2010. *Cognitive Surplus*. The Penguin Press.

Berman, Jerry & Deirdre Mulligan. 2003. "Digital Grass Roots: Issue Advocacy
　　　in the Age of the Internet." in Anderson, Daviv & Cornfield, Michael
　　　(eds). *The Civic Web*. Boston: Rowman & Littlefield Publishers, Inc.

위키피디아

랭키닷컴 www.rankey.com

eMarketer www.emarketer.com

≪한겨레신문≫. 2012.12.1.

05 _ 디지털미디어와 정치사회변동: 이집트, 아제르바이잔, 북한의 사례를 중심으로

1. 머리말

2011년 봄 중동 지역 민주화 운동에서 인터넷, 휴대폰, 페이스북, 트위터 등의 역할이 주목되었다. 이후 소셜 미디어가 권위주의 국가의 정치사회변동에 미치는 영향에 대한 관심이 증대되어왔다. 튀니지에서 시작된 반정부운동은 국경을 넘어 이집트, 알제리, 리비아 등 지역 내 국가들로 확산되어 '아랍의 봄'이라 불린 지역 민주화 운동으로 확대되었고, 이러한 움직임이 중국과 북한에 미치는 영향에 관심이 모아졌다.

다양한 시공간에 흩어져 존재하는 개인들은 IT기술 발전에 힘입어 손쉽게 특정한 관심사나 이슈를 중심으로 모여 정보를 생산하고 확산하며 소통하고 있다. 유무선 IT인프라 및 컴퓨터와 휴대폰 등 다양한 IT기기를 토대로 연결된 개인들은 가상의 공간에 새로운 공론장(public sphere)을 창출하여 사회적 담론의 주요 의제를 형성하고 이에 대한 논의를 진행해왔다. 페이스북, 트위터 등 소셜 미디어를 통한 다대다(many-to-many)의 쌍방향적

05 _ 디지털미디어와 정치사회변동   167

관계 속 다양한 형태의 정보가 이용자들에 의해 생성되고 공유되고 빠르게 확산되면서, 이것이 사회운동이나 집단행동의 촉매제 역할을 하는 경우가 늘어나고 있다. 인터넷에서 시작된 문제제기나 사회비판이 때로는 온라인을 넘어 오프라인 집단행동으로 연결되면서, 소셜 미디어는 현실 정치사회변동을 이끄는 구심점이 되기도 한다.

북한에서는 1990년대 중반 이후 인터넷이 도입되었고 근거리통신망을 토대로 국가 내부 주요 기관들 간 인트라넷이 구축되었다. 중앙과학기술통보사(CIAST)가 개발한 과학기술 자료검색 시스템인 '광명'은 북한의 인트라넷을 한층 발전시키는 계기가 되었다. 2000년을 기점으로 중국이나 일본을 통해 국외 인터넷과 접속해왔고, 2007년에는 국제인터넷도메인네임 관리기구(ICANN)로부터 국가도메인 .kp를 승인받기도 했다. 2011년 이후 자체 서버를 통해 자국 홈페이지를 운영하고 있으며 체제선전이나 경제적 이유로 외부 인터넷 접속을 확대하고 있다. 한편 2008년 이후 이집트 회사 오라스콤(Orascom)과의 합작투자로 고려링크라는 3세대 WCDMA 방식 이동통신서비스를 제공하기 시작했고, 이후 휴대폰 사용도 빠르게 확산되고 있다. 2012년 12월을 기점으로 북한의 휴대폰 가입자가 100만 명을 넘어서는 것으로 알려져 있다(≪Forbes≫, 2012. 11. 18). 아직까지 북한에서는 IT기기의 보급이 저조하고, 소수의 북한주민만이 인터넷과 휴대폰을 사용하고 있으며, 그나마도 북한 당국의 감시와 통제를 받고 있다. 하지만 최근 IT 인프라 개선과 정보기기 활용 증대를 토대로 지속적으로 정보화가 진전되고 있고 외부와의 접촉 역시 늘어나고 있다. 이와 함께 새로운 디지털미디어들이 북한 정치사회변동에 미치는 영향에 대한 조심스러운 예측과 전망이 대두되고 있다.

이 글에서는 미디어와 정치사회변동에 관한 기존 연구와 이론을 검토하고 실제 디지털미디어가 정치사회변동에 어떤 역할을 하는지 살펴보고자 한다. 먼저, 정치사회변동을 설명하는 다양한 관점을 조망하면서 정치사회변동에서 미디어의 역할을 어떻게 이해할 수 있을지 논의해본다. 아울러 최근 중동과 동유럽의 이집트와 아제르바이잔 사례를 간략히 개관하면서 권위주의 국가들의 체제비판이나 반정부시위 등에 디지털미디어가 어떻게 활용되고 있는지 살펴본다. 이후 현재 북한의 인터넷, 휴대폰, DVD 등 디지털미디어 활용 현황을 조사하고 이것이 북한의 정치사회변동에 어떤 영향을 미칠 수 있는지 가늠해보고자 한다.

2. 이론적 배경

1) 정치사회변동 연구

국가의 정치사회변동은 다양한 수준에서 분석되어왔다. 전근대에서 근대, 탈근대로의 거시적 사회구조 변화에 초점을 맞춘 역사사회학, 권위주의에서 민주주의로의 이행을 분석해온 민주주의 이행론, 특정 지역이나 이슈를 중심으로 사회운동의 형성과 확산을 미시적으로 분석해온 사회연결망 분석 등 다양한 관점에서 정치사회변동이 연구되어왔다.

무어(Moore), 스카치폴(Skocpol) 등으로 대표되는 비교역사사회학은 거시적인 정치사회변동을 구조적 관점에서 분석했다(Moore, 1967; Skocpol, 1979). 예컨대 무어는 지주계급의 약화와 상업노동화, 상공업의 발전 및 신흥 부르주아지의 부상 등 주로 국내 경제사회 변화와 관련된 거시적 변수들을 정치사회변동을 결정짓는 중요한 요소로 보면서 거시변수들의 조합에 따라 서구 국가들에서 각각 의회민주주의, 파시즘, 사회주의 정치체제가 출현했다고 주장한다. 사회 저변에서 진행되는 정치경제변동과 새로운 사회계층구조의 발전 양상이 민주주의 발전 여부를 결정한다고 보았다.

1980~1990년대 서구 학계를 풍미한 민주주의 이행론에서는 권위주의 정치체제가 민주화되는 과정을 집중적으로 분석했다. 거시적 구조보다는 정치 엘리트 집단 간의 권력 경쟁과 갈등에 초점을 맞춘 이들의 연구에 따르면 민주주의로의 이행은 미리 정해진 방향대로 진행되는 자동적 과정이 아니라 조건과 상황 속에서 끊임없이 변화되는 불확실한 과정이다(O'Donnell & Schmitter, 1986). 이들의 분석에 따르면 일반적으로 민주주의로의 이행은 정권의 정치자유화에 의해 촉발되고, 이 과정에서 반대 그룹들이 형성되며 이후 기득권을 가진 세력과 반대세력 간의 갈등의 형태로 진행된다. 이러한 갈등 속에서 정치협상이 이루어져 민주화의 길을 여는 선거가 시행된다. 성공적인 민주화란 이행 과정에서 나타나는 정치집단들의 내부 분열과 반대세력들 간의 전략적 동맹관계 그리고 특수한 정치적 상황에 대한 적절한 대응 속에서 이루어진다. 쉐보르스키(Przeworski)는 민주화 이행론의 기본적인 주장을 엘리트 집단이 전개하는 합리적 전략 게임의 차원에서 재구성했다(Przeworski, 1991).

민주주의 이행론이 엘리트 집단 간의 전략과 협상에 초점을 맞추어 민주화 운동을 분석한 것과는 달리 일련의 학자들은 정치사회변동을 이끄는 밑으로부터의 노력, 즉 사회운동이나 집단행동에 관심을 가지고 연구해왔다. 집단행동은 특정한 목표를 얻기 위해 다수가 모여 제도적 틀을 넘는 시위, 반란, 혁명을 일으키는 것(Snow et al., 2004)으로 정의된다. 사회운동은 집단행동보다 목적 지향적이고, 구성원이나 조직적 기반이 안정화되어 지속성을 가지며, 제도나 합법적 절차 밖에서 이루어지는 집합적 행동으로 이해된다(Tilly, 1978; Melucci, 1996 등). 연구자들은 체제비판이나 변화를 염두에 둔 사회운동이 일어나는 원인을 상대적 박탈감, 공유된 자각(shared awareness) 등의 개념들로 제시하고 구체적으로 어떤 메커니즘에 의해 사회운동이 확산되고 성공하는지 분석해왔다. 대표적인 사회운동 이론인 자원동원(resource mobilization) 이론은 사회운동이 단순히 불만이나 박탈감이 팽배해 있을 때 발생하고 성공하는 것이 아니라 인적 및 조직 자원동원의 가능성 여부와 정치적 기회구조에 의해 결정된다고 주장한다(Tilly, 1978). 이뿐만 아니라 한 곳의 저항이 다른 곳으로 확산되고 증폭되는 과정에 대한 사회연결망 접근 등도 존재한다. 이들은 사회운동의 충원 및 확산 메커니즘을 인적 네트워크의 확산이라는 관점에서 추적하며 사회운동의 확산을 미시적으로 연구해왔다(Saunders, 2007; 권태환 · 이재열, 1998 등). 아울러 정당 및 이익집단에 대한 불신, 대안적인 참여, 일상적인 이슈 등을 중심으로 제기되는 탈중심화되고(decentralized), 분절적(segmented), 분산화된(diffused) 형태의 신사회운동에 주목하는 연구들도 진행되어왔다(임희섭, 19 99). 이들은 모두 저항운동의 조직화와 인적 · 물적 네트워크 확산의 관점에서 정치사회변동을 설명해왔다.

2) 미디어와 정치사회변동 연구

기존 이론들은 거시적 사회구조, 엘리트 집단 간의 경쟁과 갈등, 인적 · 물적 자원동원에 토대한 사회운동 등에 주목하여 정치사회변동을 분석해 왔음에 반해, 최근에는 정치사회변동에서 미디어의 역할에 주목하는 연구들이 등장하고 있다. 일찍이 맥루한은 미디어를 인간의 확장으로 보고 미디어가 곧 메시지라고 주장하며 미디어에 대한 관심을 촉구한 바 있다

(Mcluhan, 1964). 맥루한 이전에 이니스(Innis) 역시 미디어가 사고나 생각, 정보를 객관적으로 전달하는 수단에 불과한 것이 아니라 인간의 정신을 구조화하고 문화의 성격을 좌우하는 역할을 한다고 주장했다(Innis, 1950). 이니스에 따르면, 돌과 같이 시간적 지속성이 강하나 공간적으로 확산되기 어려운 매체를 기반으로 하는 문화는 종교적이고 전통적이며 보수적인 속성을 지니는 반면, 종이와 같이 공간적 확산은 용이하나 시간적 지속성이 짧은 매체를 주로 활용하는 문화의 경우 공간적 확장을 지향하여 군사적이고 제국주의적인 속성을 띠게 된다.

20세기 후반 이후 라디오, 전화, TV, 컴퓨터, 인터넷 등 각종 전자 매체들이 활성화되면서 미디어가 정치사회변동에 미치는 역할에 대한 관심이 증대되었다. 특히 근대의 핵심 미디어였던 인쇄술과 출판물에 비교하여 디지털미디어들이 탈근대 미디어로 인식되면서 양자가 서로 어떻게 다른지, 이로 인해 어떠한 정치사회변동이 진행되는지가 관심의 대상이 되어 왔다. 몇몇 연구자들은 근대 유럽 인쇄술의 발전으로 문인계층과 독서대중이 출현하면서 문예공화국이 성립되었고, 이것이 르네상스, 종교개혁, 과학혁명이라는 거대한 정치사회변동을 이끈 원동력이 되었다고 주장한바 있다(Eisenstein, 1983; Briggs & Burke, 2002). 디버트(Deibert)는 인쇄술, 인터넷 등 새로운 미디어가 도입되면 그 효과가 중립적이지 않다고 역설했다. 특정한 미디어는 그와 선택적 친화성을 가지는 특정 집단이나 사회세력을 부각시키고 이에 토대하여 사회세력들 간의 물질적 힘의 배분관계와 사회적 인식 및 사고체계의 변화를 매개하게 되고 이에 따라 정치사회변동이 진행된다고 밝혔다(Deibert, 1997). 이러한 연구들에 따르면, 미디어가 정치사회변동을 이끄는 메커니즘은 새로운 미디어에 친숙한 새로운 계층들의 부상과 이에 따른 제도와 인식의 변화임을 알 수 있다.

인쇄술 및 디지털미디어를 근대와 탈근대라는 거시적 변환과 연결시킨 연구와는 별도로 새롭게 출현한 디지털미디어의 속성과 이것이 특히 민주주의 발전에 미치는 영향을 분석하는 연구들도 등장했다. 컴퓨터와 인터넷의 보급으로 미디어가 디지털화함과 동시에 통합되고 쌍방향적 의사소통이 용이해짐에 따라, 이들을 '뉴 미디어(New Media)'로 규정하고 새로운 미디어의 특징과 영향에 관심을 가지는 다양한 연구가 진행되어왔다(Flew, 2002; Lister, 2003). 디지털미디어의 대중화와 쌍방향적 의사소통으로 미디어 접근성이 확장되면서, 기존 소수 전문가에 의해 주도되었던 미디어상의 의제설정이나 정보생산 및 확산 과정에 더 다양한 집단이 참여하게 되었다. 이에 따라 디지털미디어의 출현과 확산이 민주주의 발전에 미치는 영향에 대한 논의가 활발하게 제기되었다. 먼저 디지털미디어가 의제설정 권력을 민주화하고 반정부세력 및 사회 내 소외계층들의 의견을 적극적으로 개진할 수 있는 통로를 마련하는 한편 시위나 집단행동을 더 용이하게 하므로 민주주의의 발전에 기여한다는 낙관론이 제시되었다(Rheingold, 2002; Leadbeater et al., 1997). 반면 기득권층과 정부 역시 디지털미디어를 활용하여 시민사회에 대한 통제를 강화하고 권력에 대한 비판 및 도전에 대한 감시를 강화하여 오히려 보이지 않는 감시와 통제가 보편화하면서 민주주의의 질이 떨어지고 있다는 부정적인 견해들과 함께 디지털미디어의 출현이 일방적으로 민주주의를 발전시킬 것이라는 주장에 회의적인 의견들도 개진되었다(Shenk, 1997; Bimber, 2001).

　　최근 디지털미디어를 넘어 '소셜 미디어(Social Media)'에 관심이 집중되고 있다.[1] 휴대하기 간편한 모바일 기기로 인터넷이 접속되는 스마트폰 환경

---

1) 소셜 미디어라는 용어는 기업컨설턴트인 크리스 시플리(Chris Shipley)가 2004년

하에서 각 개인들은 다양한 소셜네트워크서비스(SNS), 즉 블로그, 트위터, 페이스북, 유튜브 등에 직접 콘텐츠들을 올리고 공유하며 이를 토대로 매우 친근하고 신속하게 다대다 의사소통에 참여하며 사회관계를 형성하고 있다. 현재 신속성, 다대다, 쌍방향성, 사용자 주도 등의 특성을 가지는 소셜 미디어에 관한 다양한 연구들이 진행되고 있다(Qualman, 2009 등). 2011년 중동 지역 민주화 운동 '아랍의 봄'에 페이스북, 트위터 등이 중요한 역할을 하면서 소셜 미디어가 정치사회변동에 미치는 영향에 대한 관심이 증대되어왔다. 현재 인터넷 도입 초기에 이루어졌던 민주주의 발전 여부에 대한 논쟁과 유사하게 소셜 미디어와 민주주의 발전에 대한 논쟁도 진행되고 있다.

소셜 미디어의 정치적 영향력을 연구하는 대표적 학자인 클레이 셔키는 소셜 미디어가 시민사회와 공적 영역을 강화시키고 집단행동 비용을 감소시켜 민주주의 발전에 긍정적 역할을 한다고 주장했다(Shirky, 2011).2) 반면 소셜 미디어는 현실적으로 약한 관계에 토대하여 작동하며, 이러한 약한 관계로는 지속적이고 위계적이며 위험을 내포한 집단행동이나 사회변화

The Blog On Conference에서 처음 사용한 것으로 알려져 있다.

2) 이와 관련한 셔키의 주장을 그대로 인용하자면 아래와 같다.

…… the more promising way to think about social media is as long-term tools that can strengthen civil society and the public sphere and social media can compensate for the disadvantages of undisciplined groups by reducing the costs of coordination. Larger, looser groups can now take on some kinds of coordinated action, such as protest movements and public media campaigns that were previously reserved for formal organizations. For political movements, one of the main forms of coordination is what the military calls "shared awareness," the ability of each member of a group to not only understand the situation at hand, but also understand that everyone else does too. Social media increase shared awareness by propagating messages through social networks ……

를 이끌어낼 수 없다고 보는 주장도 제기되고 있다(Gladwell, 2010).[3]

정치사회변동에 관한 기존 연구들이 제시하는 바와 같이 우리가 특정 사회의 정치사회변동을 분석할 때, 사회경제의 구조적 요인, 정치제도와 권력을 둘러싼 권력집단들 간의 갈등과 전략, 밑으로부터의 불만과 사회운동 등등에 관심을 가지고 살펴보아야 한다. 그러나 기존 분석들은 구조적 요인의 형성, 엘리트 집단의 권력 경쟁, 집단행동과 사회운동이 진행되는 과정에서 미디어가 중요한 매개 역할을 한다는 사실에 크게 관심을 두지 않았다. 예컨대 정치적 갈등에 깊이 연루된 행위자들은 자신들의 전략을 실현하기 위해 국민들로부터 정당성과 지지를 끌어내고자 할 것이고 이 과정은 다양한 상징 조작 메커니즘을 통해 작동될 것이다(하상복, 2003). 아울러 사회운동을 설명하는 자원동원 이론은 사회적으로 팽배한 불만 자체가 아니라 불만을 구체적인 집단행동으로 연결시킬 수 있는 물적, 인적, 조직적 동원 능력과 정치적 기회구조가 중요하다고 강조하는데, 실제 자원동원과 정치적 기회구조의 판단 과정에서 미디어의 역할이 중요할 수밖에 없고 이 부분에 대한 더 자세한 관찰과 분석이 필요한 상황이다.

반면 미디어에 초점을 두고 정치사회변동과 민주주의 발전을 설명해온 이론들은 미디어의 속성 및 역할을 고찰하면서 민주적 발전의 가능성과 한계만을 좁게 논의하고 있다. 정치사회변동 과정에서 미디어의 역할에 대한 더 깊이 있는 통찰력을 얻기 위해서는 미디어가 놓인 사회의 구조적 맥락이나 정치제도권 내의 권력 경쟁 양상, 사회운동에 대한 다양한 이론

---

3) 이와 관련한 글래드웰의 주장을 그대로 인용하자면 아래와 같다.
…… the platforms of social media are built around weak ties… these types of relationships are not conducive to the sustained, hierarchical, and high-risk behavior needed to make real social change as seen in the US civil rights movement in the 1960s.

적 자원 등등에서 제안된 정치사회변동을 결정짓는 요소들에 대한 이해에 토대하여 실제로 각 층위들 안에서 미디어의 역할이 어떻게 결합되어 나타나는지를 분석해야 한다. 통합적인 접근을 통해서만 왜 똑같은 미디어가 각 국가에서 다르게 활용되고 정치사회변동 과정에서 수행하는 역할이 차이가 날 수밖에 없는지 이해할 수 있게 된다.

몇몇 연구는 중동과 북한의 정치사회변동에서 장기적이고 거시적인 구조적 요인과 구체적 반정부운동이나 시위와 같은 단기적 촉발요인 두 층위를 연결하는 촉진요인으로 미디어의 역할에 주목하고 있다(인남식, 2011; 고경민·김일기, 2011). 그러나 미디어를 촉진요인으로 설정하는 것도 지나친 일반화의 오류를 범할 수 있다. 미디어는 상황에 따라 민주주의 발전을 촉진하는 역할을 하기도 하지만 때로는 통제와 감시의 역할을 압도적으로 수행할 수 있다. 정치사회변동 과정에서 미디어의 역할을 이해하기 위해서는 미디어가 작동하는 맥락적 요소로 사회경제적 구조, 정치제도와 권력집단들 간의 경쟁, 그리고 시민사회와 밑으로부터의 집단행동 등을 고찰하면서 이 속에서 특정한 미디어가 수행한 역할을 분석해야 한다. 미디어는 정치사회맥락적 요소로부터 독립적인 변수가 아니라 이 요소들과의 상호작용 속에서 발전되고 역할이 구성되기 때문이다.

미디어의 역할을 구성하는 사회구조적, 정치제도적, 상황적 요인들을 모두 고려하면서 미디어의 역할을 분석하는 것은 매우 광범위한 작업이 될 수밖에 없다. 이 장에서 본격적으로 통합적인 분석을 시도하는 것은 여러모로 역부족이다. 여기에서는 전체적인 틀을 염두에 둔 예비적 고찰로서 중동의 이집트와 구소련 국가인 아제르바이잔의 사례를 통해 정치사회변동에서 미디어가 어떤 역할을 했는지를 살펴본다. 이후 북한의 디지털 미디어 도입 및 활용 맥락과 현황을 고찰하면서 북한의 정치사회변동 과정에서 디지털미디어 확산이 가지는 시사점을 생각해본다.

3. 미디어와 정치사회변동: 이집트와 아제르바이잔 사례

2010년 12월 튀니지에서 시작된 반정부시위의 영향으로 2011년 1월 25일 이집트에서도 민주화 시위가 발생했고 우여곡절 끝에 17일 만인 2월 11일 무바라크 대통령이 퇴임하며 30년 독재가 종식되었다(Attia, 2011; Lim, 2011). 2011년 이집트에서 반정부시위가 확산된 이유는 물가상승으로 인한 식량난, 실업률 증대, 정부의 부패 등으로 언급된다. 특히 페이스북 등을 비롯한 소셜 미디어가 시위 발발 및 확산에 중요한 역할을 한 것으로 알려져 있다. 이집트 정부는 시위 확산을 막기 위해 인터넷 차단이라는 초강수를 두었으나 국제전화, 팩스, 우회로를 통한 인터넷 접속 등으로 연결된 시위대의 확산을 막기에는 역부족이었다. 결국 이집트 군부는 무바라크의 하야를 요청했고, 이 요청이 받아들여짐에 따라 시민의 요구와 군부의 동의에 의해 무바라크가 퇴진했다.

2012년 5월 선거를 통해 무슬림형제단의 후보 모함메드 무르시가 대통령으로 선출되었다. 아랍의 봄으로 독재권력을 무너뜨린 시민들이 자유선거로 첫 민간인 지도자를 선택했다. 그러나 이집트 군부는 여전히 입법권을 장악하고 있고, 예산감독권, 그리고 군 통수권까지 가진 상태에서 막강한 권력을 행사하고 있다. 또 보수적인 이슬람 국가 건설을 목표로 하고 있는 무슬림형제단의 세력 확대로 이집트 민주주의 발전이 순조롭게 이루어지기 어려울 것이라는 우려도 존재한다.

'아랍의 봄'의 바람은 카스피해 연안 국가 아제르바이잔에도 불었다. 소런 붕괴 후 1991년 아제르바이잔은 대통령제 국가로 독립했다. 1993년 구 아제르바이잔 사회주의 공화국의 지도자였던 헤이다르 알리예프(Heydar Aliyev)가 2대 대통령인 아뷜파즈 엘치바이를 몰아내고 아제르바이잔 대통 령에 취임했다(Pearce et al., 2012; Grono, 2011; OpenNet Initiative, 2010). 2003년 말 헤이다르의 건강이 악화되면서 장남인 일함 알리예프(Ilham Aliyev)가 총 리에서 대통령 후계자로 지명되었고 대통령 선거에 승리해 권력이 세습되 었다. 이후 권력세습을 비판하는 유혈시위가 발생하는 등 반정부운동이 전개되어왔고 현 정부와 반대세력 간의 갈등이 심화되어왔다. 유럽과 중 앙아시아 사이의 산유국 아제르바이잔은 유럽에 원유 및 가스를 수출하며 2000년대 중반 이후 높은 경제성장률을 기록해왔으나 최근 원유 생산 중 가폭이 하락하면서 경제성장률이 감소하고 물가가 빠르게 상승하고 있다.

중동과 북아프리카를 휩쓴 민주화 운동의 영향으로 아제르바이잔 반정 부세력도 여러 차례 시위를 주도하고 이끌었다. 그 과정에서 야당 지도자 가 조사를 받기도 하고 많은 시위 가담자가 체포되었다. 그러나 아제르바 이잔의 반정부시위는 이집트에서와 같이 정권 변화나 민주주의 발전으로 이어지지 못했다. 왜 반정부시위가 이집트에서는 성공하고 아제르바이잔 에서는 성공하지 못했는가를 살펴보기 위해 몇 가지 중요한 요소들을 간 단한 지표로 확인해본다(〈표 5-1〉 참조).

민주화 운동 직전 이집트 경제는 높은 실업률과 물가상승률로 서민경제 가 악화된 상태였다(World Bank Data). 세계 최대 밀 수입국인 이집트에서 국제 밀 가격 불안과 국내 밀 가격 상승으로 서민들의 생활이 어려워지면 서 불만이 고조되고 있었다. 아제르바이잔은 국내 유전 및 가스 개발 및 수출로 2000년대 중반 이후 높은 경제성장률을 보여왔다(World Bank Data). 2000년대 후반 이후 원유 생산이 감소하기 시작하면서 경제성장률이 감소

<표 5-1> 이집트와 아제르바이잔 비교

구분	이집트	아제르바이잔
인구(백만 명)	82.54	9.17
일인당 국민소득(달러)	2420	5330
빈곤층(%)	22	15
실업률(%)	9.4	6.0
물가상승률(%)	11	6
도시인구(%)	43	52
의무교육(%)	74	72
인터넷 이용자(%)	26	46
휴대폰 이용자(%)	87	99
페이스북 이용자 수	11,891,660	898,200
언론통제 수준(순위)	166	162
정치권력	무바라크 30년 독재 종식 (1981~2011)	헤이다르(1993), 알리예프 (2003) 부자 세습(1993~현재)
야당과 시민사회	키파야 운동	분열
종교	무슬림(90%)	무슬림(90%)
기타	최대 밀 수입국 아랍의 맹주	자원 풍부 국가

자료: World Bank Data, ITU, Reporters Without Borders(2011).

하기 시작했지만 아랍의 봄 당시 상대적으로 안정적인 실업률과 물가상승률을 유지하고 있었다.

　나세르와 사다트 그리고 혁명 2세대인 무바라크로 이어지는 이집트 대통령은 모두 군 출신이다(홍순남, 2009). 1981년 사다트의 급작스러운 암살로 대통령이 된 무바라크는 취임 후 경제성장과 세속국가 건설을 내걸며 사회주의경제에서 시장경제로 전환했다. 이 과정에서 만성적인 재정적자와 빈부격차가 심화되었고 세속국가 건설에 반대하는 무슬림형제당 주도의 반정부운동과 식량폭동이 이어져왔다. 이집트는 공식적으로 다당제 국가이며 1987년 선거에서 야당인 뉴와프드당이 36석을 차지하면서 다당제가 정착되어왔고 정기적 선거로 대표를 선출해왔다. 무슬림형제당은 야당과 연합 또는 무소속으로 정치권에 진입하고자 노력해왔다.

이집트의 경우 2004년 이후 발생한 시위가 3,000건을 넘을 정도로 이미 악화된 경제 상황에서 오랜 독재에 대한 불만이 표출되고 있었다. 시민 혁명의 결정적 계기는 2004년으로 거슬러 올라간다(인남식, 2011). 당시 무바라크 대통령은 자신의 차남인 가말(Gamal Mubarak)에게 권력을 승계할 계획을 표명했다. 이에 대해 이집트의 진보진영은 미국의 지원 아래, 이집트의 민주화를 희구하는 정치운동, 특정 정파나 이슬람 세력 또는 급진적 테러세력과는 상관없는 범시민적 운동, 즉 '키파야(qifaya)'를 발전시켰다. 2005년 총선에 즈음하여 24년간 집권한 무바라크의 연임을 반대하는 범국민운동인 키파야 운동이 야당연합세력 주도로 이집트 15개 도시에서 확산된다. 당시 총선에서 부시 미국 대통령의 압력과 이집트 내 키파야 운동으로 야당과 무슬림형제당이 대거 정계에 진출하게 되었다. 이 운동으로 2005년 헌법 및 선거법이 개정되면서 상대적으로 진일보한 정치체제가 이집트에 등장하게 되었다. 무바라크의 독재권력하에서도 일정 정도 야당의 영향력이 인정되었으며 반복적인 식량 가격 폭등과 세속국가 건설을 둘러싼 갈등이 지속되어왔음을 알 수 있다.

아제르바이잔은 1991년 소련으로부터 독립한 후 혼란을 겪게 된다. 1993년 10월 소련 시기에 중앙위원회 정치국 제1부총리를 맡았던 헤이다르 알리예프가 선거를 통해 대통령에 당선되었다(오종진, 200 9; 김영진, 2010; 현승수, 2010). 헤이다르 알리예프 대통령은 친서방과 개방정책을 기조로 한 유전개발 및 해외직접투자 자본유치를 통해 경제성장을 추진하고 국내 정세를 안정시켜나갔다. 대통령이 자신의 권력을 강화하면서도 선거와 다당제 등 최소한의 민주주의 제도를 수용했다. 그러나 그는 2002년 선거법을 개정하고 자신의 아들 일함 알리예프에게 대권을 넘겨준다. 2003년 새로운 선거법하에서 일반인들의 시위가 엄격히 제한되고 선거감시가 제대로 이루어지지 못한 상태에서 선거가 치러졌고 일함 알리예프가 대통령직을 이어받게 되었다. 일함 알리예프는 유가 급등과 해외투자 유치를 활용하여 경제성장을 이끌었지만 반정부시위 등을 강하게 탄압했다. 무사바트(Musavat), 인민전선당 등 야당과 반정부세력들은 꾸준히 반정부시위를 벌이며 세력을 키워왔지만 실질적인 정치적 영향력은 작은 소규모 정당에 머물러왔다. 2008년 세계 금융위기로 아제르바이잔에 대한 서방 기업들의 투자가 감소하면서 국내 경제성장률이 곤두박질치며 떨어지고, 2009년 대통령 3선을 위한 헌법 개정 시도와 함께 중동과 북아프리카 민주화 운동의 영향으로 아제르바이잔 내에서도 반정부운동이 확산되었으나 정권교체나 정치개혁은 이루어지지 못했다.

이집트 정부는 국가통신규제국(National Telecom Regulatory Agency: NTRA) 주도하에 적극적인 정보통신 인프라 확대 정책을 펼쳐왔다. 2002년부터 '1가정 1컴퓨터(The Computer for Every Home)' 정책을 수행했고 유무선 통신 시장에 투자를 급속히 증가시켜왔다. 정부의 적극적인 투자에 힘입어 이집트 정보통신환경은 빠르게 발전되어왔다. 통계를 통해 확인되듯 2011년 민주화 운동 즈음에 휴대폰 이용자는 전체 국민의 90%에 육박하고 있었고 인터넷 이용자는 26%, 대표적인 소셜 미디어 가운데 하나인 페이스북 사용자가 15%에 달하고 있었다(Socialbakers, 2012). 아제르바이잔에서도 2000년 이후 정보통신 인프라가 빠르게 확충되어 휴대폰 이용자는 99%, 인터넷 이용자는 46%, 페이스북 이용자는 10% 내외로 나타나고 있다. 양국 정부는 정보통신 인프라를 적극 확충하는 한편 인터넷 필터링 등 다양

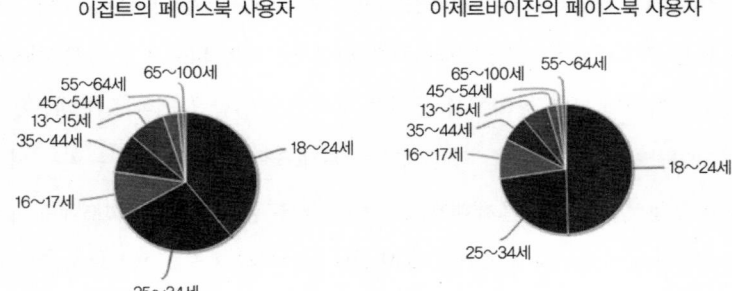

〈그림 5-1〉 이집트와 아제르바이잔 페이스북 연령별 사용자

이집트의 페이스북 사용자   아제르바이잔의 페이스북 사용자

자료: http://www.socialbakers.com/facebook-statistics(검색일: 2012년 11월)

한 방식으로 정부에 비판적인 견해가 확산되는 것을 저지해왔다. 국경없
는기자회가 조사한 세계 언론통제 순위에서 이집트와 아제르바이잔은 각
각 166위, 162위를 기록해 최하위 집단에 속하고 있다(국경없는기자회, 2011).
그러나 이러한 환경 속에서도 도시 거주 젊은 층을 중심으로 소셜 미디어
이용이 확대되면서 정부에 비판적인 게시물들이 끊임없이 등장하여왔다.

2011년 이집트 반정부시위에서 페이스북 등 소셜 미디어가 정보를 교
환하고 시위 동원 과정에서 중요한 역할을 했음이 많은 연구에서 확인되
고 있다(Attia, 2011; Lim, 2011). 이집트 혁명의 시작은 특정한 사건이 발단이
되었던 것이 아니라, 페이스북을 통해 이집트의 한 청년단체가 집회를 제
안하면서 촉발되었다. 혁명 과정에서 영웅으로 떠오른 와엘 고님(Wael Gh-
onim)은 경찰의 마약 거래 동영상을 공개했다가 경찰에게 폭행당해 숨진
29살의 청년 사업가 칼레드 사이드의 이름을 따 '우리는 모두 칼레드 사이
드'란 페이스북 팬 페이지를 개설했고, 약 47만 명의 회원을 거느린 이 사
이트가 시위 확대 과정에서 구심점이 되었다. 이집트 정부는 인터넷을 차
단하는 초강수를 두었으나 대내외적으로 많은 비난을 받았고 구글과 네티

즌들은 인터넷 접속을 위한 우회로를 기술적으로 지원하면서 시위대를 격려했다. 인터넷 차단 조치는 오히려 그동안 시위에 가담하지 않았던 시민의 불편과 불만을 초래하는 역효과를 초래했고 결국 이집트 정부는 인터넷을 원상 복구시킬 수밖에 없었다. 아제르바이잔 정부도 페이스북 등 소셜 미디어의 위협을 감지하고 청소년 범죄, 포르노 등이 소셜 미디어에 의해 증대될 수 있다고 주장하면서 직간접적으로 소셜 미디어의 확장을 견제해왔다(Pearce et al., 2012). 대외적으로 알려진 아제르바이잔 '당나귀블로거 사건'에서처럼 정부 비판성 게시물을 직접적으로 처벌하기보다는 간접적으로 탄압하는 방식을 취했다. 2011년 아랍의 봄의 영향으로 아제르바이잔에서 반정부운동이 확대되는 과정에서 페이스북에 정부 비판 게시물을 올린 젊은이들(바흐티야르 하지예프, 자바 사발란)이 병역 기피나 마약 소지혐의 죄목으로 체포되었다(Amnesty International, 2011).

정리해보면, 경제사회적 상황은 이집트가 더 좋지 않았던 것으로 판단할 수 있다. 아랍의 봄 직전 이집트는 높은 실업률과 인플레이션에 시달리고 있었고 국제 밀 가격 불안정과 국내 가격 상승으로 서민들의 불만이 고조되어 있었다. 아제르바이잔의 경우, 기록적인 경제성장률이 급격히 감소하고 물가가 오르기 시작하면서 국내 빈부격차가 문제되기 시작했으나 실업률과 물가는 상대적으로 안정적으로 유지하고 있었다. 이집트에서는 무바라크의 오랜 독재 속에서도 범국민적 키파야 운동이 전개되면서 야권의 제도권 진입이 이루어져왔다. 아제르바이잔도 형식상 정기적 선거와 다당제를 유지했으나 야권의 분열과 혼란으로 반정부운동의 구심점이 형성되기 어려운 상황이었다. 양국 정부는 모두 정보통신 인프라를 적극 발전시켰고 이에 힘입어 인터넷, 휴대폰 활용자가 급속도로 증대했으며 정부의 직간접적인 탄압에도 불구하고 젊은 층을 중심으로 소셜 미디어 이용이 증가하고 있었다. 이집트에서는 청년단체와 고님 등의 페이스북이 구심점이 되어 대규모 시위로 이어진 반면, 아제르바이잔에서는 소수 블로거를 중심으로 페이스북에 오른 반정부 시위 촉구가 정부의 탄압으로 무산되었다.

이집트의 경우 식량 가격 폭등 등 서민경제를 압박하는 경제 상황과 키파야 운동 등 범국민적 반정부운동의 확대 속에서 축적된 국민들의 불만이 소셜 미디어를 통한 정보교환과 인적 자원동원력과 만나면서 대규모 반정부시위가 성공적으로 진행되었다고 볼 수 있다. 이웃 국가 튀니지의 민주화 운동 영향이 좀 더 강하게 작용한 측면도 있다. 반면 아제르바이잔의 경우 2008년 세계 금융위기 여파로 에너지산업에 편중된 경제성장 효과가 급속히 감소하고 국내 빈부격차가 심화되면서 경제적 불만이 제기되기 시작했고 무엇보다 부자 세습과 알리예프의 헌법 개정 시도로 정부에 대한 불만이 증대되었으나, 야권을 비롯한 반정부세력의 입지가 상대적으로 든든하지 못한 상황에서 소셜 미디어를 통한 산발적 항의나 비판이 구심점으로 발전하지 못하고 대규모 반정부시위로 이어지지 못했다고 파악된다.

이집트와 아제르바이잔 사례의 개략적인 고찰을 통해 정치사회변동 과정에서 미디어의 역할은 특정 국가가 놓인 경제사회구조, 정치제도와 정치집단들의 경쟁 및 갈등 양상, 시민사회의 역할 등 거시적 맥락에 대한 이해를 필요로 함을 알 수 있다. 이러한 맥락과 미디어가 어떻게 상호작용하는지를 파악하고 미디어의 역할이 어떻게 구성되는지를 이해하는 것이 중요하며 이에 대해 더 깊이 있는 연구가 진행되어야 한다. 정치사회변동 과정에서 미디어의 역할을 일방적으로 촉진요인으로 보는 것도 정확하지 않다. 구조적 요인이 존재하는 것만으로 자동적으로 민주화 운동이 발생하고 성공을 보장받지는 못한다. 소위 인식의 공유와 인적·물적 자원동원 과정에서 미디어가 결정적인 역할을 할 수밖에 없다. 상대적으로 젊은 층과 반정부세력에 친화적인 디지털미디어나 소셜 미디어가 구조적 요인과 결합될 때 정치사회변동을 촉진할 수 있는 역할을 할 수 있음은 자명하다. 그러나 반체제운동을 위한 경제사회구조적 요건이 충분히 존재하지만 오프라인상의 반정부운동을 위한 구심점이 약하고 디지털미디어나 소셜 미디어에 대한 통제가 일상적으로 이루어지는 상황에서 미디어의 존재나 활용만으로는 자동적으로 민주화 운동이 발전하고 성공하기 어렵다. 이런 경우 디지털미디어나 소셜 미디어의 활용이 확산되는 과정 속에서 온오프라인에서 반정부운동 구심점의 형성과 발전이 함께 이루어져야 한다.

4. 북한 디지털미디어 현황과 정치사회변동

1) 북한 경제 현황과 사회 통제

북한은 자립적 민족경제 건설노선, 중화학공업 우선 성장전략, 군사와 경제 병진전략을 내걸고 사회주의 경제건설을 추진해왔다(권영경, 2010; 하영선·조동호, 2010 등). 1990년대 이후 사회주의 계획경제의 모순 누적으로 장기 마이너스 경제성장을 경험했으며 식량, 에너지, 원자재, 외화난 등 심각한 경제위기를 겪어왔다. 경제위기 극복을 위해 북한은 2002년 '7·1 경제관리개선조치'와 나진, 선봉에 이어 신의주, 개성, 금강산 등을 경제특구로 지정하는 대외 개방정책을 취했다. 아울러 기업경영, 농업경영, 분배제도, 무역제도, 재정금융 등 전 경제영역에 걸쳐 부분적인 시장경제 도입을 시도해왔다. 한국은행의 북한 경제통계에 따르면 북한 경제는 2000년 이후 플러스 성장세로 접어들었으나 장기적 침체를 벗어나지 못하고 있다 (한국은행, 2011).

특히 북한의 식량난은 매우 심각한 것으로 알려져 있다(양운철, 2011; Haggard et al., 2007). 식량난의 원인과 정도에 대한 다양한 진단과 분석에서도, 북한이 오랫동안 심각한 식량난을 겪어왔다는 것과 특히 2008년 이후 식량 배급이 대폭 감소했다는 것은 공통적으로 인정되고 있다. 비료 부족, 자연재해 등으로 인해 전반적 식량 생산이 감소했다는 주장, 곡물 생산량은 일정하나 식량이 분배되지 않고 시장으로 유출되고 있다는 주장 등이 존재한다. 북한은 국제사회의 지원 및 수입으로 식량난을 관리해왔으나 최근 작황이 감소하고 국제사회의 지원 중단, 국제 곡물가격의 폭등, 달러 부족에 의한 수입 감소 등으로 식량난 해소에 어려움을 겪고 있다.

북한은 수령에게 당과 국가의 권력을 집중시키는 유일지도체제를 유지해왔다(오경섭, 2009 등). 그 과정에서 당과 군, 국가정치보위부 등을 활용해 반대세력을 숙청하고 사회통제를 강화했다. 북한의 사회통제는 1995년에서 1997년 사이에 발생한 기근과 경제위기 등으로 도전을 맞게 되었으나 군대를 활용해 사회통제를 보완하는 선군정치를 내세우며 체제를 유지해왔다. 김일성에서 김정은으로 이어지는 3대 권력세습과 집권층의 실정에도 불구하고, 공개처형 등 반대세력에 대한 가혹한 처벌과 오랜 사회통제와 북한 주민의 내면화된 순응적 태도로 인해 북한에서 현재 드러나게 활동하고 있는 반정부집단은 존재하지 않는다. 북한의 일당독재 체제하에서는 집권세력을 비판하고 이에 도전하는 선거도 야당도 원천적으로 봉쇄되어 있어 자생적 반정부운동을 기대하기는 어려운 실정이다.

2) 북한의 디지털미디어 현황

(1) 인터넷과 인트라넷

북한은 'IT 기술발전을 통한 기술 강국에로의 단번도약'이라는 구호 아래 IT기술을 적극 도입했고 1990년대 초반 인터넷을 시작했다(Kretchum & Kim, 2012; Bruce, 2012; Nesbitt, 2012; Manoslov, 2011; Chen et al., 2010; 황성진, 2009 등). 외부와 정보교환을 자유롭게 할 수 있는 인터넷이 체제유지에 위협이 될 수 있다는 판단하에 제한된 범위 내에서 폐쇄적 인트라넷의 형태로 보급되었다. 북한중앙과학기술통보사가 운영하는 '광명' 인트라넷은 1997년 첫 서비스를 시작했다. '광명'에서는 과학기술자료 검색체계를 이용하여 광역전산망을 통한 전자도서관의 과학기술자료 DB 검색 및 e-mail, 웹사이트 검색 등이 가능하다. 광명은 중앙기관, 김일성종합대학, 평양정보센터(PIC), 국가과학원 발명국, 인민 대학습당, 주요 공장, 기업소 등을 연결한다. 광명을 통하여 북한 외부로의 인터넷 연결은 불가능하고 외부에서도 국제전화를 통하여 북한의 광명에 접속할 수 없다. 초기에는 디지털 전화망 목적으로 부설된 광케이블에 모뎀 결합 방식의 인트라넷을 구축했기 때문에 데이터 전송 속도가 매우 느려 저기능 PC 통신의 한계를 넘지 못했다. 2002년 북한은 인터넷 개방 로드맵[4])에 따라 본격적인 인터넷인프

---

4) 북한의 여러 기관들은 인터넷 개방을 위한 다양한 기술전략을 제시했다. 중앙과학기술통보사에서는 인터넷 원포인트 접속전략을 제기했다. 이에 따르면, 인터넷은 특수기관들을 제외하고는 북한 내 모든 기관, 단체들이 인터넷 프록시 서버로 기능하는 중앙과학기술통보사 집중 서비스 서버 즉, 원포인터를 통해서만 인터넷에 간접적으로 접속하도록 함으로써 국가는 인터넷 연결과 관련된 모든 문제들을 원포인트를 통제함으로써 미연에 방지할 수 있을 것으로 높이 평가했다. KCC에서는 원포인트 접속전략이 국가적 규제나 통제는 용이하나 접속자들의 다양한 정보 수요를 충족시

라를 재구축하고 시설 보완 공사를 진행했다(김흥광, 2007). 인터넷 전용으로 전역에 광케이블백본망을 새로 부설하고 VDSL망을 새롭게 구축하는 한편 중국으로부터 중계기, 라우터와 같은 인터넷인프라 설비들과 네임서 버용 메인프레임을 비롯해 표준 장비들을 구비해왔다.

북한은 체제 선전과 경제적 이득을 위해 해외에 서버를 둔 30여 개 이상의 웹사이트를 운영해왔다. 1996년 일본에 조선중앙통신과 범태평양 조선민족경제개발촉진협회가 홈페이지를 개설했고, 1999년에는 중국에 조선인포뱅크 홈페이지를 구축했다. 이후 우리민족끼리, 조선신보, 실리은행, 조선무역, 조선우호협회 등을 일본, 중국, 독일 서버를 빌려 개설하고 운영해왔다. 북한은 지속적인 노력에 의해 2007년 9월 국제인터넷주소관리기구(ICANN)로부터 북한의 국가도메인으로 '.kp'를 최종 승인받았다 (Mansouro, 2011; Williams, 2011). 아울러 인터넷을 통한 내부 자료의 외국 유출 및 외부의 침입을 방지하는 보안 솔루션 '능라88'을 개발하여 인터넷개방에 대비했다. 이후 .kp 도메인은 태국 록슬리사와 관련된 스타 조인트 벤처(Star Joint Venture)에 의해 운영되고 있으며 2011년 조선중앙통신 홈페이지를 자체적인 서버를 통해 인터넷망에 직접 연결했다. 북한은 체제선전과 경제적인 목적으로 인터넷을 활용하기 위해 광케이블망 구축과 국제

키지 못하는 한계 등을 극복하기 위하여 중국의 초기 인터넷 개방정책을 참작하여 단일창구 방식의 인터넷 개방전략을 제출했다. 이때 이용자들은 중앙 집중적인 프록시 서버가 아니라, 월드와이드웹에 직접 접속하되, 모든 데이터링크는 중앙의 모니터링과 규제를 받는 단일한 창구를 통해 이루어지게 된다. 6·26 기술봉사센터에서는 인터넷과 관련된 국제 봉사를 전담해온 경험을 토대로 인터넷의 개성을 살리고 그 효율성을 극대화하고자 했다. 이와 동시에 효과적인 인터넷 접속 규제를 실현하기 위한 적정의 보안 조건을 충족시키기 위해 하드웨어 및 웹 브라우저의 개발과 탑재를 해법으로 제시했다(김흥광, 2007).

도메인 확보 등 외부와의 인터넷 연결을 꾸준히 준비해왔으나 저조한 컴퓨터 보급과 통제로 인트라넷 및 인터넷이 충분히 활용되고 있지 못한 상황이다. 전체 인구의 5% 내외가 인트라넷인 광명을 활용하고 외부와의 인터넷 연결은 최고위층에 제한된 것으로 알려져 있다(Bruce, 2012). 북한이 현재와 같이 소위 '모기장식' 폐쇄적 인트라넷과 극히 제한적인 외부 인터넷 개방을 유지할지 아니면 중국이나 베트남과 같이 개방하되 다중의 보안장치를 활용할지에 대한 논의가 진행되고 있다.

(2) 휴대폰

북한의 이동통신은 1998년 7월 나진·선봉지역에 무선호출 1,500회선과 휴대폰 500회선을 설치하면서 최초로 개통되었다(Kretchum & Kim, 2012; Nesbitt, 2012; Nolan, 2009; 황성진, 2009; 윤황·고경민, 2011). 이 사업은 태국, 핀란드, 대만의 합작사인 록슬리 퍼시픽(Loxley Pacific)과 북한의 조선체신회사가 설립한 동북아전기통신회사(Northeast Asia Telephone and Telecommuni-cation: NEAT&T)가 주도했다. 2002년 8월 동북아전기통신회사는 평양지역에서 유럽의 GSM 방식으로 서비스를 제공하기 시작했고, 2003년까지 50여 개 이동통신기지국이 건설되었으며 평양 및 각 도 소재지, 주요 도로지역을 중심으로 휴대폰이 개통되었다. 북한의 휴대폰 가입자는 사업 초기인 2002년 11월 3,000명 정도에서 2003년 말 2만 여 명, 2004년 6월 3만 여 명까지 증가한 것으로 추정된다. 휴대폰 가입비 및 기기 가격, 전화요금 등이 높아 주로 당, 군, 기업 등의 주요 인사들만 사용했다. 2004년 4월 중국 접경 지역인 용천역에서 휴대폰으로 원격조정된 것으로 추정되는 폭발 사건이 발생한 후 특정 계층과 외국인 일부를 제외한 휴대폰 일반 서비스를 금지했으며 3만 여 대의 휴대폰이 회수되었다. 북한 내 휴대폰 금지

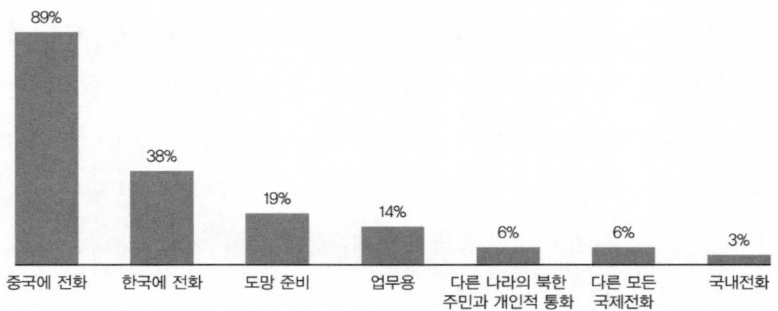

〈그림 5-2〉 탈북자 휴대폰 활용 내용

자료: Kretchum and Kim(2012).

에도 북한 주민 일부는 중국에서 휴대폰을 밀반입해 서비스가 가능한 국경 지역에서 불법으로 사용했다.

2008년 12월 이집트의 오라스콤텔레콤(OTH)에 의해 다시 북한 내 이동통신서비스가 개통되었다(Nesbitt, 2012; Noland, 2009; 윤황 · 고경민, 2011).[5] 오라스콤은 2008년 조선체신회사가 25% 지분을 보유하는 합작형태로 자회사인 'CHEO테크놀로지'를 설립하고 북한 휴대폰 사업권을 획득했다. CHEO테크놀로지는 '고려링크(Koryo Link)'로 불리는 WCDMA 방식 3세대 휴대폰 서비스를 제공했다. CHEO테크놀로지는 북한에서 25년간의 사업권과 초

---

5) 오라스콤 텔레콤의 모기업 '오라스콤 그룹'은 이동통신, 건설, 호텔 및 부동산, IT 등 4개의 계열사를 보유하고 있는 이집트의 대표 기업이다. 오라스콤은 조기 진입의 이점을 노리고 불안정하고 투명하지 않은 정치체제에도 위험을 감수하고 시장 진입을 시도하는 기업으로, 쿠바, 북한, 베트남 등의 이동통신사업에 관심을 가지고 접근한 것으로 알려져 있다(윤황 · 고경민, 2011; Nesbitt, 2012). 오라스콤은 현재 북한 유경호텔 건설 마무리를 책임지고 있고, 과거에는 북한의 상원시멘트에도 투자한 바 있으며, 북한 노동자들의 중동 건설 현장 파견에도 관련되어 있다고 알려져 있다.

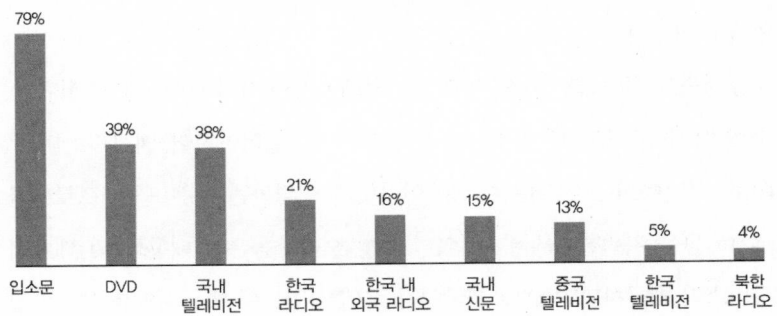

〈그림 5-3〉 탈북자 정보 획득 통로

79% 입소문
39% DVD
38% 국내 텔레비전
21% 한국 라디오
16% 한국 내 외국 라디오
15% 국내 신문
13% 중국 텔레비전
5% 한국 텔레비전
4% 북한 라디오

자료: Kretchum and Kim(2012).

기 4년간 독점권을 보장받았다. 이후 북한에서 휴대폰 사용은 빠르게 증대되었다. 오라스콤의 연차보고서를 통해 공식적으로 확인 가능한 북한 휴대폰 가입자 수는 2011년 3월 기준 53만 5,133명이다. 이후의 연차보고서에는 공식적으로 고려링크가 언급되지 않아 현재 북한의 공식 휴대폰 사용자 수는 정확히 알기 어렵다. 많은 자료들은 2012년 초반 100만 명 이상이 북한에서 휴대폰을 사용하는 것으로 추정하고 있다(≪뉴포커스≫, 2012. 1.1; ≪Bloomberg News≫, 2012.2.2). 2012년 11월 오라스콤 사위리스(Sawiris) 회장의 인터뷰에 따르면 현재 북한의 휴대폰 가입자는 150만 명이며, 2012년 말까지 170만으로 증가할 것으로 예상하고 있다. 현재 평양 이외 15개 도시, 고속도로, 철도 등 전체 국토의 14%, 인구의 90%를 포함한 지역에 서비스를 제공하고 있다(≪Forbes≫, 2012.11.18).[6] 오라스콤은 2012년

6) "Koryolink currently has more than 1.5 million subscribers. Coverage includes the capital Pyongyang in addition to 15 main cities, more than 100 small cities, and some highways and railways. Territory coverage is around 14%, and more than 90% population coverage. The subscriber base has been increasing at a very

말로 종료된 이동통신 독점사업권을 2015년까지 연장하는 서면 확인을 받았다고 밝혔다.

고려링크 서비스는 음성 서비스 이외에 다양한 3세대 이동통신 서비스, 즉 영상전화, 문자 메시지 전송 서비스(SMS), 멀티미디어 메시지 서비스(MMS), 음성메일, 휴대폰 기기를 인터넷과 연결하는 무선 응용 프로토콜(WAP) 등을 지원한다(윤황·고경민, 2011). 오라스콤은 국내통화 및 데이터 서비스만 제공하고 있으며 외국인들을 위한 별도의 네트워크를 운영하고 있다. 하지만 탈북자들을 대상으로 한 조사에 따르면 휴대폰 이용자들 가운데 많은 수가 국경을 넘어 중국이나 한국과 통화를 하고 있는 것으로 드러나고 있다.

한 연구자는 현재 북한에서 휴대폰을 사용하는 비율은 전체 인구의 5% 정도로, 이 숫자가 북한이 휴대폰 사용을 허용할 수 있는 엘리트계층이라고 본다(Bruce, 2012). 이러한 견해에 따르면 휴대폰 가입자가 지속적으로 확대되는 데 한계가 있다. 그러나 북한 당국과 오라스콤은 휴대폰 확대로 인한 단말기 판매료 및 서비스료 등 막대한 경제적 이득을 포기하기 어려운 실정이다(≪동아일보≫, 2012.2.6). 실제로 북한 당국은 휴대폰단말기 가격의 인하나 통화범위의 확대 등을 통해 휴대폰 확산을 지원해왔다. 오라스콤은 2012년 말로 종료된 이동통신 독점사업권을 2015년까지 연장하는 서면 확인을 받았다고 밝혔다(≪Forbes≫, 2012.11.18). 오라스콤이 북한에서 사업을 계속하는 동안 휴대폰 가입자 확산을 위한 노력은 지속될 것으로 보인다.

---

healthy rate from 950,000 at [year-end] 2011 to an estimated 1.7 million at [year-end] 2012"(≪Forbes≫, 2012.11.18).

최근 북한에서도 아이폰, 아이패드, 갤럭시 등 첨단 스마트폰 접속이 확인되었다고 전해진다(Statcounter, 2012). 고려항공 등 일부 북한 기업들과 북한체제 선전용 페이스북 계정이 운영되고 있으나, 외부와의 유무선 인터넷 접속이 차단된 상황에서 일반 북한 주민들은 중동의 민주화 과정에서 중요한 역할을 수행했던 페이스북, 트위터 등 소셜 미디어에 접근하지 못하고 있다.

(3) DVD, USB 등 기타 미디어

인트라넷과 휴대폰에 접할 수 있는 북한 주민이 소수임에 비해, 탈북자들을 대상으로 한 조사에서 TV, DVD, 라디오 등이 더 광범위하게 활용되고 있음이 드러나 주목된다(Ketchum and Kim, 2012). 이 가운데 TV는 채널 고정 등으로 외부 정보를 접하기 어렵다. 탈북자 조사에서 한국과 중국 TV를 시청한 비율은 각각 4%, 15%로 나타나고 있다. 북한 주민들이 외부 세계를 접하는 가장 보편화된 미디어는 DVD와 라디오이다. TV와 노트북 컴퓨터는 2011년 7월 기준으로 평양 강동시장에서 미화 300달러에 거래되는 고가품임에 비해, DVD 플레이어는 13달러, DVD는 50센트로 경제적 장벽이 낮다. 북한에서 휴대폰 이외에 가장 선호되는 전자제품은 MP3/4 플레이어, USB메모리 등이다. 북한 당국은 허가받지 않은 USB메모리의 판매를 금지하고 있지만, PC 보급이 확대되면서 영화나 음악을 쉽게 저장하고 삭제할 수 있어 유용하게 활용된다. 이에 따라 한국 드라마나 가요 등을 담은 CD, USB 메모리 등이 확산되고 있다.

흥미로운 것은 다양한 IT 기기의 확산에도 북한 주민들이 정보를 접하는 가장 중요한 수단은 소문이라는 것이다. 이외에도 북한 내 방송, 신문, 라디오 이외 DVD, TV, 한국 라디오, 중국과 한국 TV 등을 통해 외부 소식

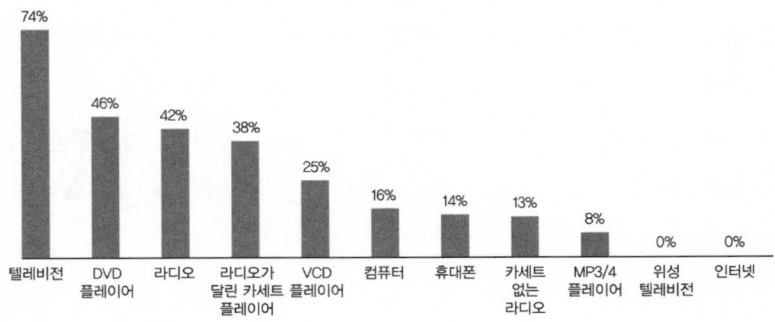

〈그림 5-4〉 탈북자 미디어 접근 현황

74% 텔레비전
46% DVD 플레이어
42% 라디오
38% 라디오가 달린 카세트 플레이어
25% VCD 플레이어
16% 컴퓨터
14% 휴대폰
13% 카세트 없는 라디오
8% MP3/4 플레이어
0% 위성 텔레비전
0% 인터넷

자료: Kretchum and Kim(2012).

을 접하고 있음을 알 수 있다.

북한 당국이 왜 인터넷 개방을 고려하고 휴대폰을 확산하고 있는지에 대해서는 다양한 견해가 존재한다(Nesbitt, 2012). 북한이 전면적인 개방을 고려하여 디지털미디어를 확산하고 있다거나 혹은 통제 불능의 상태에서 디지털미디어 확산을 수수방관하고 있다는 견해는 모두 현실적 설득력이 떨어진다. 북한에서 디지털미디어 도입과 확산은 당국의 통제하에 소기의 목적을 가지고 진행되고 있는 것으로 판단된다. 첨단 IT기기나 서비스 도입으로 인한 경제적 효과, 특히 중국으로부터의 투자 확대와 체제선전 효과가 가장 우선적으로 드러나는 동기이다. 아울러 IT기기나 서비스를 접할 수 있는 층이 제한되어 있기 때문에 이를 통해 북한의 엘리트 계층과 신흥 상인들에 대한 통제가 더 용이해지는 효과도 언급된다(Bruce, 2012).

2011년 이집트에서의 시위 당시 휴대폰 보급률이 90%에 육박했다. 북한의 경우 현재 인트라넷 및 휴대폰 보급은 북한의 상층 엘리트 집단에 집중되어 있고, 이는 주민 전체의 약 5~7%에 해당한다. 이들은 대부분 체제의 급격한 변화보다는 지속을 선호한다(Bruce, 2012). 당, 군, 신흥부유층,

외국인 등을 넘어 좀 더 많은 북한 주민이 IT기기 및 서비스에 접근하는 것이 중요하다. 하지만 낮은 보급률과 함께 북한 당국의 철저한 통제가 문제시되고 있다. 북한 당국은 주민들의 휴대폰 통화내용과 문자 등을 감시하고 있으며 국경지역 등지에서 중국 휴대폰 사용을 막기 위한 전파탐지기와 방해전파기를 사용하는 것으로 알려져 있다. 북한도 비록 인트라넷이긴 하지만 자유게시판이나 채팅을 허용하다가 2006년 6월 한 사이트 게시판에 "모여서 농구경기를 벌이자"는 글이 오르고 청년 수백 명이 이에 호응해 평양체육관 앞에 나타나는 일이 벌어지자 보위부가 공공기관에서만 채팅에 접속할 수 있게 만들었다고 한다(≪동아일보≫, 2012.2.4). 2004년 북한 당국은 휴대폰 사용을 전면 금지시켰던 경험이 있다. 휴대폰 가입자가 100만을 넘은 상태에서 이러한 결정이 다시 이루어지기는 쉽지 않겠지만, 북한 당국의 통제 가능성은 여전히 존재한다.

디지털미디어의 도입과 확산으로 인한 북한의 정치사회변동 가능성에 대해서도 관심이 주목되고 있다(Kretchum and Kim, 2012; Bruce, 2012; Nesbitt, 2012; Manoslov, 2011; 윤황·고경민, 2011; 조한범, 2012 등). 1990년대 중반 이후 지속되어온 북한의 경제위기와 식량난 등으로 여러 경제 상황 개선조치와 국제사회의 지원이 이루어졌음에도 현재까지 아사자와 탈북자가 발생하고 있을 만큼 북한의 경제 상황은 심각하다. 이러한 상황에서도 북한 당국은 당과 군 엘리트에 대한 통제를 강화하며 3대 세습체제를 안정화시키고자 시도하고 있다. 여러 경로로 확인되는 북한 주민들의 누적된 불만과 불신의 증대에도 불구하고 북한 내부에서 이러한 불만을 조직화하고 반체제 운동으로 발전시킬 수 있는 구심점이 형성되지 못하고 있다. 디지털미디어 도입과 확산으로 중국과 한국의 생활상과 외부 소식을 접할 수 있는 기회가 늘어나고 있지만 여전히 보급률이 낮고 통제되고 있어 이것만으로 북한의 정치사회변동을 기대하기는 어렵다.

북한에서 디지털미디어의 확산이, 단기적으로는 중동지역에서와 같이 급격한 정치사회변동을 촉진할 가능성이 낮음에 비해, 장기적으로는 북한을 변화시킬 수 있는 토대가 될 수 있을 것으로 전망된다. 휴대폰과 시장 확대로 인한 경제적 기회의 증대, 중국, 한국, 탈북자 등을 통한 외부정보의 끊임없는 유입, 북한 내 정보통신인프라 개선과 북한 주민들 간의 정보 확산 등이 복합적으로 작용하면서 북한의 변화가 진행되고 있다. 디지털 미디어를 통해 이루어지는 정보교환이나 의사소통은 완벽하게 감시되거나 차단될 수 없고, 이런 점에서 북한이 돌아올 수 없는 '디지털 루비콘 강'을 건넜다는 주장도 있다(Mansouro, 2011; Bruce, 2012). 특히 휴대폰 등을 활용하여 새로운 경제적 기회를 포착하고 부를 축적하면서 동시에 외부 소식을 자주 접하는 북한의 신흥부유층의 향배도 주목된다. 정치적으로 보수적인 당과 군에 포진한 엘리트와는 달리 이들의 경제적 이해는 북한 체제개혁 및 개방에 맞닿아 있는 부분이 있기 때문이다.

5. 맺음말

특정 사회의 정치사회변동을 분석할 때는 사회경제구조적 요인, 정치제도와 권력을 둘러싼 권력 엘리트 집단 간의 갈등과 전략, 밑으로부터의 불만과 사회운동 등에 관심을 가지고 살펴보아야 한다. 그러나 기존 분석들은 구조적 요인의 형성, 엘리트 집단의 권력 경쟁, 집단행동과 사회운동이 진행되는 과정에서 미디어가 중요한 매개 역할을 하는 데 관심을 두지 않았다. 반면 미디어에 초점을 두고 정치사회변동과 민주주의 발전을 설명해온 이론들은 미디어의 속성과 일반적인 역할을 고찰하면서 민주적 발전의 가능성과 한계만을 좁게 논의하고 있다. 정치사회변동 과정에서 미디어의 역할에 대한 더 깊이 있는 통찰력을 얻기 위해서는 미디어가 놓인 사회의 구조적 맥락이나 정치제도권 내의 권력 경쟁 양상, 사회운동에 대한 다양한 이론적 자원들에서 제안된 정치사회변동을 결정짓는 요소들에 대한 이해를 토대로 실제 각 층위들 안에서 미디어의 역할이 어떻게 결합되어 나타나는지를 함께 고찰해야 한다.

미디어는 상황에 따라 민주주의 발전을 촉진하는 역할을 하기도 하지만 때로는 통제와 감시의 효율적 수단이 되기도 한다. 정치사회변동 과정에서 미디어의 역할을 이해하기 위해서는 미디어가 작동하는 맥락적 요소로 사회경제적 구조, 정치제도와 권력집단들 간의 경쟁, 그리고 시민사회와 밑으로부터의 사회운동 등을 고찰하면서 이 속에서 특정한 미디어가 수행한 역할을 분석해야 한다. 미디어는 맥락적 요소로부터 독립적인 변수가 아니라 이 요소들과의 상호작용 속에서 형성되고 역할이 구성되기 때문이다. 구조적 요인이 존재하는 것만으로 자동적으로 민주화 운동이 발생하거나 성공을 보장받지는 못한다. 인식의 공유와 인적·물적 자원동원 과정에서 미디어가 결정적인 역할을 하며, 이집트에서와 같이 상대적으로 젊은 층과 반정부세력에 친화적인 디지털미디어가 구조적 요인과 결합될 때 정치사회변동을 촉진할 수 있다.

이집트의 경우 식량 가격 폭등 등 서민경제를 압박하는 경제 상황과 키파야 운동 등 범국민적 반정부운동의 확대 속에서 축적된 국민들의 불만이 소셜 미디어를 통한 정보교환과 인적 자원동원력과 만나면서 대규모 반정부시위가 성공적으로 진행되었다고 볼 수 있다. 이웃 국가 튀니지 민주화 운동의 영향이 강하게 작용한 측면도 있다. 반면 아제르바이잔의 경우 2008년 세계 금융위기 여파로 에너지산업에 편중된 경제성장 효과가 급속히 감소하고 국내 빈부격차가 심화되면서 경제적 불만이 제기되기 시작했고 무엇보다 부자 세습과 알리예프의 헌법 개정 시도로 정부에 대한 불만이 증대되었으나 야권을 비롯한 반정부세력의 입지가 상대적으로 든든하지 못한 상황에서 소셜 미디어를 통한 산발적인 항의나 비판이 대규모 반정부시위로 이어지지 못했다고 파악된다.

최근 북한에서 인트라넷, 휴대폰, DVD, USB 등 디지털미디어의 활용이 급속히 증대되어왔고, 향후 지속적으로 확산될 것으로 예상된다. 북한 당국은 경제적 이익, 체제선전 효과, 사회통제 강화 등을 목적으로 미디어 도입과 확산을 주도해왔다. 북한의 경우 오랫동안 지속되어온 경제위기, 식량난, 3대 권력세습 등 반체제운동을 위한 경제사회구조적 요건이 충분히 존재하지만 철저한 외부 감시와 내면화된 통제 속에서 점증하는 불만들을 조직화하고 반체제운동으로 발전시킬 수 있는 구심점이 형성되지 못하고 있다. 디지털미디어에 대한 접근이 여전히 보편화되지 못하고 미디어에 대한 통제가 일상적으로 이루어지는 상황에서, 미디어의 확산이나 활용만으로 자동적으로 민주화 운동이 발전하고 성공하기는 어렵다. 디지털미디어나 소셜 미디어의 활용이 확산되는 과정과 온오프라인에서 반정부운동의 구심점의 형성이 동시에 이루어져야 한다.

북한에서 디지털미디어의 도입과 확산은, 단기적으로 중동 지역에서와 같이 급격한 정치사회변동을 촉진할 가능성이 낮음에 비해, 장기적으로 북한을 변화시킬 수 있는 토대가 될 것으로 전망된다. 휴대폰 등을 활용한 시장의 확대와 경제적 기회의 창출, 중국, 한국 미디어의 영향력 확대, 북한 내 정보교류 확산 등 새로운 미디어의 도입으로 북한에 부분적으로 변화가 진행되고 있다. 여러 자료들에 따르면, 김일성에 대한 맹목적 숭배에 비해 김정은에 대한 충성심이 약해졌고 북한의 정치구조와 경제 상황을 바라보는 시각도 비판적인 경우가 늘어나고 있다. 특히 휴대폰 등을 활용하여 새로운 경제적 기회를 포착하며 부를 축적하고 동시에 외부 소식을 자주 접하는 북한의 신흥부유층의 형성 등 변화의 조짐이 드러나고 있다.

대북전략의 관점에서 잠재적으로 북한 정치사회변동의 구심점 역할을 할 수 있는 디지털미디어의 확산을 지원하고, 특히 디지털미디어를 적극적으로 활용하여 합리적인 개혁세력을 형성시킬 수 있는 방안이 모색되어야 한다. 이제까지 대북 공공외교는 일방적으로 한국 체제의 우월성을 과시하고 북한 체제를 비판하는 선전의 관점에서 수행되어왔다. 디지털미디어가 확산되고 있는 상황에서 대북 공공외교는 우선적으로 북한 내 디지털미디어 확산을 지원하고 일방적 선전과 비판보다는 북한 정치사회변동의 구심점이 될 수 있는 합리적인 개혁세력을 형성하고 발전시키는 방향으로 수행되어야 한다. 민주주의, 번영, 평화, 인권 등 21세기 문명 표준의 가치를 내재한 다양한 문화 콘텐츠들을 더 많은 북한 주민들이 손쉽게 접할 수 있도록 돕고, 이를 토대로 북한의 민주화에 필요한 물적 · 인적 자원들이 형성되고 확산될 수 있도록 지원해야 한다.

▌추천 문헌

고경민·김일기. 2011. 「중동 시민혁명이 북한 민주화에 주는 시사점: 민주화 지원과 정보기술 효과를 중심으로」. ≪북한연구학회보≫, 제15권 제1호.

권영경. 2009. 「북한의 경제현황과 개혁·개방」. 『북한이해 2009』. 통일교육원.

권태환·이재열. 1998. 「사회운동조직간 연결망」. ≪한국사회과학≫, 제20권 제3호.

김영진. 2010. 「아제르바이잔 정체성의 복합적 성격과 대외정책에의 함의」. 한양대학교 아태지역연구센터 러시아·유라시아연구사업단 엮음. 『유라시아 지역의 국가·민족 정체성』. 한울아카데미.

김흥광. 2007. 「인터넷개방을 위한 북한의 로드맵과 추진현황」. ≪북한과학기술연구≫, 제5집.

쉐보르스키, 아담. 1998. 『민주주의와 시장』. 임혁백·윤성학 옮김. 한울아카데미.

양운철. 2011. 「탈북자 면담을 통해 본 북한경제 일상」. 코리아연구원. ≪정세와 정책≫, 4월호.

엘리자베스 L. 아이젠슈타인. 2008. 『근대 유럽의 인쇄 미디어 혁명』. 전영표 옮김. 커뮤니케이션북스.

오경섭. 2009. 「북한 전체주의 사회통제와 체제 내구성」. ≪세종정책연구≫, 제5권 제2호.

오종진. 2009. 「아제르바이잔 민족 정체성 형성과정과 소비에트의 대외정책」. ≪중동연구≫, 제27권 제3호.

윤 황·고경민. 2011. 「북한 이동통신의 현황과 한계」. ≪사이버사회문화≫, 제2권 제1호.

인남식. 2011. 「아랍 정치변동의 성격과 함의」. ≪국제정치논총≫, 제51권 제4호.

임희섭. 1999. 『집합행동과 사회운동의 이론』. 고려대학교출판부.

조한범. 2012. 『사회주의체제 붕괴와 재스민혁명의 공통점』. 통일연구원.

하상복. 2003. 「민주화 이행론의 비판적 고찰과 보완 모델의 탐색 : 정치 커뮤니케이션 과정을 중심으로」. ≪사회과학연구≫, 제11집.

하영선·조동호. 2010. 『북한 2032: 선진화로 가는 공진전략』. 동아시아연구원.

한국은행. 2011.「북한경제성장률 추정결과 보도자료」.

현승수. 2010.「포스트 소비에트 아제르바이잔의 국가 건설과 정치적 정당성」. ≪슬라브학보≫, 제26권 제3호.

홍순남. 2009.「이집트 외교정책과 민주주의」. ≪중동연구≫, 제28권 제2호.

황성진·공영일·홍현기·박상주. 2009.『북한 방송통신부문 및 남북방송통신 교류협력 현황 보고서』. 정보통신정책연구원.

≪뉴포커스≫, 2012.1.17.

≪동아일보≫, 2012.2.4, 2012.2.6.

Amnesty International. 2011. "Azerbaijan." http://www.amnesty.org/en/region/azerbaijan

Attia, Ashraf M., Nergis Aziz, Barry Friedman & Mahdy F. Elhusseiny. 2011. "Commentary: The impact of social networking tools on political change in Egypt's Revolution 2.0." *Electronic Commerce Research and Applications*, Vol.10, No.4.

Bimber, Bruce. 2001. "Information and Political Engagement in America: The Search for Effects of Information Technology at the Individual Level." *Political Research Quarterly*, Vol.54, No.1.

Briggs, Asa & Peter Burke. 2002. *A Social History of the Media: From Gutenberg to the Internet.* Cambridge: Polity Press.

Bruce, Scott. 2012. "A Double-Edged Sword: Information Technology in North Korea." *Analysis from the East-West Center* 105. Honolulu: University of Hawaii.

Eisenstein, Elizabeth 1983. *The Printing Revolution in Early Modern Europe.* New York: Cambridge University Press.

Cheng Chen, Kyungmin Ko & Lee Ji-Yong. 2010. "North Korea's Internet Strategy and Its. Political Implications." *The Pacific Review*, Vol.23,

No.5.

Deibert, Ronald. 1997. *Parchment, Printing, and Hypermedia: Communication in World Order Transformation.* New York: Columbia University Press.

Flew, T. 2002. *New Media: An Introduction.* New York: Oxford University Press.

Gladwell, Malcolm. 2010. "Small Change: Why the revolution will not be tweeted." *The New Yorker*, October 4.

Grono, M. 2011. *Nations in transit: Azerbaijan.* Washington, DC: Freedom House.

Haggard, Stephan, and Marcus Noland. 2007. *Famine in North Korea: Markets, Aid, and Reform.* New York: Columbia University Press.

Hayes, Peter, Bruce, Scott, & Mardon, Dyana. 2011. "North Korea's Digital Transformation: Implications for North Korea Policy." Nautilus Institute. http://www.nautilus.org/publications/essays/napsnet/forum/Hayes _Bruce_NK_Digital_Transformation/?searchterm=%22cell%20phone%22

Innis, Harold. 1950. *Empire and Communications.* Oxford: Oxford University Press.

Kretchum, Nat and Jane Kim. 2012. *A Quiet Opening: North. Koreans in a Changing Media Environment.* Washington, DC: InterMedia.

Leadbeater, Charles & Geoff Mulgan. 1997. "Lean Democracy and the Leadership Vacuum." in Geoff Mulgan(ed.). *Life After Politics: New Thinking for the Twenty First Century.* London: Fontana.

Lim, Merlyna. 2011. "Clicks, Cabs, and Coffee Houses: Social Media and Oppositional Movements in Egypt." *Journal of Communication*, Vol.62, No.2.

Lister, M., J. Dovey, S. Giddings, I. Grant & K. Kelly. 2003. *New Media: A Critical Introduction.* London&New York: Routledge.

Mcluhan. Marshall. 1964. *Understanding Media: The Extensions of Man.* New

York: McGraw-Hill.

Melucci, Alberto. 1996. *The Playing Self : Person and Meaning in a Planetary Society*. Cambridge: Cambridge University Press.

Moore, Barrington. 1967. *Social Origins of Dictatorship and Democracy: Lord and Peasant In the Making of the Modern World*. Boston: Beacon Press.

Mansourov, Alexandre Y. 2011. "North Korea on the Cusp of Digital Trans-formation." Nautilus Institute Special Report.

Nesbitt, Peter. 2012. "North Koreans Have Cell Phones: Why cell phones won't lead to revolution and how they strengthen the regime." KEIA.

Noland, Marcus. 2009. "Telecommunications in North Korea: Has Orascom Made the Connection?" *North Korean Review*, Vol.5, No.1.

O'Donnel, Guillermo & Philippe Schmitter. 1986. *Transitions from Authoritarian Rule*. Baltimore: Johns Hopkins University Press.

OpenNet Initiative. 2010. "Azerbaijan." Retrieved from http://opennet.net/research/profiles/azerbaijan

Pearce, Katy E. & Sarah Kendzior. 2012. "Networked Authoritarianism and Social Media in Azerbaijan." *Journal of Communication*, Vol.62.

Przeworski, Adam. 1991. *Democracy and Market*. Cambridge: Cambridge University Press.

Qualman, Erik. 2010. *Socialnomics: How Social Media Transforms the Way We Live and Do Business*. Hoboken, NJ: John Wiley & Sons.

Reporters Without Borders. 2011. Press Freedom Index 2011.

Rheingold, Howard. 2002. *Smart Mob: The Next Social Revolution*. Cambridge. MA: Basic Books.

Saunders, Clare. 2007. "Using social network analysis to explore social move-ments: a relational approach." *Social Movement Studies*, Vol.6, No.3.

Shenk, David. 1997. *Data Smog: Surviving the Information Glut*. New York:

Harper Edge.

Shirky, Clay. 2011. "The Political Power of Social Media: Technology, the Public Sphere and Political Change." *Foreign Affairs*, January/February.

Skocpol, Theda. 1979. *States and Social Revolution*. Cambridge: Cambridge University Press.

Snow, David A., S. A. Soule, & H. Kriesi. eds. 2004. *The Blackwell Companion to Social Movements*. Oxford: Blackwell.

Socialbakers. 2012. http://www.socialbakers.com

Statcounter. 2012. http://gs.statcounter.com

Tilly, Charles. 1978. *From Mobilization to Revolution*. Mass: AddisonWessley.

Williams. Martyn. 2011. "North Korean Domain Names Return to the Internet." *PC World*, Vol.12, No.1.

≪Bloomberg News≫, 2012.2.2.

≪Forbes≫, 2012.11.18.

06 _ 소셜 미디어를 통한 다중의 외교정책 논쟁*

송태은(서울대학교)

1. 머리말

최근 한국의 소셜 미디어 사용자들은 개인의 일상생활과 관련된 국내 주요 정치·사회·경제 현안들 외에도 정부가 추진하는 타국과의 군사·무역 협상이나 안보정책 이슈에 대해서도 자신의 정치적 의견을 표출하며 일련의 온라인 논쟁에 가담하고 있다. 2008년 미국 쇠고기 협상으로부터 시작하여 2010년 천안함 사건, 2011년 한미 FTA 재협상, 2012년 제주도 해군기지 건설과 한일 군사협정과 같은 최근 논란이 되었던 이들 이슈들의 공통점은 모두 일반 대중 차원에서는 사실 확인을 위한 정보접근 자체가 쉽지 않은 고급정보이거나 전문적 수준의 과학 지식에 대한 학습을 필

---

* 이 글은 한국국제정치학회가 발간하는 ≪국제정치논총≫ 제53권 제1호(2013)에 저자가 게재한 논문인 「소셜 미디어를 통한 다중의 외교정책 논쟁과 집합행동: 커뮤니케이션 환경의 변화가 대중의 외교정책 태도에 미치는 영향」을 수정, 편집하여 수록한 것임.

요로 하는 사안들이라는 점이다. 또한 흥미로운 것은 이 이슈들이 모두 국내의 다양한 쟁점에 비해서 상대적으로 자세한 사실 자체가 대중에 잘 공개되지 않는 사안들이어서, 언론매체 등에 의한 보도 이후 정부와 시민 간에 쟁점을 둘러싸고 일련의 '진실 공방'이 촉발되었다는 점이다.

그런데 이렇게 개인의 일상생활과는 거리가 있고 사실과 진실에 대한 정확한 정보분별 자체가 쉽지 않은 복잡한 이슈에 대해서 대중은 왜 블로그나 인터넷 토론방 혹은 페이스북이나 트위터 등의 각종 소셜 미디어 공간에서 그들의 의견을 표출하면서 온라인 논쟁을 벌였을까? 일반적으로 선거와 같은 특정한 정치적 시기에는 평상시에 큰 관심을 갖지 않는 국내외 이슈라도 투표라는 정치적 선택을 행동으로서 이행해야 할 필요로 다양한 국가 정책이나 주요 쟁점들에 대한 대중의 정치적 태도가 다양한 수준에서 활성화되고 여론이 형성된다. 하지만 개인의 정치적 결단을 투표로써 이행할 필요가 없는 시기에 시민들이 국가의 무역·군사협상, 안보정책과 관련된 굵직굵직한 사실들에 대해서 온라인상에서 대항담론을 펼치며 심지어 정부 정책결정 과정에 영향을 미치려는 집단행위는 소셜 미디어가 가져온 커뮤니케이션 환경의 변화와 관련된 일련의 설명을 필요로 하는 현상이다.

이 글에서는 인터넷의 등장과 소셜 미디어의 부상으로 대표되는 정보·커뮤니케이션 환경의 변화가 대중의 외교정책태도(foreign policy attitudes) 형성에 있어서 이전과 다르게 어떤 영향력을 끼쳤는지를 살펴보고자 한다. 먼저 일반적으로 학계와 실무자들이 대중의 외교정책이나 군사, 안보와 같은 이슈에 대한 정치적 태도나 여론을 어떻게 인식해왔는지 살펴보고, 소셜 미디어의 부상이 정보접근이나 지식 자체의 습득이 쉽지 않은 외교정책 이슈에 대한 대중의 정보분별전략에 어떠한 영향을 미쳤는지 논의

한다. 이러한 논의를 통해 과연 과거에 국가의 외교정책에 대해서 청중이나 정보 소비자 정도로 인식되었던 대중이 어떻게 소셜 미디어 부상과 함께 커뮤니케이션 주체로 변화하고 있는지 다중의 개념과 연결 지어 짚어볼 것이다. 아울러 변화된 대중의 외교정책태도가 소셜 미디어를 통해서 어떻게 일련의 온라인 논쟁과 집합행동으로 표출되었는지 최근 한국에서의 사례를 통해 살펴본다. 특히 정부와 시민 간에 진실게임의 양상을 띠며 정치적으로 논란이 되었던 군사, 무역협상이나 안보이슈 사례를 통해 탐색한다.

2. 청중으로서의 대중 vs. 발언자로서의 네트워크 다중

일반 대중은 자국의 타국과의 군사·무역협상이나 분쟁과 같은 정부의 대외정책에 어떤 수준에서 관심을 가지며 정부의 외교정책에 대해 무엇을 근거로 평가할까? 또한 정보와 지식환경 그리고 커뮤니케이션 방식에 일대 혁명을 가져온 인터넷과 소셜 미디어의 등장은 대중의 외교정책에 어떤 영향을 미쳤을까?

체계적 여론조사가 20세기 초부터 시작된 미국에서는 대중의 외교정책 평가능력에 대한 질문이 꾸준히 제기되어왔는데, 적어도 제2차 세계대전 이후 베트남전 이전까지 미국 학계와 외교정책 실무자들은 대중이 국제정치나 외교정책에 대해 관심을 갖거나 각 쟁점을 충분히 이해한다고 인식하지 않았고, 여론에 대한 이러한 회의적 통념은 소위 '아몬드-립만 합의 (Almond-Lippmann consensus)'로 일컬어졌다. 이는 외교정책 이슈에 대한 대중의 정치적 태도는 여러 국내정치 변수나 감정적 요인에 의해 영향받기 쉽고 일관성을 결여한 변덕스러운 것이므로 국가의 주요 외교정책 결정의 토대나 기준으로 삼을 수 없다는 과거 미국 학계와 실무자들의 여론에 대한 인식을 반영한다(Lippmann, 1922; 1925; Almond, 1950).

대중은 소위 '국기 주변으로의 집결(a rally round the flag)', '맹인 청중 앞에서의 왈츠(waltz before a blind audience)' 혹은 '정치는 국경에서 끝난다(politics stops at the water's edge)'라는 여러 문구에서도 비유되듯이 특히 국가 간 분쟁이나 위기 시, 정부가 추구하는 외교정책에 대한 면밀한 평가 없이 대체로 최고 지도자의 정책을 감정적으로 지지하는 성향을 보이는 것으로 여겨졌다. 이러한 대중의 성향은 특히 냉전시기에 일종의 국민적 합의(consensus)로 작동했고, 그러므로 국가 위기 시 최고 지도자에 대한 대중의 지지는 외교정책의 질이나 합리성과 관계없이 대체로 집권 정부에 유리하게 작동해왔다(Polsby, 1964). 한국의 경우에도 비슷한 맥락으로 과거 크고 작은 선거마다 '북풍' 변수가 집권 여당에게 유리한 것으로 여겨져왔다.

그러나 존 뮬러(John Mueller)의 베트남전과 한국전에 대한 여론조사에 대한 연구가 이러한 대중 여론에 대한 오래된 합의에 도전하면서 여론과 외교정책 간의 관계는 새롭게 조명되기 시작했다. 뮬러는 두 전쟁에 대한 대중의 지지도가 시간이 지나면서 가시적으로 하락하는데, 특히 증가하는 전사자 수와 반비례했음을 입증해보였다. 이는 여론이 전장으로부터의 정보에 의해 체계적으로 형성되고 갱신된다는 주장으로, 뮬러의 경험적 증거는 학계의 여론에 대한 전통적 편견을 수정할 것을 요구한 것이었다(Mueller, 1973). 뮬러의 연구를 시작으로, 정치학자들은 선거 시 수행된 여론조사 분석을 통해 대중이 후보자들의 외교정책 입장 차이를 명백하게 구별하고 있고 선거캠페인을 통해 외교정책에 대한 대중의 정치적 태도가 활성화됨을 보여주거나(Aldrich, Sullivan & Borgida, 1989), 대중의 외교정책 평가가 현장으로부터의 소식과 정보를 토대로 한 합리적 손익계산에 근거함을 입증하기도 했다(Gartner & Segura, 1998; Jentleson & Britton, 1998).

한편 커뮤니케이션 학계는 정치학계가 주로 개인 행위자의 합리성에 근거하여 의사결정 과정을 설명하는 것에 의문을 제기하면서, 신뢰할 만한 메시지를 분별하고 합리적인 의사결정에 도달하기 위해 개인이 '실제로' 어떠한 인지전략을 사용하는지 논의했다. 이들은 합리적 선택 이론(Rational Choice Theory)이 전제하는 것처럼 개인 행위자의 판단에 필요한 모든 정보가 개인에게 주어지고 이러한 정보를 바탕으로 개인이 효용을 극대화하는 대안을 선택한다고 보기보다, 개인 행위자가 제한된 정보를 통해 대체로 '충분히 좋다고(good enough)' 여겨지는 대안을 선택한다고 주장했다(Edward, 1961). 이러한 행태주의적 의사결정론(Behavioral Decision Theory)의 맥락에서 일련의 학자들은 개인이 일상생활을 통해 얻어진 '직관적 분별력' 혹은 '제한된 정보로부터의 분별력'을 통해 충분히 합리적인 의사결정을 내린다고 주장했다(Popkin, 1991). 이때 개인이 정치적 판단을 위해 무의식중에 사용하는 인지전략을 '휴리스틱스(heuristics)'라고 일컫는데, 이는 일련의 복잡한 정보를 처리해야 하는 인지적 요구에 대해서 충분한 정치적 지식을 구비하지 못한 개인이라도 지적 수고를 덜면서 문제를 해결하는 기제이다. 즉 휴리스틱스는 의사결정에 유용한 판단과 추론을 제공하는 일련의 '경험에 의한 법칙(rule of thumb)' 혹은 '사고의 첩경(mental shortcuts)' 등을 제공한다(Kahneman et al., 1982; Sniderman, Brody & Tetlock, 1991). 요컨대 '인지적 구두쇠(cognitive miser)'로서의 개인은 신뢰할 만한 정보를 구별해내고 궁극적으로 정확한 정치적 결정을 내리기 위해 지지하는 정치엘리트나 선호정당의 메시지 혹은 국가의 경제지표 등을 정보분별의 단서(cue)로써 사용한다는 것이다.

과연 대중이 투표와 같은 정치적 결정을 내려야 할 때 실제로 휴리스틱스와 같은 단서를 적절하게 사용하는지, 그리고 그러한 단서들이 과연 대중에게 언제나 가용한 것인지에 대해서는 학자들 간에 논쟁이 계속되고 있다. 심지어 자주 이용되는 경제지표와 같은 단서조차도 사실상 유권자가 필요로 하는 정보를 제대로 제공하지 않는다는 주장도 있고(Kuklinski & Quirk, 2000), 휴리스틱스를 사용하는 유익이 일반 유권자인 대중보다 사실상 전문가 집단에게 더 명백하다는 지적도 있다(Lau & Redlawsk, 2001). 그런데 이러한 일련의 논쟁은 '외교정책'보다 대내 정책에 대한 대중의 정치적 태도에 논의의 초점을 두고 있으므로, 대중이 설사 합리적인 판단에 이르더라도 타국과의 분쟁 시 그러한 판단에 의거하여 동일한 의사결정을 내리는지에 대해서는 특별히 대답하지 않는다. 다시 말해, 대중이 애국심이나 민족주의 감정, 즉 '국기 주변으로의 집결' 성향을 제어하고 객관적 사실과 분별에 의거하여 정치적 결정을 내리는지에 대한 답은 분명치 않다.

이에 더해, 이 같은 학계의 논의에서 대중은 대체로 '청중(audience)' 혹은 정치적 메시지를 수용하거나 거부하는 '정보 소비자(information consumer)'로서 이해되고 있다. 즉 대중이 신뢰할 만한 정보를 분별하기 위해 합리적 손익계산을 하거나 휴리스틱스를 사용할 수는 있지만 이는 어디까지나 미디어 매체 혹은 선호하는 정치엘리트나 지지 정당으로부터의 정보와 메시지에 의존한 것으로서 대중이 역으로 정보나 메시지를 발신하는 발언자 혹은 생산자로서 제시되지는 않는다. 물론 대중은 선거 시에는 후보자들의 정치적 공약에 대해 명백한 '심판자' 역할을 담당한다. 회고적 투표(retrospective voting)와 전망적 투표(prospective voting)에 대한 정치학계의 논의는 유권자로서의 대중이 후보자나 정당 혹은 정부의 과거 정책수행 결과 혹은 이들이 미래에 보여줄 정책의 방향이나 예상 결과에 근거하여 표를 행사하고 있음에 주목했다. 즉 유권자로서의 대중은 정치인이나 정당의 정치책임성(political accountability)에 대해 '표'로써 민주적인 '심판'을 행사하는 것이다.

하지만 이러한 논의는 모두 '선거'라는 특정 시기와 맞물려 활성화되는 대중의 정치적 태도와 행위에 초점을 두고 있다. 쌍방향 소통이 즉각적으로 신속하게 실시간 이루어지는 소셜 미디어 공간에서는 특정 정치적 기간에 제약받지 않고 누구라도 어떤 동기와 목적에 의해서든 정부 정책에 대한 자신의 태도와 의견을 수시로 그리고 공개적으로 표출할 수 있다. 또한 사이버공간에서는 여론조사와 같이 미리 준비된 질문이 주어지지 않아도 누구나 자발적으로 블로그나 인터넷 토론방, SNS상에 자신의 의견을 공개적으로 표출하고 친분이 없는 타인과도 어떤 지적 수준에서든 시공을 초월한 실시간 논쟁을 벌일 수 있다. 특히 트위터의 경우 트위터 계정을 갖지 않은 개인도 타인이 게시하는 포스팅을 인터넷에서 열람할 수 있으므로 대화나 토론에 참여하지 않는 트위터 열람자도 사실상 토론의 관람자가 되어 단순 관람자와 토론 참여자 모두가 동일한 커뮤니케이션 경험을 공유하게 된다. 즉, 토론에 참여하지 않아도 토론의 내용에 영향을 받으며 개인의 정치적 태도가 바뀔 가능성이 누구에게나 잠재되어 있다.

이렇게 사용자 모두가 자신들의 실제 참여 수준과 관계없이 쌍방향 커뮤니케이션의 상호작용에 쉽게 노출되는 소셜 미디어의 공간에서는 무한한 의견교환으로 인한 태도 변화가 가능하고 모두가 모두에게 영향을 끼치는 전략적 행위가 어떤 개인 차원에서도 시도될 수 있다. 이는 곧 소셜 커뮤니케이션 공간이 정치적 메시지의 정확성과 신뢰성을 구별해내거나 혹은 이러한 판단을 교란시킬 수도 있는 휴리스틱스와 단서가 넘쳐나는 장소임을 시사한다. 이러한 메시지 공간에서는 각종 정보와 단서가 자발적으로 공유 · 유포되고 수정 · 편집 · 검증되고 감시될 수 있으며 또한 반대로 여론이 조작, 왜곡되거나 특정 방향으로 유도될 수도 있다. 그러므로 소셜 커뮤니케이션의 개인 행위자들은 동일한 정보를 소비하고 동일한 메시지에 노출되더라도 서로 다른 정치 · 사회적 태도와 의견을 견지할 수도 있고, 동시에 타인과의 상호소통으로 자신의 의견과 다른 메시지에 설득되거나 혹은 자신의 원래 태도를 오히려 강화할 수도 있는, 고정되지 않은 복합적이고 유동적인 정체성을 형성할 수 있는 행위자들이다. 요컨대 이들은 주류 미디어 매체나 정치인들을 통해 전달되는 메시지에 그들의 정치적 판단을 전적으로 의존할 필요가 없고, 다른 소셜 미디어 사용자들과의 의견교환을 통해서 그러한 메시지의 신뢰성을 집단적으로 평가하고 판단하며 반박할 수 있다.

커뮤니케이션 네트워크를 통해 토론과 때로는 숙의(deliberation)를 거쳐 대항담론을 생산하고 상황에 따라서는 정부의 외교정책결정 과정에 영향을 끼치려는 행위를 도모하기도 하는 대중은 수동적인 '청중'이나 단순한 정보 소비자와는 구별된다. 이렇게 개개인의 객체가 모인 단순한 합(合)으로서의 대중 혹은 세(勢) 모으기를 통해 맹목적으로 집단행동을 추구하는 집단이 아닌 대중을 이 글에서는 '네트워크 다중(networked multitude)'의 개념으로 이해하고자 한다. 원래 다중의 개념은 하트와 네그리(Hardt & Negri)가 그들의 저서 『제국』(2000)과 『다중』(2004)에서 발전시킨 것으로 다중은 대중(masses), 민중(people), 군중(mob), 계급(class)과 구별된다. 다중은 '민중'과 같이 지배권력인 국가 권위에 도전하는 의미를 갖거나 '대중'과 같이 무차별적 혹은 일률적 존재가 아니라 각자의 다양성과 차별성을 가지는 주체로서 그려진다. 이러한 다중의 정치적 조직은 중앙집권적 형태가 아닌 탈집중적 형태를 띠며 이들은 주권에 대해 복종하기보다 일인의 지배를 거부하므로 불복종적이다. 요컨대 다중은 함께 행동하지만 모두가 모두를 지배하는 민주적 조직으로서 자연스럽게 네트워크의 형태를 가지게 된다 (Hardt & Negri, 2004).

하트와 네그리가 다중을 모든 차이가 자유롭게 표현되고 개방적이면서 확장성을 가지는 '네트워크'의 이미지로 묘사하는 것은 네트워크상에서는 다양한 노드(node)들이 서로 다른 각각의 객체로 남아 있으면서도 서로 모두가 연결되어 있고, 네트워크의 외적 경계는 항상 열려있으므로 새로운 노드나 새로운 관계가 네트워크로 진입하는 것이 언제나 가능하다는 속성 때문이다(Hardt & Negri, 2004). 웹2.0시대의 도래로 인터넷을 통해 대항담론을 생산하고 공동행동을 추구하는 집합지성으로서의 '디지털 다중(digital multitude)'의 출현을 네트워크 현상에 접목하거나(김상배, 2010), 대중의 자율성과 집단 지성론의 관점에서 다중의 개념을 2008년 미국 쇠고기 촛불집회 현상에 적용하는(조정환, 2009) 접근법은 모두 하트와 네그리가 다중을 정치적 의사결정 능력을 지닌 '무리지성(swarm intelligence)'으로 일컫는 것과 상통한다.

다중은 개방된 자료(open source)를 공유하면서 객체로 남기보다 함께 움직일 때 더 나은 사회 프로그램을 만들어낼 수 있고 사회의 다양한 문제를 해결할 수 있는 능력을 가지게 되는데(Hardt & Negri, 2004), 저자가 이 글에서 논의하는 소셜 커뮤니케이션 행위 주체인 '네트워크 다중' 또한 논란이 되는 정부의 정책에 대해서 문제의식을 공유하는 다른 주체들과 커뮤니케이션 네트워크를 통해 함께 대항담론을 생산해나가는 집합지성(collective intelligence)으로 작동한다. 이들은 단순히 미디어 매체를 통해 정보를 소비하고 엘리트의 메시지에 수동적으로 노출된 청중으로 남기보다 정부의 외교정책에 대해 그들 간의 논쟁을 통해 의문과 반론을 제기하고 정부의 주권적 정책결정권을 맹목적으로 수용하지 않는 모습을 띠므로 대중과는 구별된다.

피에르 레비(Pierre Levy)는 오늘날의 지식 공간이 인터넷과 같은 새로운 컴퓨터 기술과 집합지성이 결합된 직접적인 결과라고 주장했는데, 레비에 의하면 '집합지성'이란 "보편적으로 어디에나 편재하는 지성(universally distributed intelligence)"으로서 '상호인정'을 통해서 상시적으로 개선되고 실시간으로 조율되어 효과적인 동원이 가능한 지성을 말한다. 쉽게 말해 "그 누구도 모든 것을 알 수는 없지만 또한 모두는 어떤 무엇인가를 알고 있으며, 그러므로 모든 지식은 인류 가운데 존재한다(no one knows everything, everyone knows something, all knowledge resides in humanity)"는 것이 레비의 집합지성이다. 요컨대, "지식은 간단히 우리가 알고 있는 모든 것들의 합(sum)"이라는 것이다. 이렇게 집합지성은 개인의 지성이 합쳐진 그룹의 생각과 집단지식의 형태를 띠므로 현대의 복잡한 문제들을 풀기에 더 적합한, 새로운 형태의 민주주의를 지향한다는 것이 레비가 말하는 집합지성의 핵심이다(Levy, 1997).

집합지성은 인터넷을 통해 누구에게나 공개되는 정보의 공유와 누구나 참여할 수 있는 지적 협업에 의해서 형성될 수 있고 이러한 집합지성 형성의 참여 주체인 네트워크 다중은 정보의 교환, 축적, 편집, 확산 등 일련의 정보처리 과정을 중심 지도부 없이 탈중심적으로 혹은 탈허브적으로 수행한다. 뚜렷한 정책 어젠다 혹은 사회적 가치와 신념을 내세우거나 진보, 보수의 이념적 편향성을 가질 수 있는 이익집단이나 민간단체와는 달리 네트워크 다중을 이루는 개인 행위자들은 그들 간의 경제적, 정치적, 이념적 성향이나 교육 수준의 차이에도 불구하고 공감하는 문제의식에 대해서는 집단적인 영향력을 끼치는 저항전략을 펼칠 수 있다. 그러면서도 동시에 각자의 동기와 이유에 의해서 언제든지 각 노드들은 네트워크로부터의 탈퇴가 가능하다. 요컨대 네트워크 다중은 항시로 함께 활동하는 집단이 아니라 특정 조건하에서 활성화되고 동원되는 행위자들이다.

이러한 맥락에서 다중은 미디어 매체로부터 정보를 일방적으로 공급받기보다 주어지는 정보를 해석하는 주체이며, 논쟁이 이루어지는 소셜 커뮤니케이션의 공간에서는 모든 정보와 단서들이 의심될 수 있고 반박될 수 있다. 즉 이전에는 '진실게임'의 요소를 갖지 않았던, 으레 당연하게 믿어져온 정부가 발표하는 사실이나 매체의 뉴스 보도도 소셜 커뮤니케이션 공간에서는 의심의 도마 위에 올라간다. 이러한 소셜 커뮤니케이션의 공간에는 정보와 단서가 넘쳐나는 만큼 개인은 자신의 정치적 태도를 형성하기 위해 이전보다 더욱 복잡한 정보분별전략을 구사해야 하는 상황에 놓이기도 하고, 개인의 지식수준에 따라서는 선별된 단서들에 의거하여 정보분별이 한결 용이할 수도 있다. 어찌되었든 휴리스틱스의 전체 규모는 확장되었으며 사이버상의 토론에 노출된 대중은 이들이 원하기만 하면 언제든지 제약받지 않고, 그리고 자격을 부여받지 않고도 발언자(speaker)로 나설 수 있는 조건하에 놓인 것으로, 이전에 듣기만 했던 청중으로서의 대중이 이제는 침묵할 수도 발언할 수도 있는 선택지를 가지게 된 것이다.

최근 한국의 외교정책 이슈들이 국내적으로 온라인상에서 네티즌이나 소셜 미디어 사용자들의 논쟁 대상이 되었던 시점과, 한국 언론매체와 정부에 대한 신뢰도가 급격하게 하락한 시기가 서로 겹치는 것은 놀라운 사실이 아니다. 한국 언론매체의 신뢰도 문제는 국제사회로부터도 반복적으로 지적되었는데, 세계 최대 언론인 조직인 '국제기자연맹(IFJ)'은 2008년 8월과 10월 한국 정부의 언론사에 대한 통제에 대해 거듭 경고한 바 있으며, 국제적인 '에델만 신뢰도 지표조사(Edelman Trust Barometer)'는 한국 대중의 미디어 매체에 대한 신뢰도를 2011년 50%에서 44%로 강등시켰다. 이는 2008년 60%에서 16% 하락한 수치로 한국 미디어는 이제 '불신(distrust)'의 범주로 분류되었다. 이뿐만 아니라 국제적인 언론감시 단체인 '국경없는기자회(RSF)' 또한 2011년 한국의 언론자유지수를 179개국 중 44위로 평가한 바 있고, 국제인권감시단체 '프리덤하우스(Freedom House)'도 한국을 언론자유국(free)에서 2011년 5월 부분적 언론자유국(partly free)으로 강등시킨 바 있다.

정부와 정부에 우호적이라고 여겨지는 언론매체에 대한 신뢰가 상실될 때 대중은 제3의 정보분별 대안을 추구하게 되며, 특히 논란이 되는 정책 사안과 관련하여 정부와 대중 간에 진실게임이 시작되면, 대중의 차원에서도 자연히 그들끼리의 대화가 시작된다. 진실이나 사실을 확인하기 힘들거나 혹은 속고 있다는 인식이 대중 가운데 팽배해지면, 대중은 다른 사람들이 어떻게 생각하는지 궁금해할 것이고, 이들이 서로 질문하며 대화하는 것은 당연한 이치이다.

3. 외교정책 진실게임과 다중의 소셜 미디어 논쟁

한국에서는 미국 쇠고기 수입 협상, 천안함 사건, 한미 FTA 재협상, 제주도 해군기지 건설, 한일군사정보협정 등 2008년부터 시작해서 약 4년 동안 주요 외교정책 사안에 대한 다중의 온라인 논쟁이 소셜 미디어 사용의 대중적인 확산과 함께 가시적으로 활성화된 바 있다. 논란이 되었던 국가 간의 무역, 군사 협상 사안이나 천안함이나 해군기지 건설과 같은 군사·안보 관련 이슈들은 모두 정부와 시민들 간에 일종의 진실게임의 양상, 즉 사실 확인과 해석의 문제, 그리고 절차의 밀실화 혹은 졸속 진행 등 정보은폐가 사안의 핵심이었다는 공통점을 가진다. 그렇다고 다중이 단순히 정부의 사실 은폐나 밀실 협상에 속은 데 대한 분노만으로 소셜 미디어 논쟁에 가담한 것은 아니다. 이들 외교정책 이슈들은 감정적으로 반응하기에 앞서 그 이슈의 쟁점과 논란 사항을 인지할 수 있어야 하는, 즉 '알아야 화가 나는' 종류의 이슈들로서, 사실상 이러한 이슈들은 모두 기존에는 협상 과정이나 정책결정 과정 자체가 일반 대중에 노출되지 않았던 종류의 정보에 해당했다.

미국 쇠고기 수입협상 논란의 경우, 2008년 4월 10일 협상이 시작되고 18일 협상이 타결되기까지 주요 방송사들이 이러한 사실에 대해 주요 단신으로 각각 1건만을 보도했고 4월 29일이 되어서야 MBC의 〈PD수첩〉이 광우병에 관한 프로그램을 방영하면서 네티즌들의 논쟁이 촉발되었다. 시민단체들은 미국산 쇠고기의 안전에 의문을 제기하면서 진상규명을 요구했으나 정부의 해명이 비과학적, 비논리적인 것으로 비난을 받으면서 정부와 시민 간 갈등은 증폭되었다. 네티즌들은 네이버, 디시인사이드, 한겨레 한토마, 아프리카TV, 다음(Daum) '아고라'와 같은 인터넷 토론장에서 미국 쇠고기 수입 협상과 광우병에 대한 전문 정보와 과학적 지식을 수집, 학습, 공유, 유포하면서 불신과 불안감을 표현하고 정부의 주장에 논리적으로 반박했다.

〈표 6-1〉에서 보듯이 미디어 매체가 쇠고기 수입 논란을 보도한 협상타결 시점을 논란 시작일이라고 간주할 때, 5월 2일 시작된 장외 촛불집회와 함께 논란 2주차로부터 4주차 직전에 이르는 기간 동안 다음 아고라 토론방의 토론게시물이 577건에 이르렀다. 이후 논란 4주차로부터 2주간 간격으로 토론물 수를 집계해보면 10월 초까지 매 2주의 기간 동안 연속해서

〈표 6-1〉미국 쇠고기 수입 협상에 대한 다음 아고라 토론게시물 수 추이

매체보도 시점	논란 1주차	논란 2주차	논란 4주차	논란 6주차	논란 8주차	논란 10주차	논란 12주차
2008.4.18.	4.19~4.25.	4.26~5.2.	5.3~5.16.	5.17~5.30.	5.31~6.13.	6.14~6.27.	6.28~7.11.
9	131	577	794	796	789	789	772
논란 14주차	논란 16주차	논란 18주차	논란 20주차	논란 22주차	논란 24주차	논란 28주차	논란 30주차
7.12~7.25.	7.26~8.8.	8.9~8.22.	8.23~9.5.	9.6~9.19.	9.10~10.3.	10.4~10.17.	10.18~10.31.
775	795	794	797	798	792	531	398

주: 검색 기간 설정을 통해서 집계된 토론 게시물 수. 논란 1주차 이후 시점인 4월 26
   일부터는 2주 간격으로 기간을 설정했음(단, 토론 게시물 검색일이 토론물이 게시
   된 2008년에서 약 5년이 지난 2012년 12월에 집계되었으므로 토론물 게시자들이
   과거 게시했던 토론물을 이후 시점에서 삭제했을 가능성을 배제할 수 없음).
자료: 아고라 토론방(http://agora.media.daum.net).

800건에 육박하는 토론물이 꾸준히 게시되었다. 토론 게시물이 약 6개월
지난 시점이 되어서야 500개 대로 감소하기 시작한 것은 논쟁이 상당히
긴 기간 동안 비슷한 활동 수준으로 지속되었음을 말해준다.

　천안함 사건의 경우 2010년 3월 26일 천안함 침몰 이후 약 두 달 동안
정부는 불분명한 해명과 특정 사실의 은폐와 번복을 반복하면서도 북한과
의 연계설은 적극 부인했었다. 그러나 사건 이후 약 두 달이 지난 시점인 5
월 20일 정부가 합조단의 공식 조사 결과를 근거로 북한을 천안함 격침의
주체로 지목하면서 이러한 정부 발표가 선거에 대한 북풍 효과를 노린 것
으로 의심을 받으며 이미 시작된 논란을 급속도로 격화시켰다. 합조단의
발표는 일반 대중이 이해하기 힘든 과학수사적 내용이었으나 이러한 발표
와 제시된 북한 공격의 물증은 대중의 의혹을 종식시키기보다 오히려 논
쟁을 본격화시켰다. 주요 방송사와 참여연대 등의 시민단체가 조사결과에
대해 구체적인 의문을 제기하며 진상규명을 요구했고, 네티즌들은 미국

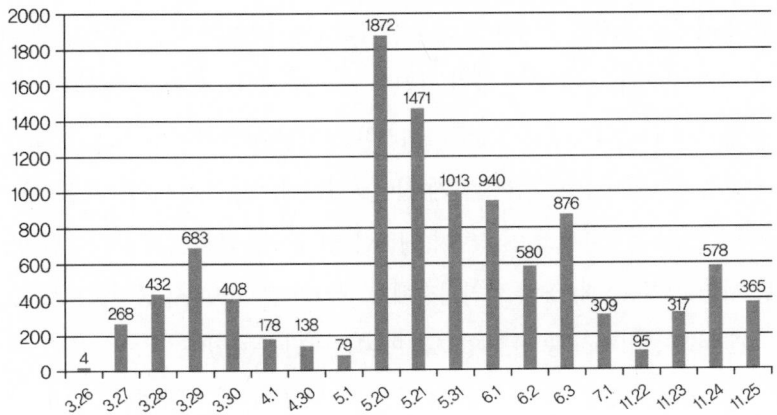

〈그림 6-1〉 다음 아고라 천안함 사건 관련 일일 토론 건수

주: 아고라 토론방 검색 기간 설정을 통해서 계산된 수치를 그래프화함. 지면의 한계로 선
    택된 주요 날짜에 한해서 표현됨.
자료: 송태은(2011), 391쪽.

쇠고기 협상 때처럼 다음 아고라 토론방과 트위터, 블로그 등을 통해 정부
가 제시한 북한 공격의 증거와 합조단의 설명을 반박하는 전문가들의 해
석을 공유, 유포시켰다. 네티즌들과 소셜 미디어 사용자들은 어뢰추진체
설계 도면의 진위, 어뢰추진체 뒷부분에 적힌 파란색 유성펜 글씨의 상태,
천안함 스크루 휨 현상, 흡착물질의 성분, 천안함 사건 당시의 지진파 기
록, 북한의 연어급 잠수함의 실체 등 이양된 천안함과 관련된 다양한 사실
에 대해 토론했고, 이러한 온라인 논쟁은 합조단 발표 2주 뒤 예정된 6·2
지방선거 때까지도 이어졌다.

〈그림 6-1〉에서 보듯이, 3월 26일 천안함 침몰일에는 4건에 불과했던
토론게시물 수가 바로 다음날인 27일에 268건으로 증가했고, 천안함 사건
에 대한 합조단의 발표가 있었던 5월 20일에는 무려 1,872건을 기록하고
이후 서서히 감소하다가 지방선거일 다음날과 연평도 포격일 다음날 다시

증가했다가 감소한 추세를 보여준다. 즉 천안함 사건과 관련한 정보가 미디어 매체를 통해서 증가한 시점과 선거와 같은 정치적 시점, 그리고 연평도 포격 사건과 같이 북한 관련 사건이 발생한 시점에서 네티즌들의 인터넷 토론이 급증했다(송태은, 2011). 이러한 천안함 사건에 대한 토론은 트위터나 블로그에서도 매우 활발하게 진행되었는데, 〈그림 6-2〉와 〈그림 6-3〉의 WCU 웨보메트릭스 연구팀이 제시한 웹가시성 분석에서 보듯이 천안함 사건은 지방선거 공식 선거기간에 트위터와 블로그에서 중점적으로 논의된 여러 선거쟁점 중 가장 압도적으로 논의된 주제였다.

한미 FTA 협상은 2010년 5개월 간의 추가협상 끝에 미국에서는 2011년 10월 상하 양원에서 비준안이 통과되고, 한국에서의 11월 비준을 앞둔 시점에서 논란이 급격하게 가열되었다. 이미 2011년 5월 4일 협정문에서 한국어 오역이 발견되면서 국회에서 비준동의안이 철회된 바 있었던 한미 FTA 협상은 네티즌들에게 2008년의 미국 쇠고기 협상과 촛불집회가 환기되기에 충분한 논쟁거리였다. 야권과 시민단체들은 투자자국가소송제(ISD) 조항이 한미 FTA 발효 이후 한국에서 실제로 어떻게 적용될지를 포함해서 건강보험제도 붕괴 가능성이나 의료민영화 문제 등을 제기했고, 네티즌을 비롯한 소셜 미디어 사용자들은 국제법 전문지식을 필요로 하는 일련의 질문들, 즉 ISD 조항이 무엇인지, 왜 이 조항이 문제가 되며 야권이 요구한 재협상이라는 것이 과연 가능한지, 또한 외국의 실제 적용사례는 어떠한지 등에 대해 토론했다.

흥미로운 것은 국내 다수의 팟캐스트(Podcast) 라디오 방송 중 시사문제를 다루는 프로그램들이 한미 FTA 재협상 문제를 쟁점별로 해설하며 일반 대중이 알기 쉽게 다뤄주면서 ISD 조항에 대한 전문가 수준의 정보와 지식이 네티즌들과 스마트폰 사용자들에게 널리 공유, 유포되었다는 사실

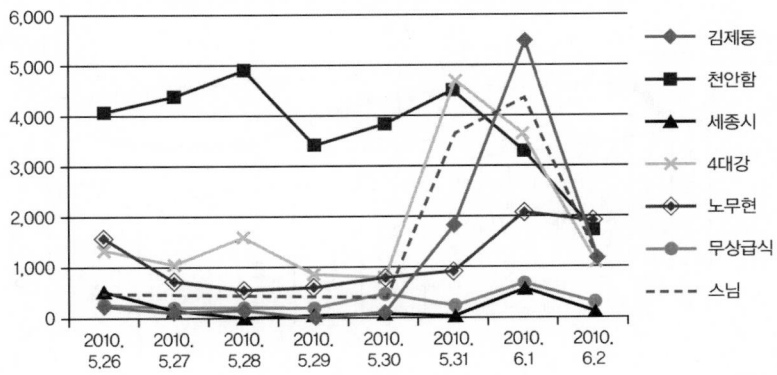

〈그림 6-2〉 2010년 6 · 2 지방선거 트위터 선거이슈 웹가시성 추세 분석

자료: "지방선거와 한국정치의 인터넷 생태계" WCU 웨보메트릭스 연구팀 보도자료, 5쪽
(2010.6.22.).

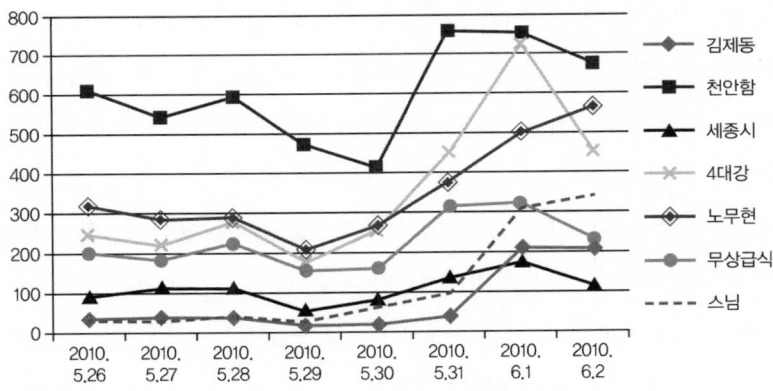

〈그림 6-3〉 2010년 6 · 2 지방선거 블로그 선거 이슈 웹가시성 추세 분석

자료: 지방선거와 한국정치의 인터넷 생태계" WCU 웨보메트릭스 연구팀 보도자료, 5쪽
(2010.6.22.).

이다. 요컨대 다중은 소셜 미디어를 통해 정부의 FTA 정책에 반대 혹은
찬성하는 정치권 인사나 민간 전문가들이 제공하는 전문지식과 주요 정보
를 쉽게 학습할 수 있었고 이러한 학습을 통해 무역협상 쟁점에 대한 나름

〈그림 6-4〉 한미 FTA 재협상에 대한 다음 아고라 토론방 토론게시물 수 추이

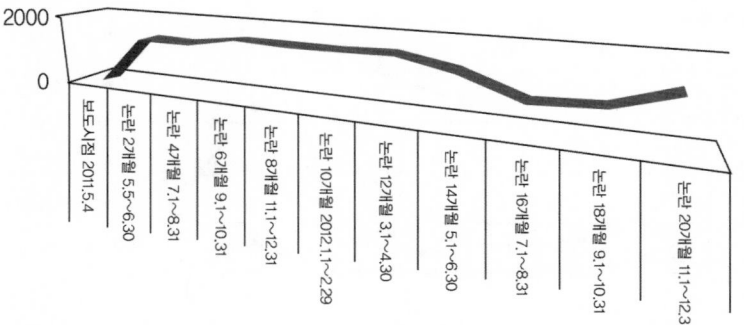

자료: 아고라 토론방 검색기간 설정을 통해서 집계된 토론 게시물 수를 지면의 제약으로 두 달 단위로 그래프화함(2011.5.4.~2012.12.31.).

의 정치적 태도를 형성할 수 있었다.

한미 FTA 재협상 사례에서 흥미로운 것은 이 글에서 다루는 다른 사례들보다도 훨씬 긴 기간 동안 네티즌들의 온라인 토론이 지속되었다는 점이다. 〈그림 6-4〉에서는 지면의 한계 상 매주의 토론게시물 수를 집계하기보다 두 달 간격의 총 토론 게시물 수를 집계했는데, 한미 FTA 재협상에 대한 네티즌들의 아고라 토론방에서의 총 토론 건수는 2011년 5월 4일부터 이듬해 2012년 5월 말까지 약 1년간 매달 700~800건의 게시물이 지속되었다. 토론게시물은 2012년 6월에야 조금 감소하다가 이후 12월에 있을 대통령 선거를 앞두고 11월부터 다시 증가하여 12월 한 달 동안 다시 783개에 육박하는 토론물이 게시되었다. 이렇게 한미 FTA 재협상이 약 1년 8개월이라는 긴 시간 동안 온라인 논쟁을 불러일으킨 것은 재협상 절차와 양국 국내에서의 비준동의안 통과절차 자체가 긴 시간을 두고 진행된 것과 관련이 있다. 즉 온라인 토론의 추이가 협상 일정이나 한국의 정치 일정과 맞물려 함께 움직인 것이다.

제주도 강정마을 해군기지 건설의 경우, 2007년 5월 정부가 도민 여론 조사를 근거로 강정마을을 기지 최우선 대상지로 선정, 발표했으나 이러한 여론조사가 주민의 70%가 인지하지 못하는 상황에서 단 4일 간의 공고를 통해서 결정된 바 있고, 6월 국방부가 강정마을을 해군기지 건설지역으로 최종 결정했으나 마을 주민 간에 이 계획에 대해 찬반이 대립하고 갈등이 심화되면서 논란이 불거졌다. 환경 관련 시민단체들과 환경 혹은 안보 관련 전문가들은 해군기지 건설의 핵심 쟁점으로 구럼비 해안의 생태 가치문제, 절대보전지역 지정 해체 여부, 군사기지 설치의 필요성 여부, 건설 중인 항구의 사용 용도, 해군기지와 동북아 안보정세와의 관련성 등의 문제를 제기했다.

2011년 후반 해군기지 건설을 둘러싼 갈등이 사회적으로 크게 가시화되기 훨씬 이전 시점인 2010년 1월 6일 다음 아고라 인터넷 토론방에서는 '세계자연유산 제주에 해군기지!'라는 글이 게시되자마자 순식간에 수백 개의 댓글이 달린 바 있었다. 해군기지 건설을 반대하는 네티즌 중에는 2012년 세계자연보전총회가 제주도에서 열리며 세계자연보전연맹(IUCN) 관계자도 해군기지 문제를 비판했음을 타전하는 등, 해군기지 문제는 네티즌들에 의해서 안보 차원을 넘어 환경과 생태라는 더욱 복합적인 문제로서 제시되었다. 〈그림 6-5〉에서 보듯이, 국방부가 구럼비 바위 폭파를 결정한 3월 6일과 폭파 당일인 3월 7일 트위터 사용자들은 제주도 해군기지 건설 문제를 '구럼비' 단어를 압도적으로 사용하여 트위터 포스팅을 작성했는데, 이는 트위터 사용자들이 해군기지 건설 문제를 구럼비 바위 폭파 시점에 이르러서 더욱더 환경과 생태계의 문제로서 인식하고 제시했음을 보여준다.

한일군사정보포괄협정(GSOMIA) 혹은 한일군사정보협정 밀실 처리 논란

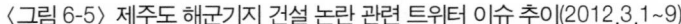

〈그림 6-5〉 제주도 해군기지 건설 논란 관련 트위터 이슈 추이(2012.3.1~9)

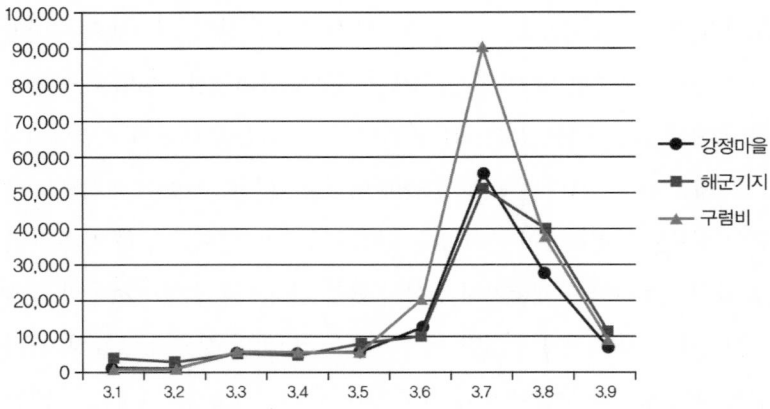

자료: (주)타파크로스 Issue Report[TrendUp] 소셜분석: 제주 강정마을을 아시나요?(2012. 3.9.), http://tapacross.tistory.com/309(검색일: 2012.12.29).

은 2012년 6월 4일 정부가 협정안에 가서명을 해놓은 상태에서 이 사실을 공개하지 않은 것이 언론에 보도되면서 논란이 시작되었다. 정부가 일본 과 협정을 체결하기로 확정하고 서명 절차를 남겨둔 상황에서 협정체결이 국회의 논의 없이 국무회의에서 긴급 안건으로 비공개로 처리된 것이 보도된 것이다. 당시 일본과 독도영유권 논쟁이 지속되고 있는 상황에서 대중의 반발을 의식한 정부가 협정체결을 군사문제가 아닌 외교문제로서 제시하려 했던 의도가 드러나면서 온라인 논쟁이 촉발되었다. 온라인 뉴스 ≪미디어스≫는 문제가 불거진 후 약 일주일 동안 온라인 뉴스 중 500회 이상 2,000회 이하 리트윗된 기사가 모두 한일군사협정에 관한 이슈였으며 가장 관심을 끈 트윗은 정부가 숨기고 있는 협정의 '내용'에 초점이 모아졌다고 보도했다. 이 중 "우리만 모르는 한일군사협정에 숨겨진 무서운 비밀"이라는 제목의 '아이엠피터'라는 블로거가 쓴 게시글은 일주일 간 1,850회 트윗되는가 하면, 트위터에서는 한일군사협정에 반대하는 운동과 관련된 계정이 생기고 관련 인터넷 카페들이 개설되기도 했다.

집합지성의 출현은 대중이 다중으로 변모하면서 갑자기 똑똑해진 것을 의미하지 않는다. 커뮤니케이션 네트워크의 광범위한 확산으로, 개인 차원에서 정보를 전달하고 공유하며 지식과 담론을 생산하는 활동이 인터넷에 접속하는 것 이외에는 어떤 비용도 지불하지 않는 누구에게나 매우 쉬운 행위가 되었고, 이러한 근본적인 정보와 커뮤니케이션 환경의 변화가 집합지성의 출현을 초래했다. 소셜 미디어 사용자가 업무 중이거나 교통수단으로 이동하는 중이거나 상관없이, 그리고 각 이슈에 대해 아마추어 혹은 전문가, 심지어 문외한의 지식을 가지고 있어도 커뮤니케이션 네트워크에 온라인으로 연결되어 있으면 동시다발적으로 양방향 대화와 토론, 설득이 가능했던 것이다. 더욱 재미있는 사실은 이 글에서 다룬 모든 사례에서 천안함 사건을 제외하면 온라인 논쟁이 즉각적인 집합행동으로 발전되었다는 사실이다. 다음 절에서는 소셜 미디어를 통해 적극적인 발언을 개시한 다중이 집단적인 정보분별과 공감대 확산을 넘어, 왜 집합행동의 동원과 같이 외교정책결정 과정에 영향을 끼치려는 시도를 도모했는지 살펴본다.

4. 소셜 미디어를 통한 네트워크 다중의 집합행동

소셜 미디어를 통한 다중의 외교정책 논쟁이 상시적으로 활성화되는 현상 자체는 "왜 다중은 소셜 미디어를 통해 정보를 획득, 공유, 토론하는 데 그치지 않고 집단행동까지 시도하는가?"라는 질문에 자동적으로 대답해 주지 않는다. 소셜 미디어를 통해서 형성되거나 표출된 개인의 정치적 의견과 태도가 반드시 정치적 행위로 연결된다고는 볼 수 없기 때문이다. 이러한 맥락에서 네트워크 다중이 의견 교환과 공감을 넘어서 집합행동을 펼친 외교정책 사안에는 어떤 공통점이 있었는지 살펴볼 필요가 있다.

이 글에서 소개된, 소셜 미디어 사용자들이 온라인 논쟁을 벌인 대부분의 외교정책 이슈들은 모두 '현 정책의 추진 및 실행 시, 장기간 사안의 원상 복귀 불가'라는, '비가역적' 사안이라는 공통점을 가진다. 미국 쇠고기의 무분별한 수입, 해군기지 건설을 위한 구럼비 바위 폭파, 한미 FTA ISD 독소 조항 잔존, 한일 군사정보협정 체결은 모두 그대로 추진되거나 수용 및 타결, 실행되면 그 사안을 차후에 뒤집거나 원래의 상태로 복귀하는 일 자체가 현실적으로 절차상 매우 어려운 사안들이다. 구럼비 바위 폭파와 같이 자연환경에 대한 영구적인 변경은 말할 것도 없고, 국가 간 협상의 체결은 대개 긴 시간을 두고 계속해서 관련 국가의 외교행위 선택지에 일정하게 구조적인 제한을 가한다. 국가 간 협상 사안이 아닌 천안함 사건의 경우에도 북한과의 향후 관계에 따라서 대북정책에 변화가 올 수도 있지만, 합조단의 북한공격 주장을 수용할 경우 차후 한국 정부가 추구할 대북정책 방향에 일정한 제한이 생기는 것은 불가피하다. 이는 천안함 사건 이후의 대북정책 및 한국의 군사·안보정책이 이 사건을 지속적으로 고려하지 않을 수 없게 되는 것으로, 북한의 핵실험이나 미사일 시험발사 이외에 직접적으로 한국군에 대해 군사적인 공격을 가했다는 것은 북한에 대한 기존의 군사전략에 근본적인 재수정을 요구하는 일이다.

특히 2008년의 미국 쇠고기 수입과 2011년의 한미 FTA 재협상 논란과 관련한 네티즌들의 아고라 토론방에서의 토론게시물 추이에서 발견되는 공통점은 논란이 본격화된 이후 쇠고기 협상의 경우 약 6개월 간, 한미 FTA 재협상의 경우 약 1년 1개월 간 매달 토론 게시물 수가 약 800개에 육박하는 상황이 장기적으로 이어졌다는 점이다. 두 이슈는 논란이 가시적으로 쟁점화되자마자 아고라에서의 토론게시물 수가 급상승했고 이후 장기간 높은 토론게시물 수가 계속 유지되고 일정 시점에서 하락한 이후에도 다시 매우 높은 빈도로 토론이 재점화되기도 했다. 학자들은 2008년 미국 쇠고기 수입논란에 대한 온라인 논쟁과 전국적 촛불집회를 '먹을거리의 일상성'과 '위험사회' 논의로서 설명하기도 하지만, 먹을거리 위생에 대한 두려움이나 정부에 대한 불신만으로는 2개월의 오프라인 촛불집회와 6개월이라는 끈질긴 온라인 토론을 지속했다고 보기 힘들다. 마찬가지로 한미 FTA 재협상의 경우도 2011년 5월 온라인 논쟁이 본격화되었지만 11월 결국 국회에서 비준안이 통과되었음에도 불구하고 2012년 12월의 대선 시점에 이르기까지 논쟁이 계속되었던 것은 '정부에 속고 있다'는 다중의 분노와 한 번 타결되면 되돌릴 수 없는, 즉 국민건강이나 국가경제에 발생할 수 있는 불확실한 상황과 손해를 통제하기 힘들다는 다중의 위기의식을 반영한다. 또한 이는 온라인 커뮤니케이션 네트워크를 통한 대항담론 형성과 집합행동 외에는 사실상 시민 차원에서 정부를 견제할 만한 별다른 자구책이 없었던 다중의 출구전략을 말해주기도 한다.

비가역성과 더불어 논란이 되었던 외교정책 이슈들은 모두 사안의 '시급함' 즉 '정책에 대한 공식 결정이 임박했던 시점'에서 소셜 미디어를 통한 재빠른 동원과 집결이 이루어졌다는 공통점을 가진다. 미국 쇠고기 수입 문제를 비롯해 2010년 6·2 지방선거를 두 달 앞두며 시작된 천안함 논쟁, 한미 FTA 재협상 국내 비준을 앞두고 가열된 논쟁과 촛불집회 독려, 구럼비 바위 파괴 직전, 한일 군사정보협정 체결 직전이라는 시간 변수는 모두 시민 차원에서의 견제전략을 서두르게 했다. 천안함 사건을 제외하고, 이들 사안은 모두 시간적 절차와 일정이 뒤따르는 국가 간 협상 사안이거나 정부 정책의 시행이 절차적으로 이루어지는, 일종의 스케줄이 있고 '데드라인'과 같은 시점을 앞두고 있던 사안들이다. 물론 타결된 협상이라도 국내에서 비준되지 않으면 유효하지 않지만, 한일 군사정보협정의 경우 당연히 거쳐야 하는 국회에서의 절차를 정부가 의도적으로 생략했고, 구럼비 바위의 폭파도 예정된 날짜보다 일찍 강행되었으며, 한미 FTA 비준안도 집권 여당이 단독으로 표결처리하는 등 네트워크 다중에게 있어서는 집합행위를 통한 개입만이 위기로 인식된 외교정책 사안에 영향력을 끼칠 수 있는 유일한 방법이었을 것이다.

선거는 선거일이라는 정치적 의사결정의 시점이 공개되어 있으므로 유권자 편에서는 선거에 영향을 끼치려는 개인이나 집단 차원에서의 전략적 행위를 시간적 여유를 두고 차근차근 진행하는 것이 가능하다. 하지만 외교정책 사안의 결정이나 타결은 각국 정부가 주체가 되어 진행하는 것으로 전 국민적인 동의절차를 반드시 거치지 않는다. 그러므로 이러한 결정 시점의 불확실성은 다중의 편에서는 시간의 촉박함을 더욱 강력하게 느끼게 하는 요인으로 작동할 수 있다. 이는 곧 정부 차원에서의 결정이 종료되기 전에 다중 차원에서 강력하고 효과적인 집합행동을 개시할 동기가 유발될 수 있음을 의미한다. 즉 시민들은 소셜 미디어를 통해 즉각적 공감대를 최대한 빨리 확산시키고 그들이 바람직하다고 여기는 어젠다 달성이나 이들이 반대하는 정부의 정책결정 과정에 압력을 행사하기 위해서 필히 '세 모으기' 즉 임계군중(critical mass)의 형성을 도모하게 되는 것이다.

이러한 세 모으기는 논쟁과 숙의를 거친 다중의 집합행동이므로 이를 단순한 '다수결집' 차원에서 보는 것은 이러한 현상의 '과정'에 대한 이해를 간과하는 것이다. 다중의 세 모으기는 단순히 노드들의 합이나 맹목적인 집단동조가 아닌, 각각의 객체로서 고유한 성격을 유지하는 노드들이 하나의 무리(cluster)를 이루어 네트워크를 형성하면서 동시에 느슨하게 이어진 하나의 행위자로서 작동하는, 일종의 '집합지성의 집합행위'로 설명될 수 있다. 하트와 네그리는 다중의 저항이 탈중심적이고 다중심적인 게릴라 모델을 넘어 민주적인 네트워크의 형태로 발현되므로 이를 '네트워크 투쟁(network struggle)'이라고 일컬었다.

이러한 네트워크 형태로 이루어지는 다중의 저항에는 중심 지도부가 존재하지 않으므로 이들의 저항행위는 매우 다양하고 변화무쌍하게 진행된다(Hardt & Negri, 2004). 위에서 언급한 각각의 사안에 대해 집합행위를 취한 개인 소셜 미디어 사용자들은 모두 동일한 정치적 성향과 의견을 가지는 하나의 무차별적 집단이 아니며, 이들의 저항행위 또한 뚜렷한 지도부 없이 이루어졌다. 즉, 이들은 각자의 정치행위에 대한 자율성을 유지하고 네트워크로의 진입과 탈퇴 결정을 수시로 자유롭게 변동할 수 있는, 각 사안마다 서로 다른 반응과 태도를 보일 수 있는 다양한 주체들로 구성된다.

이러한 시각에서 볼 때, 이들의 세 모으기 행위는 집단의 지위나 권력의 향상 혹은 공통 이익의 추구를 위한 세 모으기 개념인 '집단행동(collective action)'이나(Olson, 1965), 새로운 사회질서를 추구하는 '사회운동(social move-ment)'과 같은 개념보다 '집합행위(collective behavior)'로서 기술하는 것이 적합하다(Blumer 1951; Smelser, 1963). 집합행동은 제도화 수준이 낮거나 제도 외적인 행위로서 특별히 조직되거나 구조화되지 않은, 행동의 방향과 형식에 빠른 변화가 가능한, 많은 사람들이 개입된 행동을 일컫는다. 집합행동의 경우 집단행동에서 늘 문제시되는 무임승차(free ride) 문제는 문제 자체가 될 수 없다. 오히려 다중의 외교정책 사안에 대한 집합행위에서는 집합행위 참가자가 공통의 행위를 통해 목표를 성취하게 될 때 누릴 수 있는 가시적인 '이익'이나 '권력 상승' 등의 이득 자체가 명확하게 제시되지 않는다. 다중은 개인의 직접적인 이익 추구보다도 불확실하게나마 예상되는 국가적 차원에서의 위기나 불이익을 시민 차원에서 예방하고자 자구책을 행사했던 것이다. 물론 구럼비 바위 폭파를 격렬히 반대한 강정마을 주민들이나 전국적인 지방선거를 앞둔 상황에서 합조단의 천안함 사건 발표에 의문을 제기한 야당, 그리고 한미 FTA의 발효로 인해 경제적 손실이 충분히 예상되는 산업의 이익 당사자들은 사안의 최종 결정에 대한 분명한 손익을 예상할 수 있다. 그리고 이들의 적극적 집합행위 참여는 명백하게 '집단행동'의 차원으로 행해진 것이겠으나, 다중의 참여는 이러한 이익 당사자들의 직접적 행동 동기와 반드시 일치하지는 않는다.

소셜 커뮤니케이션의 확대로 자연스럽게 구축된 커뮤니케이션 네트워크를 통한 집합행동은 다중 차원에서의 위기관리가 위계적 연락망이 아닌 수평적 연락망을 통해서 전 방위적으로 진행된 것을 의미한다. 상시 활성화가 가능한 커뮤니케이션 네트워크를 통해 시간과 장소에 구애받지 않고 온라인상의 집결을 오프라인상의 집결과 결합, 병행시키는 다중의 동원전략은 2008년 쇠고기 촛불집회를 통해 처음 시도되었다. 네티즌들은 미국 쇠고기 수입 논쟁뿐만 아니라 인터넷상에서 이명박 대통령 탄핵서명 운동도 전개하여 100만 명의 서명자를 동원하기도 했다. 5월 초에 시작되어 2개월에 걸쳐 기록적인 수의 참가자를 동원한 촛불집회 결과, 정부는 6월 21일 소비자 신뢰가 회복될 때까지 30개월 이상 미국산 쇠고기를 수입하지 않기로 미국과 합의했다.

2011년 한미 FTA 재협상의 경우, 국내 비준안이 통과되어 2012년 초 결국 한미 FTA가 발효되었음에도 이 이슈에 대한 논쟁도 2012년 말 대선에 이르기까지 계속되었다. 2008년 쇠고기 협상 시점은 트위터나 페이스북과 같은 SNS가 한국에 도입된 지 얼마 되지 않은 시점이었지만 2011년의 한미 FTA 재협상 논란이 불거졌던 시기는 SNS 사용과 인터넷 라디오 방송인 팟캐스트 청취가 광범위하게 대중화되었던 시점으로 소셜 미디어 매체들은 장외집회의 동원 독려에 적극적으로 활용되었다. 2011년 11월 3일 서울 여의도에서 5,000여 명의 촛불집회가 시작되고 난 후, 주말마다 서울역 광장, 시청 앞 서울 광장, 광화문 광장, 청계천, 명동 등에서 집회가 한 달 넘게 이어졌고, 집권 여당이 결국 11월 22일 국회의장 직권상정을 통해 비준안을 여당 단독으로 표결처리하여 비준안을 전격 통과시켰지만, 오히려 비준무효를 요구하는 촛불집회가 더 큰 규모로 열렸다. 11월 26일에는 광화문에 2만여 명이 참여하고 광주, 부산, 대구 등 전국에서 촛불집회가 이어졌으며, 12월에도 산발적으로 집회가 개최되기도 했다. 요컨대 미국 쇠고기 수입협상과 한미 FTA 재협상 논란은 수입이 지연되거나 비준안이 통과되는 등의 일련의 결과에도, 민간에 대한 정부의 법적 조치나 대선 등의 국내 정치 일정으로 인해 주요한 정치적 쟁점으로 계속 작동했다.

천안함 사건의 경우, 지방선거를 2주 앞둔 선거캠페인 개시일에 정부가 북한을 천안함 공격 주체로 지목한 것은 선거에서 북풍 효과를 노리는 여당의 정치전략으로 유권자들에게 받아들여졌고, 천안함 사건은 자연스럽게 여야가 다투는 주요 선거쟁점으로 작동했다. 하지만 유권자들의 투표행위에 직접적으로 영향을 끼친 천안함 사건은 여당이 기대했던 '국기 주변으로의 집결현상'을 가져오지 못하고, 오히려 집권 여당에게 불리하게 작용하여 여당은 지방선거에서 참패했다. 당시 수행된 한 여론조사에 의하면 5월과 6월 동안 "이명박정부와 한나라당이 천안함 사건을 선거에서 이기기 위해 이용하고 있는가?"라는 질문에 20대 응답자 중 87.1%, 30대는 77.9%가 그렇다고 대답했고, 대체로 보수적인 대북관을 견지하는 50대의 59.5%, 60대 이상 응답자의 48.2%도 그렇다고 대답했다. 또한 투표에서 천안함 이슈는 유권자가 후보자를 선택할 때 고려한 이슈들 중 다섯 번째의 순위에 머물렀으나, 천안함 이슈로 인해 지지후보를 바꾼 유권자는 무려 27%나 되었다. 이 중 가장 큰 비율의 응답인 '여당에서 야당 후보로 지지를 변화'한 유권자가 12.7%를 차지했고, 야당에서 여당으로 바꾼 유권자는 2.4%에 그쳤다(강원택, 2010; 이내영, 2010).

제주 해군기지 논란은 2012년 3월 6일 강정마을 구럼비 바위 해안 발파가 결정되고 해군과 주민 그리고 시민단체들 간의 갈등이 극에 달하면서 본격화되었다. 트위터를 중심으로 '죽이지 마 구럼비(Don't Kill Kurumbi)'라는 문구를 한글과 영어로 쓰고 사진을 찍는 1인 인증샷 시위가 제주, 부산 등에서 산발적으로 시작되었고 이것이 수도권으로 확대되면서 거리 1인 시위로 이어졌다. 3월 7일 구럼비 폭파 직전 시민들은 트위터를 통해서 발파 반대운동의 긴급 상황을 사진이나 동영상으로 게시하고 구럼비 바위 폭파가 환경보호와 세계유산 보호의 관점에서 저지되어야 함을 호소했다. 또한 이후 원래 예고된 3월 20일이 아닌 19일 제주 해군기지 사업단이 시공사 삼성물산을 통해 구럼비 암반 발파를 기습적으로 강행하자, 트위터에서는 삼성카드 사용금지 운동이 벌어졌고, 상점들도 삼성카드 결재 거부를 선언하기도 했다. 더군다나 20일은 해군에 대한 제주도의 청문회가 예정되어 해군기지의 입항조건에 대한 검증결과에 따라 공사 정지 명령을 내릴 수도 있는 상황이었으나 해군 사업단이 발파를 감행했던 것이다.

이러한 시각에서 본다면 온라인상에서의 독도 영유권 논쟁이나 동해 표기 문제에 대한 한국 네티즌의 미국 백악관 청원서 서명운동을 민족주의적 시각으로만 읽는 것은 현상을 매우 제한적으로 해석하는 것일 수도 있다. 한국 네티즌들이 소셜 미디어를 통해서 집합행동을 펼친 것은 중차대한 국가의 영토 관련 문제 해결을 위해 정부 단독의 능력을 완전히 신임할 수 없었던 네트워크 다중의 심리를 반영한다. 즉, 독도와 동해 표기 문제에 대한 인터넷에서 가열된 네티즌들의 활동은 다중이 시민 차원에서 가용한 커뮤니케이션 네트워크를 통해 일련의 현실적으로 가용한 자구책을 전략적으로 추구한 것으로 재설명될 필요가 있다.

5. 맺음말

네트워크 다중의 출현은 소셜 미디어의 부상과 함께 변화된 정보·커뮤니케이션 환경의 직접적 결과다. 이는 곧 외교정책결정 과정이나 국가 간 협상 과정이 점차 정부 차원에서의 고위급 밀실 과정으로 진행되기 힘들어질 수 있음을 의미한다. 다중으로서의 시민들은 어떤 비용도 지불하지 않고 고급정보에 접근할 수 있게 되었고, 소셜 미디어를 통한 커뮤니케이션 네트워크의 구축과 확대를 통해 이러한 접근성은 더욱 용이해지고 강력해지고 있다. 그만큼 오랜 기간에 걸쳐 누적된 대중의 정치권과 주류 언론매체에 대한 불신으로 인해 이들로부터의 메시지나 뉴스는 다중에게 정보분별을 위한 충분한 휴리스틱스로서 작동하지 않게 되었다. 이제 시민들은 정보분별에 있어서 더욱 복잡한 인지전략을 요구받고 있고, 소셜 커뮤니케이션의 활성화로 신뢰할 만한 정보를 구별해내는 인지적 단서의 규모 자체가 거대해졌다. 이러한 상황에서 대중은 이전의 정보 소비자 혹은 청중으로부터 정보 유포자, 발언자, 토론자, 지식과 담론 생산자로 변신하거나, 일정 조건에서는 집합행동을 통한 영향력을 행사하기도 한다.

그동안 정치 학계와 커뮤니케이션 학계에서는 압도적으로 여론을 '선거'라는 민주주의의 대표적인 정치 이벤트와 결부지어 논의해왔다. 그것은 선거가 대중으로 하여금 정치적 판단과 정보의 분별에서 '정치적 의사결정'에 이르는 '투표'라는 직접적 행위를 요구하므로, 그만큼 대중의 유권자로서의 정치적 태도를 연구자가 분명하게 경험적으로 관찰할 수 있기 때문이었다. 그러나 소셜 미디어를 통해 자발적·상시적으로 표출되는 여론은 이제 더 이상 선거와 같은 특정 시기나 공식 조사 방식에 구애되지 않는다. 더군다나 흥미롭게도 이 글에서 사례로 다룬 미국 쇠고기 수입논란, 한미 FTA 재협상 문제, 제주도 해군기지 건설을 위한 구럼비 바위 폭파, 한일군사정보협정 체결의 문제는 모두 선거처럼 특정 시점에서 국가 간 협상 타결이나 타결된 협정의 국내 비준, 절차 집행 등 일정한 데드라인을 갖추었기 때문에, 다중에게 있어서 소셜 미디어를 통한 집합행동을 추진할 결단적 유인으로 작동했다. 즉, 이러한 일련의 행위는 경험적으로 관찰 가능한 행위였으므로 우리는 다중의 실체에 대해 추상적 혹은 개념적 논의의 틀에 갇힐 이유가 없다.

또한 이 글은 다중의 즉각적이고 효과적인 동원, 즉 집합지성으로서의 논쟁과 집합행동으로서의 세 모으기의 대상이 된 외교정책이 모두 정책의 결정 이후 원상 복귀나 수정이 쉽지 않고 국가의 장기적인 이익과 손실의 구별이 용이하지 않은, 정책집행이나 협상 타결 시 정책 효과의 불확실성이 상당히 크게 인식된 사안임을 지적했다. 결국 정책결정이나 협상 타결이 임박한 시점에서 국가적으로 중차대한, 장기적 영향력을 끼칠 것이 예상되나 사안의 수정이 어려워 보이는 외교정책 이슈에 대한 다중의 집합행동은 다중 차원에서의 정책결정 과정에 대한 견제와 신중함(prudence)이 발현된 것이기도 하다. 대중으로서의 다수결과 집단행동은 무모하고 위험할 수 있겠지만, 또한 토론과 숙의를 거친 다중이 반드시 현명하리라는 보장도 없지만, 최소한 국가의 모험적 외교정책에 대해 일종의 견제력을 행사할 가능성은 있다. 요컨대 다중은 단순히 세 불리기를 통한 '여럿의 합'이 아닌 토론과 숙의를 거친 집합지성으로서 기능할 수 있는 새로운 정보와 커뮤니케이션 환경을 맞이하게 된 것인지도 모른다.

　다중으로서의 시민들이 국가적 위기 혹은 잘못된 정책이라고 판단한 외교정책 이슈에 대해 개인 혹은 다중의 차원에서 자구책이나 위기대응전략을 구사하는 상황 자체가 과연 바람직한 것인지 혹은 이러한 현상을 대의정치의 실패로 해석해야 하는지는 앞으로도 논의가 계속되어야 할 주제이다. 그러나 이미 변화하고 있는 정보·커뮤니케이션 환경의 조건에서 다중의 외교정책결정 과정에 대한 개입 시도가 앞으로도 계속적으로 반복될 것은 자명하다. 변화한 정보·커뮤니케이션 환경에서는 결코 국가가 정보와 지식에 대해 독점적인 권한을 행사하기 힘들며, 그러므로 국가가 궁극적으로 추구하고자 하는 외교정책 실현을 위해서는 효과적이고 신속한 밀실 협상이나 조속한 사안 처리가 아니라, 반대세력이나 의문을 제기하는 시민들에 대해서 커뮤니케이션 혹은 소통의 능력을 발휘하여 설득하고 합의를 이끌어내는 것이 최선의 방안일지 모르겠다. 다시 말해, 어떤 외교정책 사안에 대해서 무엇이 옳고 그르냐의 차원을 넘어서, 과연 어떠한 절차와 과정을 통해 지식 다중을 설득할 수 있고 갈등을 조율할 수 있느냐가 앞으로 국가적으로 풀어야 할 가장 큰 숙제가 될 것이다.

■ 추천 문헌

강원택. 2010. 「천안함 사건은 지방선거의 변수였나?: EAI · SBS · 중앙일보 · 한국
　　리서치 제5회 지방선거 1 · 2차 전국 패널조사(2010/05-06) 데이터 분석을
　　중심으로」. EAI Opinion Review Series 201006-01.
김상배. 2010. 『정보혁명과 권력변환: 네트워크 정치학의 시각』. 한울아카데미.
박한우. 2010. 「6 · 2 지방선거와 한국정치의 인터넷 생태계」. WCU 웨보메트릭스
　　연구팀 보도자료(2010.6.22).
송태은. 2011. 「천안함 사건의 망제정치: 진실게임, 신뢰게임, 집합게임」. 김상배
　　편. 『거미줄치기와 벌집 짓기: 네트워크 이론으로 보는 세계정치의 변환』.
　　한울아카데미.
이내영. 2010. 「6 · 2 지방선거와 세대균열의 부활: EAI · SBS · 중앙일보 · 한국리
　　서치 제5회 지방선거 1 · 2차 전국 패널조사(2010/05-06) 데이터 분석을 중
　　심으로」. EAI Opinion Review Series 201006-03.
조정환. 2009. 『미네르바의 촛불』. 갈무리.

Aldrich, John H., John L. Sullivan & Eugene Borgida. 1989. "Foreign Affairs
　　and Issue Voting: Do Presidential Candidates Waltz Before a Blind
　　Audience?" *American Political Science Review*, Vol.83, No.1.
Almond, Gabriel. 1950. *The American People and Foreign Policy*. New York:
　　Harcourt, Brace.
Edwards, Ward. 1961. "Behavioral Decision Theory." *Annual Review of Psy-
　　chology*, Vol.12(February).
Gartner, Scott & Gary M. Segura. 1998. "War casualties and public opinion."
　　Journal of Conflict Resolution, Vol.42, No.3.
Hardt, Michael & Antonio Negri. 2000. *Empire*. Cambridge, MA: Harvard
　　University Press.
＿＿＿. 2004. *Multitude: War and Democracy in the Age of Empire*. New

York: Penguin Press.

Herbert Blumer, Herbert. 1951. "Collective Behavior." in A. M. Lee(ed.). *Principles of Sociology*. New York: Barnes & Noble.

Jentleson, Bruce W. & Rebecca L. Britton. 1998. "Still Pretty Prudent: Post-Cold War American Public Opinion on the Use of Military Force." *Journal of Conflict Resolution*, Vol.42(August).

Kahneman, Daniel, Amos Tversky & Paul Slovic(eds.). 1982. *Judgment under Uncertainty: Heuristics & Biases*. Cambridge, UK: The Cambridge University Press.

Kuklinski, James H. & Paul J. Quirk. 2000. *Reconsidering the Rational Public: Cognition, Heuristics, and Mass Opinion*. New York: Cambridge University Press.

Lau, Richard R. & David P. Redlawsk. 2001. "Advantages and Disadvantages of Cognitive Heuristics in Political Decision Making." *American Journal of Political Science*, Vol.45(October).

Levy, Pierre. 1997. *Collective Intelligence: Mankind's Emerging World in Cyberspace*. New York and London: Plenum Trade.

Lippmann, Walter. 1922. *Public Opinion*. New York: Macmillan.

_____. 1925. *The Phantom Public*. New York: Harcourt, Brace.

Mueller, John. 1973. *War, Presidents and Public Opinion*. New York: John Wiley.

Olson, Mancur. 1965. *The Logic of Collective Action: Public Goods and the Theory of Groups*. Cambridge: Harvard University Press.

Polsby, Nelson. 1964. *Congress and the Presidency*. Englewood Cliffs, New Jersey: Prentice-Hall.

Popkin, Samuel L. 1991. *The Reasoning Voter: Communication and Persuasion in Presidential Campaigns*. Chicago: The University of Chicago Press.

Smelser, Neil J. 1963. *Theory of Collective Behavior*. New York: The Free

Press of Glencoe.

Sniderman, Paul, Richard Brody & Philip Tetlock, 1991. *Reasoning and Choice: Explorations in Political Psychology*. New York: Cambridge University Press.

제 3 부

소셜 미디어 시대의 거버넌스

_ 소셜 미디어와 정부의 변환:
유타주와 서울시의 사례를 중심으로

송경재(경희대학교)

1. 머리말

21세기는 소셜 미디어의 시대라고 해도 과언이 아니다. 역대 미디어 중에서 가장 단기간에 전 세계에 확산된 미디어를 꼽으라면 단연 소셜 미디어가 첫손가락에 꼽힌다. 소셜 미디어는 일반적으로 블로그와 사이버 커뮤니티, 팟캐스트, 동영상 그리고 다양한 방식의 소셜 네트워킹 서비스(SNS)까지를 망라하는 것으로, 광의로 본다면 소셜 미디어는 인터넷에서 커뮤니케이션을 하는 그 자체라고 해도 과언이 아닐 것이다. 이러한 소셜 미디어의 특성으로 인해 소셜 커뮤니케이션이라고도 불리고 있다(김정기, 2012: 19).

그렇지만 우리가 소셜 미디어에 주목하는 것은 단지 커뮤니케이션 기회의 확대, 사용자 수 증가나 정보 확산성 때문이 아니다. 무엇보다 사회과학자들은 소셜 미디어로 야기되는 정치사회의 변화가 초기 인터넷의 등장과 비교할 때 더욱 거대하다는 점에 주목한다. 스마트폰의 보급과 와이파이, 3G, LTE 등의 무선환경 도입 그리고 소프트웨어로서 소셜 미디어의 사용자 증가는 사회 전반의 일대 전환을 이끌고 있다. 인터넷 사회과학을 전공하는 연구자들도 급격한 변화에 머리가 어지러울 지경이다. 이에 학자들은 1994년 한국에 인터넷 정보혁명의 연장선상에서, 소셜 미디어의 등장을 두 번째 정보혁명이라 부를 정도이다.

물론 인터넷이 등장하면서 기존의 전통적 사회정치질서는 급격히 디지털화되었다. 오프라인에서의 정치활동과 함께 온라인 가상공간에서의 정치활동이 등장했으며, 얼굴과 얼굴을 보는 방식의 면대면과 유인물에 의존한 정치정보가 이메일과 사이버 커뮤니티, 홈페이지, 블로그 등의 인터넷 기반 정치정보로 급속히 확대되었다. 한국에서 그 시작은 1997년 대통령 선거 당시 야권 대통령 후보였던 김대중 후보의 선거 홈페이지 개설이었다. 이후 각종 선거에서 모든 정치 후보자들은 홈페이지를 통해 대국민 접촉면을 확대했다.

이어 2000년대 소셜 미디어의 등장은 인터넷 기반 정치 커뮤니케이션의 장점을 바탕으로 새로운 방식의 네트워킹과 연계가 가능한 구조를 만들었다. 기존의 홈페이지나 웹진을 중심으로 한 커뮤니케이션에 소셜 미디어를 활용하면, 정치인이 유권자를 찾아다니는 것이 아니라 정치인을 중심으로 하는 플랫폼을 만들 수 있다는 장점을 확인했기 때문이다.

이와 같은 정치과정의 변화에 주목하면서, 행정부인 정부 역시 소셜 미디어의 도입을 적극적으로 시도하고 있다. 한국에서는 1980년대부터 시작된 전산화가 발전하면서 이른바 정보화전략으로 전환되었고, 인터넷 초기에는 범정부 차원에서 '산업화는 늦었지만 정보화는 앞서가자'라는 캐치프레이즈가 게시될 정도로 정부 차원에서의 정보화는 시대적 과제였다. 초기 인터넷이 보급되면서 정치와 행정과정의 이러한 변화는 기술 발전이

사회를 변화시킬 수도 있다는 낙관적 전망을 가능케 했다.

성과는 전자정부(e-government) 프로젝트로 고도화되었다. 1990년대 후반부터 시작된 전자정부 프로젝트는 정권에 따라 명칭은 달리했지만 행정부의 기능을 정보화하여 다양한 대시민 편의성을 증진하고 행정의 투명성과 효율성을 강조하는 방식으로 발전했다. 특히 IMF 외환위기 이후 등장한 김대중 정부는 벤처기업 육성과 함께 전자정부의 구축에 심혈을 기울였다. 이 시기부터 국제기구에서 발표된 한국의 전자정부 지수가 급격히 상승한 것은 이러한 정부 주도의 적극적인 노력의 결과이기도 하다.

하지만 21세기 소셜 미디어의 등장과 스마트 무선환경의 도래는 기존 전자정부 패러다임의 변화를 요구하고 있다. 첫째, 기술적 변화로서 기존의 유선 인터넷과 데스크톱 PC 기반의 웹1.0 환경에서의 정보환경이 무선과 스마트 환경으로 전환되었다. 이 변화는 단순히 기술 진보를 넘어서 사회적 변화를 야기한다는 점에서 새로운 상황이라 할 수 있다. 이에 일부 언론에서는 "인터넷 발전사는 스마트폰 이전과 이후 세대(before & after smart phone)로 나뉜다"고까지 주장했다(≪연합인포맥스≫, 2013.4.2). 둘째, 시민들의 참여요구가 증가하고 있다. 전자정부가 도입되었을 때는 단지 행정의 편의성에 주안점을 두었다면 점차 다양한 시민참여형 전자정부가 강조되면서 직접민주주의, 참여민주주의의 도구로써 전자정부를 이용하고 있다. 때문에 OECD나 UN에서는 전자정부가 단순한 행정기제가 아니라 전자민주주의를 통한 새로운 거버넌스의 실현을 목표로 한다는 점에서 e-거버넌스라 지칭하기도 한다(Chadwick, 2006; OECD, 2003; 조화순, 2005). 시민들의 참여 요구는 점점 증가하여 건의나 민원 해결을 넘어서 정책결정 과정에의 참여와 행정감시 등으로 확대되고 있다.

이와 같은 스마트 무선환경의 도래와 시민의 참여요구 증대에 따라 전자정부 역시 중대한 전환점에 서 있다. 이에 부응하여 정부 차원에서도 새로운 전자정부의 상을 제시하고 있다. 이미 잘 알려져 있다시피, 정부에서는 참여·개방·공유를 더 강조하는 Gov 2.0과 함께 스마트 환경에 대응하는 Gov 3.0을 논의하고 있다(명승환, 2012).[1] 확대되고 있는 소셜 미디어 환경은 새로운 커뮤니케이션 채널을 만들면서 인터넷이나 전자정부 확대 구축으로 시민의 접근 기회를 제공하고 있다. 소셜 미디어의 발전은 정부가 전례 없이 많은 시민들에게 접근할 수 있는 새로운 장을 열었을 뿐 아니라 시민들이 시공간의 제약 없이 서로 편리하게 소통하고 공공/민간정보 및 서비스에 접근할 수 있는, 과거에는 상상할 수 없는 기회를 제공하고 있다(OECD 대한민국정책센터, 2011: 9).

이 장에서는 이러한 현상에 주목하고 소셜 미디어의 등장에 따른 정부의 변환에 대해 살펴보고자 한다. 이 장의 주요 내용은, 먼저 소셜 미디어의 등장과 정부전환의 필요성을 1절에서 기술하고, 2절과 3절에서 소셜 미디어 등장과 2차 정보혁명, 정부의 변화상에 대한 구체적 사례를 살펴보기로 한다. 사례는 미국의 유타주와 한국의 서울시 소셜미디어센터를 살펴볼 것이다. 그리고 4절에서는 소셜 미디어 환경에서의 정부변환의 정치적·지방행정적인 함의를 제시하고자 한다. 마지막 5절은 소셜 미디어 기반의 전자정부가 가지는 단점과 고려해야 할 부분을 제시했다.

---

1) Gov 2.0은 참여, 개방과 공유를 기반으로 전자정부의 플랫폼을 웹2.0 방식으로 전환하려는 시도이다. 특히 정부가 가지고 있는 정보의 공개와 시민참여 그리고 이를 통한 자유로운 공유적 가치를 기반으로 다양한 실험을 하고 있다. 한편 Gov 3.0은 한 단계 진화한 스마트 환경을 바탕으로 하고 있다.

2. 미국 유타주(Utah.gov)

유타주는 1993년 당시 고어 부통령의 정보 고속도로(information highway) 구축 정책에 따라 전자정부에 대한 논의가 시작되었다. 당시 주지사였던 마이크 리빗(Mike Leavitt)은 주정부 차원에서 정보생태계와 전자정부의 구축에 깊은 관심을 가지고 다음과 같은 다섯 가지 원칙을 수립하며 전자정부를 구축하기 시작했다. 1) 정부의 사고방식을 바꾼다. 즉 기술과 새로운 애플리케이션, 새로운 업무 방식에 대해 고민한다. 2) 세금 인상보다는 기존 자원의 재분배를 통해 정보화를 이룬다. 3) 시민이 유타주의 정보를 즉시 활용할 수 있어야 한다. 4) 정부기관은 방대한 양의 데이터를 구축해 시민에게 제공한다. 5) 인프라 제공기업들이 공정한 경쟁을 할 수 있는 환경을 제공한다. 이 원칙에 따라 유타주는 전자정부를 구축했으며 미국 내에서 모범적인 전자정부로 평가된다(Fletcher, 2012: 525~526에서 재인용).[2]

특히 최근에 유타주 전자정부가 주목받고 있는 것은 바로 웹2.0 기반의 소셜 미디어를 다양하게 활용하고 있다는 점이다. 위치기반서비스(LBS), 멀티미디어, 주정부 데이터 공유와 같은 기능을 다수 포함하고 있으며 주정부 차원의 독자적인 공공포털 사이트를 구축해 시민과 정보공유와 커뮤니케이션 수단으로 활용하고 있다. 이와 함께 메신저 프로그램, 트위터, 페이스북, 구글플러스(Google+) 등의 소셜 미디어 활용에도 적극적으로 나서고 있다. 유타주 전자정부의 주요 아키텍처는 〈표 7-1〉과 같다.

여기서 가장 주목할 만한 것은 바로 소셜 미디어를 활용한 e-거버넌스

---

[2] 유타주 전자정부는 2008년 미국 정보화 평가에서 가장 우수한 사이트로 선정된 바 있다.

<표 7-1> 유타주 전자정부 아키텍처

주요 메뉴	하위 메뉴 및 주요 기능
정부	- 유타 주지사 메뉴를 비롯해 주정부 홍보자료, 공공기관과 연계되어 있으며 지도를 통해 위치 기반 서비스까지 제공
고용	- 구직과 경력 개발, 구직 기회, 교육 등의 하위 메뉴로 구성
산업	- 유타주의 각종 산업 및 비즈니스 정보를 제공 - 특기할 만한 것은 온라인 비즈니스 서비스로서 온라인으로 원스톱 비즈니스 규제 완화 등을 위한 공간을 마련
교육	- 교육 관련 주정부의 관련 기관과 초급과 중등, 대학 등 각급 학교 정보를 제공 - 그밖에 도서관 정보와 학생 네트워크 구축을 위한 툴을 제공
주민	- 유타주에 거주하는 주민 관련 카운실과 시티, 타운 등의 위치 및 관련 정보 제공 - 차량, 교통, 유타주 법률 소개, 세금 정보, 예술과 레저 정보까지 다양한 생활 정보 제공
방문자	- 관광을 위한 주립 공원과 여행 정보, 스포츠 센터 등 편의시설 정보 제공
유타주에 대하여	- 유타주와 관련된 일반 정보를 제공. 지정학적 위치·통계, 주 상징물, 유타 역사, 지역환경, 지도 등
연계	- 유타 전자정부 내에서 시민과 소통하기 위한 소셜 미디어 연계의 공간으로 활용 - 정보공유와 주민 네트워크 구성, 소셜 미디어 연계 등을 소개
온라인 서비스	- 온라인으로 실시간 제공하는 서비스 공간으로 시민, 기업인 정부 대 정부(G2G) 등의 서비스를 온라인으로 제공

자료: 유타주 전자정부(Utah.gov, 검색일: 2013년 4월 3일).

플랫폼이다. 대표적으로 연계와 온라인 서비스, 두 가지로 요약된다.

먼저, 온라인 서비스 메뉴를 분석해보면 다양한 특징이 발견된다. 첫 번째 특징은 시민과 기업을 대상으로 약 900개 정도의 온라인 서비스를 제공하고 있다는 것이다. 세부적으로 살펴보면, 공공서비스의 제공이 강화되었음을 알 수 있다. 각종 증명서 발급, 운전면허증 갱신, 낚시 및 사냥면허 취득, 세금 납부와 같은 일상적인 공공서비스를 온라인으로 제공하고 있다. 이 서비스의 강점은 시민과 공무원의 상호작용을 강화하여 시민이 직접 서비스 담당자와 연계하여 대화도 할 수 있다는 것이다. 두 번째 특징은, 공공서비스에 대한 시민의 의견을 청취하는 피드백 채널을 제공함으로써 서비스의 질을 향상시키는 것이다. 도입 초기에는 일부 반발이 있었지만 2007년 정부의 회의정보공개가 법제화되면서 모든 시민이 확인할 수 있게 되었다. 그리고 2008년부터 주정부의 재정 내역을 공개하는 법이 통과됨에 따라 이를 전자정부에 공지하여 정부의 투명성을 향상시켰다. 세 번째 특징으로, 지금은 다른 모든 미국의 전자정부에서 일상화되었지만 세금의 사용처 공개를 초기부터 진행해왔다는 점도 유타주 전자정부의 주요한 특징 중의 하나이다. 이와 같은 지방정부의 투명성과 개방성이 주정부 관리 측면에서 강점으로 작용하고 있다(Fletcher, 2012: 528).

연계는 웹2.0의 소셜 미디어적 특성이 더욱 잘 반영되어 있다. 첫 번째 특성으로, 연계는 소셜 미디어와 관련 사이트, 블로그, 네트워크 등을 망라한 것으로, 주로 시민의 다양한 참여를 활성화하며 민주성을 강화하고 공무원 상호 간의 업무 효율성을 증대시키는 이중의 효과를 가지고 있다. 간략하게 연계의 하위메뉴를 살펴보면, 페이스북이 509개, 트위터 739개, 유튜브 22채널, 구글플러스 28개, 피드(Feeds) 69건, 멀티미디어(Multimedia) 106건, 유타 블로그(Utah Blogs) 86개, 모바일 어플리케이션(Mobile Application) 73개, 플리커와 포토 네트워크(Flickr & Photo Networking) 44개, 위젯(Widget) 8개, 프레젠테이션 자료(Presentations) 6개, 아이튠스 팟캐스트(iTunes Podcasts) 18개, 출판물(Publications) 7개, 핀터레스트(Pinterest) 26개, 링크드인(LinkedIn) 17개 등 1,200개 이상의 소셜 미디어가 연계되어 있다. 이러한 연계는 별도의 메뉴로 구성되어 실시간으로 업데이트 되고 있다.

두 번째 특성으로, 이러한 연계 메뉴의 특성은 소셜 미디어를 활용한 새

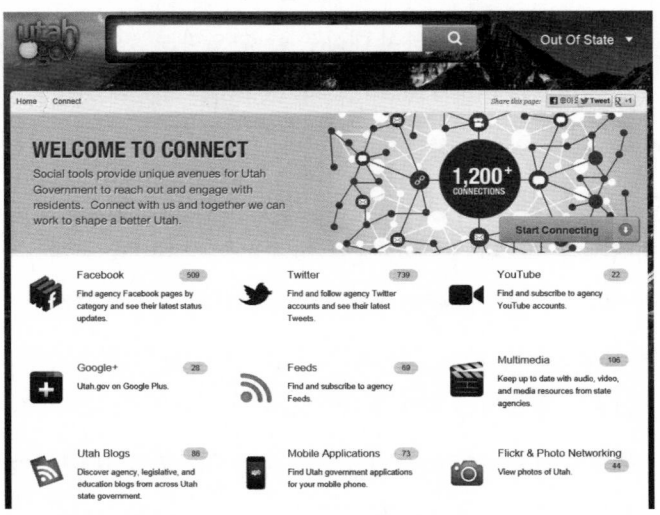

로운 시민참여의 공간이 된다는 점이다. 대표적으로, 이미 주정부에서는
입법 과정에서 블로거를 대상으로 하는 법안 기자 회견을 하고, 블로거들
을 입법과 정책결정 과정에 참여시키고 있다. 초기에는 기자회견 등 공지
와 정보제공형이 많았지만, 최근에는 시민들의 의견을 수렴하고 창의적인
아이디어를 정책에 반영하기 위한 정책채널로써 활용하고 있다. 또한 실
시간으로 소셜 미디어를 통한 정책정보를 공유하고 있다. 정책결정 과정
과 정책평가 피드백에 블로거를 위시로 한 소셜 미디어를 활용하고, 이러
한 피드백이 실제 오프라인 정책에 반영되고 있다는 점에서 참여자들의
효능감도 강화되고 있다. 뒤에서도 언급하겠지만, 이러한 효능감은 참여
의 선순환을 제공해 시민의 민주적 훈련장 역할을 수행할 것이다(Diamond,
1999).

    소셜 미디어를 활용한 유타주 정책결정 과정의 마지막 성공요인으로서,

시민참여가 공유와 개방을 전제로 한다는 점에서 웹2.0 정신과 궤를 같이한다는 것을 꼽을 수 있다. 시민참여는 저절로 이루어지는 것이 아니다. 먼저 정보의 개방과 공유가 이루어졌을 때 이를 바탕으로 시민들이 행정과정에서 책임 있는 참여와 실시간 감시가 가능한 것이다. 그런 맥락에서 유타주는 소셜 미디어를 통한 실시간 거버넌스를 구축하기 위해 공공정보를 개방했고 이를 공유하고 있다. 주정부의 데이터 파일이나 데이터 소스, 시각화된 데이터와 위치기반 데이터를 제공할 뿐만 아니라 연방정부를 비롯한 여러 기관에서 축적한 데이터를 온라인에서 제공하고 있다. 이러한 개방과 공유를 통해 시민들은 더 투명한 행정참여를 하고 있으며 책임감 있는 시민참여를 확대하고 있는 것이다.

이상 살펴본 바와 같이 유타주 전자정부는 참여와 개방, 웹2.0의 공유 정신을 바탕으로 소셜 미디어를 활용해 더 친숙하게 주민과 외부인이 접근할 수 있는 플랫폼을 구축했다. 이러한 성과는 온라인 서비스와의 연계에서 잘 나타난다. 온라인 서비스는 각종 공공서비스를 지역민들에게 제공하고, 실시간 피드백이 가능한 대응성과 접근성을 확대하여 전자정부보다 시간과 비용을 단축했다고 할 수 있다. 또 실시간으로 담당 공무원들과 정책에 대한 피드백을 하기 때문에 오류를 수정할 수 있는 거래 비용(transaction cost)이 절감된다. 그러나 이와 같은 실시간 행정서비스가 장점만 가지고 있는 것은 아니다. 오히려 실시간 민원 업무로 인한 상대적인 행정 피로감 또는 온라인 피로감(online fatigue)이 증가할 수도 있다.

하지만 몇 가지 우려에도 현재 유타주 전자정부는 기존의 모델보다 진일보한 모델을 구축하고 있다. 그리고 다른 주정부에 비해 다양한 소셜 미디어 활용의 시민참여 플랫폼을 강화하고 이를 바탕으로 실시간 정책참여와 실시간 정부 감시를 구현하고 있다. 무엇보다 1,200개 이상의 소셜 미디어 채널이 연계되어 있어 시민과 공무원, 기업과 외부인이 자유롭게 네트워킹이 된다는 것은, 소셜 미디어를 활용한 주정부의 행정이나 정책결정 과정에서 새로운 협력과 공유의 모델이 만들어질 수 있다는 점을 의미한다.

3. 한국 서울시 소셜미디어센터(http://socila.seoul.go.kr)

한국의 서울특별시(이하 서울시)는 지방정부임에도 인구 1,100만 명에 육박하는 대도시로, 이미 전 세계적으로 우수한 전자정부 시스템을 인정받고 있는 도시 중의 하나다. 미국 러트거스 대학교 전자정부연구소의 자료에 따르면, 2011년 세계대도시전자정부평가에서 서울시는 2003년부터 5회 연속 세계 1위 도시로 선정되었다.[3] 평가의 주요 지표는 서비스, 시민참여, 개인정보 보호, 사용편리성, 콘텐츠 등의 구성을 분석하는데, 특히 서울시의 경우 시민이 참여하며 만들어가는 참여행정 분야에서 높은 평가를 받고 있다. 이러한 성과의 배경에는 여러 요인이 있지만, 최근 새롭게 도입되고 있는 소셜 미디어 기반의 새로운 실험이 중요한 역할을 했다.

서울시 전자정부는 이미 기존의 연구에서 활발하게 다루어온 주제이다. 그만큼 서울시 전자정부는 다른 지방정부나 메트로폴리탄 정부의 전자정

---

3) 세계대도시전자정부평가는 미국 공공기술연구소가 후원하고 미국 러트거스 대학교 전자정부연구소와 켄트 주립대학교 정치학과가 공동으로 2003년부터 격년으로 실시하고 있다. 주요 분석 지표는 서비스, 시민참여, 개인정보 보호, 사용 편리성, 콘텐츠 등 5개 분야로 104가지 평가 항목들을 5개 범주로 분류해 100점 만점으로 평가하고 있다(≪디지털타임즈≫, 2013.2.1).

부 시스템의 모범 사례이기도 하다. 전자정부 연구자들은 서울시 전자정부 시스템이 가지고 있는 장점을, 시민들의 자발적 참여를 통한 온라인 공간에서의 협의(consultation)에 주목하여 살피고 있다. 서울시는 초기 전자정부에서 게시판 기능과 자유마당 등을 강조하여 시민의 의견을 수렴할 수 있는 통로를 만들었다. 이는 시민참여의 파트너십에 기반을 둔 협력의 네트워크를 강조하는 전자적 로컬 거버넌스(electronic local governance)의 개념을 강조하여 행정 수요자와 공급자 간의 신뢰 형성의 기회공간으로서 전자 민주주의적인 가능성을 제시한 것이며(변미리, 2005: 15), 시민참여 공간으로서의 의미에 방점을 찍고 의제설정 기능에 있어 유의미성을 밝힌 것이다(황성수, 2011).

하지만 웹2.0 환경에서 등장한 소셜 미디어는 전통적 웹1.0의 전자정부 아키텍처와는 다른 방식으로 시민이 참여하는 지방정부의 행정과정을 변화시키고 있다. 기존 전자정부 시스템이 주로 유선망을 이용한 접근성을 강조했다면, 소셜 미디어를 활용한 전자정부는 '언제, 어디서나, 어떤 기기(any time, any where, and any device)'로도 접속이 가능한 유비쿼터스(Ubiquitous) 환경에서 시민참여와 정책결정 과정 참여의 e-거버넌스 형성에 주안점을 두고 있다. 최근의 새로운 변화로, 2012년 11월에 서울시가 오픈한 이른바 소셜 행정이라 불리는 '소셜미디어센터'(http://social.seoul.go.kr)를 활용한 것이 있다.

서울시는 소셜 미디어를 활용해 시민의 참여와 시민과의 관계 개선을 확대하고자, 기존의 전자정부와는 별도의 스핀 오프(spin-off) 사이트로 소셜 미디어 계정을 통해 들어오는 시민 의견을 접수해 처리하고, 답변한 결과를 한눈에 볼 수 있는 통합 플랫폼인 소셜미디어센터(Social Media Center, 이하 SMC)를 구축했다. 국내에서도 소셜 미디어로 시민 의견을 행정에 즉

〈그림 7-2〉 서울특별시 소셜미디어센터 화면

시 반영하는 시스템을 만든 건 중앙정부와 지자체를 통틀어 서울시가 처음이라고 할 정도로 높은 평가를 받고 있다(《한국경제신문》, 2012.11.1).

물론 서울시에서는 그 이전에도 급변하는 매체환경에 부응하기 위하여 많은 노력을 기울여왔다. 2008년에 이미 서울시의 공식블로그인 서울 마니아(http://blog.seoul.go.kr)를 만들었고, 2009년에는 블로거들의 시정참여를 확대하기 위해 '서울 블로거 데이'를 지정하기도 했다. 이후 시민 블로거와 공무원의 핫라인을 개통해 시민들이 시정에 참여할 수 있는 채널 확대를 꾀했고, 시민 블로거와 부처 공무원 간의 오프라인 미팅 등을 지속적으로 추진했다. 그리고 '천만상상 오아시스' 등을 활용한 정책의제 설정과 토론을 통해 온라인과 오프라인 행정의 통일화를 추진했다. 그리고 2010년에 서울시 대표 트위터(@seoulmania)를 오픈하고 QR코드(Quick Response

Code)를 시정에 도입했다(박영락, 2011: 182~185).[4]

이와 같이 기존 소셜 미디어를 활용한 시민의 참여 경험을 계승하여 2012년 오픈한 서울시 SMC는 서울시 산하 부처와 박원순 시장 개인 소셜 미디어 계정을 통합하여 운영하고 있다. 서울시 명의의 계정 42개(트위터 30개, 페이스북 5개, 미투데이 4개, 블로그 3개), 박원순 시장 명의의 계정 2개(트위터, 페이스북) 등 44개의 소셜 미디어, 특히 SNS 계정을 중심으로 구성되어 있다. SMC는 개설한 지 3개월 만에 총 1만 2,000건의 의견을 접수하는 등 시민의 관심을 모으는 데에 성공했다.

SMC의 주요 아키텍처는 핫이슈, 소셜미디어센터 소개와 관련 SNS와의 연계지도 등으로 구성되어 있다. SNS 연계는 서울시 산하 각 부처와 기관들의 소셜 미디어 연계상황을 그림으로 제시하여 이용자들이 쉽게 해당 소셜 미디어에 접속할 수 있게 하는 기능으로, 기존의 사이트맵(site map)과 유사한 메뉴라고 할 수 있다.

서울시 SMC는 다음과 같은 특징을 가지고 있다. 첫째, SMC는 정보 생산과 전달의 주체를 시민으로 삼고 있다. 이러한 특징은 기존 전자정부에서도 나타나는 특징이다. 하지만 SMC는 이를 더욱 특화하여 소셜 네트워크적인 기능을 부각시켰다. 시민참여를 소셜 미디어라는 ICT기제를 활용하여 강화한 것으로, 기존의 전자정보 전달이 단순히 탑-다운(top-down) 방식과 바텀-업(bottom-up) 방식이라는 이분법적인 정보전달에 머물렀다면 SMC는 상호작용을 통해 반응성이 강한 탑-다운과 바텀-업이 모두 가능한

---

4) QR코드는 기존의 바코드 방식과 달리 흑백 격자무늬 패턴으로 정보를 나타내는 매트릭스 형식의 바코드로, 많은 정보를 담을 수 있는 장점을 가지고 있고 스마트폰 보급에 따라 다양한 사이트 연결과 가격 정보 비교, 관련 정보 제공 등으로 널리 활용될 수 있기 때문에 많은 주목을 받고 있다.

<표 7-2> 서울특별시 소셜미디어센터 아키텍처

하위 이슈	주요 기능
지하철	- 주로 지하철 관련 민원과 의견을 개진하는 공간으로 활용 - 지하철은 시민들이 출퇴근 시 매일 접하는 곳이므로 이 공간에서 다양한 의견을 게시 - 지하철 실내 온도에 대한 불만, 잡상인의 불법행위 등을 바로 소셜 미디어로 게시하면 SMC에 공지됨
버스	- 지하철과 함께 대중교통 이용 시의 불만과 문제점을 바로바로 신고할 수 있는 공간 - 노약자 편의 증진, 버스의 난폭운전 시정, 관광객 편의시설 확충 등의 다양한 시민정보가 게시되고 이에 대한 서울시와 박원순 시장의 답변이 실시간으로 중계
시민청	- 서울시 신청사 지하에 운영되고 있는 시민공간인 시민청과 관련한 의견을 제시하는 공간
도서관	- 서울시 신청사 도서관 운영과 시민들이 도서관 이용 과정에서 발견한 문제점과 건의사항을 게시하는 공간

자료: 서울특별시 소셜미디어센터(http://social.seoul.go.kr), 검색일: 2013년 4월 11일.

시스템을 구축했다. 기존의 전자정부 사이트에서도 시민과 정부 간의 상호작용적인 방식의 정보전달은 존재했다. 그러나 소셜 미디어는 바텀-업의 긍정적인 면과 함께 실시간으로 서울시 담당 공무원이 직접 접촉을 하면서 소통을 한다는 점에서 기존의 두 방식과는 차별적이다. 그리고 그 이면에는 정보 생산과 전달의 주체로서 시민들 스스로 교통, 시민청, 도서관 운영 등의 관심사에 대한 정책결정에 참여하는 효과를 가진다.

그렇다고 탑-다운 방식의 정보생산과 전달이 무시되는 것은 아니다. 탑-다운 역시 긴급 상황에서는 중요한 기능을 수행할 수 있다. 서울시는 SMC의 네트워크를 재난, 재해, 긴급 이슈 등 각종 위기관리 대응 시스템으로도 활용하고 있다. SMC는 긴급메시지 발신 기능을 통해 2012년 11월 21일 버스운행 중단 예고에 따른 대체 교통수단 안내, 폭설 대비와 교통상황

안내 등 긴급위기관리 메시지를 80만 소셜 미디어 이용자에게 2013년 2월까지 총 66회 전파했다(≪뉴스원≫, 2013.2.5). 이처럼 SMC는 연계되어 있는 약 80만 명의 소셜 미디어 이용자에게 응급 시 비상대책을 알려주는 등 탑-다운식 소통과, 정보 생산 및 유통 그리고 신속한 해결이라는 바텀-업식 소통을 통해 행정과정의 변화를 동시에 기대할 수 있다는 장점이 있다.

둘째, SMC의 활용은 공무원과 시민이 행정과정에서의 실시간 소통과 대응, 그리고 평가라는 점에서 실시간 민주주의(real-time democracy)의 가능성을 열어준다. 인터넷에서의 집합지성(collective intelligence)에 대해 논의한 피에르 레비는 인터넷에서 독립적이고 상호작용하는 다양한 참여자들의 소통공간에서 집합적인 토론과 해결 방안이 모색된다는 장점을 논의한 바 있다(Lévy, 1997). 서울시 SMC 역시 자발적인 시민들의 참여와 공유를 기반으로 하지만, 점차 이를 도시행정의 전 분야로 확대해나간다면 정책의제의 제안과 토론, 그리고 문제점 진단과 해결책이라는 인터넷 공간에서의 공론장이 구축될 수도 있다. 물론 소셜 미디어가 가지는 특성이 토론보다는 사실 전달과 간략한 협의기능이 강하지만, SMC에서는 이미 이러한 현상이 발견되고 있다. 대표적으로 서울 시청 지하에 마련된 공간인 시민청 이용과 관련된 제언이 게시되면, 이와 유사한 생각을 가진 시민들이 찬성과 동조(리트윗, 좋아요 등)를 표하거나 부작용 등 문제점을 제시한다. 여기에 서울시 공무원이 서울시의 입장에 대해 설명하고 좋은 아이디어가 발굴되면 이를 검토한다는 의견을 게시한다. SMC에서 토론되는 것이 모두 시정에 반영될 수는 없다. 하지만 생각의 범위를 공무원 차원이 아니라 시민 일반으로 확대하고 다양한 의견을 공유하는 것은 기존 행정과정에서는 볼 수 없던 현상이다. 따라서 SMC에서의 활동은 향후 실시간 민주주의의 한 실험장이 될 수 있다.

셋째, SMC는 기존 전자정부보다 공유와 개방적인 차원에서 큰 장점을 가지고 있다. 이는 소셜 미디어를 적용한 SMC와 기존의 전자정부와의 가장 큰 차이라고 할 수 있다. 그동안 서울시 전자정부 문의사항의 처리 결과나 답변은 당사자만 볼 수 있었지만 SMC에서는 사이트를 방문한 시민모두가 관련 소통 내용을 공유할 수 있다. 게다가 SMC는 추천과 댓글 기능을 갖추고 있어 게시자와 방문자, 그리고 답변자 3자가 모두 의견을 제시하는 시스템을 구축했다(≪한국경제신문≫, 2012.11.1). 앞서 유타주의 사례에서도 확인되지만, 전자정부 운영의 선행 요건으로 행정정보가 투명하게 공개되어야 한다. 하지만 서울시 SMC의 경우, 정보의 공유와 개방이라는 차원에서 유타주의 그것에 비해 획기적인 것으로, 정보의 공유가 시민들의 자발적 참여를 넘어서 일상적으로 시민의 정부 감시가 가능한 장점이 있다. 물론 여기에도 부정적인 문제점은 있다. 담당 공무원의 개인적 판단이 자칫 시의 공식의견으로 과대평가될 소지도 있다. 하지만 시 전체의 중요사안보다는 시민들의 실생활과 밀접한 이슈를 다루는 SMC에서는, 정보교류 차원으로 소통에 접근하고 있기 때문에 아직까지 큰 문제는 나타나지 않고 있다.

4. 소셜 미디어 기반 전자정부

이상에서 살펴본 미국 유타주와 서울시 SMC의 사례는 웹1.0 방식의 전자정부 운용과는 현저히 다른 웹2.0 기반의 전자정부의 사례를 보여준다. 앞서 사례 분석에서도 살펴보았지만, 두 사례는 모두 소셜 미디어를 행정과정에 적극 도입하여 기존과는 다른 새로운 플랫폼을 구축했다는 점에서 차별성을 보인다. 하지만 근본적으로 지방 전자정부가 구현하고자 했던 전자 민주주의 확대 그리고 이를 통한 e-거버넌스의 증진이라는 차원에서는 연속성이 있다. 그리고 이러한 연속성과 함께 기존 e-거버넌스 플랫폼과는 다르며 웹2.0의 참여과 공유, 개방적인 아키텍처를 구축해 시민이 주도하고 정책결정 과정에 적극 참여할 수 있는 진일보한 것이라 할 수 있다. 무엇보다 소셜 미디어 기반 전자정부는 실시간으로 정보가 전달, 생산되고 이를 당사자만이 아니라 시민들에게 공개한다는 점에서, 새로운 형태의 시민참여가 발견되고 있다. 이러한 형태는 기존 e-거버넌스의 확장된 영역을 망라한다는 측면에서 본다면 계승과 발전이라는 차원에서 'e-거버넌스 2.0'이라 명명할 수 있을 것이다. 그렇다면 이러한 소셜 미디어 기반 전자정부는 기존 전자정부와 어떤 차이가 있으며, 전자 민주주의적 관점에서 어떤 긍정적 기능을 하는 것일까? 혹시 우려되는 점은 없는가?

먼저, 소셜 미디어 기반 전자정부의 전자 민주주의적 함의는 다음과 같이, 지방정부 정보공개의 필요성 확대, 정책결정 과정에의 접근성 강화, 대시민 반응성의 향상, 시민참여의 선순환 효과, ICT마인드의 리더십의 중요성 등 다섯 가지로 정리할 수 있다.

첫째, 소셜 미디어를 이용한 전자정부의 구축에는 시민의 참여와 감시를 위한 전제조건이 필요하다. 바로 정보접근을 용이하게 하기 위한 정보공개이다. 과거 전자정부가 도입되었을 때, 많은 사회과학자들이 고민하고 논쟁했던 문제가 이것이다. 과연 정부의 공적 정보가 얼마나 시민에게 공개될 수 있을까? 만약 공개된다면 그 범위는 어디까지인가? 당연히 초기에는 한정된 정보가 공개되었고, 이에 따라 시민들의 참여 범위도 좁았다(조희정, 2011). 그러나 소셜 미디어 기반 전자정부의 구축은 기존 전자정부에 비해 시민참여 과정의 직접화를 더욱 확대할 수 있게 해준다. 정부

정보의 일상적인 공개는 투명한 정부를 구축할 수 있는 토대가 될 수 있다. 유타주의 소셜 미디어 연계와 서울시 SMC 사례에서도 확인되지만, 실시간으로 시민과 행정 담당자가 소통하면서 자유롭게 의견을 게시하고 조정하고 합의하는 과정은 정보공개에서 시작된다. 정부가 정보를 공개하지 않으면 시민들은 아무리 참여를 하고 싶어도 근본적인 제약을 가지게 된다. 그런 차원에서 미국 유타주나 서울시의 사례는, 정부가 먼저 정보를 공개하고 이를 바탕으로 시민의 관심과 참여를 유도했다는 공통적인 특징을 보이고 있다. 유타주의 경우 모든 정보를 시민들에게 공개하고, 이를 정책결정 과정에 반영하는 등 투명한 행정을 넘어서 시민의 감시와 참여가 확대되었다. 아울러 블로거들을 활용한 정책결정 과정의 참여나 기자회견 등은 미국적 환경에서도 신선한 것이라 할 수 있다.

둘째, 이 과정에서는 시민들이 중재 없이도 직접 관련 정책담당자들에게 접근할 수 있으며 그 결과 정보교류와 소통, 시민네트워크의 구축을 통한 정책 감시가 가능해진다. 그런 맥락에서 e-거버넌스 2.0 단계에서는 기존 정책결정 과정 모델에서 제시되었던 의제설정(agenda setting), 정책형성(policy formulation), 정책채택(policy adoption), 정책집행(policy implementation), 정책평가(policy assessment)가 실시간으로 전개될 수 있다. 앞서 지적한 레비(2000)의 인터넷에서의 실시간 토론과 협의가 가능한 실시간 민주주의의 실험이 전개되고 있는 것이다. 이 실험이 성공하면 기존의 전자정부의 장점인 민주성, 투명성, 효율성과 함께 속도라는 장점도 가지게 된다. 정책학자 듄(Dunn, 1984)은 오프라인 환경에서의 정책결정 과정을 위의 다섯 가지로 규정한 바 있다. 그렇지만 소셜 미디어 기반 전자정부 단계는 기존 전자정부가 가지고 있는 장점과 함께 소셜 네트워크에서의 정책결정의 접근성 역시 향상된다. 누구나 소유하고 있는 스마트 기기로 쉽게 접근할 수 있어 기존의 전자정부보다 거래 비용(transaction cost)의 감소 효과도 있으며, 실시간 시민감시와 피드백이 가능하다.

셋째, 소셜 미디어 기반 전자정부 단계는 기존 전자정부에 비해 반응성이 높은 플랫폼을 구축할 수 있다. 시민은 소셜 미디어를 이용해 지방정치 및 행정과정에의 참여를 위한 도구를 얻게 되었고, 지방정부 정책의 동반자(partner)로서 성장할 것임을 확인케 해준다. 이러한 반응성 높은 플랫폼은 실시간으로 온라인과 오프라인의 연계를 가능케 한다. 실제 서울시 SMC의 경우, 지하철의 온도가 너무 낮다는 게시글이 올라가면 담당 공무원이 지하철 적정온도와 차량별 온도 차이 등을 상세히 설명하는 등 반응이 즉각적으로 나타난다. 유타주 역시 해당 부처에서 블로그와 트위터, 페이스북을 통해 정보를 공유하고 시민과 공무원들 간의 소통이 활발하다. 무엇보다 연계된 다양한 소셜 미디어를 통해 주민들의 청원사항이 분야별로 제시되면 담당 공무원이 신속하게 이에 반응하는 구조를 가지고 있다. 이러한 반응성은 과도해질 경우 지방정부 정책의 포퓰리즘(populism)이란 비판을 받을 소지는 있지만 과거 오프라인의 행정과정과 전자정부 시기의 행정과정에 비하면 개선된 것이 사실이다.

넷째, 기존 전자정부와 가장 결정적인 차이로 소셜 미디어 기반 전자정부 구축은 시민참여의 선순환 효과를 극대화할 수 있다. 민주주의는 학습된다는 고전적인 명제는 참여를 통한 정책실행과 만족을 느낄 때 더욱 극대화된다. 일반적으로 지방정부에 대한 시민의 관심은 낮기 때문에 아무리 참여채널을 확대하고 참여제도를 정비해도, 시민이 적극적으로 참여하지는 않는다(한상철, 2001: 88). 중앙정부의 정책이슈와 달리 지방정부의 정책이슈가 더 생활로 체감할 수 있는 정책이 많음에도 불구하고 시민의 참여 효능감(efficacy)이 떨어지는 것이 사실이다. 그런 맥락에서 지방정부가 실시간으로 정책의제를 시민과 같이 공유하고 토론할 수 있는 공간이 생긴다는 것은 낮은 수준의 참여를 통한 시민의 참여 효능감을 강화시킬 수 있다. 채드윅(Chadwick, 2006)이 지적한 바와 같이 ICT가 정부와 시민사회, 그리고 시민사회 내에서의 다양한 소통과 참여를 가능케 한다는 민주주의 학습 효과가 나타날 가능성이 높다. 요컨대 이러한 학습 효과의 축적은 알몬드와 버바(Almond & Verva, 1963)가 강조한 참여적인 정치문화를 형성하여 더 책임 있는 민주적 정책형성의 가능성을 보게 해준다.

마지막으로, 유타주와 서울시 사례에서도 확인되지만, ICT를 도입하여 시민참여형 소셜 미디어 기반 전자정부를 구축하기 위한 성공요인은 지도자의 리더십 문제와 깊은 관련이 있다. 유타주가 1993년부터 마이크 리빗 당시 주지사의 주도적인 노력을 통해서 전자정부를 선도적으로 구축해 미국 내에서도 가장 높은 수준의 연계형 소셜 미디어 기반 전자정부를 구축했듯이, 서울시 SMC도 마찬가지이다. 서울시 전자정부는 이미 1990년대 후반부터 전 세계적으로 주목을 받았으며, 고건 전 시장이 선도적으로 시작하여 역대 시장들을 거치면서 발전을 거듭했다. 특히 오세훈 전 시장은 블로그와 '천만상상 오아시스' 등을 활용한 정책의제 설정에 큰 기여를 했고(황성수, 2011),[5] 박원순 시장 역시 소셜 미디어에 관심이 높아 본인 스스로 약 20만 명에 달하는 트위터 팔로워를 맺고 있다. 이처럼 지도자들의 리더십은 전자정부 구축의 성공요인이자, 소셜 미디어 기반 전자정부로 발전하기 위한 중요한 결정요인이었다.

---

5) 서울시 '천만상상 오아시스'는 온라인상에서 시민의 참여를 유도하고 오프라인상에서 시민과 담당 공무원들이 토론을 총해 시민의 제안을 서울시의 정책에 반영하는 제도이다.

5. 맺음말: 문제점과 과제

앞서 지적한 지방정부 정보공개의 필요성 확대, 정책결정 과정의 접근성 강화, 대시민 반응성의 향상, 시민참여의 선순환 효과, ICT마인드의 리더십의 중요성 등 다섯 가지의 전자 민주주의적 함의는 기존 전자정부의 성과를 뛰어넘는 질 높은 시민참여와 지방정부의 반응성, 접근성, 리더십의 향상을 가져올 수 있다. 하지만 이러한 소셜 미디어 기반 전자정부 구축이 반드시 장점만 가진다고 할 수는 없다.

간략히 살펴보아도 소셜 미디어 기반 전자정부는 첫째, 포퓰리즘의 문제가 발생할 수 있다. 시민참여를 위한 정보공개와 접근성, 반응성 등이 향상되는 것은 전자 민주주의적인 차원에서 긍정적이지만 역으로 지나친 인기 영합주의적인 정책의제만이 선정되고 집행될 가능성도 있다. 둘째, 대응성에 대한 높은 기대와 이를 충족하지 못할 경우 시민불만이 늘어날 수도 있다. 이는 소셜 미디어 환경에서 나타나는 양상이라 할 수 있는데, 과거 오프라인 기반의 행정과정에서 1주일을 기다릴 수 있었던 인내심이, 전자정부에서는 3일로 단축되었다면, 소셜 미디어 환경에서는 실시간으로 대응해야 하는 문제도 있다. 셋째, 가장 본질적으로 소셜 미디어 기반 전자정부가 정상적인 정치과정(political process)을 왜곡시킬 소지도 있다. 공공 여론이 정치 매개 집단인 의회, 언론, 시민사회 등의 게이트키퍼에 의해 수렴된 후 정책화되지 못하고 너무 직접적으로 지방정부와 연계될 경우, 의회나 지역 시민단체, 언론 등이 소외되어 대의제 민주주의의 근간을 훼손할 수 있다. 즉 의회에서 논의되어야 할 정책의제들이 소셜 미디어에서 지방정부 단체장에 의한 직접민주주의 형태로 운영된다면 의회는 기능을 수행하지 못할 수도 있는 것이다.

하지만 이러한 문제점에도 불구하고 소셜 미디어 기반 전자정부는 점차 확산되고 있는 추세이다. 국내에서도 서울시의 경험을 바탕으로 경기도를 비롯한 각종 지방자치단체와 중앙정부 포털에서 소셜 미디어 기반의 전자정부를 구축하기 시작했다. 해외에서도 이러한 확산은 여러 나라에서 이루어지고 있다. 미국만이 아니라 영국도 실험 과정에 있으며, 에스토니아는 모바일 정부 구축을 위해 소셜 미디어를 활용하고 있다. 스페인에서는 열린 정부 프로젝트로 스마트폰용 앱을 개발해 보급하고 있을 정도이다 (OECD 대한민국 정책센터, 2012). 일부 문제점과 부정적인 요인을 최소화한다면 소셜 미디어 기반의 전자정부는 시민참여와 협력, 그리고 민관협력의 플랫폼을 구축할 수 있는 중요한 전자 민주주의적 기제이다. 그런 맥락에서 소셜 미디어의 등장은 전자정부 차원에서는 새로운 도전이자 기회가 될 수 있을 것이다. 하지만 분명한 것은 기술이 아무리 발전하더라도 그것을 작동하는 시민의식의 성숙과 성숙한 시민정치문화의 형성이 동반되어야 한다는 것이다. 소셜 미디어 기반의 전자정부가 성공하기 위해서는 온라인에서의 장점을 살리고 이를 오프라인과 연계하여 구체적인 시민사회 성숙에 기여하도록 해야 할 것이다.

▌추천 문헌

김정기. 2012. 「소셜 미디어와 소셜 커뮤니케이션」. 한국방송학회 방송과 수용자
　　　연구회 엮음. 『소셜 미디어 연구』. 커뮤니케이션북스.

박영락. 2011. 『소셜네비』. 엡북스.

레비, 피에르. 2002. 『집단지성: 사이버공간의 인류학을 위하여』. 권수경 옮김. 문
　　　학과지성사.

변미리. 2005. 「전자정부의 시민활용과 시민참여: 서울시 전자정부 사례」. 『한국
　　　행정학회 2005년도 동계학술대회 발표 논문집』, 5권.

OECD 대한민국 정책센터. 2012. 『모바일 정부』. OECD 대한민국 정책센터.

조화순. 2005. 「정보사회의 거버넌스: e-Governance 연구의 동향과 한계」. 한국
　　　정치학회 발표논문집.

조희정. 2011. 「전자정부 시민참여 서비스의 전환과 정부 모바일 애플리케이션의
　　　쟁점: 중앙정부와 지방정부의 활용 현황을 중심으로」. ≪의정연구≫, 제17
　　　권 제2호, 71~109쪽.

플래처, 데이비드. 2012. 「사례연구: Utah.gov」. 팀 오라일리 외. 『열린정부 만들
　　　기』. 에이콘출판.

한상철. 2001. 『시민행정론』. 법문사.

황성수. 2011. 「전자거버넌스와 정책의제 설정: 전자정부사이트에서의 정책제안과
　　　시민참여 탐색연구」. ≪한국정책학회보≫, 제20권 제2호, 1~21쪽.

≪뉴스원≫, 2013.2.5.

≪디지털타임즈≫, 2013.2.1.

≪연합인포맥스≫, 2013.4.2.

≪한국경제신문≫, 2012.11.1.

Almond, Gabriel & Sidney Verba. 1963. *The Civic Culture: Political Attitudes
　　　and Democracy in Five Nations.* Princeton, NJ: Princeton University

Press.

Chadwick, Andrew. 2006. *Internet Politics: States, Citizens, And New Communication Technologies.* Oxford: Oxford University Press.

Diamond, Larry. 1999. *Developing Democracy: Toward Consolidation.* Baltimore and London: The Johns Hopkins University Press.

Lévy, Pierre. 1997. *Collective Intelligence: Mankind's Emerging World in Cyberspace.* Perseus Books Group.

Dunn, William N. 1994. *Public Policy Analysis: An Introduction.* Englewood Cliffs: Prentice Hall.

OECD. 2003. *Promise and Problems of E-Democracy: Challenges of Online Citizen Engagement.*

08 _ SNS와 글로벌 인터넷 거버넌스

박윤정(한국뉴욕주립대학교)

1. 머리말: 프로슈머의 부상

많은 사람이 글로벌 인터넷 거버넌스 논의는 어렵다고 한다. 왜 그렇게 생각하는 것일까? 이는 학생들에게 글로벌 인터넷 거버넌스를 가르칠 때마다, 다시 한 번 곱씹어보는 질문이다. "왜 어려울까?" 글로벌 인터넷 거버넌스를 가르칠 때, 인터넷이 어떻게 미국에서 탄생되었고, 미국을 중심으로 운영되어왔고, 운영되고 있는지에 대한 지식 전달에서 끝나지 않는다. 그런 지식은 학생들이 달달 외워서, 점수를 책정하는 시험에 유용하게 사용할 수는 있다. 하지만 대학 현장에서 글로벌 인터넷 거버넌스 교육의 본질은 미국 정부의 관리하에 민간을 중심으로 운영되는 현 인터넷 거버넌스 시스템에 공감하는 학생들의 효과적인 참여를 이끌어내는 것까지를 포함하는 것이라고 보았다. 이 마지막 부분, 학생들의 참여를 유인하는 것이 정말 어렵다. 학생들이 글로벌 인터넷 거버넌스에 관심이 있고, 애정과 열정이 있고, 의지가 있으면, 참여할 수 있는 다양한 기회들을 소개하지만, 선뜻 나서는 학생은 없다.

글로벌 인터넷 거버넌스 논의에 참여하게 되면, 경우에 따라 회의 개최지의 문물을 접하는 경험도 하고, 평소에 만나기 어려운 UN 소속 다양한 국제기구의 관료들, 미국 및 EU 정부를 비롯한 여러 정부의 고위 관료들도 만날 수 있다는 이야기를 언급해도 학생들의 반응은 신통치 않다. 회의 참석을 위한 해외여행 기회까지 무시하는 학생들의 무관심이 도리어 궁금해진다. 왜 글로벌 인터넷 거버넌스 논의에 참여하고 싶지 않은지 다시 묻는다. "인터넷이 우리 생활에서 물처럼, 전기처럼 아주 중요한 자원이라는 것에 공감한다. 물이나 전기처럼 정부가 우리 대신 관리해주면 되질 않는가? 우리 모두가 인터넷 관리를 위해 직접 참여를 한다는 것이 너무 비용이 많이 들지 않는가?"라는 학생들의 대답이 돌아왔다. 조금은 의외였다. 글로벌 인터넷 거버넌스의 아주 본질적인 점을 학생들이 지적했다. 누가 어떻게 인터넷을 관리하는가라는 것이 글로벌 인터넷 거버넌스다.

'거버넌스'는 권력의 분산을 실행하는 과정이고, 권력행사의 결과에 대한 책임을 지겠다는 준비가 되어 있는 사람들의 권력분산요구에서 기인한다. 학생들은 인터넷 관리를 하는 데 있어서, 정부가 본인들을 대신해서 행정서비스를 제공하기를 원했다. 교실에서 글로벌 인터넷 거버넌스가 지식의 형태로 전달되었다면, 학생들은 오히려 마음 편하게 각종 용어를 이해하고, 머릿속에 집어넣어두었다는 위안을 얻으며, 배움의 포만감을 느꼈을 것이다. 글로벌 인터넷 거버넌스 논의에 정책결정자로서 참여하는 학생들을 배출하고 싶었던 내 꿈이 한 발짝 멀어진다. 학생들은 권력행사의 결과에 대한 책임을 지고 싶은 마음이 없었던 것이다. 비단 학생들만의 문제가 아니다. 지난 15년간 자발적 참여를 기반으로 운영되는 현 체제, 글로벌 인터넷 거버넌스 모델(ICANN 모델)이 지니고 있는 태생적 한계점이다. 한국 인터넷 정보 센터의 설립(1999년)이래 지난 15년간, 한국 인터넷 진흥원으로 계보가 이어지면서 다양한 민간위원회가 조직되어왔다. 주소 위원회를 본격적인 시발점으로 하여 한국의 민간위원회는 주소자원을 중심으로 한 국내 인터넷 정책에만 관심을 보일 뿐, 글로벌 인터넷 거버넌스 논의에 소극적으로 참여하고 있다.

지난 15년간 민간 위원회를 통해서 실패한 실험을, 의욕만 앞선 글로벌 인터넷 거버넌스의 전도사가, 준비도 안 된 학생들을 대상으로 참여하는 '거버넌스' 교리를 전파하니, 모두 설레설레 뒷걸음질이다. 많은 생각들이 교차한다. 나한테는 보이는 '거버넌스'가 왜 저 학생들에게는 안 보일까? 아고라식 최종적 책임소재가 본인이 되는 획기적인 정책결정의 실험에 참가하고 싶지 않을까? 결국, 참여하는 글로벌 인터넷 거버넌스는 미국 정부를 중심으로 민간이 운영하는 현 체제를 수호하기 위한 이데올로기로서만 작용하고 있는 것일까? 지난 15년간 경험으로 비추어봤을 때, 민간을 중심으로 인터넷이 운영되어야 한다는 미국 진영이 주장하는 글로벌 인터넷 거버넌스를 한국에 정착시키는 것은 너무나 요원한 바람이다. 한국은 이미 정부를 중심으로 인터넷이 운영되고 있는 상황에서, 정부를 중심으로 글로벌 인터넷이 운영되어야 한다는 러시아, 중국 진영에 선뜻 합류하기 어려운 것은, 한국이 지난 60여 년간 유지된 미국을 중심으로 형성된 국제 정치 동맹에서 이탈한다는 함의를 가지게 되기 때문이다.

글로벌 인터넷 거버넌스는 인터넷에서의 패권전쟁이다. 글로벌 인터넷 거버넌스 논의의 출발점으로 보통 '거버넌스'에 대한 정의부터 시작하고 있다. 서구 학자들 및 글로벌 인터넷 거버넌스 커뮤니티를 중심으로 열병처럼 퍼지고 있는 '거버넌스' 신드롬은 싸이의 「강남스타일」을 연상시킬 정도다. 글로벌 인터넷 거버넌스가 아니라도, 우리는 다양한 거버넌스에 대해 들어왔다. 인터넷 거버넌스와 자주 혼동되는 개념으로 거론되는 용어가 'E-거버넌스'다. E-거버넌스는 안전행정부에서 전담하고 있는데, 전자정부를 지칭하는 용어로 쓰이고 있다. 글로벌 인터넷 거버넌스는 정보통신부, 방송통신위원회, 미래창조과학부로 계보가 이어지면서 '인터넷 정책과'에서 전담해왔다. 최근 외교부가 주최하는 2013년 서울 사이버스페이스 컨퍼런스를 통하여 외교부와 관련 부처들이 본격적으로 글로벌 인터넷 거버넌스에서 내세울 한국의 공식 입장에 대한 고민을 하는 것으로 보인다. 최대 무역교역국으로 부상한 중국과 한국전쟁 후 한국의 안보를 담보로 한국에 영향력을 행사해오고 있는 미국 사이에서 한국은 어떤 선택을 해야 할지 기로에 서 있다.

종종 사이버스페이스를 육·해·공, 우주에 이은 제5의 공간이라고 부른다. 『인터넷 권력의 해부』를 통해 사이버스페이스에 등장한 새로운 권력을 소개하고, 사이버스페이스에서 기존의 권력을 강화하려는 움직임을 조명하고자 했다면(조셉 나이, 2010), 『소셜 미디어 시대를 읽다』는 인터넷 권력으로 부상한 세력이 기득권을 유지할 수 있는 현 시스템을 강화하고자 하는 노력과 새로운 인터넷 권력으로 재편될 수 있도록 노력하는 세력 간 갈등을 설명하고자 한다. 2003년 세계 정상화 회의를 계기로 본격적으로 전개되고 있는 글로벌 인터넷 거버넌스 논쟁은 제국의 권력과 맞물려 진화하고 있다. 글로벌 인터넷 거버넌스 2.0은 2012년 두바이에서 사이버공간을 지배하는 방식에 대한 두 이데올로기 대결을 목도하게 된다. 1992년 동서 냉전이 끝나면서, 우리는 이제 더 이상 공산주의와 싸우지 않는다. 그리스발 경제위기를 계기로 만병통치약으로 알고 있던 자본주의와의 갈등이 시작된 지 얼마 안 된 2012년, 세계는 사이버스페이스를 두고 새로운 패권경쟁에 돌입했다고 볼 수 있다.

2. 글로벌 인터넷 거버넌스에 대한 개괄

인터넷을 운영하고 이용하던 미국 엔지니어들을 주축으로 1992년 인터넷 소사이어티(Internet Society: ISOC)가 탄생했다. ISOC의 가장 큰 기능 중하나는 이들이 인터넷 표준을 만드는 Internet Engineering Task Force (IETF)를 관리 감독하는 모기관이라는 것이다. 국제통신을 대표하는 기구로 정부를 회원으로 하는 UN의 특별기구인 ITU가 있고, ITU-T에서 통신표준이 만들어진다면 ISOC는 민간을 중심으로 인터넷 표준을 관리하는 곳이다. 인터넷 표준을 관리하는 역할과 글로벌 인터넷의 이해관계를 대변하는 ISOC의 중요성에 비해, 아시아에서 ISOC는 여전히 낯선 기관이다. 현재 ISOC는 미국과 유럽을 중심으로 이사진이 선출되고 있다. 아시아에서 ISOC 이사에 진출하기 어려운 가장 큰 이유는 아시아 국가들의 ISOC 및 IETF 활동 미진에 기인한다고 본다.

ISOC의 이사회도 정기적으로 IETF 회의 때 개최되고 있다. ISOC는 2012년 4월 인터넷의 대부로 불리는 구글의 빈트 서프를 비롯해, 각국에 인터넷을 소개한 에반젤리스트[1]들을 모아놓고 제네바에서 인터넷 소사이어티의 20주년 기념행사를 화려하게 개최한 바 있다. 제네바에서의 축포는 2012년 12월, 글로벌 인터넷 거버넌스 패권전쟁터의 일촉즉발 포성으로 변해갔다. 글로벌 인터넷 거버넌스 2.0을 알리는 두바이발 경고였다. 글로벌 인터넷 거버넌스 1.0이 미국 정부와 EU의 비호 아래 민간을 중심

---

1) 우리말로 대사 혹은 전도사라는 의미를 내포하고 있다. 각국에서 인터넷을 소개하는 작업을 했던 이들을 존경의 의미를 담아 지칭하기도 하고, IT업계에서 회사를 대표하여 회사 이미지 제고를 위해 다양한 외부 활동을 하는 사람들을 일컫는 용어로도 쓰인다.

으로 한 이해관계자들이 중심이 되어 진행되었다면, 글로벌 인터넷 거버넌스 2.0은 본격적으로 정부들이 글로벌 사이버스페이스에 대한 의사결정권을 행사하겠다는 그들의 의지를 보여준 신호탄으로 볼 수 있다. 1992년 ISOC의 탄생부터, 2012년 전 세계 미디어의 이목을 집중시킨 WCIT회의의 개최까지, 1998년 미국 정부가 세운 ICANN을 중심으로 국제무대에서 어떤 갈등들이 전개되었는지 알아보자.

미국은 국제정치무대에 획기적인 글로벌 거버넌스 모델을 제시했다. 미국은 ICANN과 계약관계에 있는 미국 정부를 제외하고, 다른 정부에 의사결정권을 부여하지 않았다. '한 국가 한 표'라는 UN의 실험에 불만을 가지고 있던 미국 등 선진국들이 비슷한 생각을 공유한 정부들끼리 G7, G8, OECD등과 같은 클럽모델을 운영하고는 있었지만, 여전히 의사결정자는 정부였다. 국제정치 역사상 이런 선례는 없었다. 국제사회가 공동으로 사용하고 있는 주요 인프라 관리를 논의하는 데 있어, 각 정부는 의결권을 박탈당하고, 기존에는 자문역할만 했던 기업과 시민사회에 의사결정권을 넘겨주었다. 가히 혁명적인 글로벌 거버넌스 모델에 적극적으로 참여한 기업과 시민사회 대부분은 미국의 기업과 시민사회였고, 2003년, 2005년 UN 세계 정보화사회 정상회의를 통해 유럽의 참여가 증대되었지만, 새로운 글로벌 거버넌스의 구심점은 여전히 미국 기업과 미국에 기반을 두고 활동하는 시민사회의 활동가들이다. 글로벌 인터넷 거버넌스의 갈등은 주로 ICANN을 중심으로 전개된 바, ICANN의 CEO에 따라 어떤 국제적 갈등을 극복해야 했는지를 위주로 살펴보고자 한다.

미국 정부가 1998년 글로벌 인터넷 거버넌스 기구로 ICANN을 설립한 후, 이제까지 다섯 명의 CEO가 배출되었다. ICANN은 새로운 CEO가 부임할 때마다 그 색깔이 달라졌다. 처음 네트워크 관련 비영리법인을 운영하던 마이크 로버츠(1998년 10월~2001년 3월)가 ICANN을 운영할 때 ICANN 은 변호사나, 사업가만큼이나 엔지니어들로 북적였다. 정부자문위원회라 는 정부의 모임장소는 마련되었지만, 의결권이 없는 위원회가 어떤 역할 을 할 수 있는지 서로 눈치만 보고 있을 때였다. 당시 많은 정부는 각국의 국가도메인의 중요성을 파악하지 못한 상태였다. 한국 정부도 미국 정부 와 ICANN의 권고대로, .KR에 대한 운영권을 사단법인 한국인터넷정보센 터에 위임한 상황이었다. 초기 ICANN에서 정책 부사장으로 일했던 앤드 류 맥클로린은 미국 정부를 대신하여, 기회만 되면 ICANN과 국가도메인 기관들과 협약을 체결할 것을 강요하던 때였다. 만약 당시 한국인터넷정 보센터가 ICANN과 계약관계를 맺는다면, 한국 국가코드 .KR의 최종관리 권이 자동적으로 미국 정부로 넘어가는 상황이었다. 미국 정부를 등에 업 고 있던 ICANN과 계약을 체결하는 것이 부당하다고 느낀 많은 국가도메 인들의 반발이 이어졌다. 특히, 각 정부들과 국가도메인 관리권으로 내부 적으로 갈등을 빚은 유럽의 도메인 관리기구들의 반발이 아주 거셌다.

마이크 로버츠가 이끌었던 ICANN이 성공시킨 것은 Uniform Dispute Resolution Policy(UDRP)의 합의와 일곱 개의 일반 최상위 도메인 생성이 었다. 대기업 변호사들이 열심히 참여한 결과, 상표권자들이 승리를 거둔 것이다. 한편, 국가도메인기관들, 미국 정부를 제외한 다른 정부들과 ICANN의 관계는 점점 경색되어갔다. ICANN과 다른 정부와의 관계도 악 화되고 있었으며, ICANN과 국가도메인 관리자들 간의 관계에서도 갈등 상황이 자주 연출되었다. 국가도메인 관리자들은 ICANN으로부터 독립된 사무국을 만들기 위한 많은 노력을 했으며, 미국 정부를 대신하여 ICANN 은 설득되지 않은 두 상대를 억지로 ICANN에 묶어놓으려 안간힘을 썼다. 의외로 미국이 다른 정부들과 관계 설정에 어려움을 겪게 되자, 두 번째로

부임한 ICANN의 CEO 스튜어트 린(2001년 3월~2003년 3월)은 ICANN에서 정부의 목소리를 강화하겠다는 ICANN 개혁안을 들고 나온다. 여전히 민간기업 위주의 의사결정 방식은(Private sector leadership) ICANN의 핵심적 이데올로기로서 선전되고 있었다.

제2대 CEO 스튜어트 린의 '정부를 더욱 더 중요한 파트너로 인식하겠다'는 선언적 발언은 의사결정권이 없는 정부들의 마음을 돌려놓기에는 역부족이었다. 인터넷 도메인 주소 관리에 대한 이해가 부족한 정부들은 ICANN에 아예 참석조차 하지 않았다. 미국 정부를 대신하여 국가도메인과 계약을 체결하기로 되어 있던 ICANN이 계약관계를 거부하는 국가도메인 기관들과 불편한 동거에 들어가 있었다. 미국 정부 단독 관리에 대한 유럽 정부들의 비협조로 속을 썩고 있었던 당시 ICANN의 새로운 CEO 린이 가장 위협적으로 받아들였던 의제는 예상치 않게 아시아에서 나왔다. ASCII로 표현되는 영어가 아닌 각국의 자국어로 표현할 수 있다는 자국어 도메인의 등장이었다. 아시아지역을 중심으로, 싱가포르에 기반을 둔 i-DNS.net이라는 회사가 자국어 도메인 사용이 가능하다는 것을 2000년부터 홍보하기 시작했다. 처음 자국어 도메인이라는 개념이 2000년 요코하마 ICANN Public Forum에서 소개되었을 때, ICANN 이사회의 반응은 '도메인 이름은 모두 영어다'라고 단언했다. 미국인 중심의 ICANN 이사회에서 미국 문화중심적인 발언이 나왔다.

자국어 도메인은 1990년대 중반 Asia Pacific Networking Group(APNG)를 중심으로 한 아시아 국가도메인 기관들의 실험의 결과물이었다. 자국어 도메인의 실험은 성공적이었다. 영어를 출입문으로 이용하는 인터넷에 연결할 필요 없이 자국어로 된 네트워크를 만들 경우는 언제라도 사용 가능했다. 싱가포르에 소재한 i-DNS.net이 홍보한 방법이었다. 그럴 경우,

영어를 출입문으로 사용하는 ICANN이 운영하는 인터넷과 단절되는 위험이 있었지만, 당시 자국어 도메인을 실현하기 위한 유일한 방법이었다. 한국 인터넷정보센터를 비롯하여 중국, 일본, 대만 등 많은 아시아 국가들의 관심은 뜨거웠다. ISOC가 캐치프레이즈로 사용하는 '우리는 하나, 인터넷도 하나'라는 문구는 자국어 도메인과 관련한, 인터넷 분열 가능성을 염두에 둔 말이다. 'Balkanization'이라는 용어를 사용하면서, 인터넷의 분열을 막겠다는 강력한 의지를 보이는 미국의 압력을 의식한 아시아 각국은 ICANN이 운영하는 인터넷과 연결할 수 있도록 많은 노력을 기울였다.

기술 표준화가 선결과제였으므로, IETF를 비롯해 기술논의를 추진했지만 추진속도가 너무 느렸다. 결국, 아시아 국가도메인 관리 기구들을 중심으로 2000년에 Multilingual Internet Names Consortium(MINC)을 설립했다. 이런 자국어 도메인 논의 과정에서 당시 중국 국가도메인 관리기구(CNNIC) CEO 마오 웨이는 중국에서 자국어 도메인 시장의 가능성을 감지했다. 당시 중국 시장을 공략하고 있었던 싱가포르 기업 i-DNS.net의 중국 시장 진출에 대한 반감을 가지고 있었던 마오 웨이는 i-DNS.net이 활발히 활동했던 자국어 도메인 컨소시엄에 참여하지 않기로 결정한다. 마오 웨이의 결정은 훗날 아시아에서 아시아 자국어 도메인 회사 간 자국어 도메인 시장을 둘러싼 갈등으로 연결된다. 이런 상황에서 ICANN은 영어로 출입하는 인터넷에 연결하지 않는 자국어 도메인은 ICANN과 미국에 대한 도전으로 간주한다는 메시지를 지속적으로 보낸다.

자국어 도메인 논의를 계기로 스튜어트 린은 자주 중국을 드나들면서, 중국과의 관계 개선에 많은 노력을 기울인다. 중국과 대만 간에 이미 중국어로 출입하는 중국 인터넷이 있다는 소문은 이미 그때부터 있었지만, 어느 누구도 중국어로 출입하는 인터넷에 대해 공식적으로 언급하지 않았다. 아시아 국가 간 내부 갈등으로, 아시아는 미국과 ICANN의 영향력하에 들어갔다. 한 해 두 해 기다리던 IETF 표준화 작업 및 정책논의가 끝나고, 미국과 ICANN이 자국어 이름으로 인터넷을 출입하게 해준 것은 2011년, 만 11년 만에 일어난 일이었다. 하지만 벅찬 감회도 잠시, 한국어로 출입하는 인터넷 출입문을 만들어줬지만, 이미 영어로 된 출입문에 익숙한 사람들은 우리말로 된 출입문이 있다는 사실도 모르고 있다. 우리는 이미 www.naver.com에 익숙해져서, 인터넷에서 '네이버.한국'을 사용하려고 하지 않는다. 만약 2000년 싱가포르 i-DNS.net이 성공했더라면 어땠을까?

세 번째로 ICANN CEO로 부임한 폴 투미(2003년 3월~2009년 6월)는 호주 정부 출신으로 ICANN의 정부 자문위원회 의장을 했던 사람이다. 폴 투미는 ICANN이 UN World Summit on the Information Society(WSIS)라는 파고에 시달릴 때, ICANN을 수성한 인물이다. 많은 사람들이 ICANN이 WSIS라는 험난한 장애물을 만났을 때, 깊은 우려를 보냈다. 역설적이게도 ICANN은 위기를 기회로 만들었다. 외부에서 공격을 받게 되자 그때까지 ICANN에 비협조적이던 국가도메인 관리자들과 IP 주소를 분배하는 RIR들이 ICANN을 위해 버팀목이 되어줬다. 지금도 다수의 국가도메인 관리기구 및 RIR들이 ICANN의 정책이나 운영 방식에 대해 전적으로 지지하고 있지는 않다. 다만, WSIS라는 위기를 통해 ICANN이라는 방호막이 없어지면, 다른 정부들이 접수할 것이라는 현실을 직시하게 된 것이다.

폴 투미는 전 호주 정부 관료로서 당시 UN을 중심으로 ICANN체제를 전복하려 했던 움직임에 재빠르게 대처했다. 투미가 처음으로 비미국인 출신 CEO였다는 점도 주목할 만하다. 비미국인 CEO였지만, 그는 미국의 이해관계를 잘 대변했다. 이 점에서 주목할 것이 있다. ICANN에는 정부 자문위원회에 참석하는 국가와 국가도메인 대표들을 제외하고 국가대표가 없다. 모든 대표는 다섯 개 지역별 안배로 이루어지는 선거에서 선출되는데, 호주 혹은 뉴질랜드는 아태지역 대표로 아시아 태평양을 대표하고, 영국은 유럽을, 캐나다, 미국은 북미 지역을, 유럽 조상을 가진 라틴 아메리카 사람들이 라틴 아메리카를, 역시 유럽에 조상을 둔 남아프리카 공화국 사람들이 아프리카를 대변하는 경우가 많아서, 결국 지역별 안배라고는 했지만, ICANN의 주요 조직은 비슷하게 생긴 앵글로 색슨 계열의 사람들로 채워지는 경우를 자주 목격하게 된다. 폴 투미는 CEO 재직 시 호주 시드니에 아시아 태평양 ICANN 지부를 설립한다.

네 번째로 전직 미국 국토안보부(Department of Homeland Security) 출신의 로드 벡스트롬(2009년 6월~2012년 10월)이 CEO로 부임했다. 로드 벡스트롬은 등장부터 헐리우드 스타일 액션으로 사람들의 거부감을 샀다. 그는 대중 앞에서 말하기를 좋아하는 CEO였다. 그의 화려한 손동작과 표정은 배우를 연상케 할 정도였다. 유럽 사람들조차 진실해 보이지 않는다는 평가를 자아냈다. 로드 벡스트롬이 CEO로 오면서 비대해진 ICANN 사무국에 칼바람이 불었다. 1998년 ICANN이 세워졌을 때, 다섯 명에 불과하던 ICANN 사무국 직원은 150명을 훌쩍 넘긴 상태였다. ICANN 사무국 고위직들이 로드 벡스트롬이 데려온 사람들로 채워지기 시작했다. 이제까지 ICANN에서 일하던 사람들이 하나둘 떠나면서, ICANN에는 새로운 사람들이 들어왔다. 새로운 직원들은 다른 산업에서 일하던 사람들이 대부분이었다. 한편, 스탠포드 대학교 출신의 로드 벡스트롬은 LA에 소재한 ICANN 사무국에서 일하는 대신 스탠포드 근처 팔로알토에 ICANN 사무국을 만들고, 팔로알토에서 주요 업무를 보곤 했다. 그런 벡스트롬에 대한 ICANN 커뮤니티의 시선은 곱지 않았다. 벡스트롬 재임 기간 동안 가장 획기적인 의제는 2,000여 개에 달하는 새로운 일반 초상위 도메인 생성을 결정한 것이다. 일반 최상위 도메인 하나를 신청하는 데 ICANN에 지불하는 신청비는 대략 2억 원으로 책정되었다. ICANN은 신청비로만 4,000억 원에 달하는 수입을 챙겼다.

2,000여 개 가까운 일반 최상위 도메인 신청을 받기 전부터 ICANN 이사회와 로드 벡스트롬의 관계는 삐걱거렸다. 임기를 일 년도 넘게 남겨놓은 2011년, ICANN 이사회는 파격적으로 로드 벡스트롬에게 새로운 CEO를 물색하겠다는 의사를 통보하게 된다. 임기 말에 CEO를 찾게 되면, 촉박한 시간에 시달리며 사람을 채용하게 되고, ICANN이 원하는 CEO를 찾기 어렵다는 설명이었다. 전임 CEO의 임기를 1년 남겨놓은 상황에서 ICANN 이사회는 이례적으로 벨기에 소재 헤드헌팅회사를 통해 레바논 출신의 미국인 파디 셰하드(2012년 10월~)를 CEO로 영입한다. 셰하드는 이제까지의 ICANN CEO 중에서 영어 외에 불어, 아랍어 등과 같은 제2, 제3 외국어를 할 수 있는 사람이다. 그는 가장 국제적인 감각이 있는 CEO로서 부임과 동시에 미국 중심의 ICANN을 국제화하겠다는 강력한 의지를 보여주고 있다. 그 결과, 미국 LA 사무소와 더불어, 아시아태평양 지역에는 싱가포르 지역사무소를 두고, 유럽, 아프리카 지역을 위해 터키에 지역 사무소를 두겠다는 깜짝 발표를 하기도 했다.

터키 지역 사무소는 2013년 6월에 개소되었으며, 2013년 8월 싱가포르 지역 사무소도 개소되었다. 셰하드는 ICANN CEO 중에서는 처음으로 아시아 국가들의 중요성에 대해 여러 번 강조하고 있다. 아시아를 이야기할 때 셰하드가 생각하는 아시아 주요 국가는 아쉽지만 '중국, 일본, 인도'를 지칭한다. 그 세 나라에는 국가를 담당하는 ICANN 사무소를 두겠다는 계획을 가지고 있으며, 이미 중국에는 2013년 4월 북경에 사무소를 설치한 바 있다. ICANN에서 한국의 입지는 여전히 좁다. G20 국가로 인정받고 무역 강국에 속하지만, 국제정치에서 한국은 아직 갈 길이 멀다. ICANN은 글로벌 인터넷 거버넌스의 실무담당 기구로서 시기적절하게 지난 15년간 여러 난관을 헤쳐나왔고, 2013년 현재 200명 이상의 직원을 고용하고 있을 정도로 빠르게 성장하고 있다. 미국 캘리포니아주의 비영리법인을 이끄는 셰하드는 글로벌 인터넷 거버넌스 2.0시대의 초대 CEO로서 두바이, 제네바에서 부드럽지만 강한 리더십을 보여주면서, 좋은 인상을 준 바 있다. 하지만 셰하드가 갈 길이 그리 장밋빛만은 아니다.

3. 현재 글로벌 인터넷 거버넌스의 쟁점

2012년 제네바에서 ITU가 개최하는 다섯 번째 세계 통신 및 ICT 정책 포럼이 개최된 바 있다. 세 번의 전문가 준비회의를 거쳐, 글로벌 인터넷 거버넌스 커뮤니티가 준비한 여섯 개의 의견서가 채택될 지 여부가 전 세계의 이목을 집중시켰다. 그중 WTPF 회의 절반가량이 '거버넌스'의 방법론 논의에 할애되었다. 글로벌 인터넷 거버넌스의 핵심은 권력 분산과 권력 집중의 공존이다. 정부 독점적인 기존의 행정 방식을 지양하고, 기업과 시민사회를 포함한 민간이 정부와 힘을 공유하며 정책결정을 한다는 점에서는 권력의 분산을 이야기하나, 분산된 권력의 최종 감독기관이 미국 정부라는 역설적 권력 집중을 인정하고 있는 것이다. 판도라 박스는 이런 역설적 이데올로기에 대한 공방에서 열렸고, 박스가 열린 이상 지속적 이데올로기 대결로 점철되고 있다. 다양한 장에서 양 진영의 인터넷 거버넌스 이데올로기 논쟁이 지속될 것이다.

인터넷 거버넌스 이데올로기 논쟁은 글로벌 인터넷 거버넌스에서 '정부의 역할'로 좁혀지고 있다. 2013년 5월 제네바 WTPF 회의 결과로 향후 논의할 예정인 Multi-Stakeholder Framework에서 정부의 역할이 어디서 논의되어야 하는지를 놓고, 양 진영은 또 한 번 격돌하고 있다. BRIC을 중심으로 한 비서방진영은 정부를 주요 의사결정권자로 하고 있는 ITU Council Working Group on Internet(CWG-Internet)에서 논의하자는 의견이고, 미영연합군은 UN 인터넷 거버넌스 포럼이나, UNCTAD CSTD에서 논의하자는 의견이다. UNCTAD Commission on Science, Technology and Development(CSTD)도 UN의 기구로서 정부 중심의 의사결정 과정을 가지고 있는 기구였으나, 최근 강화된 협력(Enhanced Cooperation)을 논의하는 과정에서 미영연합군의 끈질긴 공세에 인터넷 거버넌스 포럼과 비슷하게 참여 인원을 확장하도록 조정해놓은 상황이다. 즉, 시민사회, 기업, 학계가 정부와 마찬가지로 대표들을 보낼 수 있는 구조로 리모델링되어 있다.

강화된 협력은 2005년 UN 세계 정보화사회 정상회의(WSIS) 튀니지 어젠다의 정부 간 합의였음에도 불구하고, 8년이 지나서야 공식적으로 논의가 가능할 수 있었다. 더 직설적으로 미국이 강화된 협력에 대한 논의에 참여할 뜻을 비쳤다. 왜 미국은 협상무대로 나올 수밖에 없었을까? BRIC으로 연대하는 브라질, 러시아, 인도, 중국 등 비서방진영이 최근 몇 년간 지속적으로 정기 9월 UN 총회에 인터넷 거버넌스 관련 의제를 상정하면서, 미국도 더 이상 외면할 수 없다는 판단을 한 것으로 보인다. 2011년 중국과 러시아가 안전보장이사회(Security Council)를 통하여 UN이 행사하는 국제사회 안보 조정권을 사이버스페이스에서도 연장하자는 의제를 제출하고, 같은 해 인도가 인터넷 운영의 관리감독권을 UN에 위원회를 만들어 행사하자는 취지의 의제를 제출했다.

이런 비서방진영의 공세에 당황한 미영연합군이 급조해서 만든 포럼이

2011년 11월 런던에서 개최된 제1차 사이버스페이스 총회다. 두 번째 회의는 2012년 부다페스트에서, 세번째는 2013년 서울에서 개최되었다. 인터넷 거버넌스 관련 실질적 논의를 개방된 장에서 하고 싶지 않은 미영연합군은 사이버스페이스 총회를 방패막이 정도로 사용하고 있다. 사이버스페이스 총회는 미영연합군을 지지하는 민간 중심의 인터넷 운영관리 원칙에 대한 형식적인 발언들로 채워지고 있다. 비서방진영에서 사이버 안보 관련 실질적인 논의를 UN 시스템에서 하자고 주장하면, 미영연합군은 사이버스페이스 총회로 충분하다고 반박한다. 2012년 두바이에서 미영연합군이 사용한 전략이었다. 사이버 안보에 있어 ITU 역할을 제시하려고 할 때마다, 그들은 불필요한 논의의 장이 반복되는 것에 반대했다.

UNCTAD CSTD에서 전개될 강화된 협력 논의는 비서방진영의 협공이 없는 한, 실패로 돌아갈 확률이 크다. 우리는 이미 UN 인터넷 거버넌스 포럼의 민관협력자문위원회(Multistakeholder Advisory Group: MAG)에서 목격한 바 있다. 인터넷 거버넌스 포럼의 미영연합군과 비서방진영은 수로 보면 거의 비슷한 전투력을 가지고 있었다. 하지만 미영연합군은 비슷한 문화와 생각을 공유하는 전략적 전투력으로 준비되어 있었고, 일사분란하게 움직였다. 반면, 비서방진영은 미국의 독점적 관할권을 국제화하겠다는 것에는 동의하는 그룹이었지만, 다른 문화와 배경을 가지고 각자 싸우는 형국이었다. 예를 들어, 중국 정부대표가 UN IGF에 대한 운영에 있어서 비서방진영이 원하는 의견을 표명하면, 중국 정부와 반대의사를 가진 미영연합군이 중국 정부 대표에게 벌떼처럼 달려든다. 차례로 하나, 하나, 줄 서서 기다리면서, 중국 정부 대표의 발언을 갈기갈기 찢어낸다. 비서방진영은 그 살벌한 언어 살인 과정을 지켜보면서, 만신창이가 된 중국 정부 대표를 도와주지 않는다. 그렇게 상처로 얼룩진 중국 대표는 더 이상 메일

링 리스트에 나타나지 않는다. 미영연합군이 그렇게 잔인하게 보낸 비서방진영 대표가 수도 없다. 그런 상황들이 반복되면서 비서방진영의 전투력은 고갈되고, 2013년 결국 MAG은 ISOC에 의해 점령된 상황이다.

재미있게도 이번 UNCTAD CSTD도 선수 선발부터 양 진영에 비슷한 무게가 실려 있다. 미영연합군은 기존의 베테랑이 총망라되어 있다. 2013년 5월 말에 첫 번째 회의가 제네바에서 열렸다. 과거 비서방진영 간 조정과 협력의 부재로 쓰라린 실패를 경험한 비서방진영이 UNCTAD CSTD에서는 다른 면모를 보여줄 수 있을지, UN 인터넷 거버넌스 포럼의 경험을 바탕으로 다른 협상장소를 물색할지는 두고 봐야겠다. 비서방진영이 가지고 있는 패는 두 가지 정도로 압축될 수 있다. 첫째, 모든 정부 대표들이 모이는 UN 총회를 공략하는 방법과, 인터넷 거버넌스에 도전장을 내미는 ITU를 통하여 미영연합군에 대적하는 방법이다. 이번 제네바에서 비서방진영은 2014년 한국 부산에서 개최되는 ITU 전권회의에서 논의를 지속하겠다는 의지를 표명했다. 2012년 두바이에서 처음으로 글로벌 인터넷 거버넌스 관련, 비서방진영에 힘을 실어줬던 한국 정부의 역할이 주목받고 있다. 2013년 서울 사이버스페이스 총회 개최를 계기로 인터넷 거버넌스에 관심을 가지게 된 외교부와 2014년 부산에서 ITU 전권회의를 개최하는 미래창조부 간에 글로벌 인터넷 거버넌스에 대한 한국의 합의가 가능할까?

4. SNS와의 관련 속에서 보는 글로벌 인터넷 거버넌스 문제

G2로 대변되는 글로벌 인터넷 거버넌스 갈등을 소개하면, 많은 학생들이 국제정치적 문제로 이해하면서 본인들의 문제로 생각하지 않는다. 글

로벌 인터넷 거버넌스가 우리 일상생활에 어떻게 결부되는지 알아보기 위해 우리가 늘상 사용하는 소셜 네트워크 서비스와 글로벌 인터넷 거버넌스 간 상관관계를 조명하고자 한다. 싸이월드, 페이스북, 트위터로 대표되는 소셜 네트워크 서비스가 우리 생활에 연결되면서, 모든 지형의 변화를 경험하고 있다. 소셜 미디어 혹은 소셜 네트워크 서비스는 개인의 소셜 네트워크 기능을 넘어, 정치인의 선거캠페인에서 당락을 결정하는 변수로 등장하기도 하고, 기존 회사 혹은 기관의 홍보 수단으로 이용되기도 하고, 기존의 도매, 소매 방식을 넘어 소셜 매매라는 새로운 비즈니스 모델을 가져오기도 하고, '아랍의 봄'이라는 국제정치의 예상치 않았던 변화를 가져오기도 했다. 우리 모두 웬만한 소셜 미디어의 계정을 소유하고 있으며, 소셜 미디어와 관계를 맺고 있다. 이 절에서는 소셜 미디어의 기능을 하고 있는 소셜 네트워크 서비스를 인터넷 거버넌스의 시각에서 보고자 한다. 소셜 미디어 혹은 소셜 네트워크 서비스는 영화화될 정도로 우리에게 친숙한 개념인 데 비해, 인터넷 거버넌스는 아직까지 우리에게 생소하다.

　소셜 미디어와 인터넷 거버넌스의 상관관계를 연구하는 과정에서, 다시 한 번 인터넷 거버넌스라는 용어와 배경에 대해 확인해보자. 인터넷 거버넌스라는 용어는 1990년대 중반 인터넷 사용이 보편화되면서, 국경을 구분하지 않는 환경에서 등장한 다양한 갈등의 결과물이다. 만약 인터넷 관리 및 정책결정이 국가 내에서 해결될 수 있다면, 인터넷 거버넌스 논의가 이렇게까지 진화되지 않았을 것이다. 인간이 좀 더 좋은 환경에서 거주하고 싶은 욕구는 인터넷까지 연장된다. 그러면 인터넷에서 좀 더 좋은 환경은 어디일까? 현재 인터넷에서 자리를 잡고 있는 개인, 기업, 기관들은 더 많은 방문자를 원한다. 더 많은 방문자를 유인하기 위해, 쉽게 기억하여 찾아올 수 있는 장소를 원하게 되고, 2013년 현재 가장 잘 알려진 공간은

'.COM'으로 끝나는 주소들이다. 예를 들어 '광주'는 전라남도에도, 경기도에도 위치할 수 있지만, 사이버공간에서 '광주'는 하나다. 만약, 경기도 광주시청에서 인터넷 공간에서 광주.COM을 선점해버리면, 전라도 광주시청은 다른 장소를 물색해야 한다.

한국 인터넷 이용자들이 주로 이용하게 될 광주시청의 인터넷 주소를 꼭 '.COM'으로 할 필요가 있을까? 광주시청을 포함한 지자체들은 '.KR'을 이용할 수도 있고, 2011년부터 한국인터넷진흥원이 제공하는 '.한국'이라는 도메인의 서비스를 이용할 수도 있다. 광주시청은 '광주.COM' 대신 '광주.한국'을 홍보, 인터넷을 이용하여 더 많은 대민원 서비스를 강화할 수도 있다. 이런 사례를 통하여, 주소를 둘러싼 경쟁이 종종 투자 혹은 투기로까지 연결되는 사례가 많음을 알 수 있다. 한국의 한 기업도 도메인 선점 경쟁이 한창일 때, KOREA.COM을 수억 원대에 구매한 경험이 있으며, 해외 통신을 통하여 SEX.COM이 어마어마한 가격으로 매매되는 것을 들었다. 특히 다국적 기업들의 상표를 먼저 등록하여, 인터넷 세상을 선점했던 중소기업 혹은 개인들은 Uniform Dispute Resolution Policy(UDRP)라는 새로운 정책에 의해, 자신들이 등록한 도메인을 다국적 기업에 양보해줘야 했다.

개인과 중소기업의 이해관계보다 다국적 기업을 중심으로 상표권이 보장되도록 한 UDRP는 어떻게 만들어졌을까? 그 중심에는 제네바에 위치한 World Intellectual Property Organisation(WIPO)와 Internet Corporation for Assigned Names and Numbers(ICANN)이 있다. 기존 상표권자의 법인 변호사들이 ICANN 프로세스에 적극적으로 참여하여, 그들의 상표권 보호가 강화되는 방향으로 정책이 만들어지는 데 공헌했고, 그 결과 지금의 UDRP가 탄생했다. ICANN은 인터넷에서 다양한 공간 혹은 주소에 대한 갈증과 기존의 제한된 공간 혹은 주소를 놓고 전개되는 국제분쟁을 해결하기 위해 만들어졌다. 예를 들어, 'chanel.com'을 등록한 도메인 등록자는 한국 사람인데, 'chanel.com'에 대한 권리를 주장하는 샤넬사는 프랑스 회사이며, 'chanel.com'을 등록하고, 운영하는 회사는 미국에 소재해 있는 상황이었다. 한국, 프랑스, 미국 등과 같이 다수의 법적 관할권이 얽혀 있는 도메인 분쟁을 해결하기 위한 국제 합의 프로세스가 필요했고, 인터넷을 탄생하게 하는 데 지대한 공헌을 한 미국 정부가 적극적으로 개입하여 만든 기구가 1998년에 설립된 ICANN이다. 당시 미국 정부는 ICANN이 독자적으로 안정적 운영을 한다고 판단될 때, 미국 정부의 관할이 아닌 국제사회의 관할권에 둔다는 것을 약속한 바 있다. 그 약속은 2013년 현재까지 지켜지지 않고 있다.

ICANN이 관리하는 글로벌 인터넷 거버넌스에 대한 한국 학계의 관심은 2003년과 2005년에 개최된 UN 세계 정보화사회 정상회의(World Summit on the Information Society: WSIS)를 계기로 고조된 바 있다. 세계 정보화사회 정상회의는 UN 특별기구로서 통신 관리 주체였던 International Telecommunication Union(ITU)를 중심으로 준비되었다. 세계 정보화 사회 정상회의에서 공식적으로 중국, 러시아, 브라질, 인도, 아랍 등을 중심으로 한 비서방진영은 미국이 단독으로 관할하는 ICANN 체제에 대한 우려를 표명했다. 유럽도 미국 단독 관할권에 대한 우려가 없는 것은 아니었으나, 대안의 부재를 이유로 미국 편에 섰다. 그 결과 탄생한 것이 UN Internet Governance Forum(IGF)다.

국제 인터넷 관리 문제는 지속적으로 IGF에서 논의되었지만, 의사결정권이 없는 IGF에서 진전된 논의를 할 수 없다고 판단한 비서방진영은 2012년 다시 한 번 ITU의 의사결정 프로세스를 이용하게 된다. UN IGF와 달리 구속력이 있는 국제협약을 논의하는 ITU의 World Conference on International Telecommunications(WCIT)는 미국에 큰 위협이었다. 2003년과 2005년 이후 인터넷 거버넌스를 둘러싸고 다른 의견을 가지고 있는 나라들은 2012년 12월 두바이에서 개최된 ITU WCIT에서 다시 한 번 갈등을 재현했다. 인터넷 거버넌스와 관련된 국제적 갈등은 전 세계 언론을 타고 보도되었다. 대부분 글로벌 미디어는 미국의 시각을 담았고, 미국의 입장에 따르면, 미국식 거버넌스 시스템에 도전하는 것을 인터넷 규제의지로 수용하겠다는 미국의 목소리가 고스란히 우리에게 전달되었다.

국내 언론도 예외가 아니었다. 두바이에서 중국을 비롯한 비서방진영과 함께 서명을 하고 돌아온 한국 정부단은 인터넷 규제라는 미디어 프레임으로 인한 엄청난 비난을 감수해야 했다. 역설적으로, 이런 언론의 관심은 대중의 관심으로 이어지고 있다. 인터넷 거버넌스는 주로 인터넷 주소 관련 기관, 기업, 관련 전문가들을 중심으로 지난 15년에 걸쳐 논의된 바 있으나, 대중의 관심을 받기에는 아직 전문적이라고 평가되는 국제협상의 영역이었다. 그런데 우리 생활과 밀접하게 관련된 소셜 미디어 혹은 소셜 네트워크 서비스가 어떻게 인터넷 거버넌스와 연계되는 걸까? 연계점은 소셜 네트워크 서비스가 이용하는 클라우드 컴퓨팅과 그 결과 양산되는 빅데이터 관리문제에서 찾을 수 있다. 즉, 빅데이터 관리를 논의하는 과정에서 이제까지 인터넷 거버넌스에서 논의하던 많은 정책문제가 반복되어 있음을 주목하고자 한다.

1) 소셜 네트워크 서비스의 클라우드 데이터 관리와 인터넷 주소 관리

소셜 네트워크 서비스와 글로벌 인터넷 거버넌스는 각각 21세기에 부상한 새로운 형태의 인터넷 서비스와 새로운 형태의 글로벌 거버넌스 모델이다. 소셜 네트워크 서비스는 인터넷 이용자들과 기업, 기관, 정부들의 자발적 인터넷 네트워크 서비스로서 애용되고 있으며, 인터넷 거버넌스는 인터넷 이용자 및 기업, 기관들에 인터넷 정책 의사결정권을 준 새로운 형태의 글로벌 거버넌스 실험이다. 둘 다 15년이 채 안 되는 짧은 역사를 가지고 있다. 21세기 새로운 인터넷 서비스와 새로운 글로벌 거버넌스 모델이 공유하는 융합, 개방, 참여, 책임이라는 시각에서 서로 다른듯 비슷한 두 분야를 조명하여, 우리에게 던지는 시사점을 소개하고자 한다.

(1) 융합: 글로벌 서비스와 글로벌 거버넌스

2000년대 초반에는 한국 기업이 운영하는 소셜 미디어의 이용이 대세였다면, 2013년에는 페이스북, 트위터와 같이 미국 기업에서 운영하는 소셜 미디어의 계정이 상대적으로 강세를 보이고 있다. 2000년대 초반 한국은 '싸이월드'라는 토종 기업의 소셜 네트워크 서비스가 화제였고, 당시 유행어는 '일촌과 도토리'였다. 만약 한국 시장에서 토종기업의 소셜 네트워크 서비스가 여전히 강세라면, 소셜 네트워크 서비스와 인터넷 거버넌스의 상관성을 논의하기는 어려웠을 것이다. 현재 한국의 소셜 네트워크 서비스는 페이스북, 트위터와 같은 미국 기업 서비스들이 두각을 나타내고 있다. 도메인 주소가 그랬던 것처럼, 다양한 소셜 네트워크 서비스가 제공하는 정보는 다수의 법적 관할권의 영향력에 귀속된다.

한국의 이용자들은 미국 기업 혹은 제3의 국가 서버에 개인 신상 기록을 남기는 것에 거리낌이 없다. 소셜 네트워크 서비스 사이트에 개인의 사진을 올리는 것은 낯선 일이 아니다. 친구들과 공유한다고 생각하는 개인의 많은 기록이 실제로는 미국의 기업이 운영하는 서버에 보내진다. 미국의 기업은 운영비 등 다양한 요소를 고려하여, 서버를 관리하는 데이터 센터를 유럽에 만들기도 하고, 아시아에 설립하기도 한다. 한국 이용자의 데이터는 미국 기업이 운영하는 스웨덴 데이터 센터에서 프로세스되고 있다. 미국의 기업은 자발적으로 전 세계에서 보내준 정보를 활용하여, 특정 개인을 대상으로 하는 마케팅 정보로 활용하기도 하고, 미국 수사기관의 정보공유 요청에 응하기도 한다. 소셜 네트워크 서비스에 탑재되는 데이터를 클라우드 데이터라고 한다. 클라우드 데이터의 소유권은 누구에게 있을까? 정보를 제공한 이용자일까? 정보를 관리하는 미국 기업일까? 실제적으로 정보가 저장된 스웨덴 데이터 센터일까?

(2) 개방: 정보공유와 내용 규제

이용자들은 인터넷이라는 개방된 공간에서 자발적으로 다양한 정보공유를 하고 있다. 개방되어 있는 인터넷 공간에서 많은 이용자들이 하는 실수는 소셜 네트워크 서비스가 만들어내는 사적 공간과 공적 공간에 대한 혼돈에서 연유한다. 인터넷이 만든 사적 공간이 공적 공간의 기능을 함께 하고 있다는 이해의 부재로 인한 사건 사고는 빈번하게 일어났다. 소셜 네트워크 서비스를 개인의 공간으로 이해하고, 개인의 감정과 생각을 지인들과 자유롭게 공유한 사람들이 치러야 했던 대가를 우리는 종종 미디어를 통해 들었다. 직장 상사에 대한 불만을 사적 공간이라 생각한 공적 공간에서 토로했다가 직장에서 해고되는 일뿐만 아니라, 자신의 불륜관계를 사적 공간이라 믿은 공적 공간에 공유하여 사회적 비난을 받고, 직장을 배경으로 찍은 싸이의 「강남스타일」 패러디 영상을 유튜브에 올렸다가 근무태도 불량으로 회사에서 해고당한 일도 있었다. 소셜 네트워크 서비스를 이용하는 것은 유리 집에 자발적으로 들어가 자신을 보여주는 것과 비슷하다. 이제까지 많은 이들의 실수는 본인이 유리집이 아닌, 본인의 다락방으로 들어가는 줄 알고, 개인 감정을 토해내서 벌어진 상황들이었다.

소셜 네트워크 서비스는 사적 대화를 공적 공간에서 하는 사회적 활동이다. 개인정보를 공공장소에서 어디까지 공유할 것인지 그에 대한 결정은 자발적으로 이루어진다. 인터넷의 개방성에 흠뻑 취해, 개인정보 공유를 남발한 경우는 많다. 자발적 공유에 대한 책임소재는 본인에게 돌아가지만, 강제적 공유의 책임소재는 어떻게 될까? 2010년 뉴욕 러트거스 대학교 기숙사에서 어처구니없는 일이 저질러졌다. 타일러 클레멘티라는 19세의 대학생이 자살했다. 룸메이트였던 다룬 라비가 몰래 방 안의 웹캠을 통해, 게이였던 타일러가 남자에게 키스하는 장면을 봤다는 사실을 대표적인 소셜 미디어인 트위터에 게재하면서 사태가 걷잡을 수 없이 커진 것이다. 개인의 사생활이 공개되는 것에 대한 부담감과 수치감을 느낀 타일러 클레멘티는 며칠 뒤 자살했다. 2012년 5월, 라비에 대한 재판 결과, 30일 간 수감, 3년의 집행유예, 300시간의 봉사활동, 1,000만 원 상당의 벌금, 사이버 폭력 관련 상담의무명령이 부과되었다. 동의되지 않은 개인정보가 소셜 네트워크 서비스에 공개되면서, 개인정보가 노출된 개인은 자살을 했고, 강제적으로 정보를 노출시킨 룸메이트는, 2012년 6월 18일 30일 간의 복역을 마치고 사회로 돌아왔다.

인터넷 거버넌스에서 내용 규제는 부정적 개념이다. 인터넷에서 자유로운 정보공유는 민주적 거버넌스와도 직결되어 있다. 아랍의 봄은 규제되지 않은 내용들이 트위터를 통해 전달되었기에 가능했고, 정치적 변화를 이끌어냈다. 하지만 소셜 네트워크 서비스 공간이라는 공적 공간화되어 있는 사적 공간에서는 자발적인 내용 규제는 필요하다는 것을 강조하고 싶다. 원하지 않은 개인정보가 평생을 따라 다닌다는 것이 얼마나 고통스러운지에 대해서는 인터넷에서 잊혀져야 할 권리에 대한 글들을 보면 알수가 있다. 우리 사회에 만연한 'XX녀' 시리즈에 등장한 사람들의 인권에 대해서도 생각해봐야 한다.

소셜 네트워크 서비스는 정보공유를 바탕으로 한 비즈니스 모델을 가지고 있다. 소셜 네트워크 서비스 제공자는 정보공유가 활발하게 이루어지면, 광고주들의 관심으로 이어지고, 더 나아가 소유한 개인정보를 바탕으로 특화된 마케팅을 할 수 있는 방대한 양의 정보를 소유하게 된다. 페이스북의 정보공유 활성화 노력은 도가 지나칠 정도다. 페이스북에 상징적 계정을 운영하는 이용자는 페이스북에 거의 접속하지 않는다. 페이스북은 이용자가 얼마나 자주 이용하는지를 알고, 방문이 적은 이용자들에게 정기적으로 메시지를 보낸다. 당신의 친구들이 공유한 정보를 보라고 권유한다. 인터넷 거버넌스에서 주요 논의로 대두되는 개인정보 보호는 소셜 네트워크 서비스의 가장 큰 도전이다. 개인정보가 어디까지 노출되어야 하는지, 노출된 정보로 인한 책임을 질 준비가 되어 있는지, 각자가 신중히 생각해야 한다. 이야말로 인터넷 거버넌스가 강조하는 바텀-업 방식의, 상향식 의사결정에 따르는 정책 접근법이다.

(3) 참여: 자발적 참여와 참여 거버넌스

소셜 네트워크 서비스의 핵심은 전 세계 이용자들의 자발적 참여를 바탕으로 탄생한 비즈니스 모델이라는 점이다. 개인정보를 남과 공유하는 것이 익숙한 문화가 아닌 한국에서 자발적 참여가 어떻게 활성화되었을까? 최근 한국청소년정책연구원이 대학생들을 대상으로 한 '소셜 네트워크와 스트레스 완충의 상관관계 조사'에서 여학생들은 남학생들에 비해 SNS를 이용함으로써 스트레스 지수가 30%나 감소되었다는 결과를 발표한 바 있다. 마치 SNS를 통해 자기를 공유하는 것이 정신과 상담을 통해 자기를 누군가와 공유하는 기제와 닮아서일까?

소셜 네트워크 서비스에서 활발하게 발생하는 자발적 참여와 달리, 자발적 참여를 이데올로기로 인정하는 인터넷 거버넌스에서 인터넷 이용자들의 자발적 의사결정 참여는 소원하다. 아이러니다. 인터넷 거버넌스는 이용자들의 자발적 정책 논의 및 결정에 참여하는 거버넌스를 지향하고 있다. 민간기업과 인터넷 이용자들이 실질적인 정책결정을 할 수 있도록 디자인되어 있다. 인터넷 거버넌스의 특이한 현상은 국제무대에서 국가를 대표하여 의사결정권자 지위를 누려왔던 정부가 자문을 하는 위치에 있다는 사실이다. 물론 이는 글로벌 인터넷 거버넌스에만 나타나는 현상이다. 국내 인터넷 정책과정에서 정부는 강력한 인터넷 정책의 결정자다. 국내 인터넷 정책 의사결정과 국제 인터넷 의사 정책결정 간 차이는 다음과 같은 갈등으로 표출된다.

첫째, 민간이 인터넷 정책을 결정하는 국제 인터넷 정책결정 과정을 진리로 받아들이는 인터넷 거버넌스 참여자들은 국내 인터넷 정책결정 과정이 국제규범을 따르지 않는다며 이의를 제기한다. 한국 인터넷 국가코드 .KR에 대한 관리 모델이 그 대표적 예다. ICANN 출범 당시 민간 위주의 경영을 권장하는 그들의 권고를 받아들여, 한국 정부는 정부 산하기관인 전산원에서 운영하던 한국 인터넷 국가코드 .KR을 사단법인에서 운영하도록 했다. 사단법인 한국인터넷정보센터는 정보통신부 동의하에 1999년 6월에 출범했다. 하지만 한국인터넷정보센터는 한국 인터넷 국가코드 .KR 운영과 관련해 정통부에 정기적으로 보고하는 등 여전히 정부 산하기관적 성격을 유지하다, 2004년 주소자원법이 통과되면서 다시 정부 산하기관으로 변경되었다. 미국 남가주 대학교의 존 포스텔에 의해 대한민국

KAIST 전산학과 전길남에게 부여되었던 한국 인터넷 국가코드 .KR의 최종 관리 권한은 공식적으로 정보통신부로 귀속된다. 사단법인의 출범과 함께 당시 민간에서 한국 인터넷 국가코드 .KR정책 결정에 참여했던 위원 중 일부는 정부의 일방적 수용을 문제 삼고, 민간 위주의 국제 인터넷 정책결정이 국내 인터넷 정책결정에도 반영되어야 한다고 주장하고 있다.

둘째, 국내 인터넷 정책결정에서 강력한 권력을 행사하는 정부는, 정부의 정책결정권이 인정되지 않는 국제 인터넷 정책결정 과정에 소극적이다. ICANN 프로세스는 의도적으로 국가대표를 권장하지 않는다. 다섯 개의 대륙으로 분리되는 지역대표만 있을 뿐이다. 정부는 자문기관인 정부자문위원회(ICANN Governmental Advisory Committee: GAC)에 참여할 수 있다. 최근 ICANN에서 .GOOGLE, .APPLE, .SAMSUNG과 같이 새로운 최상위 도메인의 생성 논의를 계기로 정부의 목소리가 나오고 있지만, 여전히 정부의 의견은 자문의 성격으로 해석된다. 최종 정책결정은 민간 위주로 구성된 ICANN 이사회가 하는 것으로 되어 있다.

(4) 책임: 공공재 vs. 민간재

이용자들이 자발적으로 제공하는 소셜 네트워크 서비스 정보 소유권과 관리권을 두고 논란이 분분하다. 다양한 정부기관의 소셜 네트워크 서비스 이용으로 논의는 더욱 복잡해지는 양상이다. 한국 외교부도 미국 국무부처럼 페이스북, 트위터, 유튜브와 같은 소셜 네트워크 서비스에 많은 정보를 공개하고 있다. 클라우드 데이터가 경제적 가치로 환산되는 사회에서 자발적으로 양산되는 정보관리를 위해 많은 정부가 발 빠르게 대응하기도 한다. 인도, 스위스, 독일, 호주, 남아공, 캐나다 등과 같은 나라들은 자국 법적 관할권에 소재한 회사가 국외정보를 저장하는 것을 금지하는 법안을 통과시킨 바 있다. 클라우드 데이터 거버넌스 논의는 OECD, APEC, ASEAN, FTA 등을 통해 진행되지만, 아직 국내의 제도적 장치에 머물러 있다. 정부가 국내 법규로 국외사업자를 통제하려 하거나, 기업의 국경을 넘나드는 정보교류를 보수적으로 제한하려는 움직임이 있지만, 그 실효성에 의문점이 제기되고 있다.

소셜 네트워크 서비스는 기호품의 성격을 가진다. 10여 년 전 우리는 대부분 싸이월드를 했다. 미니홈피를 꾸미고, 일촌을 맺고, 파도를 탔다. 싸이월드를 통해서 자신의 공간을 마련하고, 지인들과 소통했다. 유명인들이 싸이월드에 남긴 메시지는 기존 미디어에 의해 확대·재생산되면서 개인 미디어로서의 기능도 했다. 어느새 싸이월드를 하던 이용자들 대부분은 페이스북을 하면서 지인들과 소통하고, 트위터를 개인 홍보 미디어로 이용하며, 카카오톡을 한다. 2012년 싸이의 「강남스타일」이 전 세계의 유행으로 자리 잡았던 것처럼, 국제화된 디지털 환경에서 페이스북과 트위터가 대세로 발 빠르게 자리 잡았다. 추억의 과자로 새우깡과 초코파이가 소비되는 것처럼, 싸이월드가 소비되고 있다.

인터넷 거버넌스 커뮤니티에서 주소자원을 둘러싼 재화의 성격을 규정하려는 논의는 거버넌스를 정의하려는 시각에 따라 다르게 나타난다. 민간운영을 주장하는 측에서는 주소자원을 민간재로 해석하고 있으며, 정부의 역할을 강조하는 측에서는 주소자원의 공공재 성격을 강조하고 있다. 인터넷 주소자원의 공공재 논의와 관련해 최근 미국 하원에서 있었던 일화를 소개하고자 한다. 2012년 12월 두바이에서 ITU의 인터넷 논의를 인정하는 나라들에 미디어 규제국이라는 분류를 서슴지 않으면서 국제여론을 조성하려던 미국이, 2013년 5월 제네바에서 자발적으로 인터넷과 관련된 공공정책 논의에 참여했고, 두바이 때보다 한 보 전진된 실질적인 인터넷 관련 의견에 합의했다. 미국은 두바이에서 차기 ITU 전권회의국인 한국을 비롯한 89개국의 ITU ITR 서명국을 지켜보면서, 미국 국제정치의 실패를 인정했다. 그 일환으로 2013년 4월 미국 하원에서 심기일전하고자 인터넷 거버넌스에 대한 결의를 논의하는 과정에서 정부의 역할에 대한 논쟁이 벌어지기도 했다. 미국식 글로벌 인터넷 거버넌스에서 인정되지 않는 정부의 역할에 쐐기를 밟기 위해, "Free from Government Control"을 명문화하려 하자, "인터넷에서 공익은 정부가 아니면 누가 보장하겠는가"라는 미국 시민사회의 반발이 제기되는 역설적인 상황이 일어났다.

인터넷 도메인 주소자원이 처음 탄생한 것은 1985년으로 거슬러 올라간다. 그때 인터넷은 소수 연구자들의 실험대상으로 이용되던 시기였다. 당시 인터넷 주소자원은 공공재의 성격을 지녔다. 미국 정부의 연구지원 재단인 국립과학재단(National Science Foundation: NSF)이 네트워크 연구에 투자, 연구를 지속하던 시기다. 1990년대 중반까지도 연구자들에 의해 공공재로서 관리되던 재화가 미국 정부가 지정한 Network Solutions Inc.라는 민간기업에 의해 관리되기 시작하면서, 인터넷 주소자원은 민간재로서 시장에서 매매되기 시작한다. 글로벌 인터넷 주소자원의 시장 거래는 도메인 주소뿐만 아니라, IPv4 주소 고갈의 위험이 알려지면서, 제2차 IP주소 시장이 형성되고 있다. 2013년 ITU의 제5차 World Telecommunication/ICT Policy Forum(WTPF)에서 IPv6 확산에 관한 정부의 역할이 강조된 것도, 이와 무관하지 않는다.

2) 클라우드 데이터 관리 관련, 인터넷 거버넌스가 주는 시사점

미국 다국적 기업들의 상표권 분쟁이 야기되면서, 미국 정부는 인터넷 주소자원의 소유권 분쟁 해결을 위해 국제합의가 필요하다는 것을 인식하게 된다. 그 국제합의를 위해 만들어진 기구가, 미국 정부가 만든 ICANN이다. 당시 인터넷 주소자원의 소유권은 'First Come, First Served'라는 원칙에 의해 등록되던 시기다. 즉, 인터넷 이용자가 미리 선점을 하면, 기업의 상표권과 상관없이 소유할 수 있었다. 이런 인터넷 주소자원 등록정책이 기존 상표권자들의 이해와 상충했고, 기존 상표권자를 중심으로 Uniform Dispute Resolution Policy(UDRP)가 탄생했다. 오프라인에서뿐만 아니라 온라인에서도 상표권자들의 이해관계가 많이 반영되어 있어, 기존 유명 상표권을 소유했던 이용자들은 대부분 도메인 주소를 되돌려주어야 했다.

2005년 UN 세계 정보화사회 정상화 회의에서 도출된 인터넷 거버넌스의 정의에는 광의의 정의와 협의의 정의가 존재한다. 광의의 정의는 인터넷 관리에 관한 논의는 모두 인터넷 거버넌스로 정의된다고 이해한다. 광의의 정의에 의하면, 소셜 네트워크 서비스도 광의의 인터넷 거버넌스 논의에 속한다. 협의의 인터넷 거버넌스 논의는 인터넷 주소자원 관리를 지칭하는 것으로, 인터넷 주소자원 관리기구인 ICANN에서 결정되는 정책 논의들이다. 인터넷 주소자원은 크게 두 가지로 분류되는데 숫자로 구성된 IP 주소와 문자로 구성된 도메인 주소가 있다.

인터넷 거버넌스처럼 다수의 법적 관할권이 연계되는 환경에서 클라우드 데이터 관리는 중요한 국제협상으로 등장하고 있다. 미국은 양자회담을 통한 합의를 도출하는 작업을 진행 중인데, 이에 가장 적극적으로 참여하는 국가 중 하나가 일본이다. 인터넷 주소자원과는 달리 한국을 포함한 많은 정부들이 소셜 네트워크 서비스가 양산하는 클라우드 정보관리에 대한 중요성을 인식하고, 신속한 법제화 작업이 추진되고 있다. 인터넷 거버넌스의 경우 미국 정부의 절대적 협상력을 기반으로 민간 위주의 글로벌 거버넌스 모델을 정착시킬 수 있었는데, 글로벌 클라우드 데이터 관리도 인터넷 거버넌스와 같이 민간주도 논의가 될 수 있을지 귀추가 주목된다.

3) 함의

이 장에서는 현대인의 관계를 형성하는 데 아주 중요한 역할을 하고 있는 소셜 네트워크 서비스, 특히 글로벌 소셜 네트워크 서비스가 보편화되면서 생기는 국제갈등 및 분쟁 해결을 위한 거버넌스 논의를 기존의 인터넷 거버넌스의 시각에서 살펴보았다. 2013년 5월 제네바 ITU WTPF회의에서 목도된 것처럼, 인터넷 거버넌스의 주요 화두인 민간 주도에 대한 글로벌 합의도 요원한 상황이다. 인터넷 거버넌스의 합의를 위해 서방진영과 비서방진영은 자신이 선호하는 포럼을 중심으로 포럼쇼핑이 한창이다. 미국을 중심으로 한 ICANN과 Cyber Space Conference, UN IGF을 중심으로 한 민간 위주의 인터넷 거버넌스를 논의하려는 움직임, 브라질·러시아·중국을 중심으로 한 UN 총회, UN ITU와 UN WSIS를 중심으로 정부 주도의 인터넷 거버넌스를 논의하려는 포럼 등 서로 간의 긴장감이 팽팽하다. 그런 긴장감 속에 UNCTAD CSTD Enhanced Cooperation Working Group이 2013년 5월 30일 첫 회의를 했다. 2011년 프랑스가 개최한 도빌 G8에서 인터넷 거버넌스가 의제화되기도 했다. 양 진영 모두 자기가 선호하는 결론을 도출하기 위해 많은 노력을 하고 있다.

인터넷 거버넌스의 중요성은 글로벌 클라우드 정보 거버넌스와 같이 향후 인터넷과 관련된 모든 협상에 있어서, 협상 참여자를 규정하는 역할을 할 것으로 보인다. 현재 글로벌 클라우드 정보 거버넌스 논의는 APEC,

OECD, FTA 등과 같이 정부를 중심으로 한 틀에서 논의되고 있으나, 클라우드 정보 거버넌스 논의가 성숙되고, 합의에 이르기 어려울수록 인터넷 거버넌스에서 반복되는 인터넷 정책결정의 주체 문제로 귀결될 가능성이 높을 것이다.

2013년 한국에서 많이 이용되는 소셜 네트워크 서비스 중 하나인 카카오톡은 한국 회사이고, 한국인 이용자가 한국에서 사용하는 경우가 많다. 범죄사건이 생기는 경우, 경찰과 검찰은 전화 내용뿐 아니라 카카오톡과 같은 소셜 네트워크 서비스를 수사의 증거로서 사용하고 있다. 우리 경찰 및 검찰은 한국 회사인 카카오톡에 수사를 이유로 정보공개 요청 및 정보 수집을 해오고 있다. 만약 한국 수사기관이 수사를 이유로 한국인 이용자의 페이스북 클라우드 정보 요청 시, 페이스북은 한국 수사기관에 협조할 의무가 없다. 클라우드 정보는 페이스북의 개인 신상정보부터 개인의 건강정보, 교육정보 등 다양한 정보를 포함한다. 인터넷 거버넌스가 도메인 주소자원을 중심으로 한 인터넷 인프라에 대한 국제협상이었다면, 클라우드 정보 거버넌스는 정보의 소유권이 국제협상의 중심에 있다.

5. 결론

글의 서두에서 글로벌 인터넷 거번너스는 어렵다는 말로 시작했는데, 이 글을 읽고 나면 글로벌 인터넷 거버넌스가 더욱 쉽게 다가가길 바란다. 또한 이 글이 인터넷 국제정치에 관심 있는 연구진들에게 글로벌 인터넷 거버넌스 논의에 대해 흥미를 가지고, 연구할 수 있는 계기를 마련할 수 있는 데 도움이 되었으면 한다. 지난 15년간 글로벌 인터넷 거버넌스 논의에 처음부터 참여했던 사람으로서의 어려움은, 개인으로서 글로벌 인터넷 거버넌스에서 무슨 일을 하는지 주위 사람들에게 설명하기가 어렵다는 것이다. 개인 자격으로 도메인 관련 정책결정을 하는 ICANN회의에 참석한다고 설명하면, 그게 일종의 로비스트냐는 질문이 돌아오곤 했다. 글로벌 인터넷 거버넌스라는 용어도 생소한 상황에서, 국가 혹은 정부 대표가 아닌 개인 자격으로 국제 인터넷 주소자원 정책결정을 한다는 말이 더욱 아리송했을 것이다.

글로벌 인터넷 거버넌스는 아직도 대중적인 용어가 아니다. 2012년 12월 두바이 결전을 계기로 글로벌 인터넷 거버넌스 2.0시대로 접어들면서, 우리 정부와 학계가 전보다 더 많은 관심을 보여주는 건 사실이다. 많은 인터넷 관련 사업자 및 학자를 중심으로 관심이 증폭되기는 했지만, 대중화된 관심으로 이어지기까지 향후 10여 년의 시간이 더 소요되지 않을까? 국제사회에서 인터넷 주소자원 관리 문제로 시작한 글로벌 인터넷 거버넌스 논의는 향후에 클라우드 정보 거버넌스, 사이버 안보 거버넌스 등과 같이 다양한 주제로 변경되면서, 국제사회의 조정과 협력을 요구하고 있다. 미영연합군을 중심으로 기득권을 강화하려는 노력과, 비서방진영을 중심으로 새로운 인터넷 권력에 재편되려고 하는 노력들이 전개되고 있다. 그런데 경제적 성장에 있어서는 적극적인 한국이, 국제정치에서는 아직도 자기 목소리를 제대로 내지 못하고 있다. 2010년 G20회의를 계기로 국제 개발사업에 전략적 투자를 하겠다는 정도다. 남북문제를 비롯하여 국제정치에서 미국의 뒤에 종종 숨어 있던 버릇 때문일까?

글로벌 인터넷 거버넌스는 인터넷 패권을 다루는 국제정치다. 인터넷 국제정치 무대에서 한국은 아직 보이지 않는다. IT강국으로 인정받는다고 철석같이 믿고 있는 한국의 딜레마다.

▌추천 문헌

World Telecommunication/ICT Policy Forum(WTPF). 2012.6, 2012.10, 2013.2.
"여성들, 힘들 땐 SNS로 위로받는다……". ≪국민일보≫, 2013.1.27.

http://en.wikipedia.org/wiki/Suicide_of_Tyler_Clementi
http://cloudcomputing.sys-con.com/node/2660874

강하연(정보통신정책연구원)

1. 머리말

산업혁명이 토지와 노동력을 기반으로 하는 농경사회의 경제활동을 자본과 기술을 기반으로 하는 산업사회로 전환시켰다면, 인터넷의 발달은 정보와 고도의 지식을 기반으로 하는 정보사회를 발전시켰다. 정보사회는 생산력의 기반이 정보, 더 구체적으로 표현하자면 지식화된 정보의 생산, 가공, 적용에 기초하고 있다(Castells, 2003). 산업사회에서 석유가 산업활동의 핵심 자원으로 작동했던 것과 같은 논리로 정보사회에서 지식화된 정보는 경제활동을 결정짓는 핵심 자원으로 작동한다.[1] 정보는 자본, 노동,

---

* 이 글은 저자의 다른 글로 김상배 편, 『커뮤니케이션 세계정치』(사회평론, 2013)에 실린 「ICT 교역의 글로벌 거버넌스」를 수정·발전시킨 글임.
[1] 이 글은 피터 드러커, 다니엘 벨 등이 주장한 21세기는 지식이 새로운 사회발전의 원천이 되는 정보지식사회라는 점에서 출발하고 있다. 아울러 21세기 글로벌 지식질서는 세계 정치경제를 구성하는 질서의 전반적이고 구조적인 변화를 초래한다는

토지로 대표되던 경제행위의 3대 요소에서 제4의 요소로 부각되면서 기존 정치경제학 이론을 흔들고 있다. 애플이 시가 총액 1억 달러의 세계 1위 기업인 작금의 현실에서, 앞으로 지식화된 정보는 자본 이상의 정치경제적 가치를 가지게 될 것이다. 이러한 경제 현실에서 정보의 생산과 축적, 관리 및 이용을 둘러싼 제반 법제도 혹은 거버넌스의 수립은 매우 중요하다. 쉴러가 지적했듯이 정보사회의 핵심 이슈는 '정보가 누구의 이익을 위해서 그리고 누구에 의해서 어떻게 통제되는가'이며(Schiller, 1992), 이에 따라 국제사회의 권력과 권위의 재구성이 이루어질 것으로 예상된다.

한편 21세기 정보사회에서는 컴퓨터와 인터넷의 발달로 인해 정보의 초국가적 성격이 극대화되었다. 특히 최근의 클라우드 및 빅데이터 환경에서는 어마어마한 양의 로우데이터(raw data)로 불리는 다양한 형태의 정형·비정형 정보가 생성되고 있다. 이러한 정보의 수집 및 활용은 일개 국가 내에서만 이루어지지 않고 국경을 초월하여 전 지구적으로 이루어지고 있다. 개인의 이름, 주소 등 식별 가능한 공적 정보뿐만 아니라 개인의 행동 패턴이나 취향을 확인할 수 있는 민감한 사생활 정보까지 수집, 축적, 가공, 유통되는 세상이 도래한 것이다. 이러한 정보를 바탕으로 다양한 비즈니스 모델들이 생겨나고 있는 바, 개인정보는 단순히 정보가 아니라 무한한 경제적 가치를 지닌 '새로운 석유'로 인식되는 것이 당연해졌다. 한마디로 인터넷 기술의 발달과 함께 정보의 화폐화(monetization) 또는 상업화(commercialization) 과정이 급속히 진행되고 있는 것이다.

문제는 사이버공간을 매개로 유통되는 개인정보[2]가 새로운 양상의 사

코헤인과 니(Keohane & Nye, 1998)의 주장을 수용하고 있다.

2) 개인정보란 개인의 정체와 관련한 모든 정보로 단순히 이름뿐만 아니라 사진, 전화번호, 주민등록번호, 차량번호 등 개인의 정체를 드러낼 수 있는 모든 정보를 의미

회적 갈등을 유발하고 있다는 점이다. 개인의 이름이나 주소와 같은 식별 가능한 정보에 대한 규제는 나름의 역사를 가지고 있으나 사이버공간의 디지털화된 개인정보의 취급은 복잡한 규제 딜레마를 유발한다. 개인의 의사에 반하는 정보의 수집이나 유통은 규제가 마땅하겠으나, 다양한 형태의 정형·비정형 정보가 사이버공간에서 범람하고 있는 환경에서 규제 당국이 보호해야 할 개인정보의 범주와 경제활동 촉진을 목표로 하는 개인정보 활용 사이의 정책적 균형을 찾는 것이 결코 쉽지 않기 때문이다. 더군다나 개인정보의 수집과 유통이 초국가적으로 이루어지는 환경에서 개별 국가 차원의 조치만으로 효과적인 개인정보관리정책을 집행하기 힘든 현실이다.

이러한 맥락에서 사이버공간에서의 정보의 유통과 관련된 일련의 규제는 그 자체가 글로벌 거버넌스의 문제로 볼 수 있다. 이미 상당한 양의 개인정보가 초국가적으로 수집 및 유통되고 있는 환경에서 개인정보의 취급과 관련된 규제의 진화가 국가마다 진행되고 있다. 다만 개인정보에 대한 국제적 차원의 정책조율 또는 거버넌스 논의는 이제 걸음마 단계이며, 유럽과 미국 등 주요 경제권의 상이한 개인정보 보호정책 역사와 관행을 중심으로 서서히 특정 방향으로 수렴되고 있다. 이 장은 사이버공간의 개인정보 글로벌 거버넌스 논의를 추적하고 사이버공간의 질서의 성격을 파악하고자 한다. 이를 위해 1) 사이버공간상의 개인정보의 성격과 규제정책에의 시사점을 도출하고, 2) 미국 및 EU가 각기 추구하는 개인정보 보호정책의 비교·분석을 진행하고 3) 이를 토대로 최근의 개인정보의 유통과

한다. 따라서 직접적으로 개인을 드러내지 않더라도 여러 정보의 결합을 통해 개인을 식별할 수 있는 모든 정보를 말한다. OECD 개인정보 보호 가이드라인(Guidelines on the Protection of Privacy and Transborder Flow of Personal Data) 참조.

관련된 국제적 규범 논의를 분석하여 개인정보 글로벌 거버넌스의 향방을 가늠하고자 한다.

2. 사이버공간의 개인정보의 특성 및 규제정책에의 함의

ICT 기술 기반 경제의 동력은 분산화된 네트워크에 기반을 둔 엄청난 양의 정보의 생산, 유통 및 소비에 기초하고 있다. 인터넷과 컴퓨팅파워가 결합하면서 상상할 수 없었던 양의 정보가 사이버공간에서 생산되며 유통되고 있다. 반도체칩의 집적도는 18개월마다 배로 증가하여 반도체칩이 처리할 수 있는 정보의 양과 속도가 빠르게 향상되고 있으며, 하드디스크에 저장할 수 있는 정보의 양도 기하급수적으로 늘고 있다. 정보를 송수신할 수 있는 기술 또한 발전하고 있어 광섬유의 데이터 전송속도가 9개월마다 두 배씩 빨라지고 있다. 이러한 기술적 약진 덕택에 인터넷을 기반으로 하는 다양한 서비스들이 속출하기 시작했다. 최근 주목받고 있는 클라우드 컴퓨팅은 인터넷과 정보처리기술의 융합으로 이루어낸 혁신적 서비스이다.[3] 클라우드 개념을 설명하자면 브로드밴드 네트워크 환경과 가상 컴퓨팅 기술로 이용자가 초고속 네트워크를 이용해 데이터 센터에 접속하고 수많은 다른 이용자와 각종 ICT 자원을 공유할 수 있는 정보처리 환경

---

3) 미국 NIST(National Institute of Standards and Technology)는 클라우드 컴퓨팅을 사용자가 원할 때 네트워크, 서버, 저장장치, 애플리케이션 및 서비스와 같은 컴퓨팅 자원을 공유하기 위한 네트워크에 편리하게 접근할 수 있게 하는, 번거로운 관리 노력이나 서비스 제공 사업자와의 상호작용이 최소화되어 신속하게 컴퓨팅 서비스가 제공되는 모델로 정의하고 있다(NIST, 2009).

을 의미한다. 따라서 클라우드 컴퓨팅 서비스는 인터넷 기술의 총집합으로 볼 수 있는데, 기업의 입장에선 연구, 생산, 조달, 재무, 마케팅, 고객관리 등 각 사업 분야의 정보를 인터넷으로 연동하여 다룰 수 있게 되었으며,[4] 개인 사용자의 입장에선 대용량 컴퓨팅 장비를 직접 보유하지 않아도 전 세계에 퍼져 있는 엄청난 양의 정보에 대한 접근 및 이용이 가능해졌다. 집 안의 컴퓨터를 통해 전 세계의 다양한 지식에 접근할 수 있는 구글 검색서비스는 대표적인 클라우드 컴퓨팅 서비스이다.

한편 인터넷의 발달과 함께 정보의 화폐화 또는 상업화가 빠르게 진행되고 있다. 사이버공간의 gTLD(Generic Top Level Domain)의 분포는 점점 상업화되어 .edu를 제치고 .com 도메인이 전 세계 gTLD의 80% 이상을 점하고 있으며, 클라우드 컴퓨팅, SNS, LBS(location based service 위치기반서비스) 등의 확산으로 플랫폼 기반의 인터넷 서비스들이 급증하고 있다.[5] 주목해야 할 점은 이러한 서비스들이 서비스 제공자와 서비스 이용자 간의

---

4) 앞으로 대부분의 기업들은 IaaS, SaaS 및 PaaS 방식으로 자사의 비즈니스를 구현할 것으로 예견되고 있다. 참고로 Saas(Software as a Service)는 클라우드 인프라에서 구동되는 제공사업자의 애플리케이션만이 이용자에게 제공되며, 이용자는 인프라를 관리하거나 통제할 수 없다. Paas(Platform as a Service)는 제공사업자가 이용 가능하게 한 프로그래밍 언어나 툴을 사용하여 이용자가 생성하거나 획득한 애플리케이션을 설치하는 것이 가능한 서비스이다. IaaS(Infrastructure as a Service)는 이용자가 OS나 애플리케이션을 포함하여 원하는 소프트웨어를 설치하고 구동할 수 있도록 프로세싱, 저장장치, 네트워크 등의 컴퓨팅 자원을 제공하는 서비스이다. 이에 대해서는 이종화(2011)를 참조.

5) 사이버공간의 상업화는 콘텐츠의 유료화, 네트워크를 경유하는 상거래 및 사이버 지적재산권의 적용으로 인해 급증하고 있다. 이러한 현상을 빗대어, 카베스와 메츠 (Carveth & Metz, 1996)는 인터넷의 발전은 개척자(pioneer)와 정착민(settler)의 시대를 지나, 자본의 현격한 이동과 상업화가 본격적으로 진행되는 자본가(capitalist) 시대로 접어들었다고 설명한다.

상호작용을 통해 확대·발전하고 있으며 개인정보의 활용에 기반하고 있다는 점이다. 즉 인터넷 기반 경제의 진화 과정은 개인화된 서비스의 제공을 위한 정보의 수집, 가공, 유통 및 사용에 근거하고 있는 것이다. 정보의 상품화는 곧 디지털 콘텐츠의 유료화, 전자상거래 및 사이버 지적재산권 적용의 증가로 이어진다. 이러한 환경에서 개인정보의 제공·공유 범위의 설정, 개인정보 수집·보호, 정보자원의 소유권 문제 등은 사이버공간의 경제 활동 및 질서 확립에 필수적이다. 특히 사이버공간상의 초국가적 성격을 감안한다면 국가 간 개인정보의 유통과 관련된 거버넌스 문제는 중요한 이슈로 부상한다.

그렇다면 사이버공간에서의 개인정보는 어떠한 성격을 가지고 있으며 글로벌 거버넌스의 시각에서 제기되는 주요 문제들이 무엇인지 살펴보도록 하자. 현재 「개인정보보호법」 제2조에 의하면 개인정보를 "살아 있는 개인에 관한 정보로서 성명, 주민등록번호 및 영상 등을 통하여 개인을 알아볼 수 있는 정보(해당 정보만으로는 특정개인을 알아볼 수 없더라도 다른 정보와 쉽게 결합하여 알아볼 수 있는 것을 포함한다)"로 정의하고 있다. 이런 법률상 정의는 개인식별이 가능한 정보와 타자의 의해 생성된 신용평가 정보, 타인의 의견·평가·견해 등을 포함하는 간접적 정보도 포괄하는 것으로 해석되지만, 일반적으로 사적인 영역에서 개인이 보유하고 있는 모든 정보를 보호 대상으로 삼고 있지는 않다(행정안전부, 2011). 즉 「개인정보보호법」 상 개인정보의 정의는 법률적인 주체와 대상에 대한 정의라는 성격을 가지고 개인식별 가능성에 중점을 둔 정의이다. 그런데 사이버공간상의 개인정보의 성격과 그 범위는 정보사회의 발달과 함께 진화되어왔다. 이전의 개인정보는 물리적 식별이 가능한 성명, 주민등록번호, 주소 등 정형화된 정보로 한정되었지만 인터넷의 발달로 이제는 네트워크상 존재하는, 개인의 활동 및 사생활과 관련된 모든 정형 · 비정형 자료들이 개인정보의 범주에 포함된다고 할 수 있다. 예컨대 인터넷에 오른 개인의 발언 동영상이나 사진, SNS에 올린 글이나 음악, 인터넷 쇼핑 기록 등 비정형 정보들도 개인 식별에 활용이 가능하다. 특히 SNS 환경에서 개인이 자발적으로 네트워크상에 올리는 정보들이 증가하면서 개인정보의 범주에 기존의 개인식별 위주의 정보에 더하여 개인에 의해 올려진 다양한 정보가 더 많아지게 되었다. 따라서 개인정보(personal information)라는 개념보다 개인에 대한 모든 정보를 포괄하는 개인자료(personal data)의 개념이 더 유용해지는 상황이 되었다고 볼 수 있다. 개인정보의 개념 안에 개인의 사적 행동 및 신상이 부각되면서 미국의 경우 개인의 사생활 개념이 포함된 "프라이버시 (privacy)" 개념[6]을 사용하고 있는 반면 유럽의 경우 네트워크에 의한 정보 집중에 주목하여 개인정보와 개인자료 개념을 둘 다 혼용하여 개인에 대한 정보를 폭넓게 정의하고 있다. 미국 및 유럽 두 문화권은 공통적으로 디지털화되는 환경변화에서 개인 사생활을 어떻게 보호할 것인가의 관점을 공유하고 있다(성선제, 2004). 그 이유는 디지털화된 정보가 네트워크상에 항시 존재하고 있는 정보사회의 성격상 개인의 사생활 보호가 그 어느 때보다 중요해졌기 때문이다. 연예인이나 정치인 등 공인들의 과거 발언이나 행동이 인터넷상 유통 · 확대되어 사회적 문제를 야기하는 경우가 개인의 동의 여부와 무관하게 네트워크상 항상 기록으로 존재하는 개인정보가 제대로 관리되지 않아 발생하는 대표적 문제이다.

디지털화된 정보는 다양한 서비스 플랫폼을 통해 국가 간 자유롭게 이

---

6) 미국은 전통적으로 프라이버시 개념을 사생활의 침해, 사생활의 공표, 및 개인식별 요소의 이용 등과 연관 지어 개념화했으며, 개인의 사생활 보호를 목적으로 세계 최초로 프라이버시법(The Privacy Act, 1974)을 제정했다.

동되고 전송되어 활용된다. 전통적인 개인정보 및 자료의 저장 방식은 대개 사용자의 컴퓨터에 저장되거나 단일 서비스 제공자의 서버에 저장되는 형태로 이루어져왔으나, 디지털 기술의 진화 덕분에 동일한 플랫폼을 사용하지 않는 서비스 간 개인정보 및 자료의 이동이 자유로워졌다. 개인정보 및 자료가 해당 사용자가 거주하는 국가에 한정되지 않고 국외에 저장되어 사용하는 환경이 도래한 것이다. 예를 들어, 국내의 한 사용자가 휴대폰과 컴퓨터를 사용하여 어플리케이션 다운로드 마켓을 제공하는 미국의 구글 서비스를 이용하는데 중국 회사가 개발한 애플리케이션을 다운로드하여 사용하는 상황을 생각해보자. 이 경우 사용자의 메일 주소, 결재 정보 등 개인정보는 미국 구글의 서버에 저장되는데, 동시에 중국 애플리케이션 개발사도 해당 정보를 공유할 수 있게 된다. 한편 개인 사용자도 개인 클라우드 서비스를 통해 휴대폰과 컴퓨터를 통해 어디에서나 접속이 가능하다. 이 과정에서 국내의 이동통신사는 접속서비스를 제공하는 단계에서 개인접속기록 등으로 동일한 개인정보를 획득할 수 있다. 인터넷 포털 서비스를 제공하는 웹사업자 또한 기본적인 가입자 정보 이외에도 쿠키 등 사용자의 이용기록 등을 통해 해당 사용자의 개인정보를 획득할 수 있다. 정리하자면, 사용자의 입장에서 보면 개인정보의 초국가적 이동성은 자신의 정보 및 자료에 대한 통제 또는 자기결정권을 행사하기 매우 어렵게 만든 요인이 되었다. 규제 당국의 입장에서는 국가 간 상이한 법률과 규제는 개인정보의 초국가적 이동을 효과적으로 규제하기 어려운 원인으로 작용한다.

여기에다 디지털 환경에서의 개인정보의 식별성이 다변화되고 있다. 일반적으로 개인정보의 보호를 위하여 해당 정보를 식별 불가능하도록 기술적인 조치를 취하는데, 디지털기술의 진화로 인해 식별 불가능한 개인정보라 하더라도 간접적인 개별 정보를 통해 식별가능한 정보로 재창조가 되어 개인식별이 가능해졌다. 나라야난 등에 의하면, 이름, 연락처 등 식별성이 높은 개인정보들이 인식되지 못하도록, 즉 비식별 정보로 기술적 전환을 취했음에도 불구하고 해당 개인을 다른 사람과 구분할 수 있는 몇 가지 정보가 존재한다면 해당 비식별 정보를 다시 개인식별정보로 재창조할 수 있다고 한다(Narayanan and Shmatikov, 2010). 그 이유는 소비성향, 거래 기록, 웹 접속 기록과 같은 비식별 정보들도 개인의 생활 패턴에 대한 정보를 토대로 특정 개인에게 매칭시킬 수 있기 때문이다. 여기에다 온라인이 아닌 오프라인 개인식별정보까지 개인의 온라인상 활동을 추적하는 데 활용될 수 있음을 감안한다면 개인의 프라이버시 침해 가능성은 매우 크다. 한 연예인의 대학졸업 여부에 대하여 안티들에 의해 추진된 이른바 '신상털기'가 몇 년간 진행되면서 해당 연예인이 사법적 고발을 통해 주동자들이 처벌받은 사건을 떠올리면 쉽게 이해된다. 우리는 일반적인 인터넷 사용자도 몇 개의 식별 정보만 가지고 있으면 직접 수작업으로 인터넷 검색을 하거나 자동화된 프로그램 등을 통해 개인식별정보로 변환시킬 수 있는 환경에서 살고 있다. 따라서 간접적인 개인식별정보가 언제든지 다른 정보와 결합하여 직접적인 개인식별정보로 전환될 수 있는 기술 환경에서, 프라이버시에 대한 사회적 관심과 개인의 사생활 보호를 위한 좀 더 명확한 개인정보 개념 및 범위에 기초한 거버넌스 논의가 매우 필요하게 되었다.

정리하자면, 디지털 환경의 진화로 인해 개인정보 및 개인자료는 다양한 ICT서비스의 증가와 함께 더욱더 개인의 통제권을 벗어나 유통되고 있으며 이런 현상은 개별 국가 내에 한정되는 것이 아니라 초국가적으로 이루어지고 있다. 페이스북 한국 사용자가 1,000만이 넘었는데 이들의 개인

자료 전체가 미국 페이스북 본사의 서버에 저장되어 있고, SNS의 성격상 이들 사용자의 활동 기록이 한국 외 다른 나라 사용자에게 공개된다는 점을 감안할 때 사이버공간의 개인정보 글로벌 거버넌스 수립은 시급한 문제가 아닐 수 없다.

3. 개인정보 거버넌스의 선두 주자: 미국 vs. EU

사이버공간상의 개인정보 보호는 어떻게 이루어지는가. 일단 한국보다 일찍이 제반 법제도를 구축한 미국과 EU의 사례를 살펴보자. 미국은 모든 영역에 적용되는 개인정보 보호 원칙이나 개인정보 보호를 규율하는 단일법이 존재하지 않는 나라이다.[7] 기본적으로 민간사업자의 개인정보 침해 행위를 보통법상의 불법행위 처벌원칙에 따라 규제하고 음란물의 유통과 같은 사회적 이슈나 교육, 보험 등 특정 분야는 개인정보 침해를 다루는 개별법(특별법)[8]의 제정을 통해 규율하고 있다. 즉 개인정보 피해구제를 담당하는 단일 규제기구가 없으며 기업이 고객의 개인정보를 원활히 이용할 수 있도록 보장하되 기업 차원의 자율적 개인정보 보호 노력을 장려하는 방식을 택하고 있다. 미국은 단일 규제기구가 존재하지 않지만 소송을

---

7) 미국은 연방국가이자 보통법(common law) 체계를 가진 국가로서 보통법상의 원리와 연방과 주 차원에서 제정된 법률을 통해 개인정보를 규율하고 있다.
8) 연방프라이버시법, 연방정보공개법, 공정신용평가법, 금융서비스현대화법, 외국정보감시법, 전자통신프라이버시법, 가족의 교육권및프라이버시 법, 건강보험이동책임법, 근로자거짓말탐지보호법, 아동온라인프라이버시보호법 등 연방 및 주 단위 분야별 법에서 해당 개인정보 관련 규율 원칙을 담고 있다.

통한 개인정보 침해 구제 시스템이 잘 발달되었다. 이는 미국의 개인정보 보호 관련법들이 대부분 불법행위나 권리침해 시 민사상 피해배상을 요구할 수 있는 권리를 규정하고 있으며, 징벌적 손해배상제도나 집단소송제도가 인정되기 때문이다(성선제, 2012). 이러한 자율규제(self-regulation) 모델을 택한 국가는 미국 외 일본, 싱가포르, 호주 등이 있다. 자율규제 방식은 개인정보의 수집·이용에 대한 정부의 간섭이나 법제도적 규율을 최소화하면서 개인정보의 보호보다는 개인정보의 활용에 방점을 두고 있어 미국이 전통적으로 추구한 시장자율정책기조와 부합한다고 평가할 수 있다.

EU식 모델은 미국 모델과 많이 다른데, EU는 역사적·문화적 경험 때문에 정보의 상업적 취급 못지않게 표현의 자유, 인권 차원에서 개인정보보호를 중요시하는 전통이 있다. 이미 1981년에 '개인데이터의 자동처리에 관계되는 개인의 보호에 관한 협약(1981 Council of Europe Convention for the Protection of Indviduals with regards to Automatic Processing of Personal Data, 일명 협약 108)'을 통해 역내 회원국 간 정보유통에 대한 원칙을 마련한 바 있는데, 동 협약 제12조는 개인정보의 국가 간 유통에 대한 규제원칙을 제시하고 이의 준수를 회원국에 의무화하고 있다. EU는 협약 108에 이어 1990년대에 들어오면서 정보보호와 관련된 일련의 규제지침을 발표한다. 1995년 '개인정보 처리 관련 개인의 보호 및 정보의 자유이동에 관한 지침 [Protection of Individuals with regard to the Processing of Personal Data and on the Free Movement of Such Data(95/46/EC) 이하 1995 개인정보 보호지침 또는 Data Protection Directive]'은 회원국들에 개인정보처리와 관련한 정보관리자의 의무와 정보주체의 권리에 대한 원칙을 국내법화 하도록 의무화하고 있으며, 정보보호를 위한 단일 규제기구(Data Protection Agency: DPA)를 회원국마다 설립하도록 의무화했다.[9] 1995년의 개인정보 보호 지침은 개인정보의 보호처리와 관련된 원칙 및 정보의 이동과 관련된 일련의 규제원칙을 제시하고 있어 1981년에 제정된 협약 108의 원칙을 발전시켰다는 평가를 받고 있다. 참고로 개인정보 보호 법규 도입이 늦은 나라들이 대부분 EU식 모델을 모방했으며, 정보보호 관련 단일법과 전담 규제기구를 두고 있다.10) EU는 시장자율기조 원칙을 택하고 있는 미국과 달리 EU법제도 수준의 개인정보 보호 대책이 존재한다고 판단하는 국가와의 개인정보 보호 역외 유통만 인정하는 방식을 택하고 있는데, 1995년의 개인정보 보호 지침에 의거하여 적절한 수준의 개인정보 보호를 보장하지 않는 국가로의 자국민의 개인정보 이전을 금지하고 있다. EU식 모델로 대표되는 중앙집권화된 또는 단일화된 규제체제의 장점은 개인정보의 수집·취급 관련 불법행위에 대한 신속한 행정개입이 가능하지만, ICT 환경에서 발생하는 새로운 유형의 개인정보 피해에 대한 대응이 쉽지 않고11) 사업자의 이윤창출 의지를 둔화시킨다는 단점이 있다.

　미국과 EU 차원의 개인정보 보호정책의 상이점은 개인정보 피해발생 시 대처에도 드러난다. 미국은 개인정보에 대한 접근이 포괄적이지 않고 해당 사안에 대해 따로 접근하는 부문별 접근법을 취하고 있는데, 금융정보, 구매 기록, 의료 서비스 기록 등 각각의 부문에 대하여 개별적으로 규

---

9) 뉴만(Newman, 2008)은 EU의 개인정보 보호 규범의 제정 과정을 잘 설명하고 있다. 이창범(2012)은 EU식 규제 모델의 특징을 분석했다.

10) 일본 및 일부 아시아 국가들이 좋은 예이다. 그러나 한국의 경우, 개인정보 보호 관련 권한과 역할을 단일 규제기구로 통합하지 않고 여러 부처 및 기관에 분산시키고 있다. 그리고 여러 차례의 개인정보보호법 개정이 있어왔으나 아직 통합된 일반법 제정을 하지 못한 상태이다.

11) 예컨대 RFID, 스파이웨어, 카메라폰의 사용 과정에서 발생하는 개인 사생활 침해를 규제하는 것은 현실적으로 매우 어려운 일이다.

제하고 있어 새로운 기술이나 새로운 개인정보 침해 분야가 나타난다면 이에 대한 새로 규정을 만들어야 하나, 유럽의 경우 개인정보와 개인자료의 취급에 대한 포괄적 정의와 규정이 존재하기 때문에 관련 규정이 모든 부문과 산업 전반에 걸쳐 적용된다(Craig and Lufloff, 2011). 구체적으로 보면, 유럽은 개인정보 보호를 다루는 독립적인 정부 기구를 회원국마다 두게 했기 때문에 EU회원국마다 국가별로 개인정보 사항에 대한 등록, 자료 처리에 대한 사전허가 등 상세한 법규가 존재하지만, 미국의 경우 이러한 포괄적 방식이 아니라 여러 복잡한 법률, 정부 규제 및 자율규제가 섞여 있는 접근 방식을 취하고 있기 때문에 개인의 프라이버시 보호 범위가 규범적으로 불확실하다는 지적이 가능하다. 한편 개인정보 보호 단일법이 없는 미국의 사례별 접근 방식은 개인정보의 취급에 있어 공공이익의 고려, 이익형량(balance of interest)의 원칙 및 제3자의 개인정보 수집·처리 원칙을 규제 당국이 전 분야에 동일하게 적용해야 하는 EU 방식과 달리 구체적인 피해가 발생했을 경우에만 해당 분야 또는 사건에 대한 사법적 판결에 의존하기 때문에 기업들에게 상대적으로 유리한 규제라는 지적도 존재한다.

문제는 국제적으로 합의된 규제원칙이 부재한 상황에서 동일한 개인정보 피해사례에 대하여 국가별 대응이 다를 수 있다는 것이다. 최근 구글의 스트리트뷰(Streetview) 서비스로 인해 발생한 개인의 사생활 침해[12]에 대

---

12) 구글의 지도 서비스 내에 존재하는 서비스로 3차원의 지도를 제공하여 실제 지도상의 현장 모습을 사진으로 제공하는 서비스이다. 해당 서비스는 구글사가 실제 거리를 차량으로 이동하면서 360도 거리 사진을 찍고 이를 수집한 후 서비스를 제공하는 방식으로 이루어지는데, 디지털 카메라로 거리의 사진이 수집될 경우 거리의 차량번호나 사람이 찍혀 그대로 노출된다는 것이 문제였다. 여기에다 구글은 스트

한 규제 당국 간의 처벌의 내용과 수위가 달랐던 점이 좋은 예이다. 동일한 사안에 대하여 미국의 FCC는 구글에 2만 5,000달러의 과징금을 부과했으나 캐나다의 경우 구글이 개인정보 보호를 강화하는 자체 방안을 제시하면서 사안이 종결되었으며 독일의 경우 규제 당국이 구글에 스트리트뷰 서비스를 위해 수집한 모든 정보를 제출하도록 요구하자 구글이 해당 서비스를 독일에서 철회했다(조성은, 2012: 91~94).

4. 개인정보 글로벌 거버넌스 논의

초국가적 사이버공간에서의 상이한 국가별 규제체계는 궁극적으로 특정 방향으로의 수렴 압박에 직면할 것이다. 그렇다면 관련 논의가 누구에 의해 주도되는지는 개인정보의 글로벌 거버넌스 향방의 중요한 변수가 될 것이다. 개인정보의 취급과 관련된 국제기구 차원의 논의를 살펴보면, OECD는 1980년 '프라이버시 보호 및 개인정보의 국가 간 유통에 관한 지침'을 만들어 OECD 차원의 개인정보 보호 및 자유로운 상거래 틀을 마련했는데, 동 지침은 권고 사항이지 법적 구속력을 가지고 있지 않다. 그러나 동 지침은 OECD회원국은 물론, 세계 각국의 개인정보 관련 법률과 지침개발을 위한 기초자료로 활용되어왔으며, 2008년 한국에서 개최된

리트뷰 자료수집 차량에 장착한 와이파이 수신기를 통해 거리를 돌아다니면서 와이파이와 관련된 대용량의 자료를 수집한 것으로 밝혀져 매우 큰 논란이 있었다. 와이파이 중계기의 신호를 수집하면서 와이파이 사용자들에게 부여된 네트워크 SSID를 수집하고 와이파이 중계기에 저장된 개인 이메일 주소, 비밀번호, 메일 내용 등 사전 동의를 받지 않은 자료들을 수집하는 명백한 불법행위를 저질렀다.

❑ OECD 프라이버시 국내 적용 8원칙

① 수집 제한의 원칙(Collection Limitation Principle)
② 정보정확성의 원칙(Data Quality Principle)
③ 목적 명시의 원칙(Purpose Specification Principle)
④ 이용 제한의 원칙(Use Limitation Principle)
⑤ 안전성 확보의 원칙(Security Safeguards Principle)
⑥ 공개의 원칙(Openness Principle)
⑦ 개인 참여의 원칙(Individual Participation Principle)
⑧ 책임성의 원칙(Accountability Principle)

OECD 장관회의에서 발표된 '인터넷 경제에 대한 서울 선언(Seoul Declaration for the Future of the Internet Economy)'을 기점으로 인터넷 경제상의 기술, 시장, 이용자 행동의 새로운 양상을 반영한 프라이버시 가이드라인 개선 논의가 진행되어왔다. 참고로 프라이버시 가이드라인 개정논의는 1980년 수립한 8원칙(표 참고)을 기초로 하고 있다.

이후 OECD 차원에서 기존의 프라이버시 가이드라인에 대한 정책 경험 공유 및 분석 등을 통해 개정안이 논의 중인데, 2013년도 상반기에 OECD 산하 정보통신위원회 승인이 예상되는 개정 프라이버시 가이드라인은 기존의 개인정보 취급의 책임성 원칙을 부각시키고 있으며, 개인정보 처리자에게 개인정보의 유출 통지 및 신고를 의무화할 것을 건의하고 있어 개인정보 당사자 또는 이용자의 권리 강화 방안을 제시하고 있다(윤재석, 2012: 1~13). 흥미로운 점은 개인정보의 국외 이전에 대해서 OECD는 한층 강화된 기업들의 자율 규제를 주문하고 있다는 점이다.[13] 1980년 발표된

---

13) 이 외에도 회원국의 프라이버시 법집행기구의 역할을 명시적으로 다루고 규제 관

프라이버시 가이드라인은 개인정보 국외 이전 허용을 기본 전제로 했지만 개인정보 보호를 목적으로 하는 정부의 개입조치를 인정했다. 그러나 이후 개별 국가들이 개인정보 국외 이전에 대한 보안대책을 마련하고, APEC, IDPN(Iberoamerican Data Protection Network)[14], APPA(Asia Pacific Privacy Authorities Forum)[15]와 같은 지역기구에서도 기업행위 규약 및 국가 간 프라이버시 규약 원칙이 만들어지면서 개정 OECD 프라이버시 가이드라인은 기존 논의를 토대로 개인정보 처리자의 책임(구체적으로 개인정보 처리자 차원의 조직적 대책마련 및 피해구제 절차) 및 개인정보 보호를 위한 인증제도 등 기술적 방안의 사용을 강조하는 내용을 담고 있다. 정리하자면, 1980년 OECD 가이드라인이 개별 국가 차원의 개인정보 보호를 위한 법적, 행정적, 조직 차원의 원칙을 다루었다면, 이번 개정안은 정보취급에 있어 정보처리자의 책임성을 강조하는 자율규제 강화 방안을 강조하고 있는 것이다.[16]

이러한 변화들은 정보의 보호보다는 정보의 상업적 활용을 보장하는 규범의 국제적 확립을 추구하는 미국의 입장이 반영된 것으로 해석할 수 있다. 미국은 다자 차원의 거버넌스 수립 노력 외에도, 양자적 노력도 병행

런 집행권 강화를 강조하고, 국가 간 협력 및 정보공유, 개인정보 보호를 위한 교육의 필요성을 강조하는 등 1980년도 가이드라인에서 다루지 않은 내용들이 있다.

14) 2003년에 창설된 스페인 개인정보감독기구를 중심으로 구성된 스페인어를 사용하는 국가 중심의 개인정보 보호협의체이다.

15) 아시아태평양 지역 개인정보감독기구포럼으로 호주, 뉴질랜드, 홍콩, 한국 등 국가의 개인정보 보호 기관들이 참여하고 있다.

16) 이와 더불어 프라이버시 관련 인증제도와 같은 기술 개발 및 모범 사례 발굴, 프라이버시 전문가 활성화를 통한 교육 및 예방 등 민간 영역의 프라이버시 강화 기술과 활용을 권고하고 있다.

하고 있다. 최근 몇 개 국가와 ICT 서비스 교역원칙(Trade Principles for Information and Communication Technology Services)을 체결했는데, 2011년 4월에는 EU와, 2012년 1월에는 일본과, 그리고 가장 최근인 2012년 6월에 모리셔스와 체결했다. ICT 서비스 교역원칙은 OECD 지침처럼 구속력이 있는 조약은 아니지만 미국은 동 원칙에서 다루는 내용을 FTA 및 WTO에도 반영하여 국제 규범으로 만들고자 노력하고 있다.

EU-미국 ICT 서비스 교역원칙을 구체적으로 살펴보면, 미국과 EU가 경제통합을 촉진하기 위해 설립한 범대서양 경제위원회(Transatlantic Economic Council) 차원에서 채택했으며 총 10개 조항으로 구성되어 있다. 동 원칙은 인터넷 기반 서비스 사업자들의 자유로운 활동을 보장하는 내용으로, 전자상거래, 클라우드 기반 B2B 및 응용서비스, 인터넷 플랫폼 기반 콘텐츠 서비스의 세계적 확산을 뒷받침하는 제도적 환경 구축을 의도하고 있다. 이 중 개방된 망 및 망 접근을 보장하고, 서비스의 국경 간 공급 제공 보장,

국경 간 정보의 흐름 보장 및 타국의 정보에 대한 합법적 접근을 보장하는 조항들이 눈에 띄는데, 구글 등 기존 ICT 기업을 포함하여 훌루, 넷플릭스 등 최근 부상하고 있는 뉴 미디어 기업의 글로벌 진출 전략을 뒷받침하는 국제규범의 원형으로 봐야 한다.

미국의 이런 노력들은 다자무역규범의 장인 WTO에서도 발견된다. 미국은 EU와 공동으로 WTO 서비스무역이사회 산하 전자상거래 논의 분과에서 상기 원칙을 문서로 제출, 회람시킨 바 있다. 이미 호주, 뉴질랜드, 노르웨이 등의 지지를 확보했고, 아직까지 유보적인 입장을 표명한 한국을 포함한 일부 국가들의 추가적 지지를 확보하려고 노력하는 중이다. 특히 최근 속도가 붙은 복수국가 간 서비스협정 협상에서 미국은 ICT 서비스 교역원칙의 전체 또는 일부 도입을 적극적으로 추진하고 있다. 이에 대하여 명백히 반대 입장을 표명하고 있는 국가들은 인터넷 규제정책을 고수하고 있는 중국 및 자국 서비스시장의 보호하고자 하는 인도, 브라질과 같은 개도국들이다.

미국이 정보의 상업적 활용 및 자유로운 흐름에 방점을 두는 규범을 추진하고 있다면 EU는 정보주체, 즉 개인 이용자의 권리를 보호하는 역내 규제원칙 수립에 주력해왔다. 1995년 EU 개인정보 보호 지침의 성안 배경에는, 유럽연합 역내시장에 회원국 간 개인정보가 유통되면서 발생하는 다양한 문제를 해결하고 동시에 EU 시민의 기본권과 자유를 보호하기 위한 노력이 있어왔음을 주시할 필요가 있다. 특히 주목할 부분은 정보의 제3국으로의 이전에 대한 원칙인데, 1995년 지침은 EU 수준으로 적절하게 개인정보를 보호하지 않는 국가로의 개인정보 데이터 이전을 금하고 있다. 동 지침 제4장 제26조를 살펴보면 개인정보의 제3국으로의 이전 시 적절한 보안수준의 원칙을 지키지 않아도 되는 예외적 경우를 명시하고 있

❏ 1995년 EU 개인정보 보호 지침 제26조(원칙의 예외)

1. 제25조의 원칙의 예외를 인정하는 것에 의하여, 그리고 특정사례를 규율하는 국내법의 다른 규정을 보호하기 위하여 회원국은 제25조 제2항이 의미하는 보호의 적정한 수준을 보장하지 않는 제3국으로의 일회의 혹은 일련의 개인정보 이전은 다음 각 호에 해당하는 조건에서 이루어질 수 있다고 규정하여야 한다.

   (a) 정보대상자가 제안된 이전에 명백히 동의한 겨우

   (b) 정보대상자와 통제자 사이에 체결된 계약의 이행에 필요한 이전 혹은 정보대상자의 요청에 따라 채택된 계약 전 조치를 이행하기 위하여 필요한 이전

   (c) 통제자와 제3자 사이에 정보대상자의 이익을 위한 계약의 체결 혹은 이행을 위하여 필요한 이전

   (d) 중요한 공익적 근거에 기초하여 필요하거나 혹은 법적으로 의무 지어진 이전 혹은 소송을 제기, 수행, 혹은 방어하기 위하여 필요한 법적으로 의무 지어진 이전

   (e) 정보대상자의 중요한 이익의 보호를 위하여 필요한 이전

   (후략)

는데, 그 내용을 살펴보면 철저히 개인정보 당사자의 이익보호를 전제하고 있음을 알 수 있다. 특히 제26조(e)항은 '정보대상자의 중대한 이익의 보호'를 목적으로 하는 개인정보의 제3국 이전에 해당되지 않는 나머지 경우에는 반드시 당사자의 사전 동의를 얻도록 하고 있어 강력한 개인정보 보호제도의 설립을 요구하고 있음을 알 수 있다.

EU는 제3국의 개인정보 보호정책의 적절성 여부를 판단하는 세부 원칙을 만들어 이를 기초로 개인정보의 역외이전을 규율하고 있다(1995 EU 개인정보보지침 제26조 제2항 참조). 2000년에 EU-미국 간 체결된 세이프 하버 원칙(Safe Harbor Principles)은 바로 EU지침의 '개인정보 국외 이전 제한'으로

인해 미국 기업들이 입을 수 있는 피해를 방지하기 위하여 미국이 EU와 협상한 내용으로 유럽 시민들의 개인정보를 받아서 사용하는 미국 기업들이 EU지침에서 규정한 개인정보취급의 적정성요건을 갖추었는지 여부를 판단하기 위한 기준을 담고 있다. EU에 요청하는 국가들에 대하여 EU지침 제29조에 의해 만들어진 개인정보 보호 작업반(Article 29 Data Protection Working Party)이 요청 국가의 개인정보보호제도의 적절성 여부를 평가하여 EU 집행위원회(Commission)에 결과를 제출하고, 집행위원회는 작업반의 결과보고서를 바탕으로 적절성 여부를 의결하는데, EU 수준의 개인정보 보호정책을 유지하고 있다고 판정받은 경우에는 자유로운 정보이전이 보장되나, 인정보류 또는 불인정 판정을 받은 경우 EU가 마련한 표준계약서에 의한 방식으로 정보이전 절차를 밟아야 한다. EU의 '적절한 수준' 인정은 EU와 해당 국가가 개인정보 보호 협정을 체결하는 방식으로 이루어지는 게 아니라, 해당 국가의 개인정보 보호 제도가 EU 기준에 비추어 적절하다고 EU측이 자체적으로 판단하는 '준상호주의'의 결과인데, 해당 국가가 EU의 일방적 기준을 충족해야 한다는 점에서 EU식 거버넌스의 글로벌 확산의 정치를 볼 수 있는 좋은 사례이다. EU는 현재 미국 외에도 10개 국가의 개인정보 보호정책의 적절성 인정을 부여한 바 있다.[17]

---

17) 구체적으로 안도라, 아르헨티나, 호주, 캐나다, 스위스, 페로스제도(Faeroe Islands), 건지 섬(Guernsey), 이스라엘, 맨 섬(Isle of Man), 저지(Jersey)가 있다. 미국은 개인정보 단일법 및 규제기구가 없는 관계로 분야별 인증을 했는데, 본문에서 언급한 세이프 하버 원칙과 미국 세관 및 국경수비국(Bureau of Customs and Border Protection)에 건네지는 수송보안국(Transportation Security Administration)의 승객 정보의 이전의 적절성 인증(2007년 인증)의 두 가지가 있다. EU는 미국같이 단일법이 부재한 국가에 대하여 분야별 정보공유 협정이나 담당 기구 간의 MOU 체결 방식을 통해 EU 국민의 개인정보 제3국 이전 관련 보호를 담보하고자 한다(http://

EU의 개인정보 규제원칙은 1995년 이후에도 진화하고 있다. 전자통신서비스 환경에서 개인의 정보보호를 위하여 2002년 '전자통신부문에서 개인정보 처리와 프라이버시보호에 관한 지침'(이하 2002년 지침)을 제정하여 1995년 지침에서 다루어지지 않았던 사항들을 다루었다. 2002년 지침은 전송정보의 파기 및 익명처리의무, 발신자번호 및 접속자번호표시, 쿠키, 부가서비스 제공목적의 위치정보 이용, 위치정보추적 일시 차단기능 제공 등 인터넷 기반 환경에서 대두되는 개인정보 보호를 위한 기술적·관리적 방안에 대한 세부 원칙을 제공하고 있다. 여기에다 최근에는 기술적 진화를 반영한 1995년 지침의 개정논의가 진행 중인데, 개인정보 당사자의 권한을 강화하는 방안도 다루지만 정보 처리자가 개인정보 보호를 위하여 취해야 할 기술적, 절차적 방안을 구체적으로 다루고 있어 개인정보 처리자의 의무를 강조하고 있다. 예컨대, 개정안에 의하면 개인정보 처리자는 정보 당사자(정보주체)의 삭제·제거 요구가 있으면 해당 개인정보를 제공받은 자 각각에 대하여 그 내용의 삭제 또는 제거를 통지해야 한다고 규정하고 있어, 개인정보 이용에 대한 통지의무가 강화되었다(2012 Data Protection Regulation draft 제13조). 아울러 개정안은 정보 처리자에게 요구되는 개인정보관리 의무 중 개인정보 처리자가 제3자에게 개인정보의 공개를 허용한 경우 그 공개에 대하여도 개인정보 처리자가 책임을 지도록 규정하고 있는 점으로, 인터넷상 수집되는 개인정보의 용이성에 비례하여 취급의 책임성도 강조하고 있음을 알 수 있다(제17조 제2항). 이 밖에도 개인정보가 포맷되어 전자적으로 처리되는 경우 정보주체가 정보 처리자에게 개인정

---

ec.europa.eu/justice/data-protection/document/international-transfers/adequacy/index_en.htm).

보의 복제를 요구할 수 있는 권리(복제요구권), 개인정보 처리자가 자동처리시스템을 통해 보관하고 있는 개인정보를 다른 개인정보 처리자의 시스템에서 방해받지 않고 이용할 수 있도록 전자적 형태로 이전해(transmit)줄 것을 요구할 권리(이전요구권) 등 이른바 '개인정보 휴대권(right to data portability)'도 담고 있는데, 이것은 1995년 지침에는 없는 새로운 권리로서 인터넷상의 정보주체의 권리를 보호하는 동시에 정보 처리자의 정보유통 및 관리에 대한 세부 원칙을 제시하여 민간 차원의 자율규제의 강화를 도모하고 있다는 평가를 받고 있다(이창범, 2012: 82).

한편 EU는 2008년 금융위기 이후 경제침체가 지속되면서 기존 개인정보 보호정책의 유연한 적용을 고려하고 있다. 최근 유럽 법무 위원회(Europe's Justice Commissioner)는 EC 장관들에게 중소기업의 정보보호 규정의 완화를 고려하고 있다고 밝혔는데, 중소기업들이 EU 수준의 개인정보 보호대책을 강구하기 위해 들어가는 비용이 부담된다는 판단하에, 다국적 기업과 연결된 중소기업들을 제외한 나머지 중소기업들에는 기존 법규정의 예외적용 또는 완화를 추진할 예정이라고 밝혔다(정보화진흥원, 2012: 16). EU의 최근 행보는 미국의 ICT 교역원칙에 동조하는 것에서 볼 수 있듯이 인터넷 기반 경제의 활성화를 통해 경제위기를 극복하겠다는 상위의 목표를 추진하려는 의지로 읽혀진다. 그러나 분명한 것은 EU와 미국 두 국가는 진화하는 디지털기술에 맞추어 정보주체의 권리를 보호하고 강화하려는 방향성에 있어 동일한 입장을 고수하고 있다는 점이다.

5. 맺음말

  21세기 정보사회에서 정보는 '새로운 석유'로 불릴 만큼 그 경제적 가치가 큰 자원이다. 현재 미국 및 EU의 주도하에 정보의 취급과 관련된 국제적 규범 논의가 진행되고 있다. 인터넷상의 자유로운 정보의 흐름과 상업적 활용을 보장한다는 명분 아래 자국의 경제적 이해를 도모하고자 하는 노력으로 해석되기에 이들 국가의 움직임을 주시해야 한다. 향후 정보사회의 거버넌스 프레임이 미국과 EU에 의해 확정될 것으로 보이기 때문이다. 사이버공간의 국제질서는 아직 초기 단계로 어느 국가 또는 행위자가 주도권을 쥐게 될지 아직 모르지만, 인터넷 플랫폼 기반 기술 생태계가 부상하면서 이 새로운 생태계의 주도권을 쥐고 있는 구글, 아마존과 같은 플랫폼 사업자들 그리고 이들의 글로벌 확산을 뒷받침하는 미국 정부의 적극적 움직임이 예사롭지 않다. 이 새로운 세상의 게임의 규칙을 정하는 데 한국도 적극적으로 참여하는 것은 너무도 당연할 것이겠으나, 안타깝게도 내부적으로 준비되어 있다고 보기 어렵다. 한국은 ICT 강국으로 알려져 있지만 정부의 정책 기조는 여전히 하드웨어 산업에 근거하고 있다. ICT 서비스 기업의 활동 및 교류를 뒷받침하는 개인정보 관련 제반 법제도는 아직도 미진하다는 평가가 주를 이룬다. 이창범(2012)은 한국의 개인정보 규제와 관련된 규제 기능이 분산되어 있어 과잉 규제, 정책 혼선의 문제가 크다고 지적하고 있다. 특히 2011년 개정된 「개인정보보호법」에도 불구하고 아직도 SNS에 대한 규제 기준이 존재하지 않고 개인정보 프로파일링, 빅데이터화에 대한 대비책도 미흡해 정보주체의 권리 보호가 충분하지 않다. 정찬모 외(2009) 또한 한국의 「개인정보보호법」은 정보의 제3자 제공 및 목적 외 사용에 대한 과도한 제한, 취급 위탁의 고지·공개 의무,

개인정보처리의 사소한 변경에 대한 동의 의무, 영세민에게의 너무 엄격한 법적용 등 기업 활동에 과도한 컴플라이언스 비용을 유발하여 궁극적으로 기업들의 불법 또는 탈법 행위를 조장한다고 비판받고 있다. 이러한 배경에서 한국이 개인정보 글로벌 거버넌스 논의에 적극적으로 참여하지 못하는 것은 어쩌면 당연하다. 국내 법제도와 글로벌 논의와의 부합성 모색이 시급한 시점이다.

▌ 추천 문헌

강준구. 2010. 「OECD회원국의 서비스산업 분석: 산업구조, 파급효과, 생산성을 중심으로」. KIEP 연구보고서 10-15.

김상배. 2010. 『정보혁명과 권력변환』. 한울아카데미.

성선제. 2004. 「정보화시대의 프라이버시 변화」. ≪공법연구≫, 제32권 제5호.

_____. 2012. 「외국의 개인정보보호 동향 및 시사점」. KISDI 발표자료(2012. 10.23).

송영관 외. 2009. 「글로벌환경에서의 한국 사업서비스 발전방안: IT서비스를 중심으로」. KIEP 연구보고서 09-08.

성한경. 2013. 「복수국 간 서비스협정의 경제적 파급효과 및 대응방안」. 복수국간 서비스협정공청회 발표(2013.1.23).

쉴러, 허버트. 1992. 『현대자본주의와 정보지배논리』. 강현두 옮김. 나남.

윤재석. 2012. 「OECD 프라이버시 가이드라인 개정현황 및 향후 전망」. ≪주간기술동향≫, 통권 1576호(2012.12.12), 1~13쪽.

이종화. 2011. 「글로벌 통신사업자들의 클라우드컴퓨팅 추진전략 및 시사점」. KISDI 프리미엄리포트 11-03호.

이지평. 2010. 「IT미국의 화려한 비상과 그 의미」. LG Business Insight.

이창범. 2012. 「비교법적 관점에서 본 개인정보보호법의 문제점과 개정방향: 한국 EU 일본을 중심으로」. ≪Internet and Information Security≫, 제3권 제2호, 65~95쪽.

정보화진흥원(NIA). 2012. 「2012년 하반기 개인정보보호 해외정책 동향」.

정찬모·이창범. 2009. 「민간부문에서 개인정보 수집이용시 정보주체의 동의원칙」. ≪정보화정책≫, 제16권 제4호, 113~126쪽.

조성은·유지연. 2012. 「글로벌 ICT기업들의 개인정보보호정책 변화에 따른 국내 정책방향」. KISDI 현안연구 12-03.

행정안전부. 2011. 「개인정보보호 법령 및 지침·고시 해설」.

EU. 1981. *Council of Europe Convention for the Protection of Individuals with regards to Automatic Processing of Personal Data.*

_____. 1995. *Directive on the Protection of Individuals with regard to the Processing of Personal Data and the Free Movement of Such Data* (95/46/EC).

EU-US Trade Principles for Information Communications Technology Services Inside Trade Report.

Keohane, Robert & Joseph S. Nye Jr. 1998. "Power and Interdependence in the Information Age." *Foreign Affairs*, Vol.77, No.5, pp. 81~94.

Korea-US FTA. Telecommunications Services Chapter.

Narayanan, A & V. Shmatikov. 2010. "Privacy and Security: Myths and Fallacies of Personally Identifiable Information." *Communications of the ACM*, Vol.54, No.6, pp. 24~36.

Newman, Abraham. 2008. *Protectors of Privacy: Regulating Personal Data in the Global Economy.* Ithaca: Cornell University Press.

Carveth, R. & Metz, J. 1996. "Frederick Jackson Turner and the Democratization of the Electronic Frontier." *The American Sociologist*, Vol.27, No.1.

Craig T. & Mary E. Ludloff. 2011. *Privacy and Big Data.* San Francisco: O'Reily Media.

OECD. 1980. *Guidelines on the Protection of Privacy and Trans-border Flows of Personal Data.*

_____. 2012. *Proposed Revision to the OECD Guidelines Governing the Protection of Privacy and Transborder Flows of Personal Data* DSTI/ICCP/REG (2012)13.

USITC. 2011. "Trends in Services Trade Annual Report."

Whitaker. 1999. *The End of Privacy: How Total Surveillance is Becoming a Reality.* NY: New York Press.

이승주(중앙대학교)

1. 머리말

정보격차는 다양하게 정의될 수 있다. IT 인프라 또는 접근성에 초점을 맞출 경우, 정보격차는 IT 기기에 접근하고, 다양한 활동을 위해 인터넷을 사용할 수 있는 기회의 차이라고 할 수 있다(OECD, 2001). 한편 IT 기기의 활용에 초점을 맞출 경우, 정보격차는 정보의 양과 질의 측면에서 개인 또는 국가 간 차이가 확대되는 현상이라고 할 수 있다. 정보격차의 원인은 매우 복합적인 것이어서, 그 원인에 대한 정확한 진단이 용이하지 않다(Stoiciu, 2011). 거시적 차원에서 볼 때, 정보격차는 국가의 경제력, IT 인프라의 활용 가능성 및 비용, 이른바 IT 문맹을 감소시키는 효과적 교육 시스템과 밀접한 관련이 있다(Bindé, 2005). 미시적 차원에서는 지역, 인종, 성별, 연령, 소득 수준, 교육 배경 등이 정보격차에 영향을 주는 요인으로 알려져 있다(Li & Ranieri 2010; Zhao, Lu, Huang & Wang, 2010). 다수의 연구들은 백인, 남성, 고소득, 고학력 도시 지역 거주자들이 IT에 대한 접근성과 활용도 면에서 우위에 있다고 밝히고 있다(DiMaggio and Hargittai, 2001).

이처럼 정보격차를 초래하는 원인은 매우 다양하다. 문제는 정보격차가 지구적 차원에서도 발생한다는 것이다. 그러나 국내적 차원의 정보격차의 원인을 밝히는 연구와 이에 기반을 둔 대응책들이 수립, 실행되는 속도에 비해, 정보격차에 대한 국제적 대응은 상대적으로 미진하다. 이 글에서는 세계적 차원의 정보격차의 현황을 검토하고, 이에 대한 범세계적 대응을 국제기구의 역할을 중심으로 고찰한다.

2. 정보격차: 국가 간 격차와 국가 내 격차

세계적 차원의 정보격차가 관심의 대상이 된 것은 1985년 ITU가 주관한 보고서 「The Missing Link」가 발간되면서부터다. 이 보고서는 선진국과 개도국 사이의 정보불균형에 주목하면서 ICT 인프라와 경제성장의 상관관계를 최초로 강조했다. 이를 계기로 2000년까지 세계 모든 사람이 도보 2시간 이내 유선전화를 사용할 수 있도록 하자는, 당시로서는 야심찬 목표를 설정했다. 이 보고서가 발간된 지 약 30년이 지난 현 시점에서 볼 때, IT 기술의 급속한 발전과 함께 개도국의 IT 접근성이 대폭 확대되는 획기적 변화가 발생한 것은 사실이지만 지구적 차원의 정보격차는 성격을 달리하면서 지속되고 있다.

2013년 현재 전 세계 휴대폰 가입 건수는 약 68억 건으로 휴대폰 침투율은 96%에 달한다. 세계적 차원에서는 시장이 포화 상태에 이름에 따라 이동통신의 성장률이 저하되는 현상이 나타나고 있다. 그러나 선진국의 휴대폰 침투율이 128%인 데 반해, 개도국의 휴대폰 침투율은 89%라는 점을 감안하면 선진국과 개도국의 차이는 여전히 있다고 할 수 있다. 특히, 휴대폰이 개도국의 IT 인프라 가운데 가장 보급률이 높은 IT기기라는 점을 고려하면 선진국과 개도국 사이의 정보격차는 여전하다.

다른 IT 부문을 살펴보면 정보격차의 문제는 더 심각해진다. 2013년 인터넷 사용자는 세계 인구의 약 39%인 약 27억 명으로 추산되는데, 정보격차는 다양한 수준에서 감지된다. 우선 선진국과 개도국의 관점에서 보면, 정보격차가 감소되는 추세에 있기는 하지만 여전히 상당한 격차가 존재한다. 구체적으로 선진국의 인터넷 사용률이 77%인 반면, 개도국의 인터넷 사용률은 아직 31%에 불과하다. 한편 가구를 기준으로 한 인터넷 접근성은 다소 차이가 있다. 전 세계 가구의 약 43%가 인터넷에 연결되어 있는데, 선진국 가구의 78%가 인터넷을 사용하고 있는 반면, 개도국 가구의 인터넷 침투율은 28%에 불과한 실정이다. 특히 인터넷에 연결되어 있지 않은 약 11억 가구의 90%가 개도국에 있다는 점을 감안하면 선진국과의 격차가 아직 크다고 할 수 있다. 인터넷 사용률의 차이는 지역 수준에서도 발견된다. 유럽의 인터넷 사용률이 각각 75%인 데 반해, 아프리카의 인터넷 사용률은 유럽의 1/4에도 못 미치는 16%에 불과한 실정이다(ITU, 2013). 더욱이 개도국의 인터넷 사용자 가운데 중국과 인도의 비중이 약 47%이 달하는 데서 알 수 있듯이 개도국 간에도 커다란 격차가 발견된다(〈그림 10-1〉 참조).

성별 역시 정보격차를 초래하는 중요한 요소인데, 이 차이는 개도국에서 더 두드러지게 나타난다. 여성의 인터넷 사용률은 점차 증가하고 있다. 남성과 여성의 인터넷 사용률이 각각 41%(약 9억 8,000만 명)와 37%(약 8억 2,000만 명)인 데서 알 수 있듯이, 여전히 남성의 인터넷 사용률이 높지만 여성의 인터넷 사용률이 상대적으로 빠르게 증가하고 있음을 알 수 있다.

〈그림 10-1〉 2011년 전세계 인터넷 사용자 현황

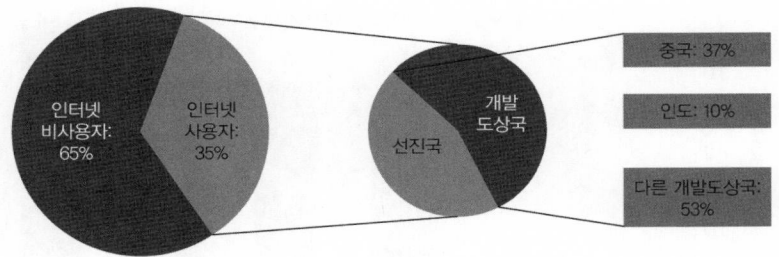

전체 인구: 70억 명

자료: ITU World Telecommunication/ICT Indicators database.

그러나 개도국의 경우 인터넷 사용률에서 있어서 성별의 차이가 여전히 큰 편이다. 개도국 여성의 인터넷 사용률이 남성에 비해 16% 낮은 반면, 선진국에서는 남성과 여성의 차이가 2%에 불과한 것이 이를 대변한다(ITU, 2013).

개도국에서 발견되는 세대 간 차이 역시 해결해야 할 문제이다. 전 세계 25세 이하 가운데 36%, 25세 이상의 34%가 인터넷을 사용하여 그 격차가 크지 않다. 그러나 선진국의 경우, 25세 이상 인구의 29%만이 인터넷을 사용하지 않는 반면, 개도국의 경우 25세 이상 인구의 무려 77%가 인터넷을 사용하지 않는 정보의 사각지대에 놓여 있다(〈그림 10-2〉 참조).

한편 광대역통신의 보급 속도는 매우 빨라, 2011년 전년 대비 27% 증가한 약 17억 명이 광대역통신을 사용하고 있는 것으로 추산된다. 이 가운데 약 2/3인 10억 명이 이동광대역통신을 사용하고 있다. 개도국의 광대역통신 보급도 매우 빠른 속도로 이루어지고 있어서, 17억 명의 사용자 가운데 40% 이상이 개도국 사용자인 것으로 알려져 있다(UN Global Alliance for ICT and Development). 그러나 광대역통신은 개도국에 가장 많이 보급되어 있는

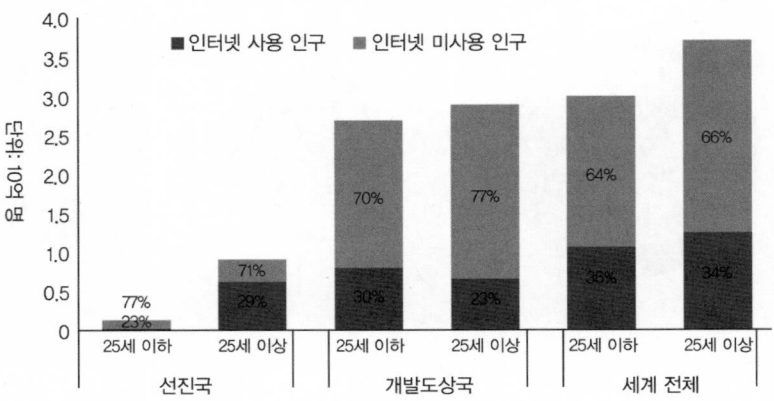

〈그림 10-2〉인터넷 활용률: 세대 간 격차

자료: ITU World Telecommunication/ICT Indicators database.

IT 인프라이지만, 외국 기업 또는 관광 부문에 한정되어 있는 경우가 많다. 또한 월 사용료가 월 소득을 상회하기도 하는 등 광대역통신에 대한 보편적 접근은 아직 요원한 셈이다(The Digital Divide and MDGs, http://www. itu.int/newsroom/media-kit/story9.html).[18]

이처럼 지구적 차원의 정보격차는 여전히 풀어야 할 숙제이다. 그러나 문제는 지역 수준 또는 국가 수준에서 IT의 보급을 평가하는 것이 개도국 사이에 존재하는 커다란 격차를 제대로 드러내지 못한다는 데 있다. 감비아, 적도 기니, 모리타니아는 2008년 휴대폰 보급률이 60%를 초과하여, 2000년 유럽의 수준을 넘어서고 있다. 반면, 미얀마는 휴대폰 보급률이 0.8%에 불과한 실정이다.

또한 IT 접근성이 동일하다고 하더라도, 선진국 시민들이 개도국 시민

---

18) 반면, 상위 40개국의 광대역 통신 월 사용료는 월 소득의 2.5%로 추산된다(The Digital Divide and MDGs).

들보다 IT 활용률이 높다는 것이 밝혀지고 있다. 결국 IT 접근성 못지않게 중요한 것은 IT 기술 활용에 대한 교육과 이를 통한 태도의 변화인 것이다. 글로벌 차원의 정보격차에 관한 대응은 주로 IT 인프라의 보급을 중심으로 한 정보접근성을 확대하는 단계에 머물러 있다. 그러나 정보접근성은 정보격차의 다양한 구성 요소 가운데 하나에 지나지 않는다. 새로운 차원의 정보격차는 확충된 IT 인프라가 어떻게 활용되고 있는가의 문제로, 결국 사용자들이 IT 기술을 활용함으로써 얻을 수 있는 이득의 불평등을 의미하게 되었다(DiMaggio & Hargittai, 2001).

이러한 점을 감안할 때, 정보 인프라의 확충에서 더 나아가 실질적인 정보활용력을 제고할 수 있는 세계적 차원의 노력이 필요하다. 즉 정보격차는 단순히 IT 기기에 대한 접근성의 문제에서 탈피하여, 개도국의 발전에 정보를 어떻게 활용할 것인가의 차원에서 접근해야 한다(Montagnier and Wirthmann, 2011). 활용성의 측면에서 정보격차가 해소되지 않을 경우, 정보격차는 선진국과 개도국의 차이를 더욱 구조화하는 요인으로 작용할 수 있기 때문이다. 이 문제의 해결을 위해서는 결국 국가 및 국제적 차원의 노력이 필요하다.

3. 정보격차와 개발협력

정보격차의 해소를 위한 정보통신 기술(Information Communication Technologies: ICTs)의 보급이 개도국의 경제발전을 위한 주요 수단이 될 수 있을 것인지 여부에 대해서 1990년대에 치열한 논쟁이 전개되었다. OECD 등 주요 국제기구들은 ICT가 개도국의 기업 부문과 공공 부문의 효율성을 높이는 핵심적 수단이 될 것이라고 강조했다. ICT가 선진국으로부터 흡수한 지식을 개도국의 실정에 부합하도록 변형시킴으로써 개도국의 발전에 기여할 수 있다는 것이다. 그러나 일각에서는 ICT가 개도국의 선진국에 대한 새로운 형태의 종속을 초래할 위험성이 도사리고 있다고 주장한 바 있다. 특히 ICT 분야의 글로벌 거버넌스가 선진국의 이해를 반영하고 있음을 감안할 때, 이러한 우려가 결코 기우는 아니라는 것이다(Wade, 2002).

예를 들어, 개도국의 인터넷 사용이 빠르게 증가하고 있는 데 반해, 세계적 차원에서 IP 주소가 2010년대 중반 이후 빠르게 소진될 가능성이 농후하다는 데 있다. IP 주소의 고갈은 새로운 인터넷 개인 사용자 또는 기업들이 인터넷 접근성을 확보하는 데 커다란 영향을 미칠 것이다. 현재 아프리카의 경우, 인터넷 사용자 일인당 IP 주소는 0.36개에 불과하다. 더욱이 IPv4 주소의 거의 3분의 2가 남아프리카에 할당되어 있는 데서 나타나듯이, 아프리카 내에서도 격차가 심각한 실정임을 감안하면(OECD, 2009), 아프리카의 최빈국들이 IPv6 등 새로운 형태의 IP의 주소를 확보할 수 있도록 하는 국제적 노력이 시급하다.

이러한 논란에도 불구하고 2000년 새천년개발목표(MDGs)가 설정되면서 ICT의 보급과 정보격차의 해소는 개도국 발전의 중요 수단이 될 수 있다는 인식이 국제사회에서 광범위하게 공유되었다. UN 전 사무총장 코피아난 역시 "MDGs를 달성하기 위해서는 ICT의 잠재력을 활용해야 한다"고 역설하면서 경제발전을 위한 수단으로써 인터넷의 중요성을 역설한 바 있다. 개도국들이 ICT의 다양한 혜택을 누릴 수 있도록 노력할 뿐 아니라, 개도국의 경제성장을 위해 다양하게 활용될 수 있도록 해야 한다고 강조한 것이다.

ICT의 보급·확대가 선진국보다 개도국의 경제성장에 더욱 효과적이라

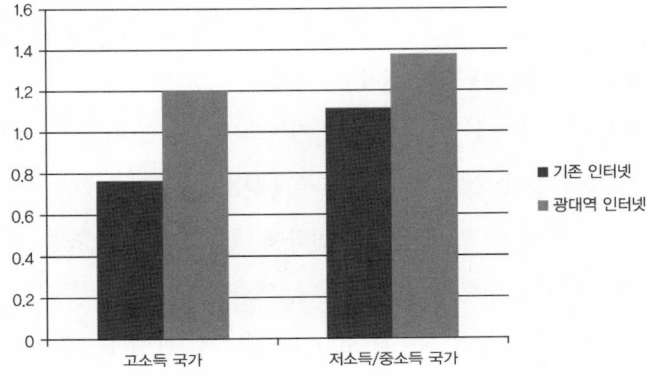

〈그림 10-3〉 인터넷 침투율 증가와 경제성장(10% 증가 기준)

■ 기존 인터넷
■ 광대역 인터넷

고소득 국가   저소득/중소득 국가

자료: OECD(2009).

는 점을 감안할 때, ICT 보급의 필요성은 더욱 커진다. 구체적으로 일반 인터넷 침투율이 10% 증가할 때, 선진국의 경제성장률은 0.77% 증가하는 반면, 개도국의 경제는 1.21% 증가하는 것으로 나타났다. 또한 광대역 인터넷의 침투율이 10% 증가할 때, 선진국의 경제성장률은 1.12%에 불과한 반면, 개도국의 경제성장률은 1.38%에 달하는 것으로 알려졌다(〈그림 10-3〉 참조). 이처럼 인터넷 인프라의 확대가 개도국의 경제성장에 더욱 효과적이라고 할 수 있다.

2000년대 이후 개발협력 패러다임은 지구적 차원의 지속가능한 발전 및 공여국과 수원국의 파트너십을 강조하는 방향으로 변화하고 있다. 즉 과거 정보격차의 문제가 주로 국가 내부의 문제 또는 개도국만의 문제로 인식되었다면, MDGs 발표 이후 개도국의 발전을 위한 ICT의 확산이 지구적 차원의 지속가능한 발전의 차원에서 선진국과 개도국이 함께 노력해야 하는 공동의 문제로 인식되는 인식의 전환이 이루어졌다고 할 수 있다. 구체적으로 ICT는 MDGs에서 승인된 8개의 목표를 달성하는 데 모두 관련이 있다는 공감대가 만들어졌다. MDGs에서 제시된 목표 가운데 ICT의 혜택을 받을 수 있는 분야는 빈곤 감소, 보편적 초등교육과 양성 평등, 질병 퇴치, 환경 보존 등 매우 광범위하다. 예를 들어, ICT는 에이즈(AIDS)나 다른 질병에 대한 정보를 전파함으로써 질병의 확산을 방지하여 보건 수준을 획기적으로 높일 수 있고, 여성이 경제활동에 나설 수 있게 함으로써 양성평등을 실현할 수 있으며, 기후 변화에 대한 신속한 대응을 가능하게 함으로써 환경 보호를 향상시킬 수 있다. 또한 ICT는 농민이 생산성을 높이고, 중소 수공업자들이 제품을 소비자에게 직접 판매하는 것을 가능하게 하는 등 빈곤과 기아를 해소하는 데 커다란 기여를 할 수 있다. ICT는 또한 보편적인 초등교육을 실현하는 데도 도움이 된다.

　이러한 맥락에서 국제사회는 '발전을 위한 ICT(ICTs for development)' 또는 'ICT4D'라는 기치 아래 개도국의 경제성장을 위해 ICT를 적극 활용할 수 있는 방안을 모색하고 있다. OECD는 특히 접근성의 확대, 광대역 정책 개발, 모바일 뱅킹, 보안에 대한 고려, 환경을 위한 ICT, 교육을 위한 ICT 등 주요 역점 분야를 선정한 바 있다. 예를 들어, 접근성의 확대와 ICT 활용을 배타적으로 생각할 것이 아니라, 접근성의 확대 역시 ICT 활용의 전제 조건으로서 여전히 중요하다는 인식을 공유할 필요가 있다는 것이다. 특히 광범위한 인터넷 보급을 위해서는 IT 정책은 물론, 세제정책과 경쟁 정책 등 다양한 부문들 사이의 정책적 일관성(policy coherence)을 유지할 필요가 있다(OECD, 2005).

　이러한 노력의 결과 개도국의 IT 활용은 매우 빠른 속도로 증가하고 있다. 개도국은 현재 ICT4D의 5단계 가운데 1.0에서 2.0으로 변모하는 전환기에 있다.19) 2.0 단계에서는 ICT를 사회 제반 문제에 대한 해결책으로써 인식하는 대중적 숭배(mass worship) 현상이 나타나고, 이후 ICT를 모든 경제 부문에서 주류화(mainstreaming)하는 단계로 이행하게 된다. 실제로 일반 대중의 인식과 달리, 개도국의 인터넷 사용도 점차 확대되고 있을 뿐 아니라, 통화와 같은 단순 사용을 넘어선 데이터 사용도 빠르게 증가하고 있다. 예를 들어, 아시아 지역 극빈층들 가운데 상당수가 휴대폰으로 은행계좌에 접근하고 있는 것으로 나타났는데, 방글라데시의 CellBazaar 또는 인도의 Warana Unwired 등이 금융 관련 서비스에 활발하게 활용되고 있다(OECD, 2009).

4. 정보격차의 해소를 위한 세계적 차원의 대응

1) 대응의 기본 방향

정보격차의 해소 또는 완화를 위한 세계적 차원의 노력은 다양한 수준에서 이루어지고 있다. 첫째, ICT의 보급과 정보격차의 해소는 한 행위자의 노력만으로 해결되기 어려운 과제이기 때문에, 중앙정부, 지방정부, 민간 부문, 학계, 시민사회, 국제기구가 함께 협력해서 정보격차의 문제에 대처해야 한다는 기본적인 합의가 이루어졌다. 이른바 다면적 · 다중이해관계자 접근(multi-pronged, multi-stakeholder approach)이다(ITU, 2013). '다면적'이란 정보격차는 어느 한 차원이 아니라, 기술과 규제에서 민관협력과 주민들의 역량 강화에 이르기까지 다양한 차원에서 접근되어야 한다는 의미

---

19) ICT4D의 5단계는 무시(ignore), 고립(isolate), 숭배(idolize), 통합(integrate), 혁신(innovate) 등으로 구분된다(OECD, 2009).

이다. 또한 정보격차의 해소를 위해 기본적으로 각국 정부가 주도적 역할
을 해야 하지만, 다양한 행위자들 사이의 협력이 절대적으로 요구된다는
것이 다중이해관계자 접근의 출발점이다. 구체적으로 ICT의 보급과 확산
에는 엄청난 재원이 소요되기 때문에, 정부가 민간 부문과 협력하는 민관
협력(public-private partnership)을 다양한 방면에서 추진할 필요가 있다. 또한
ICT의 확산뿐 아니라 활용률을 높이기 위해서는 정부 차원의 교육뿐 아니
라 ICT 활용의 중요성을 부각하는 미디어의 역할이 필요하다는 점에서 정
부와 미디어 사이의 협력 또한 매우 중요하다. 정보격차 문제에 대한 세계
적 차원의 협력은 개별 국가들이 국가 차원의 협력을 하는 데 도움이 되는
방향으로 이루어져야 한다는 것이다. 이러한 관점에서, WSIS에서 도출된
가이드라인은 ICT 활용, e-정부 전략, 공공기관의 투명성 촉진 등에 초점
을 맞추고 있다.

둘째, 정보격차를 정확하게 평가하기 위한 구체적 기준을 도입하는 것
이 매우 중요하다. 현재 국가 간 비교는 인터넷 사용자 수를 집계하는 것
처럼 주로 접근성에 초점을 맞추고 있다. 그러나 아직 상당수의 개도국들
은 문맹과 절대 빈곤과 같은 기초적 문제도 해결하지 못하고 있다. 이러한
제반 사항들을 모두 고려해, 정성 및 정량 평가를 모두 포괄하는 평가 기
준이 마련될 필요가 있다. 포괄적 평가 기준의 도입은 정보격차 해소를 위
한 국제사회의 노력이 얼마나 성과를 거두었는지를 평가하는 데에도 필요
하다.

2) 정보격차에 대한 국제기구의 대응

정보격차에 대한 기본 대응 방향이 설정됨에 따라, 다수의 국제기구들

이 이를 위한 구체적 이행 단계로 접어들고 있다. 이 가운데 UN이 특히 핵심적 역할을 수행하고 있다. UN은 ECOSOC을 통해 정보격차의 심각성을 알리는 한편, 이로 인해 초래되는 경제적, 사회적 문제에 대한 의식을 제고하는 노력을 경주해왔다. 거시적인 차원에서 볼 때, 정보격차는 개별 쟁점에 대한 접근보다는 지구적 차원의 새로운 디지털 질서의 수립이라는 맥락에서 다루어져야 한다는 입장이다.

(1) GAID

한편, UN 사무총장 코피 아난의 주도로 2006년 출범한 UN 기구인 Global Alliance for Information and Communication Technologies and Development(GAID)는 또 다른 UN 기구인 ITU와 긴밀한 협조를 통해 정보격차를 완화하려는 노력을 전개하고 있다. GAID는 경제발전에 있어서 ICT기술의 역할을 검토하는 개방적이고, 포괄적인 다중관계자들의 정책대화(open, inclusive, multi-stakeholder policy dialogue)로서 특히 민관협력의 촉진을 통한 정보격차 해소에 주력하고 있다. GAID는 구성 면에서도 정부 위원과 민간 위원들이 함께 참여하는 구조로 되어 있다. 또한 주로 교육, 기업가 정신, 거버넌스, 보건 분야와 같은 교차 쟁점에 대한 지원을 통해 경제발전에 대한 ICT의 기여를 제고하려는 목표를 가지고 있다.

(2) ITU

정보격차에 대한 세계적 차원의 대응에 있어서 ITU의 역할을 빼놓을 수 없다. 이 점은 WSIS 결과 검토에서 ITU가 선도적 관리자 역할을 수행할 필요가 있음을 강조한 데서도 나타난다(UN Global Alliance for ICT and Development). ITU는 인터넷 거버넌스 발전의 핵심적 역할을 수행해온 기구로서

ICT 기술에 대한 공평한 접근을 촉진하는 데 중요한 역할을 해왔다. 특히 2005년 튀니스 WSIS에서 설정된 개발 목표에서 밝히고 있듯이, ITU는 새로운 정보격차가 국가 간뿐 아니라 국가 내에서도 발생하고 있다는 판단에 따라 국가 내 공평한 접근을 개선하는 데도 주력하고 있다. 이를 위해, 특히 여성, 청소년, 장애인, 오지 주민들의 접근성을 제고하는 데 초점을 맞추고 있다.

개도국의 ICT 역량 강화는 ITU의 역점 분야 가운데 하나다. ITU는 개별 국가의 정부들이 광대역통신에 대한 보편적 접근을 확대하도록 촉구하는 한편, 이와는 별도로 UN이 지정한 49개 개도국의 ICT 보급을 직접 지원하는 프로그램도 운영하고 있다. ITU는 특히 개도국의 ICT 확산에 커다란 기여를 할 ICT 전문가 교육 프로그램을 제공하는 한편, 일반 사용자들의 ICT 활용에 대한 인식을 제고하는 노력을 병행하고 있다. 기술교육과 관련해서는 ITU는 20개의 개도국에 'Internet Training Center Initiative'를 설치하여 운영하고 있다. 이 교육 프로그램을 통해 약 3,000명의 훈련생이 배출되었다. ITU는 기술 보급과 관련하여 개도국에 특화된 범용기술 또는 신기술을 제공하고 있으며, 이를 통해 개도국의 ICT 역량을 강화함으로써 궁극적으로 경제발전의 잠재력을 향상시키겠다는 목표를 가지고 있다. ITU는 또한 Alcatel-Lucent, Nokia, Vodafone 등 선도적인 기업들과 협력하여 2003년 ICT Youth Education Scheme(YES)를 발족시켰다. 이 프로그램은 개도국의 학생들에게 장학금을 제공하여 ICT 분야의 고등교육을 받을 수 있도록 하는 것이다.

ITU는 또한 다중이해관계자들 사이의 시너지를 이끌어내기 위해 민간기업, 정부, 개발협력기구들 사이의 협력을 촉진하는 데도 많은 노력을 기울이고 있다. 'Connect the World'가 이러한 원칙에 기초하여 설립, 운영되는 대표적 프로그램이다. ITU는 이 프로그램의 일환으로 'ITU Connect'를 실시하여 지역 내 연결성(intra-regional connectivity)을 향상시키는 사업을 위해 세계 각국의 대표들로부터 약 550억 달러에 달하는 투자기금을 모금한 바 있다. 이를 통해 아프리카 국가들의 수도와 주요 도시들 사이에 광대역통신망이 구축되고, 다른 지역과의 연결성도 한층 강화되었으며, 2015년까지 아프리카의 지방까지 광대역통신망이 확대될 것으로 기대된다.

ITU는 또한 다른 UN 기구들이 개발협력 프로그램에 WSIS의 권고를 통합하도록 요청하고 있다. 이는 다양한 국제기구들이 정보격차 완화를 위한 노력을 전개하고 있지만, 개별 국제기구들의 이러한 노력이 통합적으로 운영되지 않는 데서 발생하는 문제점이 적지 않았다는 평가에 따른 것이다. 정보격차의 완화에 대한 거버넌스적 접근을 위해서는 국제기구들 사이의 통합적 접근이 요구된다.

(3) WSIS

World Summit on Information Society는 UN 총회 결의안 56/183호에 따라 두 단계로 나누어져 개최되었다. WSIS는 세계 정상 차원에서 정보격차와 인터넷 거버넌스의 미래에 대한 기본 방향과 원칙을 제시하는 역할을 하고 있다. 2003년 12월에 개최된 제네바 단계(Geneva Phase)에는 약 50개국 정상들이 참여하여 '모두를 위한 정보사회'의 토대를 놓기 위한 정치적 의지와 구체적 조치를 명확히 할 것을 목표로 했다. 두 번째 단계는 2005년 11월 튀니스 단계(Tunis Phase)인데, 이 회의에서는 제네바 행동계획을 실행하고, 인터넷 거버넌스와 재원 조달 메커니즘에 대한 해법과 합의를 도출하는 데 목표가 있었다. UN 산하 기구들 사이의 조정과 WSIS의 개최를 위해 High-Level Summit Organizing Committee(HLSOC)가 설치되었는데, 실질적으로는 ITU가 이 기능을 담당하고 있다(WSIS 홈페이지, http://www.itu.int/wsis/basic/about.html).

(4) IGF

Internet Governance Forum은 2006년 WSIS에 의해 출범된 포럼으로서 정보격차 문제에 대한 의식을 제고하고, 인터넷 거버넌스와 관련한 논의를 위한 다중이해관계자 정책대화(multi-stakeholder policy dialogue)로서 다양한 이해관계자들이 문제의식을 공유하고 의견을 교환하는 장의 역할을 하고 있다. 따라서 IGF에는 정부, IGOs, 기업, 기술인력, 시민단체, 개별 사용자 등 다양한 주체들이 참여하고 있다. 미래의 인터넷 발전을 위해서는 모든 이해관계자들이 중립적이고 동등한 권리를 행사하여야 하며, 선진국뿐 아니라 개도국의 이해관계자들이 참여하는 것이 중요하다는 것이다(IGF, 2011).

튀니스 어젠다에 명시된 IGF의 구체적인 임무는 인터넷 거버넌스와 관련된 정책 주제를 토의하고, 교차 쟁점에 대한 토의를 촉진하며, 모범 사례에 대한 정보를 교류하는 것이다. 개도국에 대해서는 인터넷의 접근성을 제고할 수 있는 구체적 방안을 제안하고, 향후의 인터넷 거버넌스에 대한 개도국의 참여를 강화하며, 인터넷 거버넌스를 위한 개도국의 역량을 강화할 것을 목표로 하고 있다(IGF Mandate).

IGF는 이러한 목표를 달성하기 위해서는 동태적 연합(dynamic coalitions)을 형성할 것을 제시하고 있다. 동태적 연합의 개념은 IFG 창립 회의에서 제시되었는데, 다양한 이해관계자들이 비공식적이며(informal) 쟁점별로(issue-specific) 구성되는 연합체를 구성하자는 것이다. 이 연합체들은 특정 쟁점에 관심을 가지고 있는 이해관계자들이 자발적으로 형성하는 것으로 이들 사이의 협력을 촉진하기 위한 것이다. Dynamics Coalition on Internet and Climate Change, Dynamic Coalition on Accessibility and Disability, Gender and Internet Governance 등이 동태적 연합의 대표적 사례이다.

5. 소셜 네트워킹 서비스: 정보격차 완화의 새로운 가능성?

미국 기업에 기반을 둔 페이스북과 트위터로 대표되는 소셜 네트워킹 서비스(SNS)의 사용은 전 세계적으로 빠르게 확산되어왔다. 2011년 12월 기준 약 12억 명이 SNS를 사용하고 있는 것으로 나타났다. 이 수치는 2010년에 비해 약 23.1% 증가한 것으로 2014년에는 약 18억 5,000만 명이 SNS를 사용할 것으로 예상된다. 그러나 SNS 사용자의 증가율은 2012년 19.2%, 2013년 16.0%, 2014년 11.6%로 점차 감소할 것으로 예상된다 (eMarketer, 2012/2).

SNS 사용자 수를 기준으로 할 때, 미국과 중국이 가장 많은 것으로 나타났다. SNS 사용 인구의 분포를 보면 아시아태평양 지역에서 가장 많은 약 6억 2,000만 명이 SNS를 사용하고 있는 것으로 나타났으며, 2014년에는 약 8억 5,000만 명이 SNS를 사용할 것으로 예상된다. 이 가운데 중국의 비중은 거의 절반에 가까운 약 4억 1,000만 명에 달하고, 인도와 인도네시아의 사용자 수도 각각 약 1억 3,000만 명과 8,000만 명에 달할 것으로 보인다.(〈표 10-1〉 참조).[20] 주목할 것은 인도와 인도네시아의 SNS 사용 증가율

----

20) 이 지수는 소셜 네트워크 관련 연구 및 규제 기관들의 조사 결과 분석과 주요 소셜

<표 10-1> SNS의 지역별·국가별 활용 추세(2011~2014년)

구분	2011년	2012년	2013년	2014년
아시아태평양	493.5	615.9	745.6	853.7
중국	256.5	307.5	366.2	414.5
인도	50.2	76.1	105.0	129.3
인도네시아	34.4	52.1	67.1	79.2
일본	39.5	44.7	47.8	50.7
한국	20.7	22.7	24.6	25.9
남미	164.9	191.8	215.9	236.9
브라질	66.2	75.7	84.0	90.7
멕시코	23.7	27.9	32.6	37.2
아르헨티나	14.1	15.9	17.0	17.9
북미	163.9	174.7	181.9	189.2
미국	147.8	157.8	164.2	170.7
캐나다	16.1	16.9	17.7	18.5
서유럽	129.8	145.3	159.4	170.8
독일	25.7	29.2	32.4	34.7
영국	23.9	25.9	27.7	29.4
프랑스	19.9	21.9	23.6	25.0
중동	111.1	148.5	183.0	211.6
세계	1,202.2	1,433.5	1,662.4	1,854.7

자료: eMarketer(2012).

로, 이들 국가는 중국의 증가율보다 빠를 것으로 예상된다(eMarketer, 2012).

그러나 전체 인구 중 SNS 사용자의 비중을 기준으로 하면, 2012년 미국의 SNS 사용자 비율이 49.9%로 가장 높은 것으로 나타났다. 이 밖에 캐나다(49.3%), 한국(46.6%), 오스트레일리아(44.4%), 러시아(41.9%) 등이 미국의

네트워크 사이트의 증가 추세, 과거 사용 추세, 인터넷과 휴대폰 증가 추세, 개별 국가들의 인구 및 사회경제적 변화 등을 토대로 추산되었다(e-Marketer, 2012).

뒤를 이었다. 반면 인터넷 사용자 가운데 SNS 사용자의 비율을 기준으로 하면, 브라질과 인도네시아가 각각 87.6%와 87.5%로 가장 높은 것으로 나타났다. 이는 개도국의 경우 인터넷 사용자의 수가 비교적 적지만, SNS가 인터넷 사용을 촉진하는 주요인이 되고 있음을 시사한다.

개도국에서 SNS 사용자가 매우 빠른 속도로 증가할 것으로 예상된다는 점을 감안할 때, SNS는 선진국과 개도국 사이의 정보격차를 완화하는 수단으로써 중요한 역할을 수행할 가능성이 있다. 개도국의 SNS 사용이 폭발적으로 증가하고 있다는 점은 다른 데이터로도 뒷받침된다. 글로벌 웹인덱스(Global webindex)에 따르면, 필리핀, 인도네시아, 말레이시아에서 SNS 사용이 가장 활발한 것으로 나타났다. 게다가 브라질, 러시아, 인도, 싱가포르, 폴란드의 SNS 사용률 역시 세계 평균을 상회하고 있다. 일반의 예상과 달리, 유럽 선진국들과 한국, 중국, 일본의 SNS 사용률은 평균보다 낮은 것으로 나타났다(〈그림 10-4〉 참조). 이러한 특징은 페이스북과 트위터와 같은 대표적 SNS에서도 마찬가지로 발견된다. 인도네시아, 필리핀, 말레이시아, 인도 등 아시아의 개도국들이 페이스북과 트위터를 매우 활발하게 사용하고 있는 것으로 나타난다(〈그림 10-5〉 참조).

사용 시간을 기준으로 러시아, 아르헨티나, 필리핀 등 개도국 사용자들이 10.3시간, 8.4시간, 7.9시간 등 장시간 SNS를 사용하고 있는 것으로 나타났다. 영국, 미국, 독일, 노르웨이 사용자들이 5.3시간, 5.2시간, 5.0시간, 4.5시간을 사용하고 있는 점을 감안하면, 개도국 사용자들이 상당히 많은 시간을 SNS를 사용하는 데 투입하고 있는 것이다(〈그림 10-6〉 참조).

SNS 활용 방식을 보더라도 일반 인터넷의 경우 개도국의 인터넷 활용도가 선진국에 뒤떨어지는 것과 달리, 개도국 사용자들은 SNS를 매우 유용하게 사용하고 있는 것으로 나타났다. SNS 사용자들을 주로 메시지를 교

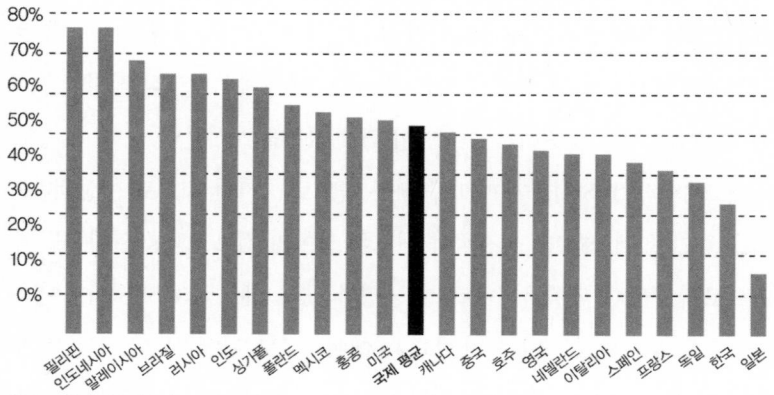

〈그림 10-4〉 SNS의 국가별 사용률(2011년)

자료: Globalwebindex(2012a).

환하는 메신저 집단(messengers), 온라인 그룹을 만들거나 참여하는 집단(groupers), 콘텐츠 공유하는 집단(contents shares) 등 세 집단으로 구분하여 각국의 SNS 사용 현황을 비교할 수 있다. 구체적으로 메신저 집단은 일상 생활에 대한 알림, 친구들과의 메시지 주고받기, 친구들에게 상품 구매 의향 물어보기, 회사나 상품에 대한 불만 포스트, 회사나 상품에 대한 긍정적 반응 포스트, 친구의 포스트에 대한 코멘트, 친구의 사진이나 비디오에 대한 의견 교환을 위해 SNS를 주로 활용하는 집단이다. 반면, 콘텐츠 공유 집단은 사진 업로드나 공유, 회사나 브랜드의 사진 공유, 블로그 링크 공유, 회사나 브랜드에 의해 만들어진 비디오 공유, 다른 인터넷 사용자가 만든 비디오 공유, 자신의 비디오를 업로드, 기사 링크를 공유하는 데 SNS를 활용하는 집단을 말한다(Globalwebindex, 2012a).

미국, 캐나다, 영국, 프랑스, 독일 등 선진국의 SNS 사용자들과 말레이시아, 싱가포르, 인도네시아, 홍콩, 인도, 중국의 사용자들이 콘텐츠를 공유하는 비율은 50%를 상회한다. 구체적으로 필리핀, 인도네시아, 말레이

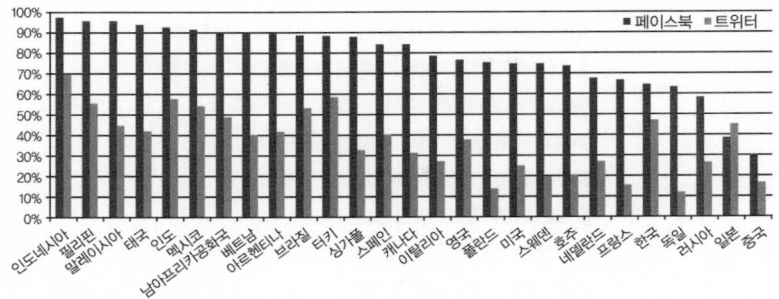

〈그림 10-5〉 페이스북과 트위터 사용률 국가 간 비교

자료: Globalwebindex(2012b).

시아, 인도의 SNS 사용자들이 콘텐츠를 공유하는 비율은 각각 60%, 57%, 54%, 50%이며, 미국, 캐나다, 영국, 프랑스, 독일 등 선진국의 SNS 사용자들이 콘텐츠를 공유하는 비율이 각각 51%, 54%, 44%, 57%, 47%인 데서 알 수 있듯이 별 차이가 없다. 개도국 사용자들이 메시지 전달과 같은 기본적인 기능을 활용하고 있을 뿐 아니라 콘텐츠를 공유하는 등 SNS상에서 실질적인 네트워킹을 활발히 하는 것으로 나타났다. SNS는 개도국이 선진국과의 정보격차를 완화하는 수단으로써의 가능성을 보여주는 사례라고 할 수 있다(Globalwebindex, 2012a).

6. 맺음말

세계적 차원의 정보격차는 여러 단계를 거치며 변화되어왔다. 정보격차 문제가 제기되던 초기에는 개도국이 정보접근성을 개선하는 데 관심의 초점이 모아졌다. 정보에 대한 접근성의 확대 자체가 개도국이 경제적·사회적 문제들을 완화 또는 해소하는 데 커다란 도움이 될 것이라는 판단이

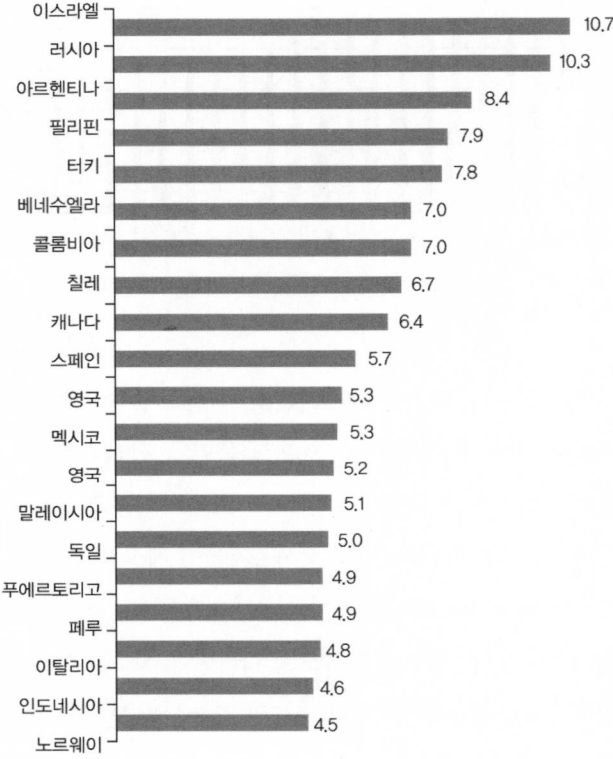

〈그림 10-6〉 SNS 사용 시간 국가별 비교(2011년)

국가	시간
이스라엘	10.7
러시아	10.3
아르헨티나	8.4
필리핀	7.9
터키	7.8
베네수엘라	7.0
콜롬비아	7.0
칠레	6.7
캐나다	6.4
스페인	5.7
영국	5.3
멕시코	5.3
영국	5.2
말레이시아	5.1
독일	5.0
푸에르토리고	4.9
페루	4.9
이탈리아	4.8
인도네시아	4.6
노르웨이	4.5

자료: comScore Data Mine(2011).

작용했기 때문이다. UN 등 국제기구들이 개도국 정보 인프라의 확대를 위해 중요한 역할을 수행한 결과, 정보접근성이 상당히 확대되었을 뿐 아니라 경제성장에도 긍정적인 영향을 미친 것으로 평가되었다. 2000년대 이후 MDGs 선언이 이루어지면서 정보격차 해소는 한층 활발해지게 되었다. 이전 선진국들이 시혜적 차원에서 개도국의 정보접근성 확대를 위한 지원을 제공했다면, 세계화와 기후변화로 인한 지구적 차원의 상호의존의 급속한 증가는 개도국과 선진국의 성장은 불가분의 관계에 있음을 인식시키는 계기가 되었고, 지속가능한 성장을 위해 개도국에 대한 지원이 이루어져야 한다는 데 일정한 국제적 합의가 이루어졌다.

그러나 정보접근성에 초점을 맞춘 정보격차의 한계 역시 분명했다. 선진국에 비해 개도국 내부의 정보격차가 더욱 심각한 데서 알 수 있듯이, 정보 인프라의 확대가 개도국 내부의 정보격차를 해소하는 데까지 연결되지 못했기 때문이다. 정보격차의 해소를 위한 국제적 대응이 개도국 사용자들의 정보활용을 제고하는 방향으로 재설정되기 시작한 것은 이 때문이다. 이 과정에서 국제기구, 공여국 정부, 개도국 정부, 시민사회, NGO 등 다양한 행위자들이 참여하는 다중이해관계자 접근이 대두했다. 그러나 이러한 접근법이 새로운 성격의 정보격차를 완화하는 데 대중의 관심을 획기적으로 제고한 것은 사실이나, 기대했던 만큼 다양한 행위자들 사이의 시너지 효과를 초래하고 있는지에 대해서는 다소 의문의 여지가 있다. 즉 다양한 행위자들 사이의 협력적 대응이 체계적으로 이루어질 수 있는 글로벌 거버넌스가 형성되기까지는 상당한 시간이 소요될 것으로 보인다.

SNS는 지구적 차원의 정보격차를 완화할 수 있는 새로운 가능성을 제시하고 있다. 아시아태평양 지역의 상당수 개도국들이 선진국에 근접하거나 오히려 상회하는 SNS 사용률을 기록하는 등, SNS는 도입 초기부터 기존 ICT의 접근성 및 활용 방식에서 발견되는 정보격차가 상당히 완화된 것으로 보인다. 또한 개도국 사용자들이 더 활발하게 콘텐츠를 공유하는 등 정보활용 면에서도 선진국과 개도국 사이의 차이가 거의 없는 것으로 나타났다. SNS의 사례는 지구적 차원의 정보격차를 초기 단계부터 적극적으로 완화할 때 더 효과적이며, 따라서 국제적 대응도 여기에 초점을 맞출 필요가 있음을 시사한다.

▌추천 문헌

comScore Data Mine. 2011. "Average Time Spent on Social Networking Sites Across Geographies." http://www.comscoredatamine.com/2011/06/average-time-spent-on-social-networking-sites-across-geographies

eMarketer. 2012. "Where in the World Are the Hottest Social Networking Countries?" http://www.emarketer.com/Article/Where-World-Hottest-Social-Networking-Countries/1008870

Globalwebindex. 2012a. "The Fastest Growing Social Platform."

_____. 2012b. "Preview Report."

IGF. 2011. "What is the Internet Governance Forum?"

ITU. 2013. "The World in 2013: ICT Facts and Figures."

Li, Yan & Maria Ranieri. 2013. "Education and Social Correlates of the Digital Divide for Rural and Urban Children: A Study on Primary School Students in a Provincial City of China." *Computers & Education*, Vol.60, pp.197~209.

Montagnier, Pierre & Albrecht Wirthmann. 2011. *Digital Divide: From Computer Access to Online Activities : A Micro Data Analysis.* OECD.

OECD and infoDev. 2005. "Policy Coherence in the Application of Information and Communication Technologies for Development."

OECD and infoDev/World Bank. 2009. "Policy Coherence in the Application of Information and Communication Technologies for Development."

Stoiciu, Andreea. 2011. "The Role of e-Governance in Bridging the Digital Divide." *UN Chronicle*, Vol.48, No.3.

황주성(서울과학기술대학교)

1. 권력이동의 시작: 웹2.0과 소셜 미디어

웹(웹1.0)의 등장과 인터넷의 확산은 기존의 권력구도에 변화를 일으켰다. 변화의 첫 단초는 컴퓨터와 네트워크라는 지능기계(smart machine)에 뿌리를 둔 정보 · 지식의 유통 기능이다. 책과 잡지, 신문 등 아날로그 정보매체와 이들을 관장하던 출판업계와 언론사 등 기존 유통 권력이 흔들리기 시작했다. 두 번째는 뉴스와 정보, 그리고 콘텐츠의 편집 기능이다. TV와 신문, 잡지 등 전통 미디어가 독점하고 있었던 정보의 선별과 편집 권력이 관문과 검색을 담당하는 인터넷포털로 이동하기 시작했다. 세 번째는 지식을 규정하고 창출하는 생산 기능의 변화이다. 학자와 전문가, 그리고 기업이 전담하던 지식의 생산에 네트워크의 힘을 빌린 개인이 공동창조자(co-creator)로 등장하게 되었다. 요컨대 정보 · 지식의 유통, 편집, 생산의 패러다임이 변하면서 인터넷이 새로운 권력으로 등장하게 된 것이다.

웹1.0은 그러나, 인터넷에 대한 과도한 기대와 이에 미치지 못한 '정보의 질(quality of information)'로 인해 웹2.0에 자리를 넘겨주게 된다. 2008년에 출간된『인터넷 권력의 해부』에서는 웹1.0으로 인한 권력지형의 변화를 '위로부터의 권력변환', 웹2.0으로 인한 권력지형의 변화를 '아래로부터의 권력변환'이라고 구분했다. 그렇다면 웹2.0과 소셜 미디어는 어떻게 다른가? 소셜 미디어는 '개방, 참여, 공유'라는 웹2.0의 특성을 함께 한다. 하지만 소셜 미디어가 그 이전의 웹2.0과 완전히 같다고 보기는 어렵다. 자동기계의 계산 능력에만 의존하지 않고 인간의 '덧칠'을 도입한 것은 둘에 공통된 특성이다. 구글의 페이지랭크, 아마존의 추천, 플리커의 폭소노미 등이 대표적인 성공 사례이다. '대중', '다수', '개미'가 한 땀 한 땀 클릭한 하이퍼링크, 태깅, 추천과 레이팅 등이 정보의 검색 가능성(findability)을 높였다. 또한 이용자가 직접 타이핑한 댓글과 덧글, 포스팅, 위키 아티클 등은 콘텐츠의 풍성함(richness)을 향상시켰다.

소셜 미디어가 웹2.0에 하나 더 추가한 것은 누군지도 모르는 대중, 다수, 개미가 아니라 내가 알고 있는 지인(friends)이나 공인(celebrity)들의 덧칠을 활용한 점이다. 친지와 친구, 직장 동료 등이 지인에 해당하고, 연예인, 정치인, 공무원, 유명인 등이 공인의 대표적인 예이다. 내가 성향을 알고 있고 신뢰할 수 있기 때문에 이들의 정보, 의견, 추천은 '대중'의 그것과는 차원을 달리한다. 웹2.0이 '아래로부터 대중에 의한 개인의 권한강화'라면, 소셜 미디어는 '옆으로부터 인맥에 의한 개인의 권한강화'라 하겠다. 개인도 대중도 아닌 집단, 웰만(Wellman)의 표현을 조금 바꾸면 '개인적으로 네트워크화된 집단(individually networked group)'이 이용자의 위상을 강화시켜준다. 개인의 인맥이 온라인상의 정보, 지식, 콘텐츠의 유통을 원활하게 만드는 사회적 자본이 된 것이다. 인터넷 권력의 이동을 논의하기 전에 소셜 네트워킹 서비스(SNS)라는 단순한 서비스를 소셜 미디어, 나아가 자본주의의 핵심 플랫폼으로 탄생시킨 디지털 컨버전스에 대해 알아볼 필요가 있다.

1) 디지털 컨버전스와 소셜 미디어

인터넷의 등장에 따라 기술과 제도의 한계로 분할되었던 통신, 방송, 그리고 정보가 경계를 허물고 섞이게 되었다. 통신과 방송은 둘 다 국가가 관할했지만 방송은 자본과 정치로부터 독립하여 표현의 자유를 추구하게 된다. 반면, 통신은 자연 독점의 폐해를 막고 보편적 접근을 확보하는 것이 우선이었다. 통신에 대한 수요가 폭증함에 따라 시장의 효율성을 추구하게 되었다. 시장에서의 혁신과 경쟁을 위해 통신은 1980~1990년대에 걸쳐 민영화, 자유화, 규제 완화의 경로로 진입하게 된다. 혁신을 통한 경쟁의 최첨단에 선 것이 정보통신, 즉 데이터통신이다. 1990년대 초에 출현한 웹(웹1.0)은 일반인도 정보통신을 전화처럼 쉽게 이용할 수 있도록 했다. 2000년대 중반 웹2.0이 등장하면서 이용자의 참여가 폭발적으로 확대되었고, 2007년에 등장한 스마트폰은 인터넷을 음성, 텍스트, 이미지, 동영상 등을 포괄하는 멀티미디어로 확산시켰다. 그뿐만 아니라 인터넷을 데스크톱에서 해방시켜 언제 어디서나 접속할 수 있는 시·공간적 보편재로 만들었다. 이제 더 이상 통신과 방송, 그리고 정보통신의 구분은 의미가 없게 되었다.

디지털 기술과 탈규제화 및 새로운 수평규제의 도입으로 음성-통신, 영상-방송, 그리고 데이터-정보통신을 구분했던 수직적 칸막이가 와해되기 시작한 것이다. 기술과 사회제도로 분편화되었던 세 가지 방식의 전자 커뮤니케이션이 다양한 형태로 재결합되기 시작했다. 인터넷에서 시작된 디지털 컨버전스는 디지털화가 유무선통신망과 방송망으로 확대됨에 따라 점차 그 범위를 넓혀 왔다. 결국 디지털 컨버전스는 전자적 매개(mediated communication)로 인해 대면 커뮤니케이션에서 분화되었던 통신, 방송, 그리고 정보를 가장 자연스럽고 원초적인 방식, 다시 말해 대면 커뮤니케이션에 최대한 유사한 형태로 회귀시키는 과정이라 할 수 있다. 방송과 정보는 객관성을 생명으로 하는 반면, 통신은 주관적인 정보와 의견의 상호교류에 주 목적이 있다. 책의 서론에서 소셜 미디어가 주관과 객관의 섞임이라고 규정한 것은 방송·정보적 성격과 통신적 성격이 하나의 서비스에 공존하기 때문이다. 이성과 감성의 복합, 개인과 집단 그리고 공공의 넘나듦도 결국은 소셜 미디어가 서로 다른 방식의 커뮤니케이션을 융합함으로써 가지게 되는 특성이라 할 것이다.

독일의 커뮤니케이션 철학자인 플루서는 방송을 담론(discourse), 통신을 대화(dialogue)의 매체로 명명했다. 담론적 매체는 정보를 소수의 중심에서 주변으로 확산시키는 반면, 대화적 매체는 서로 다른 주체가 가지고 있는 정보의 상호교류를 촉진시킨다. 이러한 특성으로 인해 담론적 매체는 정보의 효율적 분배를 통해 지식의 총량을 증대시키는 데 기여한다. 하지만 담론은 대화와는 달리 커뮤니케이션 과정 자체로부터는 어떤 새로운 정보도 창출하지 않는다. 한편, 대화는 서로 다른 다양한 기억 속에 분배된 정보를 쌍방향적, 보완적, 창조적으로 결합하여 새로운 정보로 합성함으로써 새로운 정보와 지식을 창출한다. 그렇다면 방송이 없고 통신만이 존재하는 세상이 좀 더 나은 커뮤니케이션 환경이라고 할 수 있을까? 문제는 그리 간단하지 않다. 담론만 존재하는 사회가 전체주의적 위험을 내포한다면, 대화만 존재하는 사회는 의식화된 엘리트와 의식화되지 않은 대중을 분열시킬 우려가 있다. 플루서는 대화는 담론에 의존하고 담론은 대화를 자극하는 사회를 가장 이상적인 것으로 보았다(황주성, 2008).

플루서가 본 이상적인 매체가 곧 인터넷이고, 디지털 컨버전스는 그 인터넷이 PC를 넘어 전화, 휴대폰과 TV 등 다양한 디바이스로 확대되는 현상이다. 동시에 인터넷의 표준인 TCP/IP도 데이터 네트워크에서 출발하여 유무선 전화네트워크, 나아가 케이블과 지상파와 같은 방송네트워크까지 확대되고 있다. 이른바 'ALL-IP'의 시대로 전환하고 있는 것이다. 소셜 미디어는 인터넷 가운데서도 바로 이 이상적 매체의 특성을 가장 포괄적으로 띠고 있는 서비스일 것이다. 트위터와 페이스북을 통해 주고 받은 대화는 '개미'의 댓글과 덧글, 그리고 첨삭을 통해 더 완성된 정보로 재창조된다. 게다가, '리트윗'과 '공감(I like it)', '추천'과 '레이팅'을 통해 사회 전체로 확산된다. 그렇다면, 트위터와 페이스북으로 대표되는 소셜 미디어는 우리가 오래 전부터 사용해온 인터넷 커뮤니티와는 어떻게 다른 것일까? 또 흔히 SNS의 원조라고 일컫는 싸이월드와는 뭐가 다른지 생각해볼 필요가 있다.

2) 소셜의 두 가지 차원과 뉴 소셜

소셜 미디어라는 용어는 소셜 컴퓨팅(social computing)에서 나왔다(한상기, 2007). 소셜 컴퓨팅에는 협의와 광의의 개념 정의가 있다. 전자는 '컴퓨터 시스템을 통해 다양한 종류의 사회적 행위를 지원함으로써 사회적 모임과 맥락을 창조하는 기술'을 말한다. 블로그, 이메일, 뉴스 그룹, 인스턴트 메시징, 인터넷 커뮤니티, 소셜네트워크 서비스 등이 여기에 포함된다. 광의의 소셜 컴퓨팅은 '일단의 그룹에 의해 이루어지는 컴퓨팅을 지원하는 기술'을 의미한다. 여기에는 위키나 아마존 등에서 나타나는 다양한 형태의 협력적 필터링이나 온라인 옥션, 태깅, 평판, 검증 등이 포함된다. 소셜 미디어는 협의의 소셜 컴퓨팅에 해당하던 SNS가 광의의 소셜 컴퓨팅을 지원하는 강력한 수단으로 등장했음을 의미하는 신조어라 하겠다. 과거의 소셜 즉, 올드 소셜이 사회적 모임과 맥락의 창출을 궁극적 목적으로 했다면, 소셜 미디어라 불리는 뉴 소셜은 사람과 사람 간의 사회적 관계를 정보전달과 필터링을 위한 메타데이터로 플랫폼화하여 정치, 경제, 사회·문화 등 인간 활동의 모든 영역에 활용하게 한 것이다.

진 스미스(Gene Smith)는 사회관계를 형성하고 필터링을 가능케 하는 소셜 컴퓨팅의 핵심 요소를 일곱 가지 블록으로 구성되는 벌집모형으로[아이덴티티(identity), 존재(presence), 관계(relationships), 대화(conversations), 그룹(groups), 평판(reputation), 공유(sharing)] 제시했다. 여기서 특정인이 누구인지를 판별해주는 '아이덴티티'와의 연결 여부와 위치 등을 알려주는 '존재', 이용자들의 관계를 알려주는 '관계', 그리고 이용자를 관심사 등에 따라 묶어주는 '그룹' 등은 사회적 관계에 관련되는 요소이다. 다시 말해, 자신을 포함한 개인과 개인 간의 '네트워크 구조(network structure)'에 관련되는 정보이다. 이에 비해 '대화', '평판', '공유' 등은 그렇게 형성된 네트워크를 통해 발생하는 '네트워크 행위(network behavior)'에 대한 정보이다. 올드 소셜이든 뉴 소셜이든 기본적으로 이러한 벌집모형의 블록들로 구성되어 있지만 그것의 형성 원리와 적용 범위가 다르다고 할 수 있다.

먼저 인터넷 커뮤니티는 '네트워크 구조'가 철저히 집단을 중심으로 형성되어 있다. 개설자(카페지기)가 영화나 자전거, 요리 등 특정 주제로 커뮤니티를 만들면, 네트워크의 참여자는 자신이 소속된 커뮤니티 그 자체에 의해 규정된다. 커뮤니티에 참여하는 개인은 익명 혹은 필명의 '아무개(somebody)'일 뿐이며, 현실 속에 존재하는 나를 온전히 대변하지 않는다.

따라서 커뮤니티에서 만나는 회원들도 현실적인 나의 인맥과는 다른 새로운 사람들일 가능성이 높다. 커뮤니티를 통한 활동, 즉 '네트워크 행위'에 따라 현실과 가상의 아이덴티티가 수렴하기도 하고 다른 회원과의 인적 친밀도와 신뢰도가 형성되기도 한다. 상호작용의 주제도 처음의 관심사에서 개인적 혹은 공적 이슈로 확대되기도 한다. 하지만 뉴 소셜과 비교해보면 여전히, 영화, 자전거, 요리 등 특정한 관심사 별로 분화된 네트워크이다. 아이덴티티와 관계, 그룹 등 '네트워크 구조'를 형성하는 기본 원리가 완전히 다르다. 올드 소셜은 공통의 관심사를 중심으로 몰렸던 사람들과 새로운 관계를 형성시켜준다. 이에 비해 뉴 소셜은 '나'라는 현실적 존재를 중심으로 기존의 관계를 강화시켜준다.

그렇다면 싸이월드는 뉴 소셜이라고 할 수 있지 않은가? '네트워크 구조' 측면에서는 그렇다고 할 수 있다. 나와의 관계에 따라 내 홈피에 방문하여 글을 남기고 사진을 볼 수 있는 개인 중심적 소셜 네트워크 서비스임에 틀림없다. 하지만 싸이월드는 '네트워크 구조'와 '행위'를 원래의 목적이었던 '사회적 관계의 유지·관리'에만 이용했을 뿐, 더 확대된 인터넷 활동의 플랫폼으로 진화시키지 못했다. 이것은 단지 상업적 유료화에 실패했다는 것이 아니다. 이른바 플랫폼이나 생태계의 형성으로 연결시키지 못했다는 것이다. 개방을 통해 더 많은 인터넷 활동을 위한 공통의 장터로 만드는 데 실패했다. 이에 비해 뉴 소셜들은 오픈 API라는 기술을 통해 그들의 회원을 공개 장터로 유도했다. 이들은 '네트워크 행위'에 관한 정보를 수집·분석하여 콘텐츠와 서비스, 상품 등을 추천하고 있다. 리바이스, 샤넬, 코카콜라 등 수많은 기업들이 'I like it'을 자사 홈페이지에 연결하여 나의 친구들이 어떤 청바지와 화장품, 음료에 관심을 가지는지를 실시간으로 알려준다. 게다가 '네트워크 구조' 측면에서도 뉴 소셜은 지인의 친구들을 새로운 친구로 추천하기도 한다. 고정된 인맥이 아니라 인맥의 확대 재생산을 가능하게 한다. 여전히 인터넷 커뮤니티는 존재하고 그 나름의 위치를 확보할 것으로 생각된다. 하지만 뉴 소셜을 통해 인터넷과 SNS는 비로소 현실 세상과 만나는 통로를 확보하게 되었다고 하겠다.

이 장은 소셜 미디어의 부상이 인터넷 권력의 지형을 어떻게 변화시키는지를 살펴보기 위해 크게 세 가지 측면에서 접근해보고자 한다. 먼저 기존의 정보사회론과 정보경제론 등과 그 연장선상에서 소셜 미디어를 이해할 수 있는 몇몇 이론들을 살펴볼 것이다. 두 번째 절은 소셜 미디어의 플랫폼적 특성을 좀 더 분석적으로 설명해주는 양면시장 개념을 소개한다. 이어 광고를 통해 소셜 미디어가 형성하는 새로운 시장 메커니즘의 이해에 접근해볼 것이다. 세 번째 절에서는 이러한 경제적 토대를 가지는 소셜 미디어가 현대 자본주의의 정치와 경제, 사회·문화의 권력변환과 어떻게 맞물리며 진화하는지를 파악해보겠다. 마지막으로 소셜 미디어 이후의 인터넷이 어떻게 진화할 것인지에 대한 전망과 함께, 소셜 미디어에 대해 고민해야 할 쟁점들을 정리함으로써 시사점을 찾을 것이다.

2. 소셜 미디어 권력이동에 대한 상반된 관점

인터넷의 등장과 사회변화에 대한 관심은 오랜 연원을 가지고 있다. 정보기술(informationa technology: IT)이라는 용어 자체는 1950년대 말 컴퓨터의 등장이 기업의 의사결정 구조에 어떤 영향을 줄 것인가에 대한 경영학계의 논의에서 출발했다. 컴퓨터가 중간 관리자의 역할을 줄일 것인가가 핵심 논점이었다. 정보와 지식을 사회변화의 핵심 기제로 보는 시각은 프리츠 매처럽(Fritz Matchlup)의 지식산업(knowledge industry)으로부터 시작되었다. 다니엘 벨(Daniell Bell)은 '탈산업사회(post-industrial society)'에 대한 진단을 통해 물질적 재화에 기반을 둔 산업사회가 끝나고 정보에 기반을 둔 새로운 사회가 등장한다고 선언했다. 그 이후 많은 학자에 의해 정보사회에 대한 논의가 전개되었다. 인터넷과 정보사회에 대한 논의는 『네트워크사회의 도래』(1996)로 시작하는 마누엘 카스텔(Manuel Castells)의 3부작이[2부『정체성의 힘』(1997), 3부『밀레니엄의 종언』(1998)] 대표적이라 할 수 있다.

그러나 정보사회를 기존의 산업사회와는 다른, 이른바 '단절'로 볼 것인가에 대해서는 상반된 시각도 있다. 프랑스 조절학파(regulation school)의 '네오포디즘(neo-fordism)'이 대표적인 주장이다. 이들은 정보기술을 산업사회의 한계를 극복하기 위한 새로운 조정기술(coordination technology)로 평가절하한다. 프랑크 웹스터(Frank Webster)도 정보사회든 네트워크사회든 그것은 단지 기존의 자본주의 사회의 한 형태일 뿐이라고 주장한다. 다시 말해, 정보나 지식, 그리고 네트워크 등도 결국 자본의 또 다른 형태이므로, 새로운 사회나 경제라기보다는 '정보자본주의(informational capitalism)'로 보아야 한다는 것이다. 이러한 관점은 안토니오 네그리 등 다른 네오 마르크시스트 계열의 학자들에 의해서도 공유되고 있다.

인터넷 권력의 변환을 해부하기 위해서는 정보기술에 대한 상반된 관점이 소셜 미디어에도 적용될 수 있는지를 살펴볼 필요가 있다. 물론 분류학적 관점에서는 소셜 미디어가 정보기술, 좁게는 인터넷과 웹에 포함된다고 할 수 있다. 하지만 최근 웹2.0 및 소셜 미디어의 등장과 함께 정보기술과 사회의 작용을 새롭게 보려는 시도들이 적지 않았다. 이른바 '대중의 부상', 달리 표현해 '네트워크를 통한 대중의 권력화'를 지지하는 개념들이 봇물 쏟아지듯 나오기 시작했다. 물론 이들이 모두 동일한 이론적 토대를 가진다고 말할 수는 없지만 분명 과거의 정보사회론과는 다른 접근이라 할 것이다. 대중의 부상은 정치적, 사회적 현상에서 먼저 나타났지만 경제적 측면에도 확대되고 있다. 한편 이에 대응하여 네오 마르크시스트 진영에서도 인지자본주의라는 또 다른 개념을 제시하면서 이에 맞서고 있다. 소셜 미디어의 본질을 다면적으로 이해하기 위해 이 두 가지 논의를 차례대로 살펴보겠다.

1) 대중의 부상: 집단지성과 소셜 프로덕션

대중의 부상을 가장 먼저 다룬 것은 이른바 '집단지성' 담론이라 할 수 있다. '집단지성(collective intelligence)'은 다수의 개체들이 서로 협력하거나 경쟁하는 과정을 통해 얻게 된 집단적인 지적 능력을 의미한다. 1910년 미국의 한 곤충학자가 개미에 대한 연구에서 제시한 개념이지만, 전 지구적 생명현상은 물론 인간에 대한 이해에까지 확대된 개념이다. 프랑스 사회학자 피에르 레비가 사이버공간을 통한 집단지성의 가능성에 주목하면서 인터넷과 접목되기 시작했다. 집단지성이 일반인의 관심을 끌게 된 것은 제임스 서로워키(James Surowieki)라는 미국의 칼럼니스트가 『대중의 지혜』(2004)라는 책을 발간하면서이다. 그는 프란시스 갈턴이 소시장에서 대중이 소의 몸무게를 정확히 맞춘 사례부터 챌린지호 사고를 실시간으로 반영한 주식 시세, 그리고 구글의 검색을 대중의 지혜를 보여주는 사례로 소개했다. 그는 대중의 지혜가 발현되기 위해서는 인지(cognition), 조정(coordination), 협조(cooperation)라는 세 가지 작용이 필요하다고 했다. 또한 개인의 인지가 집단적 지혜로 전환되기 위해서는 의견의 다양성과 판단의 독립성이 전제되어야 한다고 강조했다(황주성, 2009).

인터넷의 집단지성을 본격적으로 소개한 책이 윌리엄 탭스코트가 윌리엄스와 공저한 『위키노믹스』(2006)이다. 리눅스의 아이디어를 차용하여 인터넷을 통해 외부 전문가에게 금맥 찾기를 공모한 '골드코프 챌린지' 사례가 먼저 소개되었다. 위키피디아, P2P, 플리커, 유튜브, 마이스페이스 등 다양한 인터넷 서비스가 사례로 소개되었다. 체스브로가 개념화한 오픈이노베이션을 모든 기업에 공개한 이노센티브(Innocentive)도 사례 중 하나였다. 그들은 인터넷을 '대규모 협업(mass collaboration)'이 확대될 수 있는 플랫폼으로 보았다. '위키노믹스'는 대규모 협업에 기반을 둔 경제를 의미하며, 개방성, 동등계층생산(peer to peer production), 공유, 행동의 글로벌화라는 네 가지 원리에 의해 형성된다. 악셀 브룬스는 위키백과와 같이 이용자가 생산자로 직접 참여한 '사용자 생성 콘텐츠(user-generated content: UGC)'에 초점을 맞추었다(Bruns, 2008). 그는 토플러의 "프로슈머(prosumer)"가 산업의 테두리 내에서의 제한적 피드백인 데 비해, UGC에 참여하는 이용자는 사회공동체 형태의 새로운 생산 모델을 주도하는 주체임에 주목한다. 그는 정보와 지식 그리고 창작품의 생산은 더 이상 시장 조직이 아니라 사회공동체 형태의 생산 모델에 의해 더 많이 이루어질 것으로 보았다.

요차이 벤클러는 더 거시적인 측면에서 집단지성을 개념화했다(Benkler, 2006). 브룬스와 마찬가지로 그도 시장 중심의 지식 생산에 대한 대안으로 '지식의 사회적 생산(social production)'을 내세웠다. 인터넷으로 대변되는 컴퓨터 기반 정보환경의 등장으로 시장을 벗어난 동등계층생산(peer production)이라는 새로운 생산 모델이 나타나게 되었다는 주장이다. 지식생산 영역에 대한 개인의 진입 비용과 장벽이 낮아짐으로써, 사회적 생산의 매력도와 효율성이 한층 높아졌다는 것이다. 이로 인해 이미 오픈소스, UGC, 위키피디아 등과 같이 교육, 문화, 연구개발 등에서 사적 소유 전략을 대체하는 새로운 흐름이 나타나고 있다. 기업과 같은 수직적 구조가 아닌 자발적이고 수평적인 구조가 지식의 생산에 더 강점을 가진다는 것도 그의 통찰의 한 측면이다. 벤클러는 또한 사회적 생산 모델에 대해 일종의 조세 장벽으로 작용하던 배타적 지적 재산권을 대체하기 위한 대안적 제도가 형성되고 있다는 사실에 주목했다. 오픈소스를 제도적으로 가능하게 해준 GPL(GNU General Public License), BSD(Berkely Software License) 등 여러 가지 소프트웨어 라이선스가 그 시초이다. 2001년 미국의 비영리단체에 의해 시작된 CCL(Creative Commons license)은 더 일반적인 콘텐츠에 적용되는 공공 지적 재산권(public copyright license)의 하나이다. 지식의 새로운 생산 모델에 걸맞은 제도가 이미 '아래로부터' 형성되고 있는 것이다.

2) 인지자본주의: 디지털 경제에 대한 비판적 접근

인지자본주의란 지식과 정보가 자본주의 생산의 중심이라는 점에서는 정보자본주의와 궤를 같이하기는 하지만, 자본주의의 가치 중심이 물질노동에서 인지노동으로 이동하고 있음에 더 주목한다. 인지자본주의는 지식이 지식노동자의 노동력에 의해 형성되는 시대가 지났다고 판단한다. 대신 클릭, 입력, 트윗 등 이용자의 인터넷 활동 하나 하나에 산재해 있는 그들의 주의, 선호, 관심에서 가치가 나온다고 본다. 인지란 개별적인 지각을 통해 형성된 개인의 정향을 말한다. 새로 나온 책이나, 영화, 혹은 자동차에 '좋아요'를 누르는 행위는 상품에 대한 개인의 선호이다. 지인이 보낸 뉴스나 칼럼, 정치인의 글을 리트윗하는 것도 나의 관심을 나타낸다. 이러한 측면에서 '인지'는 다벤포트와 벡이 주장하는 관심경제(attention economy)와 맥을 같이한다. 관심경제는 인간의 관심을 희소성의 상품으로 보고

정보산업이 바로 그 관심을 확보하기 위해 경쟁한다고 주장한다. 정보와 콘텐츠가 많이 생산될수록 관심을 향한 경쟁은 치열해진다는 측면에서 인지자본주의와 유사한 측면도 보인다. 하지만 인지자본주의는 기본적으로 네오 마르크시스트 계통이다. 자본과 노동의 관계에서 그들은 비판적 관점을 가지며, 따라서 인지를 상품으로 보기보다는 착취의 대상으로 본다.

인지자본주의를 논하는 학자들은 구글의 검색을 이용하는 우리가 과연 이용자인지, 아니면 구글의 검색 알고리즘을 더 정교한 검색기계로 만들어주는 일꾼인지 묻는다. 이들은 구글의 페이지랭크라는 검색알고리즘을 이용자의 사용가치를 교환가치로 전환시켜 새로운 시장을 형성하는 자본주의로 본다(백욱인, 2013). 동일한 맥락에서 네이버의 지식iN을 생각해볼 수 있다. 물론 질의응답형 사이트(Question & Answer site)를 위한 소프트웨어와 저장 공간, 그리고 응답에 대해 질문자와 다른 이용자가 평가할 수 있는 모든 메커니즘은 네이버가 만들었다. 하지만, 그곳에 올린 질문과 답변은 모두 이용자가 작성한 것이다. 네이버가 우리나라 검색시장에서 다음을 제치고 부동의 1위 자리에 오르게 된 데에 지식iN이 기여한 바가 적지 않다. 그렇지만, 정작 지식 기여자에게 돌아온 것은 경제적 수익이 아니다. 이것을 어떤 경제개념으로 이해해야 하는가? 한편에서는 과연 이러한 것들을 노동으로 볼 수 있는지, 자본주의의 생산-노동 관계로 포섭할 수 있는지에 대해서도 의문을 제기한다. 같은 관점이라면 우리가 신문을 보거나 TV를 시청하는 것도 노동으로 봐야 할 것이기 때문이다. 또한 위키피디아와 같이 이용자의 자발성과 선의에 기인한 공유활동을 전적으로 부정할 수도 없다. 따라서 인지자본주의라는 개념을 사용하는 학자들조차도 이 체제의 완성도에 대해서는 의문을 가지고 있다. 네그리는 노동자가 중심이 되어 자본가의 통제 밖에서 비물질 노동을 통해 집단적 지식을 생산하는 것을 '사회적 공장(social factory)'으로 칭했다. 인지자본주의 학자들은 인터넷 기업들이 이처럼 '생산 과정의 외부에서 만들어지는 가치'를 채집 · 상품화하는 데 집중한다고 본다. 그것을 위한 가장 중요한 사이버네틱스 기계가 소셜 미디어라고 주장하고 있는 것이다.

인지자본주의가 소셜 미디어를 보는 관점이 어떤지는 아직 명확하지 않다. 지금까지 살펴본 내용에 의한다면 이 관점에서 볼 때 소셜 미디어의 '네트워크 구조'와 '네트워크 행위'는 매우 정밀하게 계획된 '인지 수집(cognition collection)을 위한 메커니즘'이라 할 수 있다. 집단지성이라는 개념이 자발적이고 수평적인 것으로 보았던 참여행위가 생산 과정의 외부에서 새로운 가치를 창출하는 '보이지 않는 노동(invisible labour)'으로 이해되는 것이다. 이러한 비유는 친환경농법의 하나인 '오리농법'을 떠올리게 한다. 농약을 사용하지 않고 해충을 없애기 위해 농부가 농경지에 오리를 풀어놓는다. 당연히 농부도 좋지만 오리도 배불리 곤충을 먹게 되니 나쁠 것이 없다. 그것이 오리의 자유의지와 상충하지 않는 한 아무 문제가 없다. 블로그는 공짜고 내가 쓰고 싶을 때 쓰는 것이므로 자유 활동이다. 하지만, 만약 내가 그 블로그의 형식이나 조건이 마음에 들지 않아 다른 곳으로 옮기고 싶다면 어떤가. 그만 쓰는 것은 나의 자유이지만, 그동안 내가 작성했던 포스팅과 나의 지인들이 남겨준 소중한 댓글들은 더 이상 나의 것이 아니다. 비판적 관점에서 볼 때 '대중의 부상'은 '대중의 인지노동자화'에 다름 아닐 것이다. 웹2.0의 개방, 참여, 공유도 마찬가지로 이해될 것이다. 하지만 인지자본주의 논자들의 논의에는 몇 가지 빠져 있는 부분이 있다. 도대체 웹이 어떻게 인터넷 산업 자체만이 아니라 자본주의 전체와 연결되는가에 대한 설명이 부족하다. 다음 절에서 소셜 미디어를 시장 메커니즘으로 파악한 것은 바로 이 때문이다.

3. 소셜 미디어와 시장 메커니즘의 변화

1) 인터넷과 디지털경제

  디지털 경제는 재화의 생산, 유통, 거래가 디지털 기술에 의해 이루어지는 경제로 인터넷 경제, 신경제, 웹 경제 등과 혼용된다. 디지털 기술에 직접적으로 영향을 받는 정보재(information goods)에 관련된 부문이 일차적으로 여기에 해당된다. 하지만, 최근 정보재가 아닌 제조업과 서비스 등 기존 산업도 점차 인터넷의 영향을 받고 있다. 기존 산업들은 광고와 유통에서 시작하여 심지어는 생산과 개발에까지 디지털의 장점을 활용하게 되었다. 컴퓨터가 세상을 만나는 방식은 사이버커뮤니티나 세컨드라이프와 같은 '환상계'와 구글과 네이버 등 '이상계', 그리고 IBM이나 MS처럼 현실 기업과 경제를 지원하는 '현실계' 등 세 가지로 나뉜다(김국현, 2006). 디지털 경제는 이 세 가지를 모두 아우른다고 할 수 있다. 디지털이 현실계와 만나게 되는 일차적 고리는 기업 내 조정 비용과 기업 간 거래 비용의 감소이다. 컴퓨터 네트워크는 기업 내 서로 다른 부서 간의 정보교환과 의사결정을 효율화시킨다. 또한 시장에서는 기업과 기업 간의 거래관계를 형성하고 유지하는 비용을 줄인다. 두 번째는 롱테일의 경제, 즉 오프라인 경제가 시·공간적 제약으로 포기할 수밖에 없었던 긴 꼬리를 시장의 범주 내로 끌어들인 것이다. 하지만 그것만으로는 충분하지 않았다. 21세기 초에 불어닥친 닷컴버블의 붕괴가 바로 그 증거라 할 수 있다.

  웹2.0을 주창한 오라일리는 닷컴버블을 극복한 이상계의 생존자들이 가지는 특성을 일곱 가지로 정리했다. 플랫폼으로서의 웹, 집단지성의 이용, 데이터의 차세대 인텔화, 프로그램의 경량화, 소프트웨어의 서비스화,

SW의 멀티디바이스화, 이용자 경험의 중요성 등이 그것이다. 소셜 미디어는 바로 이들 특성과 긴밀히 연결되면서 이상계와 현실계의 연결을 더 공고히 하는 모델로 등장한다. 수익 모델이 없던 이상계에 이용자의 참여와 관심을 수익으로 전환시키는 플랫폼을 만든 것이다. 검색광고가 그 대표적인 예이다. 기존의 배너 광고도 분명 수익 모델이었지만, 그것은 기존 미디어와 차이가 없었다. 대중매체의 무차별적 광고와 다를 바 없었던 배너광고에 비해, 검색광고는 내가 지금 찾고 있는 키워드와 관련된 광고를 보여준다는 점에서 '관심'을 끄는 데 강점이 있다. 2005년에 창업한 세계 최대의 UGC 유통 사이트인 유튜브를 불법 콘텐츠의 온상에서 영상 기반의 광고플랫폼으로 탈바꿈시킨 것이 바로 구글이다. 구글은 동영상 검색 엔진을 개발하여 불법동영상을 주인에게 되돌려줄 뿐만 아니라, 이용자가 자발적으로 모아준 '관심'을 '수익'으로 전환시켜준다. 동영상 저작자는 해당 포스팅이 자사에 도움이 될 경우 그것을 끄집어 내리는 대신, 관련 콘텐츠와 캐릭터 등 관련 상품에 대한 광고를 붙인다. 이처럼 관심에 초점을 맞춘 광고는 전통적 대중광고와는 차원을 달리한다. 이른바 "광고-구매 전환율(click-through rate)"이 획기적으로 증가하기 때문이다. 심지어 최근에는 단순히 광고를 붙인 것으로 단가를 매기지 않고, 클릭을 얼마나 하는가에 따라 광고비를 청구하기도 한다.

소셜 미디어는 웹2.0의 광고 기법을 한 단계 더 고도화시킨다. 다시 말해 아무나가 아니라 나의 지인이나 내가 신뢰하는 공인이 광고의 매개자로 등장한다. 소셜 미디어는 더 이상 지인들과 수다를 떠는 인맥 관리 서비스에 그치지 않고, 우리가 일상에서 자연스럽게 접하는 생활광고(life ads) 플랫폼이 된 것이다. 이제 광고와 정보의 구분이 모호해진다. 드라마를 보기 위해 원치 않는 광고를 보던 TV 플랫폼과 내가 필요한 정보를 찾기 위해 키워드를 검색하던 중 만나게 되는 광고는 성격이 다르다. 후자는 단순한 푸시형 광고가 아니라 내가 필요로 하는 정보 중 하나이다. 소셜 미디어를 통해 지인과 소식을 나누던 중 접하게 되는 다양한 상품과 서비스에 대한 정보는 어떠한가? 나의 지인이 특정한 청바지를 좋아하고, 새로 출간된 책 하나를 구매하고, 어떤 맛집을 방문했다는 이야기는 그저 소식일 뿐이다. 광고도 정보도 아닌 이것을 '관심광고' 혹은 '관심정보'라고 부를 수도 있다. TV에 비유하면 간접광고와 유사하지만, 유명인의 드라마 속 광고가 아니라 내 친구의 추천이라는 점이 다르다. 사실, 트윗과 페이스북 포스팅은 친목 도모를 위한 안부나 생활의 단면, 감정 등 개인의 일상을 알리는 '나의 뉴스'에 더 가깝다. 일상에 관한 뉴스와 정보가 개인이 만드는 광고가 된다. 광고주로부터 직접적인 보상을 받는 광고에 비해 훨씬 파급력이 있는 개인적 추천이나 권유인 것이다. 그렇다면 소셜 미디어가 수익 모델을 찾게 된 것은 어떤 원리에 근거한 것일까? 소셜 미디어의 수익 모델화를 살펴보기 전에 양면시장이라는 더 포괄적 개념을 살펴볼 필요가 있다.

2) 인터넷과 양면시장(플랫폼)

웹2.0에서는 플랫폼을 자주 거론한다. 하지만 이 용어는 매우 혼란스럽다. 아이오에스(iOS)나 안드로이드 같은 운영체계를 말하기도 하고, 앱튠이나 앱스토어와 같은 콘텐츠 장터를 이야기하는가 하면, 요즘은 트위터, 페이스북, 카카오톡 등을 지칭하기도 한다. 앞서 싸이월드는 서비스인데 비해, 페이스북은 플랫폼이라 규정한다. 도대체 플랫폼이란 어떤 성격을 가진 것이며 우리가 아는 일반적 서비스나 시장과는 어떻게 다른가? 또한 웹2.0과 관련하여 그만큼 자주 언급하는 생태계(ecosystem)와는 어떻게 관련되는가를 검토해볼 필요가 있다. 플랫폼을 경제학적으로 이해하기 위해서는 양면시장(two-sided market)을 살펴봐야 한다. 양면시장이란 '서로 다른 두 타입의 이용자 집단이 특정한 매개체나 공간을 통해 상호작용을 함으로써, 두 집단 간에 간접적 네트워크 효과를 발생시켜 가치를 창출하는 시장'을 의미한다. 대표적인 예로 신문이나 신용카드를 들 수 있다.

신문사의 고객은 구독자와 광고주라는 다른 두 집단으로 나뉜다. 신문은 고객에게 판매되지만, 사실 더 많은 수익은 신문 지면에 실리는 광고로부터 나온다. 흥미로운 점은 특정 신문의 경제적 가치는 일차적으로 광고주가 아니라 구독자의 수에 의존한다. 구독자가 많은 신문일수록 동일한 면, 같은 사이즈의 광고가 더 많은 광고비를 받을 수 있다. 이것이 '간접적 네트워크 효과'이다. 팩스나 전화 등은 네트워크 상품의 가치가 해당 상품을 구매한 고객의 수에 따라 결정된다는 것이 '직접적 네트워크 효과'이다. 이에 비해, 신문의 가치는 같은 시장에 있는 다른 고객군의 수에 영향을 받는다는 점에서 간접적이다. 신용카드도 마찬가지이다. 회원(소비자)과 가맹점이라는 두 고객군이 하나의 시장을 이루며, 일차적으로 회원의 수가 특정 카드의 우수성을 결정한다. 양면시장을 형성하려는 '특정한 매개체나 공간', 다시 말해 신문과 신용카드가 바로 플랫폼이다. 간접적 네트워크 효과 때문에 플랫폼 운영자인 신문사나 신용카드사는 다른 고객군인 구독자나 회원을 모집하는 데 사운을 건다. 소비자에게 실제 서비스의 제공에 필요한 최소 비용보다 저렴한 가격에도 재화를 제공한다. 심지어는 시장의 룰을 어겨가면서 현물이나 현금을 보조하기도 한다. 그로 인해 손실이 생기더라도 구독자의 규모가 늘어나면 다른 고객인 광고주로부터 더 높은 광고료를 받을 수 있기 때문이다. 다시 말해, 플랫폼은 양면시장을 형성하는 핵심이 되는 재화나 서비스를 말한다.

최근 양면시장에 대한 관심이 부쩍 커진 것은 인터넷 때문이다. 인터넷은 서로를 필요로 하는 잠재적 고객군을 쉽게 모을 수 있기 때문이다. 직거래 장터, 중고시장 등은 이전에도 수요는 있었지만, 이들을 한곳에 모으려면 시간과 비용이 너무 많이 들었다. 인터넷은 디지털 네트워크의 특성을 통해 온라인상에 존재하는 무수한 이용자집단을 연결하는 '디지털 플랫폼'들을 생성시켰다. 포털이나 검색 등은 처음부터 양면시장으로 형성되지는 않았지만, 이용자의 숫자가 임계 규모를 넘어서고 온라인에 대한 로열티가 높아지면서 점차 시장으로서의 메커니즘을 갖추게 되었다. 이 메커니즘의 핵심이 바로 인터넷 광고이다. 인터넷 광고는 포털, 검색, 인터넷 신문사 등이 '무료 정보'라는 혜택으로 끌어모은 이용자를 수익으로 전환시켜준다. 포털시대의 광고는 배너광고(표시광고)이다. 특정 페이지를 열면 그 내용과 관련된 광고가 옆에 표시되는 형태이다. 팝업광고는 표시광고가 좀 더 주목을 끌 수 있는 형태로 진화된 것이다. '광고주'들이 새로운 플랫폼으로 등장한 포털에 지불하는 광고 단가는 디지털 세계의 구독자 수에 해당하는 '일간 순방문자 수(pure visitor)'에 따라 달라진다. 양면시장의 전형적인 특성인 '간접적 네트워크 효과'에 해당된다. 인터넷의 중심이 포털에서 검색으로 전환됨에 따라 키워드 광고가 부상하기 시작했다. 키워드 광고에서는 웹 방문자(소비자)와 광고주(생산자)를 연결시키는 플랫폼의 환승 메커니즘이 더 정교해진다. 가장 큰 변화는 '관심'에 초점을 두게 된 것이다. 모두에게 똑같은 광고가 아니라 필요로 하는 사람의 관심사(키워드)에 따라 맞춤형 광고를 연결해주는 것이다.

하지만 인터넷상의 모든 서비스가 양면시장인 것은 아니다. 예컨대, 'G-마켓'과 '옥션'은 다르다. 옥션은 두 그룹의 고객군이 있고, 판매자와 구매자가 시장진입과 제품구성, 가격 등 모든 결정권을 가지는 양면시장이다. 어느 한쪽의 규모증가가 다른 편에 있는 집단이 평가하는 그 시장의 가치를 결정한다. 반면 G-마켓은 다수의 공급자와의 계약을 통해 상품을 모아놓은 단면시장이다. 제품의 제조자는 여럿이지만 판매자의 역할을 하는 주체는 하나인 셈이다. 따라서 시장이라기보다는 그 시장에 참여하는 하나의 판매자, 또는 상점일 뿐이다.

그러면 플랫폼과 생태계는 또 어떻게 다른가. 스마트폰의 출현 이후 우리는 모바일 생태계 혹은 스마트폰 생태계라는 표현을 자주 접하게 된다. 앱스토어는 개발자와 사용자를 연결시켜주는 플랫폼이다. 여기서 앱을 만드는 주체는 개발자이다. 앱스토어는 아이폰이나 갤럭시와 같은 스마트폰 사용자를 모아줌으로써 개발자집단을 유인한다. 동시에 그것은 소프트웨어 '개발자'를 그 '이용자'와 연결시켜준다. 게다가 아이튠즈라는 콘텐츠 플랫폼도 있고, 포스퀘어와 같은 모바일 소셜 플랫폼, 내비게이션/증강현실 등 위치 기반 플랫폼, 결제 플랫폼 등 다양한 플랫폼이 존재한다. 여러 가지 플랫폼들이 서로 중첩되면서 먹이사슬처럼 상호 연계되어 움직이는 것이 생태계이다. 물론 생태계에는 플랫폼뿐만 아니라 단면적 성격의 판매자와 구매자도 포함된다. 이러한 면에서 스마트폰은 생태계라 할 수 있고, 아이폰과 안드로이드, 윈모바일 등 생태계에 따라 종의 다양성과 먹이사슬구조는 달라진다. 생태계에 참여하는 행위자들 간의 권력구도도 달라진다. 스마트폰 생태계는 다양한 플랫폼들이 있지만, 그들을 중첩시키는 가장 키가 되는 플랫폼은 모바일OS이다. 그것에 따라 생태계의 먹이사슬을 구성하는 C-P-N-D-U(콘텐츠-플랫폼-네트워크-디바이스-이용자) 등 참여자의 구성과 관계가 달라진다. 일반 핸드폰의 경우는 어떤가? 마찬가지로 C-P-N-D-U라는 구성을 가지고 있지만 각 사슬을 구성하는 종의 다양성과 규모는 현격히 다르다. 특히, C라는 콘텐츠 사슬의 경우 WAP 방식의 인터넷이 나온 다음에도 거의 종이 제한된 상태였다. 네트워크 사업자(N)가 중심이 되는 빈약한 생태계라 할 수도 있지만, 엄밀히 보면 생태계라기보다는 동물원에 가깝다. 인터넷이 빠진 음성 중심의 모바일폰은 사실 시장이라기보다는 인터넷 쇼핑몰처럼 상점에 더 가깝다고 할 것이다.

3) 광고패러다임의 전환

광고는 디지털 세상과 현실 경제를 연결해주는 핵심 고리라 할 수 있다. 인터넷 광고는 푸시형(push)이 아니라 풀형(pull)이며, 대량 광고가 아닌 맞춤형 광고라는 점에서 전통 미디어와는 다르다. 이것이 가지는 경제적 의미는 광고의 효율성, 다시 말해 "광고-구매 전환율"로 드러난다. 오프라인 광고도 구독자 또는 청취자의 주목도를 가늠하기 위해 판매 부수나 시청률을 중시했다. 그것이 만족스러운 잣대는 아니었지만, 다른 대안이 없어서였다. 그런데 인터넷으로 인해 대안이 나타났다. 다시 말해, 고객의 필요와 관심에 맞춘 행위광고가 가능하게 된 것이다. 검색광고도 '검색'이라는 이용자의 행위를 이용한 것이지만, 그것만이 아니었다. 인터넷 이용자가 어떤 페이지를 방문하는지를 알려주는 쿠키(cookies)기술이 나타났고, 그것을 대량으로 수집하는 것이 가능하게 된 것이다. 쿠키의 발명은 원래 인터넷 방문자들이 이미 방문했었던 페이지를 재방문하거나 이전에 수행하던 거래 등을 이어서 수행하는 등의 경우 반복적인 등록 등의 불편함을 없애기 위해 발명되었다. 다시 말해, 이용자의 기본정보를 수집해둠으로써 인터넷 이용의 편의성을 높이기 위한 기술요소였다. 하지만 개별 사이트별로 사용되던 기업형 쿠키(first party cookie)를 광고업계에서 본떠서 만든 범용 쿠키, 이른바 제3자 쿠키가(third party cookie) 나오면서 행위광고가 본격화되기 시작했다(황주성, 2013).

쿠키를 통한 행위광고는 플랫폼의 가치를 한층 높여주었다. "광고-구매 전환율"에 대해 거의 알 수가 없었던 전통 미디어는 물론 초기 인터넷 광고와도 차원을 달리했다. 행위광고는 방문자의 인터넷 행적을 추적함으로써 관심의 내용과 정도를 더 정확히 추정할 수 있었다. 게다가 원한다면 광고-구매 전환 여부까지도 파악할 수 있다. 구독율과 시청률을 넘어 구매 페이지로의 전환율(click through rate)까지 파악함으로써 광고의 효율성을 훨씬 높일 수 있다. 인터넷 플랫폼은 더 이상 무차별적인 환승이 아니라 '관심'이라는 목적지에 따라 환승단계와 거리를 최소화시켜주는 스마트한 플랫폼이 된 것이다. 소셜 미디어는 이러한 행위정보를 사회관계를 통해 더 광범위하게 수집할 수 있게 하는 플랫폼이다. 소셜광고라는 새로운 패러다임의 광고가 등장하게 된 것이다. 일반적인 인터넷 행위광고가 개인의 웹 활동에 초점을 맞춘다면, 소셜광고는 개인의 행위정보는 물론 친구의 그것을 결합시킴으로써 유인력이 더 강력한 광고가 된다. 페이스북이 2006년에 출시했다가 2년 여 만에 퇴출시킨 비콘(Beacon)은 소셜광고의 강력함은 물론 그 위험성을 가장 명확하게 보여주는 사례이다.

비콘은 페이스북이 40여 개의 인터넷 사이트와 협력하여 구성한 광고플랫폼이다. 협력회사의 홈페이지에 페북 가입자가 방문할 경우 그들의 행위정보를 페친들에게 공유하는 간단한 장치이다. 협력사를 통해 수집된 정보는 물건 구매, 서비스 가입, 관심 품목, 판매 물건 등록, 동영상 구매나 비디오 대여 등 광범위하다. 협력사들은 방문 고객이 자연스럽게 자사의 제품과 서비스를 홍보해주므로 환영한다. 페이스북은 협력사들을 통해 페북 이용자의 프로파일이 더 풍부해져 더 강력한 광고플랫폼으로 진화할 수 있다. 하지만 이 서비스는 이용자의 명시적 동의를 받지 않았다. 뉴스 페이지를 통해 공지를 한 정도였고, 철회(opt-out)방법도 쉽지 않았다. 시범 제공과 함께 비콘은 이른바 프라이버시 대란(privacy disaster)을 일으켰다. 성인비디오 대여 기록, 혼외 애인을 위한 선물 구매 기록, 서프라이즈 파티 계획의 누설 등 피해도 다양했다. 이 여파로 페이스북은 결국 2년 여 만에 공식적 사과와 함께 서비스를 중단했다. 게다가 소셜 미디어의 프라이버시 이슈를 해결하기 위해 100억 원 상당의 프라이버시 재단을 설립해야 했다. 하지만 소셜광고 자체가 끝난 것은 아니다. 페이스북 외에도 트위터, 핀트레스트 등 다양한 소셜 미디어가 또 다른 수익 모델을 찾아 새로운 광고 기법을 모색하고 있다. 검색광고가 맞춤형 광고의 시작, 즉 1.0 이라면 쿠키로부터 시작한 행위광고는 인터넷 광고의 효율성을 획기적으로 증대시킨 맞춤형 광고 2.0이다. 개인의 행위뿐만 아니라 사회적 지인의 행위정보를 동원한 소셜광고는 맞춤형 광고 3.0에 해당한다고 볼 수 있다.

4. 소셜 미디어와 정치-경제-사회 · 문화의 삼각관계

1) 소셜 미디어와 경제 주체: 개인, 기업, 정부

지금까지는 주로 개인과 기업이라는 두 주체를 중심으로 소셜 미디어와 그와 관련된 인터넷 권력의 변화에 접근해보았다. 이제 이 구도에 정부를 넣어볼 차례이다. 소셜 미디어를 둘러싸고 개인과 기업, 그리고 정부라는 경제 3주체 간에 어떠한 관계변화가 있었는지를 정리해봄으로써 '인터넷 권력'이 '실세계의 권력'과 어떻게 연결되는지를 풀어보려는 것이며, 사회문화와 정치외교, 그리고 글로벌 거버넌스 등이 소셜 미디어의 권력과 어떻게 관련되는지를 이해해보려는 것이다. 인터넷이 가상공간에서 현실공간으로 진화하는 과정에서 세 경제 주체 간의 관계가 어떻게 변화하는지를 더 체계적으로 해부해보자.

인터넷은 정보와 통신을 주고받는 공간이다. 이 공간에 웹2.0 혹은 소셜 미디어가 주도적인 양식으로 등장하면서 개인과 기업, 그리고 정부의 역할과 역학 구도가 새롭게 형성되고 있다. 먼저 변화의 시작은 네트워크를 통해 형성된 개인의 모음, 즉 집단에서부터 나타나기 시작했다. 웹2.0이 개방, 참여, 공유의 기치를 내세워 정보와 콘텐츠에 생산에서 개인의 역할을 강조하기 시작했고, 그러한 개인들이 부상할 수 있는 장터가 제공되었다. 포털과 언론사 등이 제공하던 정보를 일방적으로 소비하던 개인들이 정보와 뉴스 등의 포스팅과 Q&A, 위키 표제어, 댓글, 덧글, 트윗 등을 통해 직접 정보를 생산하기 시작했다. 디지털 디바이스의 가격 하락과 모바일화를 통해 텍스트는 물론 사진과 동영상도 생산·공유하게 되었다. 개인과 집단의 권능(empowerment)은 문화현상에서 가장 먼저 나타났다. 드라마와 영화, 예능 등 TV프로그램에 대한 패러디가 무성했고, 음악과 춤 등 문화소비와 관련된 개개인의 감동과 느낌이 웹을 타고 사회로 확산되었다. 이것은 점차 사회문제로 확대되어 사회적 이슈나 정치 이슈 등에 대해서도 개인의 적극적인 참여를 유도해냈다. 동시에 이들은 뉴스, 음악, 영화, 방송프로그램, 게임 등 디지털 콘텐츠를 유통시키는 매개자로도 역할을 하기 시작했다. 방문, 검색, 레이팅, 태깅, 추천 등으로 시작한 이들의 스크리닝과 필터링 역량은 정보의 홍수에서 더 적합성이 높은 가치정보를 찾을 수 있도록 해주었다. 디지털 세상에서 이제 이용자는 그저 무력한 '소비자'에 불과한 존재가 아니다. 언제 어디서든 그들은 웹2.0으로 연대하여 디지털 재화의 생산과 유통에 큰 영향력을 발휘하게 된 것이다.

이용자의 부상이 현실 세계의 주목을 받기 시작한 것은 사회 혹은 정치 이슈를 통해서이다. 국내에서는 노사모와 쇠고기 촛불시위 등이 그 시작이다. 정치영역의 핵심이라 할 수 있는 선거를 둘러싸고 개인의 네트워크화가 현실적 권력으로 연결되는 통로를 찾게 된 것이다. 네트워크상의 정치참여는 진입장벽이 낮은 반면 효능감은 높다. 물론 인터넷에서도 정치성향에 따라 일관된 지지나 반대가 계속될 여지가 높다. 하지만 오프라인에서는 쉽지 않았던 롱테일 참여와 이슈별 참여가 가능하게 되었다. 상당한 시간과 노력을 요하는 정당이나 시민단체를 통한 정치참여가 아니라, 먹을거리, 주택, 등록금 등 나의 생활과 직결된 이슈에 대해 클릭만으로도 참여가 가능하다. 댓글과 덧글, 트윗, 포스팅 등 참여의 수위는 달라질 수 있다. 그리고 자신의 정치행위에 대한 피드백도 더 직접적이고 빠르다. 선거참여에 대한 인증샷에 피드백으로 돌아오는 '좋아요'나 '멘션', '댓글' 등이 참여에 대한 공감을 확인할 수 있게 해주기 때문이다. 정치에 대한 표현의 자유와 개인적 표현의 사회화가 훨씬 빠른 속도로 대규모 집단으로 확대되는 것은 인터넷의 개인화 및 편재화와 무관하지 않다. 단순히 연결된 수준을 넘어 이제 24시간 × 7일, 어디에서나 이러한 참여가 가능하게 된 것이다. 소셜 미디어를 통한 개인의 정치적 권능화는 선진국은 물론 이집트, 리비아 등 저개발국에도 확산되기 시작했다. 나아가 그린피스 등 환경문제와 기후온난화 등 범지구적 이슈에도 나타나고 있다.

사회·문화와 정치에서 확인된 개인의 파워는 이제 경제영역으로 환원된다. 디지털 경제뿐만 아니라 실물경제의 핵심이 되는 제조업, 서비스업과 연결된다. 인터넷상에서 개인은 소비자로서 실물경제와 만난다. 전자상거래의 고객으로 인터넷 쇼핑, 옥션 등 다양한 형태의 상거래를 통해서이다. 여기서는 판매자·공급자와 소비자 간의 선형관계가 명확하다. 디지털 경제에서 개인이 동등계층생산(peer production)을 통해 기업조직을 통한 전통적인 생산을 대신하는 소셜 프로덕션의 주체로 등장한 것과 대비된다. 디지털 경제에서는 전문가의 영역이던 백과사전과 뉴스를 넘어 음악과 사진, 동영상 등에 있어서도 비전문가의 위상이 증대하기 시작했다. 하지만 실물경제에서도 개방, 참여, 공유를 통한 변화가 나타나기 시작한다. 역경매와 같이 소비자가 주도하는 중개 모델이 나타나기 시작한 것이다. 특정한 도시 간의 통근을 위해 이용자들이 버스를 임대하여 공동 통근 버스 서비스를 스스로 만들어 이용하는 사례도 생긴다. 개미의 주머니를 모아 금융기업의 역할을 하는 크라우드 펀딩도 대표적 사례이다. 생산에서도 소비자의 인풋은 단순한 불만사항이나 애로사항을 넘어 제품과 서비스에 대한 구체적인 제안으로 제시된다. 오픈이노베이션이 그것이다. P&G, 벤츠, 3M 등 포춘 500대 기업의 절반 이상이 공모를 통해 소비자의 제안을 생산 아이디어로 활용하고 있다. 이를 공동창조(co-creation)라고 부르기도 한다. 최근 3D 프린트의 등장으로 기본적인 아이디어와 캐드 이용능력만 갖추면 개인도 혁신적인 제품을 개발할 수 있게 되었다. 오픈소스가 비단 소프트웨어에만 국한될 것이라고 단정하기는 이르다. 개인이 제품과 서비스의 생산에 대해 가지고 있는 조그마한 수요와 아이디어가 모아져 새로운 혁신의 보고가 될 가능성이 열리고 있기 때문이다.

2) 소셜 미디어를 통한 정치-경제-사회·문화의 어울림과 맞물림

그렇다면 이제 이들 3자 간의 관계를 해부할 차례이다. 각 주체들이 소셜 미디어를 통해 무엇을 주고받는지에 초점을 두고자 한다. 첫째, 개인은 정부에 정치와 정책참여의 민주화를 요구한다. 이에 비해 정부는 정책의 단순 홍보에서 출발하여 정책 과정의 전 단계에 시민의 적극적 참여를 유도하고자 한다. 정부는 초기에는 일정 부분 규제의 움직임을 보이기도 했다. 우리나라에서 선거와 관련하여 이메일이나 소셜 미디어 등을 규제하려고 한 것이 그 사례이다. 하지만 대체로 정치참여의 촉매제로 인정하는 것이 대세이다. 또한 미국 등을 필두로 소셜을 적극적으로 이용하거나 '오픈 정부'를 본격적으로 추구하기도 한다. 2010년 아이슬란드에서 시도한 '크라우드소스 헌정주의'나 뉴질랜드의 '폴리스액트'와 같이 법률제정에 국민의 참여를 적극 도입한 사례도 나타나기 시작했다. 소셜 미디어는 지금까지 간접민주주의에 의존한 자본주의 세계에 '직접민주주의의 가능성'을 열어놓았다. 둘째, 개인은 기업에 평가와 추천, 아이디어 등을 제공하고 대신 정보, 콘텐츠 등을 무료로 제공받는다. 아직은 초창기이지만 디지털이 아닌 실물경제와 제품과 서비스 생산에도 혁신적 아이디어를 제공하기 시작했다. '전통적 광고'를 대체하는 '맞춤형 광고(행태광고)'가 개인과 기업 간의 정산을 담당하는 핵심적인 매개체이다. 셋째, 정부-기업 간의 관계를 살펴볼 차례이다. 국가에 따라 차이는 있지만 정부는 초창기에는 인터넷을 탈규제의 영역으로 규정했다. 통신과 방송을 융합하여 정보통신산업의 혁신을 주도할 신생 산업으로 보았기 때문이다. 이것은 미국과 영국, 프랑스 등 인터넷의 출현에 직접 참여했던 선진국뿐만 아니라 개도국도 마찬가지였다. 하지만 이러한 탈규제는 인터넷에 대한 통제력을 오로지 선진국의 우산 안에 두는 결과를 초래했다. 2003년 1차 WSIS 이후, 인터넷 거버넌스에서 '정부'의 역할을 두고 개발도상국과 선진국이 대립각을 세우게 된 이유이다.

총체적인 관점에서 3자 간의 관계 형성과 권력의 변환을 살펴보면 다음과 같다. 먼저 소셜 미디어는 개인에게 정보와 콘텐츠를 무료로 제공하고 또 이용자의 필요에 가장 적합한 것을 골라낼 수 있는 검색도구를 제공했다. 또 개인들이 스스로 디지털 콘텐츠를 생산하고 공유할 수 있는 플랫폼도 제공했다. 개인은 이제 소비자, 이용자에서 벗어나 웹2.0과 소셜 미디어 생태계를 이끌어가는 '생비자(produser)'나 '동등계층생산자(peer producer)', 혹은 '공동창조자(co-creator)'로 불리게 되었다. 인터넷 권력의 중심이 포털이나 뉴스 등 인터넷 기업에서 개인으로 옮겨갔다. 물론 분편화되고 연결성이 없는 개인이 아니라 필요에 따라서 다양한 주체와 방식으로 재조직되는 '연결된 개인(networked individual)'으로 옮겨간 것이다. 이에 따라 사회·문화 판의 권력은 학자와 연구자, 경제분석가, 문화평론가, 사회분석가, 정치가 등 소수의 전문가로부터 긴 꼬리에 해당하는 다수의 비전문가에게로 옮아가게 되었다. 정규 교육 과정이나 직장 경력에서 벗어나 대중 속에 묻혀 있던 재능을 발견하게 된 것도 있지만, 근본적으로는 집단적 지성에 의한 검증(eyeball)과 지속적 개선의 힘이다. '연결된 개인'은 선거와 정책참여는 물론 민주화 과정에서도 실질적인 파워를 보여줌으로써 정치참여의 역량도 높였다. '직접민주주의'에 대한 가능성을 경험하게 된 것이다. 정치판의 주도권도 이제 정치가와 정부 관료로부터 유권자에게로 이동했다. 정치가는 싫더라도 SNS를 사용하지 않을 수 없고, 공개와 참여를 선택하지 않을 수 없게 되었다. 군사용·학술용으로 개발된 인터넷이 이제 정치권력까지도 바꿔놓게 된 것이다. 경제판에서도 권력은 생산자, 공급자를 대표하는 기업에서 소비자, 수요자를 대표하는 이용자로 옮겨가는 것으로 보인다. 미국에서 인터넷은 전통적으로 독점영역이었던 통신산업에 새로운 경쟁과 가치를 가져다줄 혁신의 원천으로 인식되었다. 인터넷은 산업자본주의의 제조업과 서비스업을 대체할 지식·정보산업의 인프

라로 간주되었다. 오픈소스 SW에서 검증된 소비자의 생산능력은 오픈이
노베이션 등을 통해 비디지털 제품, 즉 일반 재화에도 적용되고 있다. 사
회적 생산이 모든 재화의 생산을 지배하는 시대도 예견될 수 있다.

하지만 이러한 변화를 비판론적 관점에서 보면 소셜은 자본주의의 한계
를 극복하기 위한 '또 다른 형태의 포디즘', 다시 말해 '소셜 포디즘'으로 해
석될 수 있다. 자본주의 생산-소비 사슬의 불확실성을 해결하는 데 전통적
광고는 한계가 많았다. 일방적이고 집단적일 뿐만 아니라 무차별적이었
다. 웹2.0에서 이러한 전통광고의 한계를 극복하는 검색광고가 등장했다.
개개인의 수요에 맞추어 쌍방향으로 광고를 제공하는 방식, 다시 말해 '정
보 스타일의 광고'가 나타난 것이다. 소셜은 여기서 한층 더 나아가 개인
의 프로파일은 물론 그들의 사회적 관계망을 통해 채집되는 관계정보를
이용한다. 결국 광고를 통해 이용자의 구매의사를 사전적으로 더 정확하
게 파악할 수 있게 된 것이다. 소셜이라는 사회적 소통의 플랫폼은 '이용
자 생산과 참여의 플랫폼'에서 출발하여 '정치와 정책 민주화의 플랫폼'으
로 거듭나고 있다. 하지만 그 대가로 지불하는 것은 이용자의 인터넷 행태
이자 관심이며 그것은 곧 제품에 대한 잠재적 구매의사인 것이다. 소셜은
전통적 시장과 기업의 마케팅 기능을 보완하여 상품의 소비욕구를 가장
효과적으로 구현시키는 이른바 '디지털 행위광고플랫폼'으로 작동하게 된
것이다. 초창기의 정보통신 기술이 기업의 조정기능과 거래기능을 극대화
시킨 것과 같은 맥락이다. 자본주의 유통의 윤활유 역할을 하는 광고에서
권력을 확보할 수 있었던 것이 전통 미디어이다. 전통 미디어로부터 인터
넷으로 이 역할이 이전되면서 인터넷 권력이 형성되었다. 그렇지만 웹2.0
의 부상으로 개인에게 넘어간 것으로 보였던 인터넷 권력은 결국 개인의
행위정보를 통해 다시 인터넷 기업, 더 정확히 말하자면 소셜 플랫폼으로

회귀하고 있다.

행위정보의 이용과 이를 둘러싼 프라이버시 문제, 저작권 문제 등이 사회경제적 이슈가 되면서 정부의 역할이 강조되기 시작한 것은 이런 배경에서이다. 국경을 초월하는 소셜 미디어는 이제 서비스를 넘어 상품의 글로벌화도 이끌고 있다. 소셜 미디어를 선도하고 있는 미국은 행위정보의 이용에 관대하다. 다른 개인정보와 마찬가지로 고지와 동의의 과정만 거친다면 이용자에게도 나쁠 것이 없다는 입장이다. 불필요한 광고와는 달리 적절한 구매결정(informed purchase)에 도움이 된다고 본다. 하지만 유럽은 다소 입장을 달리한다. 행위정보의 수집과 이용에 대해 이용자는 충분히 알고 있지도 못하며, 설사 안다고 하더라도 기업을 상대로 대응하기가 어렵다. 행위정보의 이득은 대부분 기업에게 가지만, 피해는 전적으로 이용자에게 집중되기 때문이다. 유럽이 행위정보를 포함한 개인정보에 대해 기업의 사전적 의무(ex-ante)를 강조하는 것은 이러한 이유에서이다. 미국과 유럽 간 정책적 관점의 차이는 경제적 측면에서 이해할 수도 있다. 미국은 인터넷은 물론 스마트폰과 소셜 미디어의 글로벌 리더이다. '디지털 행위광고플랫폼'이 글로벌 스케일로 견고히 자리 잡기 위해서는 개인정보의 기업적 이용을 어느 정도 민간의 자율에 맡겨야 한다. 인터넷은 여전히 혁신의 원천이기 때문이다. 이에 비해 유럽의 소셜 미디어는 아직 충분히 경쟁력을 가지지 못했다. 정부의 규제가 보호막의 역할을 할 필요가 있다.

3) 소셜과 글로벌

인터넷 거버넌스에 대한 선진국과 개도국의 차이도 유사한 맥락에서 이해될 수 있다. 인터넷에 대한 의사결정이 더 이상 미국 태생의 ICANN을 중심으로 하는 멀티스테이크홀드(multi-stakeholder) 체제에 머물러서는 안 된다는 것이 개도국의 입장이다. 반면 미국과 프랑스, 영국 등 선진국은 인터넷이 국가의 통제를 받게 됨으로써 자유로운 소통이 제약받는 것을 경계한다. 멀티스테이크홀드라는 다자주의는 기업과 시민사회, 정부 등이 차별 없이 관여하는 것을 의미한다. 하지만 인터넷과 관련하여 기업과 시민사회가 발달한 미국에 비해 개도국은 그에 대응할 만한 멀티스테이크홀드가 형성되지 않았다. 인터넷 거버넌스 논쟁은 미국에서는 미성년자의 굴레를 벗어난 인터넷 산업이 그 시장을 전 세계로 넓히기 위해 시작한 두 번째 '라이언 일병 살리기'일지 모른다. 웹2.0, 소셜 미디어로 현실경제와의 정합성을 높인 인터넷이 유럽, 아시아, 개도국으로 진출하기 위해서는 개별 국가의 규제와 부딪힐 수밖에 없기 때문이다. 이것을 뚫기 위해 경제판(기업)과 정치판(정부) 그리고 사회·문화판(시민/이용자)이 더 견고하게 맞물린 미국은 멀티스테이크홀드리즘을 고수하는 것이 전략이다. 참여와 권한강화, 민주주의 등을 통해 인터넷의 비상업적 가치를 주장하는 시민/이용자를 동원하여 중국, 러시아, 브라질 등 개도국의 정부주의에 대응하자는 것이다. 인터넷 거버넌스에 대한 글로벌 헤게모니 싸움의 본질은 인터넷의 산업플랫폼화를 지지하는 미국 등 선진국과 그러한 플랫폼의 소비자로 전락할 가능성이 높은 개도국의 입장 차이에 있다. 비유하자면 개인정보에 대한 미국과 유럽의 입장 차이가 좀 더 광범위한 인터넷 이슈에 대한 선진국과 개도국의 차이로 확대되는 양상에 다름 아닌 것이다.

소셜 미디어의 등장으로 사회·문화판과 정치판, 경제판의 어울림과 맞물림이 변하고 있다. 먼저 스마트폰, 클라우드 컴퓨팅, 빅데이터 등의 기술트렌드는 소셜 미디어와 함께 디지털 세상이 현실세상과 중첩되는 현상을 가속화하고 있다. 컨버전스는 디지털 영역에서 시작되었지만, 이제 그

것은 현실 사회·문화와 정치, 그리고 경제로 급속히 확산되고 있다. 서로 다른 세 개의 판이 개방, 참여, 공유라는 동일한 사상과 철학을 통해 어울리면서, 점차 더 강고하게 맞물리고 있다. 뉴스, 정보, 음악, 영화, 게임 등 일상적인 삶의 영역, 다시 말해 사회·문화판에서 시작한 이용자의 권한 강화는 정치판에서 새로운 형태의 민주주의, 다시 말해 디지털 민주주의로 전환된다. 나아가 경제판의 구도도 사회적 생산(social production) 중심으로 변환될 것임을 예견한다. 하지만 이것인 실현가능한 미래인지 신화인지는 아직 모른다. 하지만 그것이 적어도 자본주의 시장경제의 틀 아래에서 작동되고 있는 한, 자본주의 경제 원리에서 벗어나기는 어렵다. 따라서 자본주의의 한계를 답습할 가능성도 없지 않다. 웹2.0이 과연 기존의 자본주의와 그것을 글로벌화하려는 신자유주의를 뛰어넘는 '대안적 자본주의'가 될 수 있을지 생각해볼 필요가 있다. 만약 아니라면 그렇게 발전하기 위해서는 어떠한 노력이 필요한가에 대한 논의와 실천이 필요하다. 사회적 기업과 협동조합 등으로 대변되는 자본주의 4.0의 새 모델들이 웹2.0에도 나타날 수 있는지에 대해 진지한 고민이 필요한 시점이다.

5. 소셜 미디어 이후

1) 소셜 미디어 이후의 인터넷 권력

'페이스북이 언제까지 지배적 소셜 미디어로 살아남을 것인가?'라는 질문을 들어본 적이 있다. 이는 구글플러스, 핀트레스트, 포스퀘어 등 경쟁 기업들과의 관계가 관건일 것이다. 스마트TV, 구글글래스, 스마트카 등 새로운 플랫폼화를 지향하는 기술들도 많다. 기술을 넘어 사회적 관점에서 보면 이 질문은 '소셜'의 미래에 관한 것이다. 소셜은 과연 언제까지 인터넷의 지배적 패러다임으로 살아남을 것인가? 빅데이터의 중요한 소스로 각광받는 비정형 데이터인 소셜이 과연 차세대 반도체가 될 것인지도 궁금한 부분이다. 궁극적으로는 인터넷의 미래가 어떻게 될 것인지를 묻는 질문이 되는데, 웹3.0의 한 모델로 이야기되는 시맨틱(semantic)이 가능한 미래 모습 중 하나이다. 다시 말해 다시 기계로 돌아가자는 것이다. 변덕스럽고 지속적인 보상을 요구하는 이용자, 소셜노동에 피로감을 느끼는 페친에 더 이상 의존하기 어려울지도 모르기 때문이다. 대신 인간을 제대로 이해하는, 다시 말해 인간을 닮은 기계를 지향하자는 것이 시맨틱이다. 구글글래스는 스마트TV나 스마트카와는 차원이 다르다. 새로운 단말기가 아닌 새로운 인터페이스이다. 웹2.0을 이을 새로운 인터넷 세상에 대한 용어로 웹스퀘어드(web sqared: W2)가 있다. 'Web meets the World'라는 말의 약자로 이른바 증강현실(augmented reality)를 뜻한다. 웹이 실세계의 위치나 지리 등 공간성을 지니게 된 것이 모바일 웹이고 인간과의 관계성에 중점을 둔 것이 소셜 웹(소셜 미디어)이다. 웹스퀘어드는 인터넷이 냉장고, 전기밥솥, 자동차, 체육관, 공원, 도로, 하천 등 세상의 모든 사물에 스며드는 사물인터넷(Internet of Things)과 관련된다. 구글글래스는 인간이 사물인터넷과 소통하는 인터페이스이고 새로운 검색도구이고 소셜의 대안이 될 수도 있다.

인터넷 권력의 관점에서 보면 소셜이건, 시맨틱이건, 웹스퀘어드건 큰 차이가 없다. 개인과 기업, 그리고 정부의 관계가 어떻게 바뀔 것인가가 문제이다. 중요한 것은 새로운 플랫폼의 기획, 생성, 발전 단계에 이 세 주체의 관여가 어떻게 균형을 이루느냐에 있을 것이다. 참여자, 생비자, 공동창조자 등 수 많은 닉네임에도 불구하고 이용자는 여전히 플랫폼을 창조하지는 못한다. 그저 만들어진 플랫폼에서 정해진 행위규칙에 맞추어 이용할 뿐이다. '이용'인지, '노동'인지, '관심'인지, '인지'인지 구분하기도 어렵다. 하지만 플랫폼의 기획에 관여하지 않은 이상 이용자는 여전히 이용자라고 해야 옳을지도 모른다. 물과 벌레가 가득한 논에서 열심히 식사노동을 즐기는 오리처럼 말이다. 〈매트릭스〉라는 1990년대 말의 공상과학영화는 인터넷의 또 다른 미래일 수 있다. 인간이 기계의 노예 혹은 숙주가 되는 암울한 미래이다. 하지만 어찌 보면 우린 이미 기계의 하수인(just human)과 닮은 소셜의 하수인(just user)일지도 모른다. 소셜 미디어에서 디지털로 저장·분석되는 네트워크 구조정보와 행위정보는 어쩌면 후세에 매트릭스 1.0으로 불릴 과거 상이 될 수도 있다. 더 이상 '기술만으로는 안 된다'는 애플의 인문학 선언처럼, 이제 더 이상 '소셜만으로는 안 된다'는 새로운 인간학 선언을 모색해야 할 때이다.

2) 소셜 미디어 이후의 인간과 사회

미래연구가 필요한 것은 미래를 예견하거나 예측하기 위해서가 아니다. 인터넷의 미래가 어떻게 될 것인가를 맞추기보다는 상상해보는 것이 옳을 것이다. 어떠한 미래가 있을 수 있는지에 대한 상상력과 그에 기반을 둔 시나리오를 그려보는 것이 중요하다. 소셜 미디어의 미래를 상상하기 위해서는 현실에 대한 정확한 인식이 전제되어야 한다. 소셜이 진정 인간에게 주는 가치와 해악은 무엇인가를 생각해볼 필요가 있다. 이 책에서는 사회·문화와 정치·외교, 그리고 인터넷 거버넌스라는 세 가지 측면에서 소셜 미디어로 인한 권력의 이동을 해부해보았다. 하지만 여러 장에서 그러한 권력이동이 정말 진정한 것인지, 과연 인간과 사회에 이롭기만 한 것인지에 대한 의문도 제기하고 있다.

사회·문화판에서 소셜네트워킹은 관계를 맺고 유지해주는 기술이지만 그 관계가 정작 주체의 고독함을 없애지는 못한다는 점을 지적했다(1장, 최항섭). 외로워서 소통했지만, 진정 외로움에서 벗어나지는 못한다. 그렇다면 과연 무엇을 위한 소통이며, 누구를 위한 소통인지 생각해봐야 할 것이다. 잊혀질 권리는 우리가 예견하지 못하는 또 하나의 미래일지 모른다(2장, 배영). 개인의 포스팅은 단순히 사적인 기록이 아니라 인간의 행위를 분석하기 위한 빅데이터의 하나인 것이다. 따라서 의료적 목적의 사체 기증처럼 개인의 동의를 받아서 사회적으로 활용해야 하는 미래가 올 수도 있다. 정치판에서도 소셜 미디어로 인한 감성적 정치참여가 가지는 부작용을 경고하고 있다. 폭로 저널리즘이나 패러디 문화가 관심과 정치적 판단에 혼선을 줄 수 있기 때문이다(4장, 금혜성). 소셜과 정치변동에 관한 장도 소셜이 정치변동의 요인을 촉발시켜주는 수단이지 근본적인 원인(cause)은 아니라는 점을 세 국가의 비교를 통해 주장하고 있다(5장, 배영자). 인터넷이 정치 문제 해결의 만병통치약이나 근본적인 해결책일 수도 있다는 환상에 일침을 가한 것이다. 소셜 미디어에 기반을 둔 전자정부의 단점으로 포퓰리즘이나 직접민주주의의 비수렴성과 비숙의성 등이 제시된 것도 같은 맥락이다(7장, 송경재). 결국 우리는 웹2.0과 소셜이 사회를 변화시키고 있다고 보는 관점에서 한 발짝 물러설 필요가 있다. 그러한 변화가 진정 근본적인 변화인지, 또 바람직한 변화인지에 대해 숙고할 필요가 있다.

한발 더 나아가 소셜 미디어로부터 우리가 무엇을 지켜야 할 것인가도 고민해봐야 한다. 프라이버시의 보호도 중요하지만 개인적인 피해에서 벗어나 그것이 가지는 사회적 위험을 상상해보는 것이 필요하다. 행위정보와 맞춤형 광고는 프라이버시를 희생하는 대신에 우리가 얻는 가치로 '적절한 정보에 기반을 둔 구매(informed purchase)'를 내세우고 있다. 무차별적 광고가 아니라 내가 관심을 가지고 있는 정보만 접할 수 있기 때문이다. 하지만 이러한 맞춤형 광고가 가지는 위험성에 대해서는 크게 주의를 기울이지 않는다. 맞춤형은 나의 현재 행위에 대한 맞춤형이다. 그것이 과연 이용자의 현재는 물론 미래에도 관련성이 있는 것인지, 또 진정 이용자에게 유익한 것인지는 알 수 없다. 나아가 사회 전체적으로 다양성과 개성이 실종되는 뜻밖의 부작용을 초래할 가능성도 없지 않다. 실제 2008년 발발한 미국의 서브프라임 금융사태가 개인금융정보를 토대로 한 맞춤형 광고로 인해 촉발되었다고 보는 해석도 있다. 서브프라임모기지라는 맞춤형 광고로 인해 이것이 가지는 위험성이 충분히 검증되기도 전에 엄청난 속도로 판매되어버린 것이다. 진정한 효용성과 혹시 있을지도 모르는 부작용이 검증되지 않은 상품과 서비스가 소셜광고를 통해 폭발적으로 확산될 수 있기 때문이다. 실시간성과 속도가 가지는 무서움과 위험이 도사리고 있다. 쏠림과 끌림으로 표현되는 감성의 폭발도 유의해야 할 부작용이다. 그것이 감성을 넘어 행동으로 연결되어 분노를 자제하지 못할 경우 어떤 사회적 비용을 요구할지 모르기 때문이다. 지나친 소셜 의존성으로 인해 자아의 주체성과 판단력이 약해질 가능성도 우려해야 한다.

3) 무엇을 지향해야 하는가?

소셜은 기술이고 상당 부분 사회의 요구를 반영한다. 물론 그것이 자본주의의 메커니즘 속에서 형성되기 때문에 당연히 자본의 요구도 크게 고려될 것이다. 그렇지만 이것을 당연하게 받아들이거나 최선으로만 보는 것은 오히려 인터넷의 주인 역할을 포기하는 결과를 초래할 수 있다. 참여자, 공동창조자라는 호칭에 만족할 것이 아니라 진정 인터넷의 미래를 주도적으로 이끌려고 하는 마인드가 필요하다. 동영상을 많이 올려서 정치와 사회를 변화시킨 주인공, 'You'에 그치지 않고 인터넷의 현재를 미래로 변화시키는 'We'로서의 의식이 요구된다.

인터넷상에서 누릴 수 있는 표현의 자유와 프라이버시, 저작권, 정보보호 등 지켜야 할 책임의 균형도 생각해야 한다. 이러한 영역에서 개인의 의무와 기업의 책임 간에 비대칭성이 존재한다는 점도 고려해야 한다. 가장 효율적으로 검색해주고, 가장 적절한 정보만 연결해주는 인터넷도 필요하지만, 나와 사회에 가장 좋은 인터넷(good internet)이 어떤 것인지도 생각해볼 필요가 있다. 과연 소셜 미디어가 플랫폼 기업의 이윤 추구를 최고의 목적으로 해야 하는지에 대해서도 의문을 제기할 만하다. 한 나라 국민의 소셜 프로파일이 타국의 민간기업에 의해 더 잘 파악되고 수익으로 전유되고 있는 현실이 반드시 옳다고 볼 수는 없기 때문이다. 이용자, 그것도 우리 사회에 사는 이용자에게 더 좋은 상품과 서비스, 그리고 가치를 주는 소셜 플랫폼과 인터넷은 어떤 것일까. 사회적 기업과 협동조합과 같이 사회적 책임을 지는 소셜 미디어(socially responsible social media), 대안적 인터넷(alternative internet)에 대한 모색이 필요한 시점이다.

▌ 추천 문헌

김국현. 2006. 『웹2.0 경제학』. 황금부엉이.

김상배. 2008. 『인터넷 권력의 해부』. 한울아카데미.

백욱인. 2012. 『정보자본주의』. 커뮤니케이션북스.

_____. 2013. 「인지자본주의론의 전개와 정보사회 비판」. 기술사회연구회 발표자
　　　료(미간행자료).

써로워키. 2005. 『대중의 지혜』. 랜덤하우스코리아.

카스텔, 마뉴엘. 2003. 『네트워크 사회의 도래』. 한울아카데미.

_____. 2003. 『밀레니엄의 종언』. 한울아카데미.

탭스코트, 윌리엄스. 2007. 『위키노믹스』. 21세기북스.

한상기. 2007. 「웹2.0과 Social Computing」. ≪정보처리학회지≫, 제14권 제4호,
　　　69~75쪽.

황주성 외. 2008. 『방송통신융합의 철학과 비전』. 정보통신정책연구원.

황주성·최서영·김상배. 2009. 『소셜컴퓨팅 환경에서 집단지성의 사회적 생산메
　　　커니즘 연구』. 정보통신정책연구원.

황주성. 2013. 「빅데이터 환경에서 프라이버시 문제의 재조명」. 조현석 편. 『빅데
　　　이터와 위험 정보사회: 쟁점과 전망』. 커뮤니케이션북스.

Benkler, Y. 2006. *The wealth of networks: How social production transforms
　　　markets and freedom.* CT: Yale University Press.

Bruns, A. 2008. *Blogs, wikipedia, Second Life, and beyond: From production
　　　to produsage.* NY: Peter Lang.

찾아보기

엮은이

김상배 金湘培   sangkim@snu.ac.kr
서울대학교 정치외교학부 외교학 졸, 인디애나 주립대학 정치학 박사.
서울대학교 정치외교학부 교수
주요 저서 및 논문: 「네트워크 세계정치이론의 모색: 현실주의 국제정치이론의 세 가지 가
          정을 넘어서」(2008), 『정보혁명과 권력변환: 네트워크 정치학의 시각』(한울, 2010),
          『복합세계정치론: 전략과 원리, 그리고 새로운 질서』(한울, 2012, 공편)

황주성 黃注性   jshwang@seoultech.ac.kr
서울대학교 사회과학대학 지리학과 경제지리학박사
서울과학기술대학교 IT정책전문대학원 부교수
주요 저서 및 논문: 「멀티디바이스 환경에서 디바스 간 연계이용」(2012), 「디지털 컨버전
          스 기반 미래연구(III)」(2011), 「스마트폰과 일반폰 이용자의 미디어 이용행태 비교」
          (2011), 「인터넷 커뮤니티의 자기조직화에 대한 사례 연구: (주)다음 카페를 대상으
          로」(2011), 「집단지성의 유형에 따른 참여자 특성분석: 위키백과와 지식iN에 대한
          한미 비교연구」(2010), 「방송통신융합의 철학적 기반과 가치」(2009)

지은이

최항섭 崔恒燮   jesuishs@kookmin.ac.kr
프랑스 파리5대학 사회학 박사
국민대학교 사회학과 부교수
주요 저서 및 논문: 『지식검색이 가져오는 일상생활의 변화』(정보통신정책연구원, 2007),
          『디지털사회론』(인성, 2006), 『감정과 이미지의 사회학』(인성, 2006), 『일상문화읽
          기』(나남, 2004, 공저), 『IT와 인적연결망의 변화 연구』(정보통신정책연구원, 2004),
          「상류사회의 연결망과 문화적 자본」(2004) 외 다수

배영 裵泳   ybae@ssu.ac.kr
연세대학교 사회학 박사
숭실대학교 정보사회학과 부교수
주요 저서 및 논문: 『한국의 인터넷을 논하다』(서울경제경영, 2008, 공저), 『위기의 청년
          세대』(나남, 2010, 공저), 『인터넷, 그 길을 묻다』(중앙북스, 2012, 공저), 「스마트폰
          이용과 사회자본」(2011), 「한국과 일본의 온라인 관계망의 특성과 효과에 대한 비

교연구」(2011), 「누구와의 교류인가?: 인터넷을 통한 교류의 사회신뢰에 미치는 영향」(2012) 외 다수

문상현 文相現　　shmoon@kw.ac.kr
미국 오하이오 주립대학교 커뮤니케이션학 박사
광운대학교 미디어영상학부 부교수
주요 저서 및 논문: 「문화, 경제와 공간: 미디어산업의 지구화에 대한 이론적 고찰」(2012), 「민간부문, 사적권위 그리고 글로벌 미디어 거버넌스」(2005), "Global Pressure, Local Adjustment: The Political Economy of Telecommunication Liberalization in Korea in the 1990s"(2008) 외 다수

금혜성 琴惠盛　　hskum@sbs.co.kr
미국 플로리다 주립대학교 정보학 박사
SBS 편성전략본부 편성기획팀 전문연구위원
주요 저서 및 논문: 「한국과 미국의 정치인 팬 커뮤니티 비교연구」(담론21, 2013(송경재 공저)), 『소셜 네트워크와 선거』(한울, 2013, 공저), 「정치인의 SNS 활용」(정당학회보, 2011) 외 다수.

배영자 裵英子　　ybae@konkuk.ac.kr
미국 노스캐롤라이나 대학교 정치학 박사
건국대학교 정치외교학과 부교수
주요 저서 및 논문: 「미국 지식패권의 형성과 발전」(2007), 「과학기술의 국제정치」(2004), 「정보산업의 세계화와 한국 대만의 컴퓨터산업 발전」(2002) 외 다수

송태은 宋兌殷　　taenysong@snu.ac
서울대학교 정치외교학부 외교학전공 박사수료
미국 캘리포니아 대학, 샌디에고 국제관계학 석사(MPIA).
주요 저서 및 논문: 「소셜 미디어를 통한 다중의 외교정책 논쟁과 집합행동: 커뮤니케이션 환경의 변화가 대중의 외교정책태도에 미치는 영향」(2013), 「북한의 커뮤니케이션 네트워크의 이중구조와 북한정권의 커뮤니케이션 전략」(2013), 『정보세계정치의 이해: 역사와 쟁점 및 전략의 탄생』(한울, 2013, 공저), 『거미줄 치기와 벌집짓기: 네트워크 이론으로 보는 세계정치의 변환』(한울, 2011, 공저).

송경재 宋璟載　　skjsky@khu.ac.kr / skjsky@gmail.com
경희대학교 정치학 박사

경희대학교 인류사회재건연구원 조교수

주요 저서 및 논문: 『사이버공동체와 민주주의』(한국학술정보, 2006), 「한국과 미국의 정치인 팬 커뮤니티 비교연구」(2013, 공저), 「지구 사회운동의 동학: 글로벌 사이버 행동주의를 중심으로」(2011), 「웹2.0 정치 UCC와 전자민주주의」(2009), 「e-사회적 자본으로 분석한 지역 인터넷 커뮤니티의 가능성과 한계」(2008) 외 다수

박윤정 朴倫貞   yjpark@sunykorea.ac.kr

미국 시라큐스 대학교 정보과학기술학 박사

한국뉴욕주립대학교 기술경영학과 조교수

주요 저서 및 논문: 「아시아에서 민관협력모델」(2009), 「자국어 도메인 시장 경쟁: 자국어 국가도메인과 자국어 최상위 도메인」(2009), 「국가도메인의 정치경제학적 함의」(2008), 「시민사회를 협상자로 수용할 수 있는가?」(2005), 「가상공간에서 재산권의 의미」(2004) 외 다수

강하연 姜夏妍   hayunkang@yahoo.com

미국 노스웨스턴 대학교 정치학 박사

정보통신정책연구원(KISDI) 국제협력연구실 연구위원

주요 저서 및 논문: 『자유무역 시대의 방송통신 공익성 규제에 대한 통상차원의 평가 및 시사점』(정보통신정책연구원, 2012), 「Regulatory Shift in the Telecommunications Sector: A Study of State Regulatory Capacity」(Korean Political Science Review, 2011), 『방송통신 융합시대의 통상정책 재정립 방안연구』(정보통신정책연구원, 2009) 외 다수

이승주 李昇柱   seungjoo@cau.ac.kr

미국 캘리포니아 버클리 대학교 정치학 박사

중앙대학교 정치국제학과 교수

주요저서 및 논문: 『글로벌 금융위기와 동아시아』(논형, 2011, 책임편집), Trade Policy in the Asia-Pacific: The Role of Ideas, Interests, and Domestic Institutuion(Springer, 2010, 공편), 「세계질서의 복합 네트워크화와 개발협력모델의 분화」(2013) 외 다수

한울아카데미 1585

소셜 미디어 시대를 읽다
인터넷 권력의 해부 2.0

ⓒ 김상배 · 황주성, 2014

엮은이 ㅣ 김상배 · 황주성
펴낸이 ㅣ 김종수
펴낸곳 ㅣ 도서출판 한울

편집책임 ㅣ 염정원

초판 1쇄 인쇄 ㅣ 2014년 1월 15일
초판 1쇄 발행 ㅣ 2014년 2월 10일

주소 ㅣ 413-756 경기도 파주시 광인사길 153 한울시소빌딩 3층
전화 ㅣ 031-955-0655
팩스 ㅣ 031-955-0656
홈페이지 ㅣ www.hanulbooks.co.kr
등록번호 ㅣ 제406-2003-000051호

Printed in Korea.
ISBN 978-89-460-5585-8 93340(양장)
      978-89-460-4736-5 93340(학생판)

* 가격은 겉표지에 표시되어 있습니다.
* 이 도서는 강의를 위한 학생판 교재를 따로 준비하였습니다.
  강의 교재로 사용하실 때에는 본사로 연락해주십시오.